CW01430940

BRWYDR I BARADWYS?

BRWYDR
I BARADWYS?

Y Dylanwadau ar Dwf Ysgolion Cymraeg
De-ddwyrain Cymru

Huw S. Thomas

GWASG PRIFYSGOL CYMRU
CAERDYDD
2010

www.gwasgprifysgolcymru.org

Mae cofnod catalogi'r llyfr hwn ar gael gan y Llyfrgell Brydeinig.

ISBN   978-0-7083-2297-0
e-ISBN 978-0-7083-2298-7

Datganwyd gan Huw S. Thomas ei hawl foesol i'w gydnabod yn awdur y
gwaith hwn yn unol ag adrannau 77, 78 a 79 Deddf Hawlfraint, Dyluniadau a
Phatentau 1988.

Argraffwyd gan CPI Antony Rowe, Chippenham

Cyflwynedig i'r miloedd o unigolion a sicrhaodd ddyfodol sicrach na chynt i'r iaith Gymraeg drwy eu hymrwymiad i'r ysgolion Cymraeg: rhieni, disgyblion, athrawon, penaethiaid, llywodraethwyr, gweinyddwyr, cynghorwyr, gwleidyddion, arolygwyr, swyddogion addysg, gweision sifil, academyddion, tylwyth a charedigion yr iaith.

Cynnwys

Rhagair

Ar gychwyn fy ngyrfa fel athro Lladin yn Ysgol Rhydfelen yn 1966, penderfynais mai'r norm oedd gwneud pob dim yn Gymraeg, ac nad oedd felly ddim byd od ynghylch astudio Lladin drwy gyfrwng y Gymraeg. Mae'n amlwg fy mod wedi hoffi sialens erioed, gan nad oedd deunyddiau addas ar gael bryd hynny ar gyfer y disgyblion. Fel gweddill fy nghyd-athrawon, creu eich deunyddiau eich hun oedd yr ateb. Erbyn 1979, â chefnogaeth ymarferol cyd-Glasurwyr ledled Cymru a nawdd Adran Glasurol Urdd y Graddedigion, gwelwyd cyhoeddi y *Geiriadur Lladin–Cymraeg* gan Wasg Prifysgol Cymru.

Sefydlu Ysgol Gyfun Cwm Rhymni yn Aberbargod a Bargod yn 1981 oedd y sialens nesaf, yr ysgol gyfun Gymraeg gyntaf yn ne-ddwyrain Cymru heb y lefain yn y blawd o ganran arwyddocaol o blant o gartrefi Cymraeg eu hiaith. Credais mai'r ffordd ymlaen oedd addysgu pob pwnc, ar bob lefel, drwy gyfrwng y Gymraeg. Cefais gefnogaeth y rhieni, y llywodraethwyr, a'r cyngor sir, Morgannwg Ganol.

Wedi ymddeol fel pennaeth Ysgol Gyfun Gymraeg Glantaf, Caerdydd, yn 2003, gosodais her arall i fy hun, sef ymchwilio i'r dylanwadau ar dwf ysgolion Cymraeg de-ddwyrain Cymru, ac ennill gradd Doethur mewn Athroniaeth Prifysgol Caerdydd am y gwaith yn 2007. (Bellach 'rwy'n aelod cysylltiedig o Uned Iaith, Polisi a Chynllunio, Ysgol y Gymraeg, Prifysgol Caerdydd).Yr ymchwil hwnnw yw sail y gyfrol hon, y cyntaf o'i bath, fel yr esboniaf yn y bennod gyntaf. Diweddarais rai ffeithiau (megis sefydlu chwe ysgol Gymraeg yn 2007–8). Cadw at gyfnod yr astudiaeth, sef hyd at 2006, fydd y gyfrol drwyddi draw.

Gobeithiaf y bydd y gyfrol yn apelio at ystod eang o bobl: cefnogwyr yr 'achos', rhieni, athrawon, academyddion, myfyrwyr, gwleidyddion a chynllunwyr. Cyfunais agweddau ieithyddol, cymdeithasol, seicolegol, gwleidyddol, addysgol a hanesyddol yn y gyfrol, gan ddadlau bod y dylanwadau ar dwf yr ysgolion yn amlhaenog a chymhleth. Anelais at osod twf yr ysgolion Cymraeg mewn cyd-destunau ymenyddol a damcaniaethol, a thanlinellu drwy hynny fod y sector yn perthyn i ddatblygiadau byd-eang o ran addysg ac iaith. Gobeithiaf nad yw'r dadansoddiad yn un mewnblyg, ond yn un a fydd yn ehangu gorwelion. Torri'r ffiniau felly rhwng disgyblaethau a charfanau o bobl yw un o'm bwriadau.

Yn anad dim, gobeithiaf y bydd y gyfrol yn arwain at finiogi meddwl wrth i Gymru wynebu tonnau newydd o sialensau, ac ysbrydoli rhagor ohonom i ymaflyd yn yr ymgyrchu dros ein treftadaeth, ein plant, a'n dyfodol cenedlaethol mewn byd plwralistig a chyfnewidiol. Erbyn cyhoeddi'r gyfrol, bydd gennym strategaeth addysg cyfrwng Cymraeg genedlaethol, a fydd, gobeithiaf, yn gynhaliaeth i ymgyrchu'r rhieni. Bydd y strategaeth yn gam hanesyddol ymlaen yn ein hanes cenedlaethol, ond yn y pen draw dyheadau'r rhieni fydd yn penderfynu cyfeiriad yr ysgolion Cymraeg.

Huw Thomas
Rhiwbeina, Caerdydd

Cydnabyddiaeth

Heb yr unigolion dirifedi a fu'n rhan o'r brwydro dros achos ysgolion Cymraeg de-ddwyrain Cymru, byddai bwlch enfawr yn hanes y genedl, a dal i edwino fyddai'r iaith. I'r miloedd o ddisgyblion, rhieni, athrawon, prifathrawon, staff gweinyddol, staff cynorthwyol, llywodraethwyr, swyddogion cyrff cyhoeddus (yn arbennig awdurdodau addysg lleol), cynghorwyr, gweision sifil, gwleidyddion, gweinidogion yr efengyl, athrawon Ysgol Sul, yr Urdd, gwirfoddolwyr a staff cyflogedig Mudiad Ysgolion Meithrin, caredigion yr iaith, y dorf anhysbys i raddau sylweddol, iddynt hwythau y mae fy nyled pennaf.

Nid yw fy ngwerthfawrogiad o gefnogaeth nifer sylweddol o bobl adeg fy ymchwil fymryn yn llai o'r herwydd, a phleser yw cydnabod fy niolch didwyll i'r canlynol: prif swyddogion addysg (neu deitlau cyffelyb) cynghorau sirol y de-ddwyrain am roi caniatâd swyddogol imi ymchwilio yn eu hysgolion; y rhieni, yr athrawon a'r penaethiaid ysgol am lenwi holiaduron, a'r penaethiaid a'r dirprwyon a'r staff gweinyddol am eu croeso cynnes i'w hysgolion a'u trefniadau gofalus yn didoli'r holiaduron; Ysgol y Gymraeg, Prifysgol Caerdydd, am gyfeillgarwch a chynhesrwydd yr aelwyd Gymreig yno; pennaeth yr ysgol, yr Athro Sioned Davies, am gefnogaeth gyson ac ymarferol, gan sicrhau cyllid ar gyfer llungopïo, postio a theithio, nid yn unig o amgylch ysgolion y de-ddwyrain, ond hefyd i gynhadledd yn Deba, Gwlad y Basg; Dr Diarmaid Mac Giolla Chríost, am fod yn diwtor cytbwys ac ysgogol a oedd bob amser yn barod i wrando ac i gyfnewid syniadau; yr Athrawon Emeritws Glyn Jones ac Iolo Wyn Williams am gynnig gwelliannau; ac, yn fwy na neb, goruchwyliwr fy ymchwil, yr Athro Colin Williams, am barchu cyn-athro o ddyddiau Rhydfelen, am agor fy meddwl i ryfeddodau academia, ac am gadw cydbwysedd rhwng awgrymu nifer o themâu macro ar y naill law ac, ar y llall, ganiatáu rhyddid imi ddatblygu'r ymchwil yn y meysydd a apelient fwyaf ataf. Gwnâi hyn mewn ffordd foneddigaidd, ddeheuig ac ysbrydoledig, nid heb dynnu coes o bryd i'w gilydd.

Gwerthfawrogaf barodrwydd y gwasanaeth sifil i ddarparu tystiol-aeth. Diolchaf i Fwrdd yr Iaith Gymraeg am gydweithrediad a chyngor, ac am gyd-drefnu â'r Cynulliad i mi fynd i Latfia yn rhan o ddirprwy-aeth addysg; Susan Lewis, Prif Arolygydd Ei Mawrhydi dros Addysg a Hyfforddiant yng Nghymru, am fy nghyfeirio at ffynonellau data; swyddogion awdurdodau addysg lleol am ddarparu data ac adroddiadau yn brydlon; Gareth Pierce a staff Cyd-Bwyllgor Addysg Cymru am ddarparu data niferoedd ymgeiswyr yn arholiadau'r bwrdd; a staff Llyfrgell Genedlaethol Cymru a llyfrgelloedd Prifysgol Caerdydd am wasanaeth serchus bob amser.

Diolchaf i lu o ffrindiau a chydnabod am eu diddordeb cyson yn hynt a helynt yr ymchwil: y cyfweledigion am eu parodrwydd a'u diffuant-rwydd yn ateb toreth o gwestiynau ac am ategu'r casgliadau a wnaed ar sail dadansoddi data sylweddol; Emyr Currie-Jones, Gwilym Humphreys a John Albert Evans am roi benthyg ffeiliau o ddeunyddiau priodol i'r ymchwil; Cliff Davies, Machynlleth, ac Arantza Mongelos a Dr Julia Barnes o Brifysgol Mondragon, Gwlad y Basg, am fy ngoleuo am gynlluniau iaith ac addysg y wlad honno; Geraint Talfan Davies, am ganiatâd i ddarllen trawsysgrif o un o raglenni ei dad ym mhapurau Aneirin Talfan Davies yn Llyfrgell Genedlaethol Cymru; Dr Brid Quinn, Prifysgol Limerick, am ganiatâd i ddyfynnu o'i phapur ar densiynau rhwng llywodraethiant a democratiaeth.

Bu cefnogaeth Cyngor Cyllido Addysg Uwch Cymru yn gymorth i gyhoeddi'r gyfrol, a braf cydnabod hynny. Mae fy nyled yn fawr hefyd i staff gweinyddol, golygyddol a thechnegol Gwasg Prifysgol Cymru am eu cyngor a'u trylwyredd.

Diolchaf yn olaf i aelodau'r teulu am eu hanogaeth a'u diddordeb, eu cyngor a'u cymorth – i Guto a Lisa am ddarllen proflenni, Daniel a Dan am ddatrys problemau cyfrifiadurol, a Ruth am barhau llinach y teulu yng Nghaerdydd drwy roi genedigaeth i Harri Rhys; ac, yn fwy na neb, i Sian, fy ngwraig, am ddarllen proflenni, ond yn arbennig am ei hamynedd a'i gofal a'i chariad bob cam o'r daith.

Byrfoddau

AAA	Anghenion addysgol arbennig
AADGOS	Adran Addysg, Dysgu Gydol Oes a Sgiliau
AADIG	Adran Addysg, Diwylliant a'r Iaith Gymraeg
AALl	Awdurdod addysg lleol
AB	Addysg bellach
AC	Aelod Cynulliad
ACAC	Awdurdod Cwricwlwm ac Asesu Cymru
ACCAC	Awdurdod Cymwysterau, Cwricwlwm ac Asesu Cymru
ADY	Anghenion Dysgu Ychwanegol
AEM	Arolygwr Ei Mawrhydi
APADGOS	Adran Plant, Addysg, Dysgu Gydol Oes a Sgiliau
AS	Aelod Seneddol
ASE	Aelod Seneddol Ewropeaidd
AU	Addysg uwch
B	Blwyddyn
BIG	Bwrdd yr Iaith Gymraeg
CA	Cyfnod Allweddol
CBAC	Cyd-Bwyllgor Addysg Cymru
CCC	Cynulliad Cenedlaethol Cymru
CCET	Community Consortium for Education and Training
CE	Council of Europe
CIG	Cymdeithas yr Iaith Gymraeg
CILAR	Committee on Irish Language Attitudes Research
COMEX	Committee of Experts
CYDAG	Cymdeithas Ysgolion Dros Addysg Gymraeg
DES	Department of Education and Science
DfES	Department for Education and Skills
DiDA	Diploma in Digital Applications
DPC	Dangosydd pynciau craidd
DU	Y Deyrnas Unedig
FSM	Free school meals
G	Gosodiad
GA	Gwerth-ategol
GBRhC	Graddfa Bylchu rhwng Cenedlaethau
GIDS	Graded Intergenerational Disruption Scale
GIS	Geographic Information Systems
GSI	Gwrth-droi shifft ieithyddol
HABE	Helduen Alfabetatze Berreuskalduntzerako Erakundea (Sefydliad Llythrennedd Oedolion ac Ailddysgu Basgeg)

HDI	Hawliau dynol ieithyddol
HDS	History Data Service
HEFCW	Higher Education Funding Council for Wales
HMI	Her Majesty's Inspector
HMS	Hyfforddiant-Mewn-Swydd
IDACI	Income Deprivation Affecting Children Index
LE	Language ecology
LLCC	Llywodraeth Cynulliad Cymru
MLR	Minority language rights
MYM	Mudiad Ysgolion Meithrin
NFER	National Foundation for Educational Research
NGO	Non Governmental Organization
NPM	New public management
OECD	Organisation for Economic Co-operation and Development
OLS	Ordinary least squares
OPCS	Office for Population Censuses and Surveys
PC	Pwynt cyfartalog
PDAG	Pwyllgor Datblygu Addysg Gymraeg
PFI	Private finance initiative
PSI	Popular schools initiative
QAIT	Quality assessor information and training
RGSC	Registrar general's social classes
RLS	Reversing language shift
RSRU	Rural Surveys Research Unit
Rh	Rheswm
RHAG	Rhieni dros Addysg Gymraeg
SCYA	Sefydliad Cenedlaethol er Ymchwil i Addysg
SEAC	Schools' Examination and Assessment Council
SEG	Socio-economic groups
SEN	Special educational needs
SENTW	Special Educational Needs Tribunal for Wales
SPAEM	Swyddfa Prif Arolygydd Ei Mawrhydi
SPSS	Statistical package for the social sciences
TAG	Tystysgrif Addysg Gyffredinol
Tasau	Tasgau Asesu Safonol
TAU	Tystysgrif Addysg Uwchradd
TGAU	Tystysgrif Gyffredinol Addysg Uwchradd
UCAC	Undeb Cenedlaethol Athrawon Cymru
UDA	Unol Daleithiau America
UE	Yr Undeb Ewropeaidd
UH	Ustus Heddwch
WJEC	Welsh Joint Education Committee
YC	Ysgolion Cymraeg

Ysgolion Cymraeg De-ddwyrain Cymru: Trosolwg a Chyflwyniad

RHAGYMADRODD

Mae gan bob awdur ei gyfansoddiad genetig a'i fagwraeth, ei natur a'i bersonoliaeth, ei deimladau a'i ddaliadau, ei gredo a'i obeithion, ei ddiwylliant a'i hunaniaeth, ei famiaith a'i lais, ei brofiadau a'i addysg, ei wrthrychedd a'i oddrychedd, ei ddisgyblaeth a'i ragfarnau. Anorfod felly nad oes tueddiadau yn amlygu'u hunain mewn astudiaeth sy'n ymwneud yn bennaf â phenderfyniadau pobl, boed gan deuluoedd unigol neu lunwyr polisi, ar lefelau micro, meso neu facro. Priodol felly yw nodi rhai o fy mhenderfyniadau pan oeddwn yn ŵr ifanc, gan eu bod yn adlewyrchu ac yn cydnabod tueddiadau a gogwydd a fedrai effeithio ar wrthrychedd yr astudiaeth gyfredol.

Dechreuodd f'ymrwymiad i'r iaith Gymraeg yr haf cyn mynd i Goleg Prifysgol Cymru, Aberystwyth, i astudio'r Clasuron, pan gydnabum mai iaith siprys ar y naw a siaradwn, a bod beirniadaeth fy rhieni ar y fath iaith garbwl yn feirniadaeth deg. Penderfynais loywi fy iaith. Sylweddolais hefyd na fedrwn rannu ystafell ym Mhantycelyn â myfyriwr arall oni bai mai yn Gymraeg y byddai'r ddau ohonom yn cyfathrebu. Gwneuthum gais priodol i awdurdodau'r coleg, a chael f'ystafell fy hun. Ni sylweddolais fy mod, tan hynny, yn enghraifft berffaith o'r Cymry rhugl neu led rugl eu Cymraeg llafar a orfodwyd, chwedl Robert Owen Jones (1997, 350), i droi at eu hail iaith er mwyn ysgrifennu:

> Mae'r ffaith fod cenedlaethau o Gymry rhugl eu Cymraeg llafar wedi gorfod troi i'r Saesneg wrth newid cyfrwng yn gondemniad llym ar yr awdurdodau a fu'n hyrwyddo'r fath sefyllfa anghyfartal, ac yn fater cywilydd i siaradwyr yr iaith a dderbyniodd yn ddibrotest y fath sarnu ar eu hawliau cynradd.

1

Wedi derbyn addysg prifysgol yn gyfan gwbl drwy'r Saesneg am bum mlynedd, ond â seminarau yn Gymraeg y flwyddyn ganlynol ar gyfer Diploma Addysg, penderfynais geisio am swydd athro Lladin yn Ysgol Gyfun Rhydfelen, nid am ei bod yn ysgol Gymraeg, ond oherwydd ei lleoliad daearyddol, yn agos i Gaerdydd.

Nid hunangofiant mo'r gyfrol gyfredol, ond cynhwysir yr hanesion personol am iddynt ddatgan tuedd a gogwydd, ac ymgorffori un o'r elfennau allweddol yn hanes twf addysg Gymraeg, sef ymrwymiad a dylanwad unigolion. Gan na chredwn fod gennyf feistrolaeth ar yr iaith, ni chynigiais am y swydd, ond newidiais fy meddwl bedair awr ar hugain cyn y dyddiad cau, am dri rheswm: sylweddoli arwyddocâd bod yr Athro Jac L. Williams a phennaeth Rhydfelen, Gwilym Humphreys, wedi trafod fy mhotensial fel darpar athro ifanc; gwerthfawrogi ymrwymiad ysgrifennydd y gyfadran addysg, Llew Hughes, a arhosodd yn ei swyddfa yn hwyr er mwyn f'annog i bostio cais sydyn; a chymryd cyngor doeth yr Athro W. H. Davies, Athro'r Clasuron, y bore canlynol, 'Good gracious, a linguist who can't perfect his mother tongue! What's the matter with you?'

Yn Rhydfelen rhwng 1966 a 1981, yn Ysgol Gyfun Cwm Rhymni wedyn tan 1995, ac yn Ysgol Gyfun Gymraeg Glantaf tan ymddeol yn 2003, magais brofiad dwfn o'r gyfundrefn addysg ac o'r ysgol Gymraeg. Er f'ymdrechion i ysgrifennu mor wrthrychol â phosib, neges yr apologia personol hwn yw bod tueddiadau a dylanwadau anorfod yn y gwaith.

Wrth drafod hawliau ieithyddol a lleiafrifol, dywed May (2001, xiii), '*All* positions that are taken . . . – academic or otherwise – involve a moral dimension, reflecting the particular values and ideologies of their exponents.' Cytunaf, yn arbennig gan na fedrai deugain mlynedd proffesiynol yn gweithredu dros y Gymraeg drwy addysg beidio â gadael ei ôl ar f'ysgrifennu. Mae dimensiwn moesol yn fwy na syniadau: mae'n golygu gweithredu. Gwelir y drol gysyniadol/academaidd wedi'i throi wyneb i waered fel petai: y safbwynt damcaniaethol yn dilyn y gweithredu. Ond rhaid hongian ymchwil empirig ar fframwaith damcaniaethol, fel y dywed May ar yr un dudalen:

> [A]ll research is value-laden and, as such, a researcher *must* begin from a theoretical position of some description, whether this is articulated or not in the ensuing study. Accordingly it is better to state one's position at the start than to cloak it in the guise of apparent neutrality.

Un o ddisgwyliadau cyfrol fel hon yw profi nifer o theses cyd-berthynol, a'r rheini yn amlygu prif ddamcaniaeth neu ddamcaniaethau. Nid yw hi'n dderbyniol nac yn bosibl i ymchwilio i bob agwedd ar y dylanwadau, ond ymdrinnir ag ystod o feysydd perthnasol er mwyn dangos pa mor gymhleth ac amlhaenog yw gwead datblygiad yr ysgolion Cymraeg. Y prif feysydd hyn yw cymdeithaseg iaith, cynllunio ieithyddol, strwythuroliaeth, disgresiwn, pŵer, llywodraethiant, safonau addysgol ac, i raddau llai, hawliau lleiafrifoedd. Un ffordd o ddatod y gwead yw ystyried y strwythurau y bydd yr actorion yn gweithredu ynddynt. Mae tair haen o strwythurau, sef y macro, y meso a'r micro. Dadleuir yn y gyfrol mai haenau cyfnewidiol yw'r rhain, ac y dibynna'r diffiniad ar y cyd-destun.[1] Dirifedi yw'r actorion, ffaith sydd yn cymhlethu'r dadansoddi.

Bwriad y gyfrol yw canolbwyntio felly ar y prif ddylanwadau ar dwf yr ysgolion Cymraeg yn ne-ddwyrain Cymru, gan ddadlau mai'r rhieni yw'r prif actorion. O dderbyn y cysyniad o brif actorion, mae'n dilyn fod yna actorion eraill. Cydadwaith rhwng yr holl actorion yw sylwedd y gwaith, gan ddefnyddio canlyniadau ymchwil empirig i ddangos tueddiadau ac i ddatblygu theses, neu i brofi neu wrthbrofi theses a damcaniaethau eraill. Dadleuir bod yr actorion yn fwy pwerus na'r strwythurau. Heb amheuaeth, y rhieni yw'r prif actorion, a'u hymateb nhw yn bennaf, ac yn gwbl fwriadol, a greodd linyn arian drwy'r gwaith, datblygu ffocws, ac osgoi *farrago* o agweddau wedi'u taflu i'r pair academaidd. Arwyddocâd 'yn bennaf' yw bod agweddau amgenach nag ymateb y rhieni yn dylanwadu ar dwf yr ysgolion Cymraeg.

DIFFINIO YSGOLION CYMRAEG[2]

Yn syml, ysgolion meithrin, cynradd neu uwchradd â'r Gymraeg yn iaith swyddogol ac addysgu ynddynt yw ysgolion Cymraeg de-ddwyrain Cymru. Derbynnir disgyblion o wahanol gefndiroedd ieithyddol, ond â'r mwyafrif llethol o gartrefi di-Gymraeg. Ysgolion trochi ydynt. Yn yr ysgolion cynradd (60 ohonynt ym Medi 2008, gan gynnwys tair ysgol dwy ffrwd a dwy uned), cyflwynir Saesneg ar y cwricwlwm pan

---

[1] Cadarnheir hyn gan, er enghraifft, yr amrywiaeth o fewnwelediadau yng nghyfrol Joan Huber (1991) a chan adolygiad Halle (1992).

[2] Trafodir amryfal ystyron 'ysgol Gymraeg' ledled Cymru gan Baker a Jones (2003, 66–7).

yw'r disgyblion yn saith mlwydd oed. Ysgolion cyfun 11–18 yw'r
sector uwchradd. Addysgir pob pwnc, ac eithrio Saesneg, drwy gyfrwng
y Gymraeg ym mhob un o'r deg ysgol (2008), ond â mân eithriadau
prin. Mae'r holl ddisgyblion yn rhugl ddwyieithog.

YSGOLION MEITHRIN

Heb gyfraniad yr ysgolion meithrin ac, ers 1971 Mudiad Ysgolion
Meithrin, tlawd iawn, mae'n debyg, fyddai twf addysg Gymraeg, gan
mai yn yr ysgolion meithrin y cafodd mwyafrif disgyblion ysgolion
Cymraeg de-ddwyrain Cymru eu magwraeth ieithyddol. 'Allweddol'
yw gair Roberts yn disgrifio cyfraniad MYM i dwf yr ysgolion
Cymraeg (2003, 129).

Enfawr, felly, yw dyled yr ysgolion Cymraeg i'r feithrinfa allweddol
hon yn hanes adfywiad yr iaith Gymraeg, ond nid ymdrinnir â'r dylan-
wad hwn yn y gyfrol hon, am dri phrif reswm:

1   Croniclwyd hanes MYM (1971–96) yng nghyfrol ysbrydoledig
    Catrin Stevens (1996), ac anodd crynhoi'r neges yn well nag yn
    y broliant: yr 'arweinwyr cenedlaethol a'r llu gwirfoddolwyr a
    swyddogion ar lawr gwlad, y mae cymaint o blant Cymru yn
    ddyledus i'w gweledigaeth a'u dyfalbarhad' a chyfraniad 'canolog
    Mudiad Ysgolion Meithrin at y frwydr barhaus i gynnig addysg
    feithrin ystyrlon i blant Cymru ac i osod seiliau cadarn ar gyfer
    dyfodol yr iaith Gymraeg i'r mileniwm nesaf.'

2   Comisiynwyd SCYA gan Fwrdd yr Iaith Gymraeg i werthuso
    rhai agweddau ar waith MYM (Gorffennaf 2006–Chwefror
    2007). Cynhwysir adolygiad o'r llenyddiaeth berthnasol, ym-
    chwil ansoddol a dadansoddiad o'r data yn yr adroddiad (SCYA,
    2007).

3   Anelir at gadw cydbwysedd yn y gyfrol rhwng ehangder a dyfnder,
    ac yn wyneb y ddau reswm blaenorol, penderfynwyd hepgor
    gwaith pellach ar gyfraniad allweddol yr ysgolion meithrin.

Er hynny, priodol yw cyfeirio at dwf y cylchoedd meithrin, o'r 65
a fodolai yn 1971 (Stevens, 1996, broliant) i'r 645 (a hefyd 407 o

gylchoedd Ti a Fi) erbyn 1995 (Stevens, 1996, 173). Bellach darperir addysg feithrin yn helaethach gan ysgolion cynradd y wladwriaeth, ond, fel y dywed Stevens (1996, 179): 'Rhaid i'r momentwm a'r weledigaeth wreiddiol, ddi-ildio barhau, oherwydd nid yw'r gwaith wedi hanner ei orffen eto.'

Disgrifir nesaf dwf yr ysgolion Cymraeg yn ardal ddaearyddol yr astudiaeth, sef awdurdodau unedol Bro Morgannwg, Pen-y-bont ar Ogwr, Rhondda Cynon Taf, Merthyr Tudful, Caerffili, Blaenau Gwent, Torfaen, Sir Fynwy, Casnewydd a Chaerdydd.

TWF YR YSGOLION CYMRAEG

Ysgolion cynradd Tyderwen, Maesteg, Ynys-lwyd, Aberdâr, ac Ysgol Gymraeg Caerdydd oedd yr ysgolion Cymraeg cyntaf i'w sefydlu gan gynghorau lleol yn y de-ddwyrain, a hynny yn 1949. Erbyn 2006 'roedd 49 o ysgolion Cymraeg cynradd, 5 uned gynradd a 9 ysgol uwchradd Gymraeg rhwng y deg awdurdod unedol. Ym Medi 2007 sefydlodd Cyngor Caerdydd bedair ysgol gynradd. Y flwyddyn ganlynol agorodd Caerffili a Chasnewydd un yr un, a sefydlwyd Ysgol Gyfun Gymraeg Llangynwyd ger Maesteg gan Gyngor Bwrdeistref Sirol Pen-y-bont ar Ogwr. 'Roedd y cynhaeaf yn un toreithiog, a'r gobeithion ar gyfer y dyfodol yn llawn addewid.

Rhestrir yr holl ysgolion yn Nhabl YC1 yn yr atodiad ar ddiwedd y gyfrol. Ceir manylion y twf yn y gyfrol *Gorau Arf* (I. W. Williams (gol.), 2002). Dengys Tabl 1.1 isod y twf fesul dalgylch pob ysgol uwchradd, ac fe'u trefnir yn ôl dyddiad sefydlu'r ysgol gynradd. Mae patrwm y twf yn gymhleth, gan mai Rhydfelen oedd yr unig ysgol uwchradd Gymraeg ar gyfer y de-ddwyrain rhwng 1962 a 1974, pan agorwyd Llanhari. Gellid dadlau, er enghraifft, fod 45 disgybl Maesteg yn 1949 wedi tyfu i 1,091 erbyn 2006, neu fod 34 disgybl Caerdydd a'r Fro (19 Caerdydd yn 1949 a 15 Sant Ffransis yn 1952) wedi tyfu i 2,644.

Cyfeiria'r Dr Sian Rhiannon Williams (2002, 120) at sefydlu ysgolion Cymraeg tua chanrif cyn Ysgol Lluest yn Aberystwyth (1939) neu Ysgol Dewi Sant Llanelli (1947), '[O]ne could argue that a school established in Llanwenarth, Monmouthshire, by the Abergavenny Cymreigyddion Society in 1837 was really the first.'[3]

---

[3] Gwelir manylion llawn yn Sian Rhiannon Williams (1992, 85).

TABL 1.1: CYMHARU POBLOGAETH YSGOLION CYFUN CYMRAEG
DE-DDWYRAIN CYMRU 2006 A NIFEROEDD GWREIDDIOL YR
YSGOL GYNRADD GYNTAF YN Y DALGYLCH PRIODOL

Ysgol gynradd	Blwyddyn agor	Nifer disgyblion	Ysgol gyfun	Blwyddyn agor	Nifer disgyblion 2006
Tyderwen, Maesteg	1949*	45	Llanhari	1974	1,091
Ysgol Gymraeg Caerdydd	1949	19	Glantaf	1978	1,082
			Plasmawr	1998	781
Ynys-lwyd, Aberdâr	1949	28	Rhydywaun	1995	903
Ynys-wen, Treorci	1950	36	Cymer	1988	945
Pont Siôn Norton, Pontypridd	1951	16	Rhydfelen	1962	910
Sant Ffransis, Y Barri	1952	15	Bro Morgannwg	2000	781
Rhymni	1955	12	Cwm Rhymni	1981	1,140
Uned Risca, Gwent	1967	15	Gwynllyw	1998	785

Ffynonellau: Cynradd: Dyfynnir data yr ysgolion cynradd, ac eithrio Uned Risca, o *Gorau Arf* (I. W. Williams (gol.), 2002, 35), Tabl 3 ym mhennod Iorwerth Morgan. Yn yr un gyfrol (343), nodir mai yn 1948 y sefydlwyd Ysgol Tyderwen.* Daw manylion Uned Risca o bennod Lilian Jones yn yr un gyfrol (186). Uwchradd: CCC (2006dd).

Byddai olrhain y twf fesul ysgol yn waith gwerthfawr, gan fod maint a chyflymdra'r twf dros gyfnodau gwahanol mewn ardaloedd gwahanol yn bur debygol o wahaniaethu, weithiau yn arwyddocaol iawn. Ar sail tystiolaeth fras, yr oedd yn debygol yr amlygai astudiaeth o'r fath ddylanwad elfennau cymdeithasol, economaidd, gwleidyddol, demograffig ac ymgyrchol ar y twf dros gyfnod a gofod. Oherwydd paramedrau'r astudiaeth, ystadegau cerrig-milltir a gyflwynir yn Nhabl 1.2 er mwyn dangos tueddiadau. Er mwyn gweld tueddiadau, cadwyd ardaloedd y tair sir cyn ad-drefnu llywodraeth leol yn 1995. Defnyddiwyd ystadegau'r Swyddfa Gymreig, Cynulliad Cenedlaethol Cymru, *Gorau Arf*, a thystiolaeth ysgolion neu awdurdodau addysg unigol er mwyn coladu'r data. Nodir i rai ysgolion megis Ysgol Bryntaf yng Nghaerdydd gau, ac esgor ar bedair ysgol newydd; trosglwyddwyd ysgolion i siroedd newydd wrth ad-drefnu llywodraeth leol, megis Gwaelod-y-Garth o Forgannwg Ganol i Gaerdydd, neu Ysgol Trelyn o Went i Gaerffili.

TABL 1.2: YSGOLION CYFRWNG CYMRAEG POB SECTOR
YN CYNNWYS YSGOLION DWY FFRWD AC UNEDAU –
NIFER YSGOLION 1975–2008

Blwyddyn	*Gwent*	*Morgannwg Ganol*	*De Morgannwg*	*De-ddwyrain Cymru*
1975	4	19	5	28
1980	4	23	7	34
1985	6	28	9	43
1990	7	32	11	50
1995	8	35	12	55
2000	8	35	17	60
2006	9	36	18	63
2008	10	38	22	70

Ffynonellau: 1975–2000: *Gorau Arf* (I. W. Williams (gol.), 2000, 341–3); 2005 ymlaen: CCC (2006dd; 2007d; 2008).

Ers sefydlu'r tair ysgol gyntaf yn 1949, bu'r twf yn gyson ar draws y de-ddwyrain: erbyn diwedd y chwarter canrif 1950–75 'roedd 28 o sefydliadau, a thros y chwarter canrif nesaf tyfodd y nifer i 60, a chyfanswm y disgyblion, yn 2007, i 21,989 (gweler Tabl YC2). Y ganrif hon sefydlwyd un ysgol bob blwyddyn, ar gyfartaledd, ac erbyn 2008 'roedd 70 o sefydliadau cyfrwng Cymraeg, ysgolion bron pob un ohonynt.

Bu twf yr ysgolion Cymraeg yn anwastad, o ran lleoliad ac amser, gyda Morgannwg Ganol yn arwain y ffordd tan 1985, a De Morgannwg a Gwent yn dilyn yn araf. Ond yn y chwarter canrif ers 1980 dyblodd nifer ysgolion Cymraeg Gwent, er bod y rhifau yn fychan. Dengys ardal ddaearyddol 'De Morgannwg' gynnydd o 7 ysgol rhwng 1990 a 2006, sef o leiaf un ysgol newydd bob tair blynedd. Yng Nghaerdydd a Bro Morgannwg felly y bu'r twf mwyaf dros y deng mlynedd diwethaf. O ran nifer yr ysgolion, ymddengys i ardal yr hen Forgannwg Ganol gyrraedd gwastatir, gan mai un ysgol gynradd a agorwyd yno rhwng 1995 a 2006, sef Ysgol Bro Sannan yn Aberbargod, Caerffili.

Ystyrir nesaf nifer y disgyblion. Yn Nhabl 1.3 mae'n debygol bod rhifau Gwent (1975) yn cynnwys disgyblion Prosiect Addysg Ddwy-ieithog y Cyngor Ysgolion, a thyfu, nid crebachu, yw felly gwir batrwm Gwent. Dros y cyfnod 1975–2005, cynnydd, ym mhob ardal a thros bob cyfnod, yw'r duedd gyffredinol, ond â gwahaniaethau amlwg. Er enghraifft, bu twf dramatig ym Morgannwg Ganol rhwng 1975 a 1990 o 104 y cant. Er y cynnydd mwy diweddar yn Ne Morgannwg o 46 y cant rhwng 1990 a 2005, nid yw'n cymharu â'r dyblu poblogaeth gynradd Gymraeg a ddigwyddodd yn y cymoedd.

TABL 1.3: NIFEROEDD DISGYBLION YN YR YSGOLION CYNRADD CYMRAEG DROS AMRYWIOL GYFNODAU

Blwyddyn	Gwent	Morgannwg Ganol	De Morgannwg	Cyfanswm de-ddwyrain Cymru
1975	858	3,018	1,382	5,258
1990	784	6,153	1,978	8,915
Cymharu 1975 â 1990	-74	3,135	596	3,657
Cynnydd 1975–1990 fel canran	-8.6%	103.9%	43.1%	69.6%
1990	1,179	6,970	2,707	10,856
2005	1,393	8,038	3,942	13,373
Cymharu 1990 â 2005	214	1,068	1,235	2,517
Cynnydd 1990–2005 fel canran	18.2%	15.3%	45.6%	23.2%

Mae rhwng 95 y cant a 100 y cant o'r disgyblion cynradd Cymraeg yn parhau eu haddysg yn yr ysgolion uwchradd Cymraeg, ac ni welir gwaedlif ieithyddol fel yn ne-orllewin Cymru. (Weithiau bydd tangyfrifo niferoedd sy'n trosglwyddo o'r cynradd pan fo clerc AALl heb ystyried y trosglwyddo traws-sirol.) Dangosir data niferoedd disgyblion uwchradd yn y sector Cymraeg rhwng 2000 a 2006 yn Nhabl T4. Yn y cyfnod hwn, De Morgannwg a welodd y twf mwyaf, 47.4 y cant o'i gymharu â 21.8 y cant ar gyfer y de-ddwyrain cyfan. Ym Morgannwg Ganol, disgynnodd niferoedd dwy ysgol uwchradd yn ystod y cyfnod, y naill o 944 i 910 a'r llall o 1,117 i 1,081 – adlewyrchiad o'r newid demograffig lleol – ond tyfu y bu hanes y tair ysgol arall: y gyntaf o 799 i 945, yr ail o 646 i 903 a'r drydedd o 916 i 1,140.

Wrth ystyried y rhesymau am raddfeydd twf gwahanol dros amser a gofod, mae angen cofio i bobl Morgannwg Ganol frwydro'n llwyddiannus am hanner can mlynedd dros yr hawl i'w plant dderbyn addysg Gymraeg. Yn 2006, Rhondda Cynon Taf oedd â'r ganran uchaf o blant cynradd a addysgwyd yn y de-ddwyrain drwy gyfrwng y Gymraeg, sef 18.3 y cant; Caerffili oedd â'r ganran uchaf nesaf, sef 11.7 y cant. 'Roedd y ddwy ganran hyn yn is na'r ganran genedlaethol, sef 20.1 y cant (Tabl T6). Ai wedi blino y mae'r ymgyrchwyr, neu a yw'r awdurdodau addysg lleol yn llai cefnogol na chynt? Cofier i'r hen Forgannwg agor ysgolion â niferoedd bychain o blant ar eu llyfrau; ac ar hyn o bryd (Mawrth 2010) brwydro yw hanes pobl Cwm Cynon a'r ardal am ysgol Gymraeg newydd.

Rhwydd chwilio am fwch dihangol mewn ymgyrch, ond ymddengys na fu'r iaith Gymraeg yn un o flaenoriaethau lled ddiweddar Cyngor Rhondda Cynon Taf. Cynigir fel tystiolaeth y diffyg gweledigaeth o ran yr iaith Gymraeg yn y cynllun addysg sengl (Rhondda Cynon Taf, 2006), a'r brwydro gan rieni ar gyfer addysg Gymraeg yn ardal Abercynon, arwydd o ddiffyg blaengynllunio. Yn yr adran 'Delfryd a Gwerthoedd (Vision and Values)' (2006, 6), dywed y cyngor ei bod yn bwysig ymateb i 'a number of important overarching strategic leads.' Themâu 'The Learning Country' sy'n bwysig, meddid, oherwydd, 'Mae ei gwmpawd yn adlewyrchu ehanged ydy portffolio'r gweinidog sy'n cofleidio, mwy neu lai, popeth [*sic*] sy'n ymwneud â meysydd addysg a hyfforddiant.' Ar goll y mae unrhyw gyfeiriad at 'Iaith Pawb'.

Eironi hyn yw absenoldeb 'Iaith Pawb' o gynllun cyngor lleol oedd o'r un lliw gwleidyddol â Llywodraeth Cynulliad Cymru ar y pryd. Blwyddyn cyn iddo gyhoeddi *Achub Ein Hiaith* (2006a), amlinellodd aelod blaenllaw o'r gymuned, Ken Hopkins, ei weledigaeth i fforwm polisi yn y Rhondda, pan oedd 40 aelod o'r Blaid Lafur yn bresennol. 'Doedd neb yn gwrthwynebu syniadau cyn-gyfarwyddwr addysg Morgannwg Ganol. Meddai mewn cyfweliad (27 Mehefin 2006): 'I'm on the right track . . . with the party activists in the Rhondda.' Yn yr un cyfweliad dywedodd nad oedd 'Iaith Pawb' yn ddigon uchelgeisiol o ran targedau cynyddu nifer siaradwyr y Gymraeg. Eironi pellach yw bod y cyngor yn cyfeirio at bortffolio hollgynhwysol (bron) y Gweinidog Addysg, ond gan anwybyddu bod yr iaith yn rhan o bortffolio pob Gweinidog Llywodraeth y Cynulliad, yn ôl 'Iaith Pawb' (2003, 12), 'Rhaid i bob un o Weinidogion y Cynulliad [*sic*] a'u swyddogion rannu'r cyfrifoldeb am ddyfodol y Gymraeg a chymryd perchnogaeth dros ganfod a mynd i'r afael â materion yn ymwneud â'r Gymraeg yn eu meysydd polisi.' Hon yw'r unig frawddeg gydol 'Iaith Pawb' sydd mewn llythrennau trwm; teg felly casglu bod iddi arwyddocâd arbennig iawn.

Erbyn 2008 bu gwelliant: 'roedd cynllun addysg Gymraeg (drafft) y cyngor (Rhondda Cynon Taf, 2008) yn cynnwys nifer o argymhellion cadarnhaol er mwyn ymateb i ofynion rhieni: defnyddio dulliau darogan niferoedd disgyblion, sefydlu grŵp cynllunio addysg Gymraeg sydd yn cynnwys rhieni, a mynd i'r afael â sialensau twf (yn y sector Cymraeg) a chrebachu (yn y sector Saesneg).

Arwyddocâd arbennig ond gwahanol oedd i'r ymgyrch (aflwydd-iannus) i gadw enw Rhydfelen, yn hytrach na mabwysiadau'r enw Garth Olwg. Mae i'r enw Rhydfelen arwyddocâd hanesyddol a diwyll-iannol gan mai hi oedd yr ysgol uwchradd cyfrwng-Cymraeg gyntaf yn ne Cymru. Llwyddodd i greu rhagoriaeth addysgol a diwylliannol i'w hefelychu, ond datblygodd ysgolion yr ardal i fod yn eiddigeddus ohoni, gan ei gweld fel magwrfa cenedlaetholwyr. Medrwn ddadlau fod y cyngor presennol yn deall symboliaeth y gair Rhydfelen, a'i fod am ei ddileu o gof cenedl. Ar y llaw arall, medrwn faentumio mai ymgecru gwleidyddol diweledigaeth lleol fu'n gyfrifol am y newid enw.

Boed hynny fel y bo, Morgannwg deimlodd y poen o weld yr iaith ar ei gwely angau, ac ymlyniad cryf rhai o'i thrigolion i'r iaith yn y 1950au a'r 1960au ddechreuodd y proses hir a llwyddiannus o wrth-droi'r shifft ieithyddol. Credai'r ymgyrchwyr, fel minnau, fod yr iaith yn rhan annatod o'n hunaniaeth Gymreig. Cefnogaeth cyngor Morgannwg i sefydlu ysgolion Cymraeg fu un o'r camau ymarferol pwysicaf i achub yr iaith, nid yn ne-ddwyrain y wlad yn unig, ond yng Nghymru benbaladr. Mae hanes Rhydfelen yn ganolog i lwyddiant ieithyddol, diwylliannol a gwleidyddol Cymru.

Cyngor arall yn ardal yr hen Forgannwg Ganol yw Cyngor Bwr-deistref Sirol Pen-y-bont ar Ogwr. Datgan y cyngor hwnnw yn ei gynllun addysg Gymraeg (Pen-y-bont ar Ogwr, 2006a, 6) fod y ddar-pariaeth [Gymraeg] 'yn gyson â dyheadau cenedlaethol a amlinellwyd yn *Iaith Pawb*'. Wrth gwrs, mae'r gyfatebiaeth rhwng gweledigaeth polisi a deilliannau'r polisi yn gymhleth. Er enghraifft, mae cyfran y disgyblion cyfrwng Cymraeg wedi aros yn lled gyson ers 1990 (2006a, 11). Dim ond un o'r pedair ysgol Gymraeg sydd â mwy o ddisgybl-ion ar ei llyfrau yn 2005 o'i gymharu â 1996. Y cwymp cyffredinol yw o 1,138 i 1,044 (2006a, 81–2). Eto i gyd, agorwyd Ysgol Gyfun Gymraeg Llangynwyd ger Maesteg yn 2008. Trafodir goblygiadau hyn ym mhennod 5.

Ni ellir deall datblygiad yr Ysgolion Cymraeg heb gyfeirio at esblygiad gwleidyddol Cymru. Er enghraifft, bu nifer o benderfyniadau gwleidyddol a chyfansoddiadol arwyddocaol, megis Papur Gwyn Llywodraeth y DU (1997), 'Llais dros Gymru', a amlinellodd ei chyn-igion ar gyfer datganoli yng Nghymru; refferendwm 1997; Deddf

Llywodraeth Cymru 1998, a arweiniodd at sefydlu Cynulliad Cenedlaethol Cymru; Gorchymyn Cynulliad Cenedlaethol Cymru (Trosglwyddo Swyddogaethau) 1999 a throsglwyddo pwerau a chyfrifoldebau datganoledig Ysgrifennydd Gwladol Cymru i'r Cynulliad. Ers hynny, mae amryw Ddeddfau Seneddol wedi rhoi pwerau newydd i'r Cynulliad.

Newidiodd tirwedd wleidyddol Cymru ymhellach wrth sefydlu comisiwn Richard, a gyhoeddodd ei adroddiad yn 2004. Ni fabwysiadwyd ei holl argymhellion. Ar 26 Gorffennaf 2006, derbyniodd Deddf Llywodraeth Cymru 2006 sêl bendith y Frenhines, gan greu cyfle, yn ôl Peter Hain, i 'lunio polisïau wedi eu teilwra i anghenion pobl Cymru . . . ac am y tro cyntaf erioed . . . osod pwerau cynradd i Gymru ar y llyfr statud, yn barod i'w gweithredu pan fydd Cymru'n cefnogi newid felly mewn refferendwm' (gwefan y BBC, 2006a).

Yn ôl Adran 78 Deddf Llywodraeth Cymru 2006, Yr Iaith Gymraeg, rhaid i Weinidogion Llywodraeth Cynulliad Cymru fabwysiadu strategaeth sydd yn amlinellu sut y bwriedir hyrwyddo a hybu'r iaith ('promote and faciliate the Welsh language'). Yn ogystal, bydd yn ofynnol cyhoeddi arfarniad blynyddol ar lwyddiant y strategaeth. Rhydd y newid cyfansoddiadol hwn fwy o rym a statws i Gymru, yn arbennig o ran ei hiaith a'i hunan-barch cenedlaethol. Ar y llaw arall, mae'n bosibl bod diffyg rhai pwerau cyfansoddiadol ar gyfer Cymru wedi gwanhau neu hyd yn oed ddileu agweddau ar gynigion drafft y strategaeth addysg cyfrwng Cymraeg genedlaethol. Hynny yw, mae angen cefnogaeth cyfraith gwlad er mwyn gwireddu gweledigaeth. Ond nid y gyfraith fydd yn ein hachub, ond y modd y medrwn weithredu, yn gyfansoddiadol, ar sail ein gweledigaeth.

Er yr angen i rymuso drwy gyfraith ein gallu i ddatblygu addysg Gymraeg yn genedlaethol, bu twf cyson a rhyfeddol yr ysgolion Cymraeg yn y de-ddwyrain o 3 yn 1949 i 63 yn 2006. Adlewyrcha hynny'r cynnydd cenedlaethol mewn addysg cyfrwng Cymraeg (o 17.8 y cant yn 1999 i 20.1 y cant yn 2006) (gweler Tabl T6). Anwastad dros amser a lleoliad bu'r cynnydd yn y de-ddwyrain, ac amrywiol bu cefnogaeth yr awdurdodau addysg. Beth felly a ysgrifennwyd am y twf hwn?

GWEITHIAU ACADEMAIDD

Gan nad yw prif ogwydd y gwaith cyfredol yn hanesyddol, penderfynwyd ddechrau'r arolwg hwn yng nghanol y 1980au: mae'r dyddiad yn cwmpasu cyfrol Baker, *Aspects of Bilingualism in Wales* (1985), ac ymchwil Lewis (1999) i dwf addysg ddwyieithog hyd at 1988.

Disgrifiodd May (2001, 266) dwf addysg Gymraeg, yn arbennig yn y 1990au a dechrau'r mileniwm newydd, fel 'nothing short of spectacular'. Cyfeiria at gefnogaeth gynyddol gan rieni Cymraeg a di-Gymraeg i addysg Gymraeg (ni ddefnyddia'r term 'addysg ddwyieithog'), ac fe briodola'r gefnogaeth i lwyddiant addysgol y 'mudiad.' Wrth 'movement' golyga May yr ymgyrchu i achub yr iaith Gymraeg. Honna fod llawer o'r rhieni yn perthyn i'r dosbarth canol, ond ni chynigia dystiolaeth i gadarnhau'i honiad. Cyfeiria May at gyfrolau Colin Baker (1985), Lyon ac Ellis (1991), Packer a Campbell (1993), Colin Williams (1994) a Gareth Elwyn Jones (1997), cyfrolau a amlygant fwlch o ran ymchwil empirig i'r ysgolion Cymraeg.

Agweddau ar ddwyieithrwydd yng Nghymru yw testun Baker, a noda yn gryno ddylanwadau ar dwf addysg ddwyieithog (1985, 63–4). Cyfeiria at sylwadau Rawkins (1979, 100), a danlinella bwysigrwydd polisi canolog. Ysgrifenna'r ddau am y cyfnod cyn y cwricwlwm cenedlaethol, ond deil sylwadau Rawkins yn berthnasol parthed darpariaeth: 'By effectively leaving the initiative in the hands of the LEAs, the government is abdicating its responsibility to Welsh-speakers.' Noda Baker yn ogystal duedd AALlau i ymateb i'r galw am addysg ddwyieithog, gan gyfeirio (1985, 171–2) at sylwadau tebyg a wnaed yn 1978 gan Gyngor yr Iaith Gymraeg.

Canfyddiad Lyon ac Ellis oedd bod 86 y cant o'r rhieni o wahanol gefndiroedd Saesneg neu Gymraeg yn eu harolwg yn sir Fôn yn ymagweddu'n ffafriol tuag at y Gymraeg. Er y cysylltiad clòs rhwng iaith a hunaniaeth, nid oedd agweddau at yr iaith a'i dyfodol yn mapio'n dwt yn erbyn cefndir y gwahanol grwpiau ieithyddol yn eu sampl. 'However, for Welsh speaking parents, cultural reasons are of greatest importance, whereas English speaking parents are motivated by practical considerations' (1991, 239). 'Roedd sampl Packard a Campbell yn fychan (gweler fy sylwadau ym mhennod 3): 24 o rıenı B6 mewn un ysgol Gymraeg ym Mro Morgannwg, ynghyd â 19 o rieni B1 o ddwy ysgol Saesneg.

Remarkable a *spectacular* yw ansoddeiriau Colin Williams wrth ddisgrifio datblygiad a llwyddiant addysg Gymraeg (1994, 168–9). Dadleuai Williams (1994, 169), 'Welsh-medium education has a number of issues which it must address if it is to retain the confidence of both parents and local education-authorities, let alone pupils in the system.' Ers hynny, dal i ffynnu y mae addysg cyfrwng Cymraeg, llwyddiant amhosibl heb gefnogaeth y rhieni. Er hynny, dangoswyd uchod fod y twf wedi arafu mewn rhai parthau.

Cydnebydd y llenyddiaeth le canolog addysg yn yr ymdrech i wrth-droi'r shifft ieithyddol, er enghraifft Glyn Williams (1987, 9) a Baker (1990, 93). Yn ôl Baker, (2000, 103), 'In recent decades in Wales, there has been both a latent understanding and an increasingly articulated plea that bilingual education is essential to maintaining the Welsh language.'

Pan drown at gyfrol Gareth Elwyn Jones, *The Education of a Nation* (1997), y llinyn arian a red drwyddi yw'r berthynas rhwng anghenion a hawliau addysgol y Cymry a'r pŵer gwleidyddol canolog. Yng nghyd-destun cyfrol Jones, Llundain yw'r pŵer macro, gyda'r Swyddfa Gymreig a'r AALlau yn gweithredu ar lefelau meso. Prin y cyfeiria at ymgyrchoedd rhieni dros yr hanner can mlynedd diwethaf. Ar lefel ficro, dyma oedd ei neges (1997, 213), 'Wales still has to rely on sympathetic personalities, rather than institutional independence, to safeguard its interests.'

Er mai dim ond un dudalen a roddir i ysgolion Cymraeg gan yr un awdur yn ei gyfrol *Which Nation's Schools?* (1990b), eto i gyd, llwydda i ysgrifennu *multum in parvo*. Mae'r dyfyniad canlynol (1990b, 195) yn gosod hanes sefydlu'r ysgolion Cymraeg a'r cyfnod o gadarnhau, bron o ymnormaleiddio, yn ei briod le cyn 1990 ac, felly, cyn datganoli:

> The establishment and consolidation of Welsh-medium secondary educa-tion in the post-war years has been a considerable success story. It has certainly owed much to parental demand and local authority response, but it has been sanctioned, even encouraged, by the Welsh educational arm of central government, itself responding to a variety of political and cultural pressures, particularly a resurgent Welsh nationalism.

Cytunir â Jones pan ddywed nad oedd yr ysgolion Cymraeg yn bygwth prif strwythurau na threfniant y gyfundrefn addysg Brydeinig, ac mai ymylol y bu'r consesiynau gan lywodraethau San Steffan i'r iaith Gymraeg.

Gorolwg cynhwysfawr hanesyddol a chyfoes ar addysg ddwyieithog yng Nghymru yw byrdwn pennod Jones a Martin-Jones (2004), sy'n cynnwys saith tudalen ar addysgu Mathemateg yn ddwyieithog a chodswitsio, cyfraniad prin i ymchwil empirig cyfoes.

GENRES ERAILL

Rhan bwysig o'r llenyddiaeth gyhoeddedig yw hanes disgrifiadol, hunangofiannau, ysgrifau a darlithoedd, yn arbennig yn yr Eisteddfod Genedlaethol. Ni honna'r awduron iddynt gynnal ymchwil empirig; eto i gyd, mae'r dystiolaeth yn eu cyfrolau yn werthfawr ac yn berthnasol i'r astudiaeth hon.

Rhydd cyfrol Merfyn Griffiths (1986) drosolwg cenedlaethol cynhwysfawr ar addysg Gymraeg. Yn ôl y golygydd ei hun (1986, 3), '[M]ae'r clod pennaf am y cynnydd i'w briodoli i athrawon a hefyd i lwyddiant y Mudiad Ysgolion Meithrin . . . Yn wir efallai mai dyna'r dystiolaeth fwyaf amlwg o blaid effeithiolrwydd yr ysgolion, argyhoeddiad a llafur yr athrawon.' Yn y gyfrol ceir y disgrifiadol, y beirniadol a'r dadansoddol, ond tenau yw'r data.

Y gyfrol gyntaf am yr ysgolion Cymraeg, yn hytrach nag am addysg Gymraeg, oedd *Gorau Arf* (Williams, 2002). Yn ôl y broliant ar gefn y gyfrol:

> Dyma'r llyfr sylweddol cyntaf i gofnodi'r brwydro caled a ddigwyddodd ym mhob rhan o Gymru i fynd â'r maen i'r wal. Brwydr oedd hon yn erbyn barn gyhoeddus a chynghorau a swyddogion addysg styfnig, brwydr i sicrhau adeiladau ac adnoddau teilwng, ond brwydr a welodd lwyddiannau mawr ac annisgwyl hefyd.

Er nad yw'r gyfrol yn anelu at ddadansoddi'r dylanwadau ar dwf y sector, cydnabyddir gorolwg cynhwysfawr y golygydd, Iolo Wyn Williams (2002, 7), o'r ffyniant: 'Un o ryfeddodau ail hanner yr ugeinfed ganrif yng Nghymru oedd datblygiad Ysgolion Cymraeg . . . Saga ryfeddol yn wir.' Ymdrinia Williams â phroblemau ac anawsterau rhieni ac awurdodau addysg, cydnabyddiaeth o'r sector newydd, adeiladau addas, darpariaeth, adnoddau, cyllid a dilyniant o'r cynradd i'r uwchradd.

Barn Sian Rhiannon Williams (2002, 121) yw bod tueddiadau i'w gweld mewn rhai erthyglau yn y gyfrol: '[T]he lines of battle were not as clearly drawn as some would have it, for there were parents and councillors (Labour and other parties), Welsh and English speakers (middle and working classes) in both camps.' Cadarnheir y farn hon yn y gyfrol gyfredol wrth drafod cyfraniad unigolion a'r cydadwaith rhwng pwerau. Yn yr un adolygiad, noda Sian Rhiannon Williams (2002, 122) fod *Gorau Arf* yn tanlinellu gymaint fwy o waith sy'n aros i gael ei ysgrifennu 'in order fully and critically to analyse a momentous – if contentious – educational and linguistic experiment.' Dyna y mae'r astudiaeth hon yn ei wneud, yn rhannol.

Y bennod hiraf yn hunangofiant Gwilym Humphreys yw honno am Rydfelen (2000, 65–112), a cheir amryw gyfeiriadau priodol at addysg Gymraeg a dwyieithog yng ngweddill y gyfrol. Cyfnod prifathrawiaeth (ddisglair a phellgyrhaeddol) Gwilym Humphreys oedd 1962–75. Cyfuniad o ddyfyniadau cwbl allweddol o weithiau academyddion megis Baker a Colin Williams a sylwadau am ddatblygiadau addysgol cyfoes yn y 1980au a geir gan yr un awdur yn Narlith Goffa Orleana Jones (1988). Y prif themâu yw twf addysg ddwyieithog, gwthio gan rieni ac ymateb gan awdurdodau addysg, manteision ac anfanteision addysg ddwyieithog, iaith a diwylliant, y gwahaniaeth rhwng y gallu i siarad iaith a'r awydd i'w harfer hi, a phwysigrwydd ymchwil i addysg ddwyieithog. Bytholwyrdd yw'r themâu hyn a'r sialensau a gyfyd ohonynt.

Dychwelwyd at thema addysg Gymraeg yn Eisteddfod 1999 gan Iolo Wyn Williams, a lwyddodd i grynhoi llawer o'r agweddau sylfaenol mewn ychydig eiriau, megis rhesymau rhieni dros ddewis addysg Gymraeg (deg ohonynt mewn un paragraff), a safonau academaidd mewn un arall. Trosolwg oedd bwriad y ddarlith, ac fe lwyddodd. Ddwy flynedd wedyn canolbwyntiodd Gwilym Humphreys ar ddwy thema, iaith a dwyieithrwydd, gan herio'i gynulleidfa i ystyried o ddifrif ddyfodol addysg yn y ddwy iaith, ac yna sialens addysg uwch drwy'r Gymraeg (2001, 7–10).

Casgliadau o ysgrifau yw *Addysg Gymraeg – Addysg Gymreig* (Roberts a Williams, 2003). Cyfeirir at wahanol ysgrifau dan y penawdau priodol. Cyflwyniad cryno i hanes ysgolion Cymraeg Gwent a Chwm Rhymni yw cyfrol ddwyieithog Bronwen James (1997).

Dwy gyfrol yn y *genre* cofiannau dathlu yw'r rheini gan Heulwen Williams, Rhymni (2005), a Rachel Williams, Y Barri (1992), a gofnodant hanes drwy lygaid penaethiaid ac athrawon, rhieni a disgyblion, ymgyrchwyr a ffrindiau. Mae'r dystiolaeth yn berthnasol i'r gwaith ymchwil gan iddi ddangos yr ymgyrchu a'r weledigaeth bragmataidd a phenderfynol a ysbrydolai'r cenhadon cynnar.

CYHOEDDIADAU PERTHNASOL ERAILL

Ni ellir dadansoddi'r dylanwadau ar dwf yr ysgolion Cymraeg heb ystyried ymchwil a chyhoeddiadau ar ddwyieithrwydd, caffael iaith, methodolegau addysgu, cymdeithaseg iaith, lleiafrifoedd ieithyddol, cynllunio ieithyddol, hunaniaeth, diwylliant a chenedligrwydd, hanes a chymdeithaseg addysg, agweddau ar wleidyddiaeth a llywodraethiant, hawliau lleiafrifoedd, cyfrifiadau deng mlynedd, data safonau addysgu, cyflawniad a chyrhaeddiad, a phrosesau llunio, dehongli a gweithredu polisïau priodol. Cyfeirir at y cyhoeddiadau perthnasol mewn penodau perthnasol, yn hytrach na phori drwy'r meysydd eang hyn yn y bennod gyntaf. Dangosodd arolwg o'r llenyddiaeth yn y meysydd a nodwyd nad oes nemor ddim gwaith ysgolheigaidd ar yr ysgolion Cymraeg fel sector. Cydnabyddir eu swyddogaeth allweddol yn atal y dirywiad yn nifer y siaradwyr Cymraeg, ac fe ddadansoddir natur iaith y disgyblion.

PRINDER YMCHWIL

Crybwylla Baker brinder ymchwil i bolisi a gweithredu addysg ddwyieithog yng Nghymru, diffyg gwerthuso, a'r angen am ddata yn seiliedig ar ymchwil yn lle'r maentumio a'r honni a'r dyfalu a'r rhagfarn a'r celwyddau a gaed. Dengys profiad Canada, medd Baker, yr angen am dystiolaeth ymchwil ynghylch barn rhieni, athrawon, gweinyddwyr a gwleidyddion am effeithiau ac effeithlonrwydd addysg ddwyieithog (1985, 180–1). Dair blynedd yn ddiweddarach, mewn darlith a danlinellai bwysigrwydd ymchwil i ddwyieithrwydd yng Nghanada a'i gymhwyso i sefyllfa ieithyddol 'dra gwahanol' yng Nghymru, dywed Baker (1988, 7):

> Yng Nghymru, ysywaeth, nid oes gennym gorff o dystiolaeth arbrofol wrthrychol ynghylch llwyddiant a methiant gwahanol fathau o addysg ddwyieithog. Yr hyn sydd gennym yw ystadegau ansicr, haeriadau

gwleidyddol, rhagfarn cyhoeddus ac anwybodaeth affwysol. Mae'r ymchwil sydd gennym bellach yn hen, yn hawdd ei gondemnio ar sail dulliau ystadegol annilys, a'r casgliadau yn amheus.

Ers cyhoeddi cyfrol Baker (1985), dros ugain mlynedd yn ôl, ac er optimistiaeth Humphreys (1988, 11) prin fu'r ymchwil i'r agweddau hyn. Ond barn wahanol iawn a geir gan Gareth Jones ynghylch yr angen am ymchwil empirig (2005, 4–5): 'Nid ydym am ddioddef o'r hyn a elwir gan y Sais yn *analysis paralysis*. Mae angen defnyddio'r wybodaeth sydd gennym a gweithredu arni yn fuan iawn.' Golwg ar addysg ddwyieithog ar draws Cymru a geir gan Jones, yn hytrach na thrafod yr ysgol benodedig Gymraeg. Dadleua sut y dylai'r Cynulliad chwarae rôl strategol, ganolog er mwyn ehangu'r defnydd o'r Gymraeg fel cyfrwng mewn ysgolion dwyieithog a Saesneg. Er mwyn gweithredu felly, byddai angen 'dewrder, gweledigaeth ac argyhoeddiad' (2005, 21).

Ni ellir astudio'r ysgol Gymraeg fel ffenomen heb ystyried y berthynas rhwng cynllunio ieithyddol, pedagogi a gwleidyddiaeth, a'r cyd-adwaith rhyngddynt. Un o'r ychydig gyhoeddiadau yn y maes hwn yw pennod Baker (2000) yn Daugherty et al. (2000), ac fe gyfeirir at ei sylwadau mewn penodau eraill yn y gwaith hwn. Mater allweddol i thesis y gwaith presennol yw 'whether the three perspectives integrate or whether they are separate and in conflict.' (2000, 102–3).

GRADDAU UWCH

Buddiol yw cyfeirio'n gryno at agweddau ar addysg ddwyieithog y dyfarnwyd graddau uwch am ddraethodau ymchwil yn y meysydd hynny rhwng 1983 a 2005. Ceir manylion llawn yn Thomas (2007, 18–19, 543). Ymdrinia traean o'r traethodau â chaffael iaith, traean â darpariaeth neu astudiaethau wedi'u ffocysu ar ardaloedd daearyddol cymharol gyfyngedig, a thraean â phynciau eraill. Yn amseryddol, cwblhawyd deg o'r astudiaethau yn y 1980au, un ar ddeg yn y 1990au, ac un yn y ganrif hon. O ystyried cyn lleied o ymchwil a wnaed i'r ysgolion Cymraeg, 'roedd y fath *tabula rasa* yn fendith ac yn felltith wrth ysgrifennu fy noethuriaeth: bendith o gael torri fy nghwys fy hun, ond melltith llunio fframweithiau i ddadansoddi dylanwadau cymhleth. Yn gryno, yr ymchwil empirig a'r dehongli yn y gwaith hwn yw'r dadansoddiad cynhwysfawr cyntaf o'r ysgol Gymraeg.

Gwreiddioldeb y gyfrol yw gwneud yr ysgol Gymraeg yn ganol-bwynt y gwaith, gan droi wyneb i waered yr astudiaethau arferol ym maes iaith a hunaniaeth Cymru. Ynddynt, tuedda'r ysgol Gymraeg, neu addysg Gymraeg, fod yn un o'r amryw ffactorau a ddefnyddir i enghreifftio'r agweddau hynny. Mae hyn yn wir hefyd am ymdriniaeth ar hawliau, thema pennod gyfan yn fy noethuriaeth (2007, 123–62). Yn y gwaith hwn, astudir yr ysgol Gymraeg fel un o'r symbolau a'r symbyliadau cyfoes fu'n gyfrifol am wrth-droi'r shifft ieithyddol yng Nghymru. Un o'r ysgolheigion a ddaw agosaf at ddweud hyn yw Baker (1990, 93), 'The central question is whether the Welsh language would have any chance of survival without the growth of formal primary and bilingual secondary education in Wales.' Ni all lwyddo ar ei phen ei hun, ond ni fuasai'r cynnydd a fu hebddi.

CLOI

Awgryma'r gofynnod yn nheitl y gyfrol rywfaint o amwysedd. Dengys yr astudiaeth mai brwydr fu sefydlu'r ysgolion Cymraeg, ar y cyfan, ac mai parhau y mae'r frwydr; cyn belled â bod hynny yn bod, nid oes dim amheuaeth. Goleddfu'r gair 'paradwys' y mae'r gofynnod, gan fod dyn erioed wedi anelu at yr hyn sy'n anghyraeddadwy. Ym maes addysg ysgolion, bydd sialensau newydd yn debygol o rwystro'r weledigaeth rhag cyrraedd paradwys.

Yn y bennod gynderfynol, amlinellir nifer o theses a ddatblygodd yn y gwaith, yn bennaf mai ymdrechion unigolion ar lefel ficro fu'r dylan-wadau mwyaf ar dwf yr ysgolion, ond bod dylanwadau eraill ar lefelau meso a macro yn cydadweithio ac yn dylanwadu ar agweddau a phen-derfyniadau lleol ac unigol. Gosodir llwyddiant yr ysgolion i wrth-droi'r shifft ieithyddol mewn cyd-destunau ehangach, a cheisir rhagweld y sialensau i ddyfodol y Gymraeg a ddaw o gyfeiriadau byd-eang, wrth i thema ieithoedd llai eu defnydd orfod cystadlu ar y llwyfan gwleid-yddol â sialensau economi a thlodi, caethwasiaeth fodern, cyffuriau ac AIDS, problemau ecolegol a globaleiddio ieithyddol mewn byd sy'n cyflym grebachu yn yr oes electronig.

Ceisiwyd ysgrifennu arolwg cyfredol mewn maes sydd yn allweddol ym mhroses normaleiddio'r iaith Gymraeg, ynghyd â nifer o argym-hellion er mwyn ennill brwydrau pellach ar y ffordd i baradwys.

Pennod 2

Methodoleg yr Ymchwil Empirig

Ni fydd methodoleg ymchwil o ddiddordeb i bob darllenydd, ond byddai hepgor amlinelliad ohoni yn wendid. Bwriad y bennod hon yw egluro'r fframwaith cysyniadol methodolegol, y paramedrau a ymffurfiodd, a'r manylion egwyddorol, ymarferol a chyfrifyddol wrth brosesu'r corpws data a ddeilliodd o holiaduron a chyfweliadau. Yn anad dim, saernïwyd methodoleg a amlygai'r berthynas rhwng, ar y naill law, agwedd ac ymddygiad ac, ar y llall, gefndir a phenderfyniadau.

MODUS OPERANDI

Dylanwadwyd *modus operandi* yr ymchwil empirig gan y ffaith mai un ymchwilydd a fyddai yn gwneud y gwaith, heb dîm o gynorthwywyr na chyllid mawr yn gefn iddo. Ystyriaeth gynnar oedd pwyso a mesur cryfderau a gwendidau astudiaeth feintiol/ystadegol yn erbyn astudiaeth ansoddol yn seiliedig yn bennaf ar gyfweliadau, astudiaethau achos, neu gyfuniad o'r ddau. Sialens astudiaeth ansoddol fyddai cyffredinoli ar sail nifer cymharol fychan o achosion: mae'n amlwg na fyddai'n ymarferol cynnwys nifer digonol o deuluoedd i fod yn gynrychioliadol. Eto i gyd, rhaid oedd cofnodi ysbryd ac enaid pobl – elfen waelodol i ddeall twf addysg Gymraeg. Penderfynwyd felly gyfweld ag unigolion a gynrychiolent sampl o'r prif strwythurau ac actorion yn hanes yr 'achos'. Byddai astudiaeth feintiol yn codi sialensau samplu, prosesu, a dehongli, yn arbennig twyllresymiad ecolegol.[1]

Er mwyn gwneud yr astudiaeth mor gynhwysfawr a hydrin â phosib, yn ogystal â gosod sail fethodolegol ddibynadwy iddi, penderfynwyd dilyn egwyddor triongli, sef cyfuno gwahanol ddulliau o gasglu data.[2]

---

[1] (HDS, 2007), 'The mistake of assuming that where relationships are found among aggregate data, these relationships will also be found among individuals or households.'

[2] Yn ôl Brown (1999, 4), 'Triangulation gives a more balanced picture of the situation and permits contradictions which are often hidden to become visible .'

Penderfynwyd dewis holiaduron penagored, dwyieithog; holiadur strwythuredig, yn Gymraeg neu yn Saesneg, neu yn y ddwy iaith; a chyfweliadau dwys, yn yr iaith briodol (ugain yn Gymraeg, chwech yn Saesneg). O ran cynulleidfa, penderfynwyd canolbwyntio ar rieni am mai nhw, yn bennaf, fu'n ymgyrchu am ysgolion Cymraeg a danfon eu plant i'r ysgolion hynny. Agwedd yn unig ar y dylanwadau ar dwf yr ysgolion Cymraeg, ond agwedd sylfaenol, yw cymhellion rhieni. Mae dylanwadau amgen yn gweithredu; fe'u dadansoddwyd, a phenderfynwyd ymchwilio i'r strwythurau sydd ynghlwm â nhw drwy holi'r actorion cysylltiedig.

HOLIADUR 1 (H1)
Casglwyd data am gefndir ieithyddol a chymdeithasol yr ymatebwyr ar ddechrau pob un o'r saith holiadur. Arddull ail hanner y tri holiadur cyntaf penagored oedd osgoi arwain meddyliau ymatebwyr, gan dderbyn bod hyd yn oed bodolaeth yr astudiaeth a'r cwestiwn mwyaf niwtral y gellid ei lunio yn gosod agenda. Yn y cyd-destun hwn felly penderfynwyd gofyn y cwestiwn (di-duedd), 'Beth oedd y rheswm neu'r rhesymau dros ddanfon eich plentyn/plant i ysgol Gymraeg?'

HOLIADUR 2 (H2)
Er mwyn ymchwilio i'r cydadwaith rhwng lefelau meso a micro, penderfynwyd llunio ail holiadur yn gofyn, 'Cyn i chi benderfynu danfon eich plentyn i ysgol Gymraeg, pa gymorth/gyngor/arweiniad a gawsoch gan gyrff neu sefydliadau neu unigolion?' Anelwyd at ganfod y graddau yr oedd pobl yn ymwybodol o rym llywodraeth a chyrff cyhoeddus a gwirfoddol ar y naill law, a dylanwadau lleol ar y llall, megis enw da'r ysgol leol neu berswâd ffrindiau.

HOLIADUR 3 (H3)
Pan fo strategaethau o dan y chwyddwydr, dadansoddir a gwerthusir eu cryfderau a'u gwendidau. Penderfynwyd bod canfyddiadau pobl amdanynt yn faes pwysig wrth gynllunio twf pellach. Gall anhawster fod yn arf ddeufin; er enghraifft, gall rhwystr i rai pobl (megis adeiladau anaddas) fod yn faes ymgyrchu i eraill. Penderfynwyd felly ofyn y cwestiwn, 'A fu rhwystr neu rwystrau i dwf addysg Gymraeg, naill ai yn genedlaethol, neu yn eich ardal chi, neu i chi yn bersonol? Rhowch fanylion llawn.' Er mwyn osgoi difwyniant yn y samplau,

penderfynwyd gofyn y tri chwestiwn i grwpiau cwbl wahanol, heb gysylltiad rhyngddynt.

HOLIADUR 4 (H4)
'Roedd hwn (a'r tri nesaf) yn strwythuredig. Seiliwyd y cwestiynau a'r gosodiadau ynddo ar yr egwyddorion canlynol, sef eu bod:

- yn cynnwys y prif ganfyddiadau am agweddau a gweithrediadau'r rhieni yn ôl y dystiolaeth yn H1–3;
- yn cynnwys materion a godai o'r astudiaethau beirniadol na chyfeiriodd rhieni H1–3 atynt;
- wedi'u geirio mor eglur â phosibl;
- yn craffbrofi agweddau drwy wirio un ateb yn erbyn un arall mewn rhai parau o osodiadau.

Sylweddolwyd y medrai rhai pynciau a ystyrir yn sylfaenol bwysig ar lwyfan rhyngwladol, megis gwrth-droi shifft ieithyddol, hawliau lleiafrifoedd ieithyddol, natur dwyieithrwydd, dwylosia, hawliau unigolion a grwpiau, neu hunaniaeth, beidio ag ymddangos (neu dim ond i raddau) yn ymatebion y tri holiadur cychwynnol. Themâu H4 oedd rhesymau'r rhieni dros ddewis yr ysgol Gymraeg, iaith a diwylliant, safon yr addysg, y rhieni a'r Gymraeg, hunaniaeth, ehangu'r defnydd o'r Gymraeg, strategaethau ac ymgyrchu dros y Gymraeg ac addysg Gymraeg, y gyfraith, ac agweddau pobl.

Penderfynwyd cymharu ymatebion yn H1–3 â'r rhai yn H4 er mwyn mesur pwysigrwydd cymharol yr holl bynciau dan sylw, a gweld a amlygid tueddiadau. Medrai'r tueddiadau lywio ymgyrchoedd y dyfodol a chynorthwyo i lunio polisïau a strategaethau cenedlaethol a lleol.

HOLIADURON 5 A 6 (H5, H6)
Anelwyd y ddau holiadur at garfan wahanol o actorion allweddol, sef yr athrawon. Modelwyd H5 (athrawon uwchradd) a H6 (athrawon cynradd) ar H4; dim ond rhai manylion cefndir yn rhannau agoriadol yr holiaduron oedd yn wahanol.

HOLIADUR 7 (H7)
Rhan berthnasol o'r llun cyflawn yw'r rhieni na ddewisasant yr ysgol Gymraeg, sef y mwyafrif llethol. Penderfynwyd llenwi'r bwlch hwn drwy addasu H4 rywfaint, ac ychwanegu dau gwestiwn, a drafodir ym

mhennod 8. Egwyddor bwysig oedd osgoi peri gwrthwynebiad ac euogrwydd a fedrai godi pe bai cul-awgrym yn y cwestiynau bod beirniadaeth ar yr ymatebwyr am beidio â dewis yr ysgol Gymraeg.

CYFWELIADAU DWYS

Cynhaliwyd 25 cyfweliad, cyfanswm o bron 17 awr o recordio, yn amrywio yn eu hyd o dri chwarter awr i bron ddwy awr a hanner. Cyfwelwyd ag unigolion neu barau (dwy enghraifft), yn cynrychioli swyddogion neu gyn-swyddogion AALlau, gweision sifil, gwleidydd-ion llywodraeth leol a chenedlaethol, yr arolygiaeth ysgolion (SPAEM ac Estyn), rhieni, llywodraethwyr a phenaethiaid ysgol, a grwpiau gwasgu a gwirfoddol (Atodiad CYF). Mewn un cyfweliad, torrodd y recordydd a bu'n rhaid cofnodi'r sylwadau ar bapur. Perthynai nifer o unigolion i fwy nag un categori, a sicrhawyd sampl o wahanol gyfnodau ac ardaloedd. Cyflwynwyd tystiolaeth ysgrifenedig yn unig (manwl, ac ar sail y cwestiynau) gan un unigolyn, gan godi'r nifer o ymatebwyr i wyth ar hugain.

'Roedd angen awyrgylch hamddenol, osgoi gofyn cwestiynau arweiniol, a bod yn ymwybodol o un o anawsterau sylfaenol cyfweliad, sef dibynadwyedd yr ymatebion. Hynny yw, i ba raddau y bydd pobl yn rhoi atebion a ymddengys, yn eu barn hwy, yn uniongred, yn bodloni neu yn plesio'r ymchwilydd, neu yn adlewyrchu eu daliadau a'u mewnwelediadau. Penderfynwyd craffbrofi'r cyfweledigion, gan groesgyfeirio at atebion cynt yn y cyfweliad wrth anelu at gysondeb yn y farn a fynegwyd. Sicrhawyd cysondeb gwahanol drwy gadw at gwestiynau paratöedig (Thomas 2007, 537–8) yn ôl patrwm y cyfwel-iad rhaglen-strwythuredig.[3] Cyfunwyd y patrwm hwn â'r cyfweliad ffocysedig, gan ganolbwyntio ar brofiadau perthnasol y cyfweledigion. Gofynnwyd cwestiynau unigryw yn ôl eu profiad, gan gynnwys eu cofiannau neu gyhoeddiadau eraill. Prif bwrpas y cyfweld oedd mesur y disgresiwn a'r argyhoeddiad y tu ôl i weithgareddau'r unigolion.

NATUR A MAINT SAMPL YR HOLIADURON

Y penderfyniad cyntaf oedd sut i samplu'r gymdeithas blwralistig yn ne-ddwyrain Cymru: dinasoedd, trefi, pentrefi, bröydd a chymoedd, a phob un ardal yn meddu ar ei hunaniaeth unigryw. O fewn pob ardal ddaearyddol ceir amrywiol gefndiroedd cymdeithasol-economaidd,

---

[3] Gweler, er enghraifft, Frankfort-Nachmias a Nachmias (1996), 232–4.

crefyddol, ieithyddol, gwleidyddol a diwylliannol. Ni ellir cyffredinoli ar sail un ardal ddaearyddol nac un agwedd, megis cefndir ieithyddol, heb ystyried effeithiau ffactorau eraill ar agweddau, penderfyniadau ac ymddygiad pobl, megis profiadau personol (yn arbennig eu profiadau fel disgyblion), teimladau, emosiynau, barn eraill, a meddyliau cudd a phreifat. Ar ben hynny, gall agwedd unigolyn neu grŵp newid dros amser. Penderfynwyd peidio â dilyn cefndir crefyddol, gwleidyddol na diwylliannol yr ymatebwyr, gan y byddai hynny yn ymestyn y gwaith y tu hwnt i ffiniau ymarferol, ac yn craffbrofi agweddau personol a sensitif.

Pan osodir yr agweddau a'r gweithrediadau mewn cyd-destun amseryddol, deinamig, ar draws yr holl ffactorau a restrwyd uchod, gwelir pa mor anodd, os nad annoeth, yw cyffredinoli. Casgliad rhesymegol dadl fel hon yw cynnwys pob unigolyn yn yr astudiaeth; ond byddai hynny yn anymarferol. Penderfynwyd felly greu sampl mor fawr â phosibl, gan gadw cydbwysedd rhwng trawstoriad cynrychioliadol ac ymarferoldeb a hylawder casglu, prosesu a dehongli data a thystiolaeth arall. Gofalwyd bod y sampl yn cynrychioli pob ardal ddaearyddol. Er mwyn cael trawstoriad o bob cyfnod allweddol a chyn-ysgol, penderfynwyd samplu barn rhieni fel a ganlyn:

H1-3

Gwahoddwyd, trwy lythyr, chwe grŵp o 30 yr un i ateb H1; hynny yw, un grŵp Ti a Fi/Meithrin, un grŵp B2, un grŵp B5, un grŵp B8, un grŵp B11, ac un grŵp B13. Defnyddiwyd yr un patrwm ar gyfer H2 a H3. Golygai hyn dri grŵp cyn-ysgol, chwe grŵp cynradd, a naw grŵp uwchradd. Sicrhawyd nad oedd yr un grŵp blwyddyn yn y sector uwchradd yn derbyn mwy nag un holiadur. Gwelir y trawstoriad yn Nhabl Y1.

Penderfynwyd nad oedd trawstoriad daearyddol a blynyddoedd yn ddigonol, a dechreuwyd casglu data cefndir ieithyddol a chymdeithasol (prydau ysgol am ddim) ynghyd â dyddiad sefydlu'r ysgolion. Y rheswm am ddewis y newidyn hwn oedd y medrai oedran yr ysgolion fod yn ffactor arwyddocaol. Ni lwyddwyd i gael data cynhwysfawr, a lluniwyd y sampl drwy gyfuno data ac adnabyddiaeth bersonol o'r ysgolion.

H4

Ar sail canran yr ymateb i H1–3 a chostau argraffu a phostio, penderfynwyd newid y *modus operandi*. Yn gyntaf, dosbarthwyd llythyron at y grwpiau targed yn eu gwahodd i gymryd rhan yn yr ymchwil. Penderfynwyd cynnwys y 45 o ysgolion cynradd/uned nad oeddent yn sampl H1–3, a'r naw ysgol uwchradd. Rhoddai hynny'r potensial i holl ysgolion Cymraeg y de-ddwyrain gael eu cynrychioli yn yr ymchwil. Dosbarthwyd 1,350 llythyr i'r ysgolion cynradd a 900 i'r uwchradd. Targedwyd trawstoriad o flynyddoedd fel yn H1–3.

H5
Nodwyd prif ardaloedd y cwricwlwm ac arweinyddiaeth (cyfanswm o 14) er mwyn sicrhau trawstoriad o ddisgyblaethau, a chynhwyswyd y naw ysgol uwchradd.

H6
Sicrhawyd trawstoriad o athrawon drwy fanylu ar fathau o swyddi a dwy ystod o brofiad proffesiynol. Penderfynwyd cynnwys pob ysgol gynradd (49) a dwy uned.

H7
Dosbarthwyd 500 o lythyron, 100 yr un i ysgol uwchradd yng Nghaerdydd, i ddwy yn awdurdod unedol Caerffili ac i ddwy ysgol gynradd, hefyd yng Nghaerffili. Dewiswyd Caerffili am ei bod yn awdurdod cynrychioliadol o gymdeithas y de-ddwyrain.

TREIALU
Treialwyd H1–3 mewn un ysgol, â 10 rhiant ar gyfer pob holiadur, ond ni chynhwyswyd data'r treial yn y data terfynol, er mai dim ond un manylyn (diwyg) a newidiwyd yn y fersiwn terfynol. Treialwyd H4 gan 20 rhiant, H5 gan 14 athro, a H6 gan bum athro. 'Doedd dim angen newid y fersiynau terfynol, a chynhwyswyd y data o'r treialon. Gan mai addasiad bychan o H4 oedd H7, penderfynwyd peidio â'i dreialu.

DOSBARTHU A DYCHWELYD
Dosbarthwyd yr holiaduron yn bersonol gan yr ymchwilydd ym mhob ysgol, er mwyn creu perthynas dda rhyngddo a'r sefydliad, a gofynnwyd i'r rhieni eu dychwelyd drwy'r post (RHADBOST). Yn astudiaeth Lyon ac Ellis (1991) ymatebodd 45 y cant o rieni. 'Roedd hynny y tu mewn i'r ystod a ddisgwylid o holiadur drwy'r post.[4]

---

[4] Gweler Oppenheim (1966). Erbyn 1996, 20 y cant i 40 y cant oedd yr ystod ddisgwyliedig (Frankfort-Nachmias a Nachmias, 1996, 226).

H1–3

Yng ngwanwyn 2004, dosbarthwyd cyfanswm o 540 o holiaduron i 18 ysgol, a dychwelwyd 178 (62 H1, 65 H2, a 51 H3) (33 y cant), ymateb cymharol dda ar gyfer holiaduron, yn ôl barn casglwyr data. Amrywiodd ymatebion ysgolion unigol (o 13 y cant i 63 y cant). (Gweler Tabl Y1.)

H4

Yng ngwanwyn 2005, dosbarthwyd 2,250 o lythyron gwahoddiad, ond nid oedd modd gwybod faint o'r llythyron a gyrhaeddodd y rhieni drwy law'r disgyblion. Siomedig oedd yr ymateb cychwynnol i'r llythyron, er i bennaeth un ysgol uwchradd eu postio i gant o gartrefi. Dosbarthwyd 444 o H4 i'r ysgolion. Bythefnos wedi'u dosbarthu, gohebwyd â phenaethiaid yr ysgolion a'u hannog i wella'r ymateb; bythefnos wedi hynny danfonwyd llythyr arall a nodai ganran yr ymatebwyr gan annog y penaethiaid i symbylu gwell ymateb eto. Pan oedd angen, dilynwyd hyn gan alwadau ffôn. Yn ogystal, postiwyd holiaduron at y rhieni (56 ohonynt) a gynigiodd (yn H1–3) gymryd rhan mewn ymchwil pellach.

Yn y pen draw dychwelwyd 189 o holiaduron (25 o wirfoddolwyr H1–3, a 164 ymateb newydd). Y raddfa ymateb oedd 38 y cant.

H5–6

Yn ystod haf 2005, danfonwyd tri holiadur yr un i 51 o sefydliadau cynradd, cyfanswm o 153, a 14 i bob ysgol uwchradd, cyfanswm o 126 o gopïau. Dychwelwyd 45 holiadur cynradd (29 y cant), a 51 uwchradd (40 y cant).

H7

Yng ngwanwyn 2007, 10 y cant o rieni a ymatebodd i'r llythyr (gwahoddiad), a dychwelwyd 38 o holiaduron, y tro hwn i'r ysgolion. Penderfynwyd y byddai sampl mor fychan yn annilysu'r ymchwil mewn unrhyw astudiaeth gymharol. Ond gan fod dau gwestiwn yn unigryw i H7, penderfynwyd defnyddio data'r ddau gwestiwn.

CYFFREDINOL

Danfonwyd llythyr at y rhieni a'r athrawon yn diolch iddynt am gymryd rhan ac yn eu hatgoffa am fethodoleg llenwi'r holiaduron.

IAITH YMATEB

Awgryma'r canran a lenwodd H4 yn Gymraeg fod potensial i gynyddu nifer y plant sy'n siarad Cymraeg yn y cartref. Seilir y farn hon ar y data a geir yn Nhabl 2.1. Mae bron 30 y cant yn gwirfoddoli i lenwi holiadur yn Gymraeg yn galonogol o ran ymagweddiad, yn bennaf y mamau (Tablau B1–3).

TABL 2.1: IAITH YMATEB						
Holiaduron	*C (Cymraeg)*	*S (Saesneg)*	*C a S*	*% C*	*% S*	*% C a S*
H1–3	31	144	3	17.4	80.8	1.8
H4	56	133	0	29.6	70.4	0.0
H5–6 (athrawon)	96	0	0	100.0	0.0	0.0
H7 (ysgolion Saesneg)	0	38	0	0.0	100.0	0.0

PROSESU DATA

Penderfynwyd yn gynnar yn yr ymchwil y byddai angen meddalwedd er mwyn prosesu'r llwyth data. Ystyriwyd rhagoriaethau a gwendidau gwahanol systemau cyfrifiadurol ar gyfer dadansoddi testun rhydd a data rhifol.

Testun rhydd oedd calon H1–3 a H7, a châi ymatebwyr pob holiadur gyfle i ysgrifennu sylwadau. Cofnodwyd y cyfweliadau drwy eu recordio. Ystyriwyd yr amser a gymerai i fewnbynnu'r testun i raglen (megis NUD*IST) a fedr ddadansoddi amlder geiriau mewn testun. Penderfynwyd nad oedd angen trawsysgrifio pob sylw yn y cyfweliadau, gan nad oeddent i gyd yn berthnasol i'r ymchwil; teipiwyd cyfuniad o drawsysgrif a nodiadau (44,000 o eiriau). Penderfynwyd mai darllen sylwadau'r rhieni a'r cyfwelegigion, ac ysgrifennu nodiadau dadansoddol oedd orau, gan ddefnyddio amser yn fwy effeithlon.

Penderfynwyd defnyddio rhaglen SPSS ar gyfer prosesu'r data rhifol. Rhai o'i manteision yw ei bod yn rhaglen hysbys a dibynadwy, yn dadansoddi data cymhleth yn fanwl ac yn gyflym, ac yn rhoi cyfle i ymchwilydd lunio paramedrau i ateb union ofynion ei ymchwil. Yr her fwyaf oedd cynllunio'r paramedrau, sef matrics a gyfunai'r data (megis cefndir teuluoedd neu'r gosodiadau) a'r newidynnau, sef yr holl amrywiadau ar y data (megis sir enedigol rhieni neu farn ar raddfa saith pwynt). Ar gyfer data H1–3, penderfynwyd categoreiddio'r ymatebion i agweddau generig, ond gan geisio cadw mân wahaniaethau rhag ofn y collid negeseuon drwy lastwreiddio. Yn y pen draw, cafwyd 25 rheswm

26

dros ddewis yr ysgol Gymraeg, 13 math ar gyngor, a 10 anhawster yn erbyn twf pellach. Trefnwyd cod ar gyfer pob datwm a newidyn. Sicrhawyd y byddai'r paramedrau a'r codau yn H1–3 yn gydnaws â phrosesu'r data a'r newidynnau yn H4–7: oni bai bod elfen gref o strwythur cyfochrog tebyg rhwng y ddau fath ar holiadur, byddai cymharu eu deilliannau yn mynd yn or-gymhleth.

METHODOLEG PROSESU TREFN PWYSIGRWYDD Y RHESYMAU DROS DDEWIS YR YSGOL GYMRAEG YN H4–6

1 Gofynnwyd i ymatebwyr nodi'r pum rheswm pwysicaf. Defnyddiwyd dadansoddiad SPSS er mwyn cael y data sylfaenol, hynny yw, sawl person a ddewisodd, dyweder, reswm 3, yn brif reswm, sawl person a ddewisodd reswm 17 yn bedwerydd yn ôl trefn pwysigrwydd, ac yn y blaen.

2 Er mwyn pwysoli trefn y rhesymau, rhoddwyd sgôr o 5 i'r rheswm pwysicaf hyd at 1 am y pumed pwysicaf.

3 Lluoswyd cyfanswm pob ymateb (amlder) ar gyfer pob rheswm yn ôl ei drefn pwysigrwydd â'r pwysolyn perthnasol. Er enghraifft, byddai 10 ymateb ar gyfer rheswm oedd yn ail yn ôl trefn pwysigrwydd yn cael ei luosi â rhif y pwysolyn hwnnw, sef 4, gan roi sgôr o 40.

4 Mae Tablau P yn enghreifftiau o'r gwahanol fathau o ddadansoddiadau y gellir eu gwneud o'r data yn SPSS. Ceir tablau cynhwysfawr yn Thomas (2007, 462–72).

5 Mae cyfle i gymharu ymateb yn y gwahanol holiaduron, nid yn unig rhwng H1–3 a H4–6, ond hefyd rhwng gwahanol garfanau o ymatebwyr.

6 O'r gwahanol ddulliau o ddadansoddi'r data, gwelwyd mai sgorau pwysoledig agregedig (Tabl P3) a gyfunai orau farn gwahanol gynulleidfaoedd.

CYMARIAETHAU PELLACH

Nid oedd yn bosibl cymharu trefn pwysigrwydd yn ymatebion yr holiaduron penagored a'r holiaduron strwythuredig gan fod nifer o'r ymatebwyr yn H1 wedi methu â dilyn y cyfarwyddiadau a roddwyd. Sylweddolir bod y rhan hon o'r ymarfer yn uchelgeisiol, ac nid oes yna feirniadaeth ar rai o'r rhieni.

Yr hyn sydd yn bosibl yw cymharu trefn restrol H1–3 o ran y nifer a nododd y gwahanol resymau, oherwydd mae'n rhesymol dadlau bod canlyniadau arolwg penagored yn rhoi blas ar bwysigrwydd rhesymau ym meddyliau ymatebwyr. Dengys Tablau P1–3 wahanol ddulliau o ddadansoddi'r data, gan hwyluso cymharu canlyniadau i'r un symbyliadau, ond o ddau fframwaith gwahanol (penagored a strwythuredig), yn ogystal ag ar gyfer cynulleidfaoedd gwahanol (rhieni ac athrawon).

METHODOLEG DADANSODDI'R YMATEB YN H4–6 AR RADDFA SAITH PWYNT
Penderfynwyd defnyddio graddfa saith pwynt er mwyn cynrychioli ystod o fân wahaniaethau mewn maes amlhaenog a chymhleth. Yn wahanol i'r dadansoddiad o bwysigrwydd rhesymau rhieni dros ddewis addysg Gymraeg, mae pob rheswm (Adran B) a gosodiad (Adran C) yn sefyll ar eu pennau eu hunain fesul un. Nid agregwyd felly eu sgorau, fel y gwnaed ar gyfer trefn pwysigrwydd.

YSTADEGAU A THABLAU

Un o fwriadau'r gwaith yw dangos tueddiadau drwy ddehongli data o'r ymchwil empirig. Pan ddefnyddir geiriau megis 'arwyddocaol' neu 'anarwyddocaol', nid ydynt fyth yn golygu 'yn ystadegol arwyddocaol'. Pan dalgrynnir i fyny neu i lawr i un pwynt degol, weithiau ni fydd cyfanswm y canrannau yn 100 y cant.

CYFYNGIADAU, GWENDIDAU, BYLCHAU A RHYBUDD

Yn wreiddiol, bwriadwyd dadansoddi'n llawnach nag a wnaed y pedwar math ar newidyn, disgrifiadol, dibynnol, annibynnol ac allanol (Sapsford, 1999, 39), a dadansoddi'r cyd-adwaith rhwng rhai ohonynt. Barnwyd y byddai'r is-samplau yn y newidynnau yn gymharol fychan ac yn annilysu'r gwaith.

Wrth brosesu'r adran am iaith y rhieni yn H1–3, sylweddolwyd bod y ffordd y gofynnwyd y cwestiynau yn drwsgl, ac felly newidiwyd y symbyliadau yn H4. Er hynny, llwyddwyd i ddad-ddrysu'r data am ruglder, a dadleuir bod y data hwnnw o H1–3 yn ddilys. Dylid bod wedi nodi mai rhuglder yn y Gymraeg, nid yn y famiaith, oedd y bwriad yn

Adran A3 Holiadur 4, er y dengys y data yn glir i'r ymatebwyr ddeall y bwriad.

Doethineb trannoeth yw sylweddoli y dylid bod wedi cynnwys gosodiadau helaethach am rai agweddau, megis cyfrwng gwaith cartref. Ar y llaw arall, 'roedd H4 eisoes yn uchelgeisiol o helaeth. Trafodir gwendidau arbennig G27–9 ym mhennod 8. Nid yw'r gwaith yn ystyried cefndir amlieithyddol nac amlddiwylliannol ysgolion, astudiaeth y medrid ei gwneud yn y dyfodol. Tanlinellir bod dau gategori o ystadegau yn y gwaith: rhai yn cynrychioli poblogaeth gyfan (megis cyrhaeddiad holl ddisgyblion B11 de-ddwyrain Cymru ddiwedd CA4), a rhai sampl (megis cymwysterau uchaf y rhieni). Llun o sampl yn unig a geir felly ar adegau, gan fod casglu data cyflawn am nifer o agweddau y tu hwnt i baramedrau astudiaeth fel hon. *Caveat lector!*

Ni ellir gwneud mwy na chyfeirio at gafeat arall, drwy dynnu sylw at y newidyn canlynol, sef barn pwy yn union a gofnodwyd. Dengys Tablau B wahaniaeth sylweddol rhwng ymatebion H1–3 a rhai H4: mae dros dau o bob tri yn H1–3 yn cynrychioli barn y tad a'r fam, ond llai na hanner hynny yn H4. Un esboniad yw y byddai holiaduron pen-agored wedi ennyn trafod a hogi meddwl yn y teulu, ond bod H4, a ddisgwyliai ymateb rhifol mewn blwch, yn haws i un aelod o'r teulu ei lenwi. Barn mam yn unig a fynegwyd mewn 61.3 y cant o H4. Ond, yn ôl Tabl C7, mae proffil cymwysterau uchaf y mamau yn y ddau fath ar holiadur yn debyg iawn. *Caveat auctor!*

PROTOCOL AC ETHEG

Cafwyd caniatâd ysgrifenedig pob AALl i gynnal yr ymchwil yn eu hysgolion. Sicrhawyd cyfrinachedd y rhieni a chaniatâd y cyfweledig-ion i briodoli unrhyw sylw iddynt, â mân eithriadau. Perchir cyfrinachedd ymatebwyr yr holiaduron, ac, ar y cyfan, nid enwir ysgolion.

Pennod 3

Iaith, Cymdeithas a Chymhellion

Amcan y bennod hon yw disgrifio cefndir ieithyddol a chymdeithasol ysgolion Cymraeg y de-ddwyrain, a nodi rhesymau'r rhieni dros eu dewis. Cyn ystyried eu cefndir ieithyddol, gosodir y siaradwyr yng nghyd-destun siaradwyr Cymru gyfan, yn hanesyddol ac yn gyfredol.

Y CYD-DESTUN CENEDLAETHOL

Mae'r dirywiad yn nifer y siaradwyr a'r rhesymau dros hynny yn hysbys ddigon, a dangosir felly'r tueddiadau yn unig.

TABL 3.1: SIARADWYR CYMRAEG DE-DDWYRAIN CYMRU, 1901–91 – CANRANNAU

Ardal	1901	1911	1921	1931	1951	1961	1971	1981	1991
Morgannwg	43.5	38.1	31.6	30.5	20.3	17.2	11.8	10.0	
Morgannwg Ganol									8.4
De Morgannwg									6.5
Sir Fynwy	13.0	9.6	6.4	6.0	3.5	3.4	2.1	2.7	
Gwent									2.4
Cymru	49.9	43.5	37.1	36.8	28.9	26.0	20.8	18.9	18.6

Ffynhonnell: Addaswyd o Aitchison a Carter (1985, 8, 2; 1994, 89). 'Doedd dim cyfrifiad yn 1941. Nid yw'r newidiadau mewn llywodraeth leol (1974 a 1996) yn arwyddocaol yn yr arolwg bras hwn.

Calonogol yw'r newid tuedd yn ôl data cyfrifiad 2001, fel y dengys Ffigur 3.1 a Thablau 3.2 a 3.3, sy'n gwahaniaethu rhwng y gallu i siarad Cymraeg a'r gallu i'w siarad, darllen a'i hysgrifennu.

30

FFIGUR 3.1: SIARADWYR CYMRAEG CYMRU GYFAN,
1901–2001 – NIFEROEDD

Niferoedd siaradwyr, 1901–2001

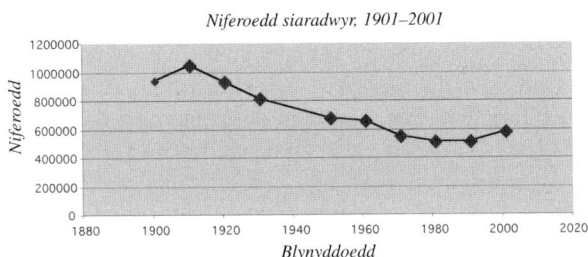

Ffynhonnell: gweler Tabl I 1.

TABL 3.2: NIFEROEDD 3 OED A HŶN Â'R GALLU
I SIARAD CYMRAEG, 2001

Ardal	Poblogaeth (1)	Nifer siaradwyr (2)	Canrannau
Cymru	2,805,701	575,640	20.5
De-ddwyrain	1,344,972	144,193	10.7

(1) Cyfrifiad 2001, *Supplementary table on Welsh-language skills.*
(2) Defnyddir y dull agregu yn ôl patrwm Aitchison a Carter (2004, 49–50).

TABL 3.3: NIFEROEDD 3 OED A HŶN Â'R GALLU
I SIARAD, DARLLEN AC YSGRIFENNU CYMRAEG, 2001

Ardal	Poblogaeth (3)	Nifer siaradwyr (4)	Canrannau
Cymru	2,805,701	457,946	16.3
De-ddwyrain	1,344,972	112,407	8.4

(3) Cyfrifiad 2001.
(4) Niferoedd o Aitchison a Carter (2004, 38).

Gwelir patrwm tebyg yn y ddau gategori, sef bod canrannau de-ddwyrain Cymru tua hanner canrannau Cymru gyfan. O ran niferoedd, mae bron hanner trigolion y wlad yn byw yn y de-ddwyrain a tua chwarter siaradwyr Cymraeg Cymru.

31

CEFNDIR IEITHYDDOL YSGOLION CYMRAEG
DE-DDWYRAIN CYMRU

Fesul awdurdod, nid yw'r amrediad canrannol yn fawr: ar gyfer y gallu i siarad Cymraeg, dim ond o 9.0 y cant yn sir Fynwy hyd at 12.3 y cant yn Rhondda Cynon Taf (Tabl I 3). Ym Mlaenau Gwent y mae'r ganran isaf o'r boblogaeth a fedr y tair sgil ieithyddol, sef 6.6 y cant, ac yn Rhondda Cynon Taf y ceir y ganran uchaf, sef 9.8 y cant (Tabl I 4).

Yn ôl Aitchison a Carter, dengys y dosbarthiad o siaradwyr bwysigrwydd allweddol y trefi a'r dinasoedd ar gyfer ailgynhyrchu'r iaith (2004, 56):

> [W]hile it is customary to identify the Welsh-speaking community with rural areas of north and west Wales (*Y Fro Gymraeg*), the actual heartland of that community in terms of absolute numbers lies in south Wales, embracing the long-standing Welsh-speaking communities of the former western coal-field and the burgeoning regions of the east, with Cardiff as a powerful focal point.

Ar draws y de-ddwyrain gwelir cynnydd yn nifer y siaradwyr a'r canrannau, o 5.7 y cant yn 1991 i 10.7 y cant yn 2001. Yn y dwyrain y gwelwyd y cynnydd mwyaf dramatig, yn arbennig yn Nhorfaen a Chasnewydd, â thwf o 8.2 a 7.3 pwynt canran. Yn y de-ddwyrain bu cynnydd o 84.5 y cant yn nifer y siaradwyr rhwng 1991 a 2001 (Tabl I 5).

Gorolwg yn unig a roddwyd hyd yn hyn, heb fanylu ar siaradwyr yn ôl eu hoedran. Gwneir hynny nesaf, gan fod proffil oedran siaradwyr yn bwysig wrth gynllunio gwrth-droi shifft ieithyddol. Dengys Tabl 3.4 y darlun cenedlaethol.

Rhwng 10 a 15 mlwydd oed y mae'r canrannau uchaf o siaradwyr, boed yn medru darllen ac ysgrifennu Cymraeg yn ogystal neu beidio. Dengys yr ystod oedran 5–9 ganran uchel yn ogystal. Cyfetyb y tair ystod hyn bron yn agos i oedran addysg statudol, 5–16, ac adlewyrcha'r canrannau effeithiau'r Gymraeg fel pwnc gorfodol yn y cwricwlwm cenedlaethol ac fel cyfrwng addysgu. Tenau, yn gymharol, yw'r canrannau ymhlith oedolion sydd yn medru siarad Cymraeg, er bod 24.5 y cant (16–19 oed) yn ystadegyn gobeithiol arall.

Er mwyn canfod gwir gefndir ieithyddol yr ysgolion Cymraeg, dechreuir drwy ddefnyddio Casnewydd (Tabl I 7) fel astudiaeth achos fechan. Fe'i dewiswyd oherwydd y cynnydd canrannol mawr o

TABL 3.4: SIARADWYR CYMRAEG LEDLED CYMRU
YN ÔL BANDIAU OEDRAN, CYFRIFIAD 2001

Oedran	Poblogaeth	Canran yn siarad Cymraeg	Canran yn siarad, darllen ac ysgrifennu Cymraeg
Pawb	280,5701	20.5	16.3
3–4	70,519	18.5	4.7
5–9	185,325	36.2	27.7
10–14	195,976	42.6	38.6
15	37,951	42.1	39.0
16–19	146,753	27.4	24.5
20–24	169,493	17.3	14.8
25–34	364,658	15.8	12.8
35–49	592,140	14.5	11.4
50–59	385,188	15.5	11.9
60–64	152,924	16.6	12.6
65–74	264,191	18.0	13.5
75+	240,583	21.0	15.4

Ffynhonnell: BIG (2003ch).

siaradwyr yno. Cyfanswm nifer y plant 15 oed yn medru siarad, darllen ac ysgrifennu Cymraeg oedd 708. Cyfanswm nifer y disgyblion 11 i 18 oed ym mlwyddyn y cyfrifiad yn Ysgol Gyfun Gwynllyw, yr unig ysgol uwchradd Gymraeg ar gyfer pedair sir yr hen Went, oedd 731. Cesglir felly fod mwyafrif y 708 o blant o Gasnewydd sydd yn medru'r tair sgil yn Gymraeg yn mynychu ysgolion Saesneg. Y casgliad ar sail astudiaeth achos Casnewydd yw ei bod yn anodd iawn defnyddio data'r cyfrifiad er mwyn gosod y sector Cymraeg mewn cyd-destun ieithyddol.

O ystyried niferoedd oedolion a feddant ar y tair sgil, a nifer ohonynt heb gael y profiad o Gymraeg gorfodol yn y cwricwlwm cenedlaethol, amlwg mai tenau yw'r cyfleoedd sydd gan blant ysgol yr ardal i siarad Cymraeg yn naturiol y tu allan i ffiniau'r ysgol. Yng Nghasnewydd mae 1,006 o siaradwyr Cymraeg rhwng 20 a 50 mlwydd oed. Fel canran o boblogaeth y ddinas, dyrnaid bychan ydynt, dim ond 0.8 y cant. Cynrychiolant 2.0 y cant o'r boblogaeth sydd rhwng 20 a 50 mlwydd oed. Yn Rhondda Cynon Taf, mae'r 6,277 o siaradwyr Cymraeg yn

33

cynrychioli 2.8 y cant o'r boblogaeth gyfan a 6.8 y cant o'r bobl o'r un oed, tra bo'r canrannau yng Nghaerdydd fymryn yn uwch, sef 3.2 y cant a 7.2 y cant. Patrymau tebyg sydd yn ardaloedd eraill y de-ddwyrain. Y gosodiad sylfaenol yw mai prin yw'r cyfle gan blant a phobl ifainc i siarad Cymraeg ag oedolion y tu allan i weithgareddau sydd yn gysylltiedig â'r ysgolion Cymraeg, oni threfnir gweithgareddau amgen.

Wedi dadansoddi iaith y gymuned, priodol trafod y Gymraeg yn y cartrefi. Defnyddir data BIG (2003ch) a Thabl I 8 ar gyfer y perspectif cenedlaethol. Cyfanswm y cartrefi yng Nghymru lle mae o leiaf un plentyn yn byw yw 365,553. Cyfanswm y cartrefi lle mae o leiaf un plentyn yn byw ac o leiaf un oedolyn yn medru siarad Cymraeg yw 69,475, sef 19.0 y cant. Nid yw'n dilyn bod y plant yn siarad Cymraeg ar yr aelwyd, fel y dengys Tabl 3.5 (a Thablau I 9–10 yn yr Atodiadau).

Nid yw'r wybodaeth am niferoedd plant cynradd sy'n siarad Cymraeg yn eu cartrefi ar gael fesul AALl ar gyfer 2004 a 2005 ond, ledled Cymru, yn ôl y rhieni (CCC, 2006e, Tabl 3), 'roedd 16,866 (8.1 y cant) o blant cynradd yn siarad Cymraeg gartref. Y ganran o ddisgyblion 11–15 mlwydd oed a siaradent Gymraeg gartref, eto yn ôl eu rhieni, yn 2005, oedd 7.9 y cant, canran ddigon tebyg i'r cynradd. Y tro hwn, mae manylion ar gael fesul AALl (CCC, 2006e, Tablau 16–17). Mae'r ystadegau yn Nhabl 3.5 yn ddigon i siglo ffydd y credadun pennaf.

Dim ond 1.5 y cant o ddisgyblion 11 i 15 mlwydd oed yn ne-ddwyrain Cymru oedd yn siarad Cymraeg gartref yn 2004. Ledled Cymru, mae llai nag un disgybl o bob deg (11–15 oed) yn siarad Cymraeg ar yr aelwyd. Gan fod bron hanner disgyblion y wlad yn yr oed hwn yn byw yn y de-ddwyrain (49.7 y cant), mae'r ganran ohonynt sydd yn siarad Cymraeg ar yr aelwyd yn cynrychioli 9.6 y cant o siaradwyr tebyg ar draws y wlad. Nid felly yn y de-ddwyrain y mae màs critigol y cartrefi Cymraeg eu hiaith, ond yn ardaloedd gweddill Cymru. Ceir llygedyn o obaith yn yr ystadegau canlynol a ddengys gynnydd tair blynedd y grŵp hwn o siaradwyr ar raddfa genedlaethol (CCC, 2007c, 13, Tabl 17): 7.6 y cant yn 2004; 7.9 y cant yn 2005; ac 8.8 y cant yn 2006.

Gwelir cynnydd bychan ar draws y de-ddwyrain, a'r cynnydd mwyaf yn 2006 yn Rhondda Cynon Taf, o 573 i 737, cynnydd o 164, neu 28.6 y cant. Beth bynnag fo'r esboniad, boed teuluoedd Cymraeg yn mudo i'r ardal neu yn troi iaith yr aelwyd o'r Saesneg i'r Gymraeg, neu yn sicrhau bod eu plant yn siarad Cymraeg â'i gilydd, mae yn gynnydd sydd yn werth ei ddathlu.

TABL 3.5: DISGYBLION 11–15 OED YN NE-DDWYRAIN CYMRU
SY'N SIARAD CYMRAEG GARTREF, YN ÔL EU RHIENI, 2004

Awdurdod addysg lleol	Niferoedd yr holl ysgolion uwchradd 2004	Niferoedd yn siarad Cymraeg gartref 2004	Canrannau yn siarad Cymraeg gartref 2004
Blaenau Gwent	4,480	1	0.0
Bro Morgannwg	8,174	264	3.2
Caerdydd	19,228	517	2.7
Caerffili	12,234	93	0.8
Casnewydd	9,250	6	0.1
Merthyr Tudful	3,833	7	0.2
Pen-y-bont ar Ogwr	8,518	12	0.1
Rhondda Cynon Taf	16,484	466	2.8
Sir Fynwy	4,823	6	0.1
Torfaen	7,195	11	0.2
De-ddwyrain Cymru	94,219	1,383	1.5
Cymru	189,516	14,377	7.6

Ffynhonnell: CCC (2006e).

Yn ôl ymatebion rhieni i'r holiaduron a ddychwelwyd yn 2004, dau deulu o 178 mewn sampl cynrychioliadol a ddywedodd mai Cymraeg oedd iaith yr aelwyd, sef 1.1 y cant. Dengys Tabl 3.6, sy'n seiliedig ar ymatebion 189 o deuluoedd yn 2005, batrwm ieithyddol sy'n fwy

TABL 3.6: IAITH Y CARTREF: H4, 2005

Disgrifiad	Niferoedd	Canrannau
Saesneg yn unig	39	20.6
Saesneg yn bennaf	78	41.3
Hanner Cymraeg a hanner Saesneg	38	20.1
Cymraeg yn bennaf	23	12.2
Cymraeg yn unig	10	5.3
Heb ymateb	1	0.5
Cyfanswm	189	100.0

Ffynhonnell: Holiadur 4.

cadarnhaol o ran defnyddio'r Gymraeg ar yr aelwyd. Wedi dweud hynny, patrwm yn seiliedig ar sampl ydyw, a dengys dueddiad y sampl, a dim byd mwy.

Yn 2004, dim ond 8.1 y cant o blant cynradd pum mlwydd oed a hŷn ar draws Cymru a siaradai Gymraeg gartref, a 7.6 y cant o blant 11–15 oed. Yn y cyd-destun hynny, mae cael 5.3 y cant o'r sampl yn arfer dim ond y Gymraeg yn ffigur cymharol uchel. Mae 17.5 y cant yn siarad dim ond Cymraeg neu Gymraeg yn bennaf hefyd yn uwch o lawer na'r ffigurau cenedlaethol. Pan ychwanegir 20.1 y cant o aelwydydd hanner Cymraeg a hanner Saesneg, mae canran y plant sydd â chyswllt â'r Gymraeg ar yr aelwyd yn codi i 37.6 y cant.

Nid cynllunio ieithyddol na chymdeithaseg iaith mo prif thema'r gyfrol hon, ac felly ni ddatblygir y defnydd o'r iaith yn y teulu, fel y gwna Williams a Morris (2000, 63–81). Ond mae astudiaeth gymharol rhwng gwahanol gyfnodau ar y defnydd a wneir o'r iaith yn y cartref yn ddangosydd ar wedd ieithyddol-gymdeithasol y de-ddwyrain. Gellir cael blas ar y fath ddeinameg drwy gymharu data o arolwg Aitchison a Carter (1988) â'r data yn Nhabl 3.6. Disgyblion Blynyddoedd 11–13 y tair ysgol Gymraeg yn ardal Caerdydd (Rhydfelen, Llanhari a Glantaf) oedd rhan o'r sampl (1988, 7), 353 o ddisgyblion B11, 138 o B12 ac 83 o B13. Rhieni yn yr un ysgolion oedd rhan arall y sampl, 260 ohonynt (1988, 13). Mae gwahaniaeth arwyddocaol rhwng canfyddiadau'r rhieni a chanfyddiadau eu plant ynghylch gallu'r rheini i siarad Cymraeg. Yn ôl Aitchison a Carter (1988, 13):

> Y mae canrannau'r cartrefi lle y mae'r ddau riant yn datgan eu bod yn medru siarad Cymraeg yn uwch o lawer [na chanfyddiadau eu plant]. Ni ellir cymharu'r ddwy gyfres o ddata yn uniongyrchol ond y mae'r fath wahaniaethau clir yn rhy fawr i'r peth fod wedi digwydd ar hap. Ni ellir esbonio (ac eithrio trwy gamarweiniad bwriadol) ond trwy awgrymu i'r rhieni a'r disgyblion ddeall y cwestiwn yn wahanol. Ymddengys i'r dis-gyblion . . . osod eu safonau'n uwch wrth farnu a yw eu rhieni'n medru siarad Cymraeg.

Cofnoda Tablau 3.7 a 3.8 allu'r rhieni i siarad Cymraeg, yn ôl barn a chanfyddiad y rhieni eu hunain a'u plant. Cyn ystyried iaith yr aelwyd, cydnabyddir ansicrwydd ynghylch dibynadwyedd y data am allu'r rhieni i siarad Cymraeg. Os cwestiwn o ganfyddiad yw'r allwedd i esbonio'r gwahaniaeth, yna mae'n dilyn fod yn rhaid dehongli yn or-ofalus ddata o unrhyw ffynhonnell a ddibynna ar ganfyddiad ymatebwyr.

TABL 3.7: GALLU'R RHIENI I SIARAD CYMRAEG:
CANFYDDIADAU'R RHIENI A'U PLANT, 1988

Disgrifiad	Y1 Rh	Y1 P	Y2 Rh	Y2 P	Y3 Rh	Y3 P
Y ddau riant	67.7	39.2	55.1	23.0	29.3	10.2
Un rhiant	25.8	28.3	20.2	27.6	37.8	29.3
Dim un ohonynt	6.5	32.5	24.7	49.4	32.9	60.6

Ffynhonnell: Aitchison a Carter (1988, Tabl 4.2, t. 14, a Thabl 3.4, t. 8).
Y = Ysgol; Rh = Rhieni; P = Plant.

TABL 3.8: DEFNYDDIO'R GYMRAEG GARTREF:
CANFYDDIADAU'R RHIENI A'U PLANT, 1988

Disgrifiad	Y1 Rh a P	Y1 P	Y2 Rh a P	Y2 P	Y3 Rh a P	Y3 P
Yn amlach na'r Saesneg	44.4	30.4	37.4	11.7	15.8	6.0
Tua'r un mor aml	17.0	11.2	14.3	9.3	29.3	8.6
Prin fyth	26.1	30.4	30.8	31.0	39.0	44.2
Byth	12.4	27.9	17.6	48.0	15.8	41.1

Ffynhonnell: addaswyd o Aitchison a Carter (1988, 8 a 16).

Gwelir gwahaniaethau eto rhwng canfyddiadau'r plant a'u rhieni. Ni wyddys pa ffigur sydd agosaf at y gwir. Yn ôl Aitchison a Carter (1988, 15), 'Amlygir y defnydd prin o'r iaith o fewn i gartrefi'r disgyblion sy'n mynychu'r Ysgolion Cymraeg.' Tua diwedd yr arolwg, wrth drafod nifer y Cymry Cymraeg mewn teuluoedd estynedig, pesimistaidd yw barn yr awduron pan ddywedant (1988, 28), 'Y casgliad cyffredinol yw nad yw'r sail y mae'r Ysgolion Cymraeg yn ceisio adeiladu arno nac yn mynd yn ddwfn iawn nac yn gadarn.'

Erbyn 2005, yn ôl Tabl 3.9, prinnach yw'r defnydd o'r Gymraeg yn y cartrefi, yn ôl pob darn o dystiolaeth ystadegol. Ni ellir gwneud cymhariaeth deg rhwng ystadegau Aitchison a Carter a rhai'r astudiaeth hon, gan fod yr holiaduron a'u cynulleidfaoedd yn wahanol. Medr canrannau gamarwain: cofier bod niferoedd disgyblion (mewn ysgolion Cymraeg) o gartrefi Saesneg eu hiaith yn tyfu. Gellir dadlau yn lled sicr bod y Gymraeg fel iaith yr aelwyd yn sialens yn ne-ddwyrain Cymru. Cymhariaeth arall dros amser y medrir ei gwneud yw drwy

TABL 3.9: CYMHARU IAITH Y CARTREF, DISGYBLION
YSGOLION CYMRAEG, 1988 A 2005

Disgrifiad 1988	% 1988	% 2005	Disgrifiad 2005
Yn amlach na'r Saesneg	33.9	17.5	Cymraeg yn unig a Cymraeg yn bennaf
Tua'r un mor aml	19.8	20.1	Hanner a hanner
Prin fyth	31.2	41.3	Saesneg yn bennaf
Byth	12.6	20.6	Saesneg yn unig

Ffynhonnell: addaswyd o Dablau I 9, 3.6 a 3.8.

ddyfynnu ystadegau Pwyllgor Datblygu Addysg Gymraeg, 1991, tystiolaeth a geir yn Aitchison a Carter (1994, 105). Y canrannau o blant ysgol gynradd (5–11 oed) a siaradai Gymraeg gartref yn y de-ddwyrain, 1988/1989 oedd:

Gwent	0.5%
Morgannwg Ganol	1.0%
De Morgannwg	1.3%

Erbyn 2005, dyma'r ystadegau ar gyfer plant 11–15 oed (Tabl I 9); mae cynnydd bychan, ond derbyniol, a'r rhesymau yn gymhleth, yn gyfuniad o ddylanwad yr ysgolion Cymraeg ac o fewnfudwyr o'r Fro Gymraeg:

Gwent	0.15%
Morgannwg Ganol	3.5%
De Morgannwg	3.3%

Dadl besimistaidd a pheryglus yw'r ddadl mai o gartrefi di-Gymraeg y bydd disgyblion y dyfodol yn dod fwyfwy, gan yr awgrymir felly na fyddai cartrefi Cymraeg yn cyfrannu at wrth-droi'r shifft ieithyddol. Ar yr un pryd, pe bai ardal yr astudiaeth yn dilyn patrwm sir Gaerfyrddin, er enghraifft, o beidio â throsglwyddo iaith i'r genhedlaeth nesaf, i raddau peryglus, yna mae'n deg bod yn besimistaidd. Mae angen ymchwil pellach yn y maes hwn er mwyn canfod pa rieni sydd yn tros-glwyddo'r iaith a phaham, tra bo eraill yn peidio â gwneud. Gan fod yr ysgolion Cymraeg yn bodoli yn ardal yr astudiaeth ers hanner can mlynedd, priodol hefyd fyddai gosod dilyniant a pharhad ieithyddol o dan y chwyddwydr, yn arbennig gan fod diffyg dilyniant, yn y man gwaith, yn gymdeithasol ac yn y teulu, yn dad-wneud llawer o waith da'r ysgolion.

Ceir arweiniad clir i dueddiadau trosglwyddo iaith ar yr aelwyd a rhybuddion ynghylch peryglon gwneud cymariaethau ar seiliau amwys a gwahanol yn *Trosglwyddo'r Iaith o fewn y Teulu* (BIG, 2003d). Dadleuir ei bod yn well 'canolbwyntio ar y dystiolaeth sydd ar gael ar gyfer plant 3 i 4 oed' gan y bydd plant hŷn wedi dysgu Cymraeg yn yr ysgol (2003d, 3). Ar draws Cymru, ar sail tystiolaeth cyfrifiad 2001, o'r holl blant tair i bedair oed, 7 y cant sy'n 'gallu siarad Cymraeg ac yn byw mewn cartref all fod â'r Gymraeg yn brif gyfrwng i'r teulu' (2003d, 3). Â'r papur ymlaen i nodi (2003d, 3) mai 'dim ond mewn deg awdurdod unedol y mae mwyafrif y plant sy'n gallu siarad Cymraeg yn byw mewn cartref sy ag unigolyn sy'n gallu siarad Cymraeg.' O'r deg awdurdod unedol hyn, Caerdydd yw'r unig un yn ardal yr astudiaeth.

Cyn manylu ar iaith rhai o deuluoedd yn yr astudiaeth hon, nodir sylwadau pellach o bapur BIG (2003d, 7):

> Mae'n amhosibl, gyda'r data sydd ar gael ar hyn o bryd, dweud yn bendant faint newidiodd y sefyllfa rhwng 1991 a 2001 . . . [G]welir *gostyngiad* yn y ganran o blant oedd yn siarad Cymraeg ac yn byw mewn cartrefi a allai fod â'r Gymraeg yn brif iaith iddynt, ac yn y rhai lle 'roedd o leiaf un oedolyn yn gallu siarad Cymraeg.

Priodol gan hynny yw dadansoddi cefndir ieithyddol y rhieni yn y deg teulu yn H4 â'r Gymraeg yn unig iaith yr aelwyd, er mwyn gweld a oes cysylltiad rhwng eu cefndir ieithyddol, eu siroedd genedigol ac iaith eu haelwydydd. Gan fod y niferoedd mor isel, ni ellir eu hystyried fel ffigurau arwyddocaol; yn hytrach, fe'u defnyddir fel math ar ddadansoddiad arbrofol cychwynnol y gellid ei ddatblygu mewn astudiaeth ehangach.

Mewn pedwar teulu, Cymraeg oedd mamiaith y fam a'r tad, mewn dau deulu, Saesneg oedd mamiaith y fam a'r tad; yn y pedwar teulu arall, Cymraeg oedd mamiaith y fam a Saesneg mamiaith y tad. Mewn wyth o'r 10 teulu, Cymraeg oedd mamiaith y fam, ac mewn chwech o'r 10 teulu Saesneg oedd mamiaith y tad (Tabl I 10). Daw pump o'r mamau o'r Fro Gymraeg, dwy o Gaerdydd, a thair o ardaloedd eraill yng Nghymru. Dim ond un o'r tadau gafodd ei eni yn y Fro Gymraeg, pedwar ym Morgannwg, tri yn Lloegr, a dau yng Nghaerdydd. Byddai ymchwil pellach yn ddiddorol er mwyn gweld patrymau trosglwyddo iaith mewn priodasau o gefndiroedd ieithyddol gwahanol. Dangosodd canlyniadau cyfrifiad 1991, er enghraifft, fod 58.8 y cant o'r plant 3–15 oed mewn teuluoedd pâr (priod neu'n cyd-fyw) yn siarad Cymraeg pan oedd y cymar benyw yn unig yn siarad Cymraeg; ond pan mai dim ond y cymar gwryw oedd yn siarad Cymraeg, caed gostyngiad arwyddocaol yn nifer y plant oedd yn siarad yr iaith, sef 49.6 y cant (BIG 2003d, 9).

Ffaith galonogol yw bod y teuluoedd yn y sampl yn cadw'r iaith yn iaith fyw ar yr aelwyd, a bod 40 y cant o'r rhieni wedi troi o'r Saesneg fel mamiaith i ddefnyddio'r Gymraeg yn unig ar eu haelwydydd. Byddent wedi mynychu ysgolion Cymraeg neu wedi dysgu'r iaith fel oedolion. Eto i gyd, pan ddadansoddir i ba raddau y mae rhieni â'r Gymraeg yn famiaith iddynt yn trosglwyddo'r iaith i'w plant ar yr aelwyd, nid yw'r canlyniadau mor galonogol.

MAMIAITH Y RHIENI

Prif amcan y dadansoddiad oedd canfod patrymau y medrid eu datblygu neu eu newid neu eu cymhwyso mewn gweithgareddau gwrth-droi'r shifft ieithyddol. Gwelwyd bod nifer arwyddocaol o siaradwyr Cymraeg yn magu eu plant ar aelwydydd cymysg eu hiaith, er mai'r Gymraeg 'yn fyw ar wefusau ein plant' oedd un o'r prif resymau dros ddanfon eu plant i'r ysgol Gymraeg (Thomas, 2007, 484). Dywedodd 14 pâr fod y rheswm hwn yn un eithriadol o bwysig; sgôr 'pwysig iawn' a gofnodwyd gan y ddau deulu 'Saesneg yn bennaf'. Barn ychydig dros hanner yr 189 o deuluoedd yn H4 oedd bod y rheswm hwn yn un eithriadol o bwysig; yn ôl chwarter arall, 'roedd yn rheswm pwysig iawn. Ar sail y data hwn dadleuir bod cymhellion y rhieni i sicrhau dyfodol yr iaith yn un cryf iawn. Gofynnwyd i athrawon ddyfalu pa mor bwysig oedd y rheswm hwn (a'r 25 arall) i'r rhieni, ond canfyddiad yr athrawon oedd bod y rhieni yn llai pybyr i sicrhau bod eu plant yn siarad Cymraeg nag a gofnodwyd gan y rhieni eu hunain. Mae gwahaniaeth arwyddocaol rhwng sgôr y rhieni a sgôr yr athrawon (Tabl 3.10). O'r 703 o rieni y cafwyd data am eu mamiaith, Saesneg oedd mamiaith 587 ohonynt, sef 83.5 y cant. Cymraeg oedd mamiaith 18.1 y cant o'r mamau a 11.6 y cant o'r tadau, sef 14.9 y cant o'r holl sampl.

Yn y sampl yn H4, y Gymraeg oedd mamiaith 45 o'r mamau, ac fe briododd 16 ohonynt (35.6 y cant) ŵr â'r Gymraeg yn famiaith iddo. O ran y tadau, 27 ohonynt oedd â'r Gymraeg yn famiaith, ac fe briododd 16 ohonynt (59.3 y cant) fenyw â'r Gymraeg yn famiaith. Pan

TABL 3.10: RHESWM 1 – GOFALU FOD Y GYMRAEG YN IAITH
FYW AR WEFUSAU EIN PLENTYN/PLANT

Graddfa	*H4 %* *Rhieni*	*H5 %* *Athrawon* *uwchradd*	*H6 %* *Athrawon* *cynradd*	*% Rhieni ac* *athrawon*
Eithriadol o bwysig	51.3	15.7	20.0	40.0
Pwysig iawn	22.2	7.8	15.6	18.6
Pwysig	18.5	37.3	22.2	22.5
Eithaf pwysig	5.8	19.6	24.4	11.2
Ddim mor bwysig â hynny	1.1	13.7	8.9	4.6
O ychydig o bwys	0.5	3.9	2.2	1.4
O ddim pwys o gwbl	0.5	2.0	6.7	1.8

ddadansoddir iaith y teuluoedd hyn, gwelir mai un pâr o bob pedwar a ddefnyddiai'r Gymraeg fel unig iaith yr aelwyd (Tabl I 11). O'r 16 pâr â'r Gymraeg yn famiaith iddynt, dim ond ar bedair aelwyd y siaredid y Gymraeg yn unig, cofnododd 10 teulu mai Cymraeg yn bennaf oedd iaith yr aelwyd, a Saesneg yn bennaf oedd iaith y ddau deulu arall. Adlewyrchir canlyniadau'r arolwg bychan hwn gan sylwadau prif weithredwr BIG (BBC, 2006b), 'Mae'n wych fod mwy o blant yn siarad Cymraeg. Ond rydyn ni'n poeni fod llai'n siarad yr iaith yn y cartre.'

Pan fo disgwyliadau ieithyddol gwahanol gan yr ysgol a'r cartref, medr hyn achosi tensiwn. Er enghraifft, mynegodd un pennaeth rwystredigaeth wrth glywed cyn-ddisgybl o ysgol Gymraeg yn dod â'i phlentyn i'r ysgol gan siarad Saesneg ag ef, a hynny yn feunyddiol. Wrth gwrs, yn gyferbyniol i'r agwedd hon yw ymdrechion rhieni di-Gymraeg i ddysgu'r iaith a sicrhau mai Cymraeg yw iaith eu haelwyd. Gwelir gobaith hefyd yn yr awydd clir i hybu rhagor o oedolion i ddysgu Cymraeg neu i wella'u rhuglder.

CYMRAEG Y RHIENI: RHUGLDER, DYSGU A GLOYWI
(MANYLION LLAWN: TABLAU I 12–19)
Penderfynwyd peidio â diffinio 'rhuglder' yn yr holiaduron, gan y tybid yr achosai'r diffiniadau gymaint o anawsterau ag o beidio â'u cynnwys. Dadleuir felly mai tenau yw'r ffin anniffiniedig rhwng 'rhugl iawn' a 'rhugl'. Penderfynwyd cynnwys pawb oedd â'r Gymraeg yn famiaith yn y categori 'rhugl iawn', er y cydnabyddir nad yw hynny o anghenraid yn fanwl gywir. Dadleuir ei bod yn debygol o ddangos tuedd er hynny.

Hunan-farn yr ymatebwyr oedd bod 32.5 y cant o'r mamau a 24.1 y cant o'r tadau yn rhugl neu'n rhugl iawn (Tabl I 15). Canran y mamau a'r tadau gyda'i gilydd oedd 28.3 y cant. Mae'r ganran hon yn arwyddocaol uwch na'r ganran 'Cymraeg yn famiaith' (14.9 y cant) (Tabl I 13). Priodolir y cynnydd gwirioneddol mewn rhuglder o 13.4 pwynt canran i ddwy ffynhonnell: y disgyblion a fynychodd yr ysgolion Cymraeg a'r rhieni eraill a ddysgodd y Gymraeg. Mae hyn yn arwydd cadarnhaol a gobeithiol o dwf mewn siaradwyr, ac yn gosod sail ar gyfer twf pellach.

Amlygir awydd cryf gan y rhieni i fynychu dosbarthiadau dysgu Cymraeg neu i godi safon. Mae dros hanner y rhieni wedi dechrau dysgu Cymraeg, ychydig dros ddwy ran o dair o'r mamau, a mwy na thraean o'r tadau. Nid safon cyflawniad y rhieni yw'r ffocws yn yr astudiaeth, ond eu parodrwydd a'u hawydd i roi cynnig arni. Mae'n amlwg o'r tablau (I 16–19) bod cyfle i gynyddu'r niferoedd, yn arbennig gan fod dros hanner y rhieni yn y sampl wedi mynegi diddordeb. Cadarnheir y brwdfrydedd hwn gan ymateb cadarnhaol iawn i G21 y 'Dylai fod ymgyrch i berswadio rhieni di-Gymraeg i ddysgu'r iaith ac i wella rhugledd [*sic*] y dysgwyr yn eu plith.' Cytunodd bron 90 y cant o'r ymatebwyr, gan gynnwys 85.3 y cant o'r rhieni.

Pan holwyd barn am ddarparu gwersi yn rhad ac am ddim, cytunodd 96.9 y cant â'r syniad, gyda thua thri chwarter yr athrawon yn dangos teimladau cryfion iawn o blaid y syniad, a bron hanner y rhieni. Gwiriwyd barn ymatebwyr i G23 gan y gosodiad dilynol (G24), 'Dylai oedolion sydd am ddysgu Cymraeg neu wella safon eu rhuglder dalu am eu gwersi yn union fel dysgwyr Sbaeneg neu Rwsieg neu unrhyw iaith arall.' Ar yr olwg gyntaf, medrech ddisgwyl data cymesur, ond tra mai dim ond 3.2 y cant a anghytunodd â darparu gwersi Cymraeg am ddim yn G23, credai 9.9 y cant yn G24 y dylent dalu. Mae cyfeirio at ieithoedd tramor eraill wedi codi egwyddor arall ym meddyliau'r ymatebwyr, ac mae 14.4 y cant yn dangos rhywfaint o ansicrwydd barn ('cytuno, mwy neu lai') o'i gymharu â 7.4 y cant yn gwamalu rhywfaint yn G23. Eto i gyd, nid yw'r duedd gyffredinol yn wahanol iawn.

Cyfeiriodd rhai ymatebwyr at amseroedd anghyfleus dosbarthiadau, ac mae hyn yn ystyriaeth bwysig wrth gynllunio lledu'r iaith. Medrir croesgyfeirio'r farn hon i bennod 8, pan ymdrinnir ag anawsterau yn erbyn twf pellach. Gwelir (Tabl 8.1, t. 226) bod diffyg cyfle i'r rhieni ddysgu Cymraeg yn gydradd drydydd yn y rhestr o anawsterau. Rhwng G21 a G23 codwyd un o'r materion anoddaf yn yr holl astudiaeth, sef 'Nid yw'n anfantais i'r plant fod trwch rhieni'r ysgolion Cymraeg yn

methu/peidio â siarad Cymraeg.' Cytunodd 44.2 y cant o'r holl ymateb-
wyr, ac anghytunodd 39.4 y cant, gyda 15.1 y cant yn cytuno, mwy neu
lai. Hynny yw, mae'r ymatebwyr, y rhieni a'r athrawon, yn rhanedig ar
y mater, ac awgryma'r ffaith honno fod angen ymchwilio yn ddyfnach
i'r maes astrus hwn.

BARN RHIENI AC ATHRAWON AM Y GYMRAEG A CHYMREICTOD
Os mai pesimistaidd yw tôn rhai paragraffau hyd yn hyn, optimistiaeth
a nodwedda ymateb rhieni yn yr holiaduron. Y Gymraeg oedd y rheswm
mwyaf poblogaidd yn H1 a H3 dros ddewis yr ysgol Gymraeg, dwy-
ieithrwydd ddaeth i'r brig yn H4 a'r Gymraeg yn ail (Tabl 3.16, t. 55).
Gwelwyd gobaith y rhieni dros ddyfodol yr iaith pan nododd 50.3 y
cant ohonynt eu bod yn cytuno'n gryf iawn â Gosodiad 2, 'Rwy'n
gobeithio y bydd ein plant ni, pan fyddan nhw'n rhieni eu hunain, yn
siarad Cymraeg â'u plant nhw.'

Craffbrofwyd dyfnder y gobaith gan G11, 'Dewisais addysg Gym-
raeg er mwyn trwytho fy mhlentyn yn yr iaith Gymraeg a diwylliant
Cymru, nid o anghenrheidrwydd er mwyn iddo/iddi gyrraedd safonau
uchel yn ei waith/gwaith ysgol.' Cytunodd 94.7 y cant o'r rhieni â'r
gosodiad ond, y tro hwn, 'roedd angen i'r ymatebwyr ystyried amlhaen-
rwydd cymhelliant, a dosbarthwyd cryfder y teimlad, neu'r farn, ar
draws y tri chategori o gytundeb cadarn: 24.9 y cant yn cytuno'n gryf
iawn, 26.5 y cant yn cytuno'n gryf, a 29.6 y cant yn cytuno. Dengys yr
ystadegau fod gan y rhieni ymrwymiad sylweddol i'r iaith.

Amcan G12, 'Cynhyrchu Cymry gwladgarol, rhugl yn y Gymraeg,
yw prif rôl yr ysgol Gymraeg,' oedd mesur p'un ai ymateb ar ryw don
emosiynol o Gymreictod neu bwyso a mesur eu hatebion yn ofalus a
wnâi'r rhieni. Yr ail ragdybiaeth sydd yn gywir, gan fod dros eu hanner
(61.3 y cant) yn anghytuno â'r gosodiad. Credir mai darparu addysg
dda yw prif nod ysgol, a bod iaith a hunaniaeth yn rhan annatod
o'r addysg. Awgrymir bod agwedd eangfrydig a chenedlaetholgar gref
yn ymateb yr athrawon, gan fod tri chwarter ohonynt yn cytuno â'r
gosodiad.

Pan holwyd barn ymatebwyr am osodiad 10 mai 'Addysg Gymraeg
fu'n bennaf gyfrifol am gynyddu nifer y siaradwyr dros y deng mlynedd
diwethaf,' gwelai'r athrawon gynhaeaf eu llafur yn y geiriau, ac un o
bob dau yn cytuno'n gryf iawn. Cytuno'n gryf a wnaeth un o bob dau
riant. Er mwyn rhoi sgôr uchel y tro hwn, mae angen cryn wybodaeth
am hanes yr iaith mewn amryw gyd-destunau.

Mesurwyd hefyd farn am swyddogaeth gymdeithasol iaith, ac ymddengys fod gan y rhieni a'r athrawon ddealltwriaeth o nifer o agweddau. Cred tua phedwar o bob pum rhiant ac athro mai marw bydd yr iaith heb y cyfle i'w siarad y tu allan i'r ysgol. Cydnabyddir pwysigrwydd gweithgareddau allgyrsiol yr ysgolion o ran arfer yr iaith yn gymdeithasol. Cofnoda un o bob 10 rhiant (G7) na chafodd eu plant brofiadau allgyrsiol/ieithyddol; mae darparu rhaglenni, gwirfoddol o ran athrawon a disgyblion, a apelia at ddant pawb yn sialens enfawr.

Un o'r mudiadau sydd wedi ymateb i'r sialens ers ei sefydlu yw Urdd Gobaith Cymru.[1] Nid syndod yw canfod sgôr uchel yn cytuno â G8, 'O ran ein plant ni yn ein teulu ni, mae'r Urdd wedi rhoi cyfle i'n plant ni i siarad Cymraeg, neu bydd yn rhoi'r cyfle.' Mae'r canrannau ymateb yn adlewyrchu canrannau G7 yn agos, sy'n awgrymu bod y rhieni yn deall pwysigrwydd siarad yr iaith yn gymdeithasol a bod yr Urdd yn gwneud cyfraniad allweddol er hyrwyddo hynny.

Holwyd am weddau eraill cwbl ymarferol ynghylch cynnal yr iaith, sef y mentrau iaith, y cyfryngau ac adnoddau dysgu. Yr hyn sydd yn arwyddocaol yn yr ystadegau am osodiad 5, 'Y mentrau iaith yw'r ffordd ymlaen i hybu plant, ieuenctid ac oedolion i ddefnyddio'r Gymraeg yn y gymuned' yw hyn: dyma'r gosodiad a sgoriodd uchaf o'r 74 gosodiad yn H4 yn y categori 'Cytuno, mwy neu lai', sef un o bob tri ymatebydd. Mae 17.5 y cant o'r rhieni yn anghytuno'n gryf. Pam felly? Nid diffyg gwybodaeth, gan mai un rhiant yn unig a gofnododd hynny. Ai ymwrthod â chyfundrefnu canolog? Hwyrach mai cymhlethdod agweddau cymdeithasol/ieithyddol sy'n dod i'r wyneb drwy'r ystadegau. Awgrymir ymchwil pellach yn y maes.

Yn wrthgyferbyniol, 'roedd barn glir a diamwys gan y rhieni am lwyddiant cyfyngedig addysg Gymraeg heb ystod eang o adnoddau dysgu ac addysgu, nofelau a rhaglenni teledu a radio. Dyma faterion 'bara a chaws bob dydd', materion sy'n cyffwrdd â bywydau a phrofiadau pob teulu yn feunyddiol. Ymhlith athrawon uwchradd yr oedd y cytundeb cryf iawn mwyaf (29.4 y cant), ond deallai'r rhieni bwysigrwydd yr elfennau hyn o'u profiadau personol, gyda 93.7 y cant ohonynt yn cytuno, a bron eu hanner yn cytuno'n gryf neu yn gryf iawn.

---

[1] Yn ôl Baker (1990, 80): '[I]ts effect on the Welsh language, Welsh culture and attitudes to Welsh has been, in terms of an international perspective on the fate of minority languages, a remarkable, important and uniquely Welsh factor in halting the fast decay of the indigenous language.'

Yn olaf, gofynnwyd a fedrai'r ysgol Gymraeg achub yr iaith ar ei phen ei hun (G4). Yng Nghymru, mae'r athrawon wedi gweithio mor ddygn er mwyn achub yr iaith, ymhlith cyflawni llu o amcanion eraill, fel na fu amser gan bob un i godi'u pennau tuag at orwelion amgenach. Deil bron 18 y cant o athrawon i gredu yn rôl hollgyrhaeddol yr ysgol fel arf i achub yr iaith. Mae dros 26 y cant o'r rhieni yn credu'r un fath. Cytuno â Fishman a'i fath y mae'r mwyafrif llethol, ac fe drafodir ei ddamcaniaethau yn y bennod nesaf.

PRIF GASGLIADAU

Amrywiol a gwrthgyferbyniol yw proffil ieithyddol de-ddwyrain Cymru. Yn y boblogaeth gyfan, canran y siaradwyr a fedrai siarad, darllen ac ysgrifennu'r iaith yn 1991 oedd 6.0 y cant; erbyn 2001 tyfodd i 10.7 y cant. Mae'r rhesymau am y cynnydd yn gymhleth, yn bennaf gyfuniad o ddylanwad yr ysgolion Cymraeg, mewnfudwyr o'r Fro Gymraeg, a'r cwricwlwm cenedlaethol.

Yn y cartrefi, dangosodd y dadansoddiadau batrymau cyfathrebu cymhleth rhwng y pegynau, sef Saesneg yn unig (mwyafrif) i'r Gymraeg yn unig (lleiafrif). Cynhwyswyd llawer o ddata yn y maes hwn yn gwbl fwriadol: mae dechrau dadansoddi'r amrywiaethau syfrdanol yn symbyliad, gobeithir, i gomisiynu ymchwil ar fethodoleg addysgu'r Gymraeg (yn bennaf fel ail iaith) yn yr ysgolion Cymraeg. Ymddengys mai cyfuniad o daflu disgyblion ifanc i mewn i'r bath iaith ynghyd â rhai technegau o fyd ail iaith ac ieithoedd tramor fu'r patrwm ers degawdau. Mae llwyddiant yr athrawon mor syfrdanol â'r cyfuniadau cymhleth o gefndiroedd ieithyddol.

Awgryma'r ystadegau yn ogystal yr angen am ymchwil pellach i'r gwahanol ganfyddiadau am iaith gymdeithasol, gan y medr canfyddiadau effeithio ar agweddau a gweithredu. Dadleuir bod angen i rieni ac athrawon ddeall yn well oblygiadau gwahanol gefndiroedd ieithyddol ar iaith ac ymagweddiad plant, yn y cartrefi a'r gymdogaeth yn ogystal ag yn yr ysgol.

CEFNDIR CYMDEITHASOL-ECONOMAIDD YSGOLION CYMRAEG DE-DDWYRAIN CYMRU

Byddai ymchwilio i natur gymdeithasol-economaidd ysgolion ardal yr astudiaeth hon yn golygu arolwg sylweddol a chostus, ymhell y tu hwnt i baramedrau'r astudiaeth. Er i 367 o deuluoedd roddi manylion yn yr holiaduron am eu statws priodasol, eu swyddi a'u cymwysterau, manylion y tad a'r fam yn y mwyafrif helaeth o achosion, nid yw'r data yn cynnig tystiolaeth amgen. Eto i gyd, mae gosod yr ysgolion mewn cyd-destun cymdeithasol-economaidd yn anorfod.

Un o'r canfyddiadau cyffredin ar lawr gwlad yw bod yr ysgolion Cymraeg yn elitaidd ac yn perthyn yn bennaf i'r dosbarth canol. Er enghraifft, yn ôl Bush, Atkinson a Read (1981a, 43–4), '[M]ae Khleif (1980, 217) yn nodi bod pobl yn edrych ar yr ysgolion hyn fel ysgolion 'snob', sef ysgolion lle y bydd y 'bobl orau' neu'r 'bobl broffesiynol' yn danfon eu plant.' Chwarter canrif wedi hynny, clywir sylwadau tebyg. Ychydig o ymchwil a wnaed i'r maes hwn: Morgan (1969), Bush (1979) ac Evas (1999) yw'r unig astudiaethau a ddaeth i'r amlwg.

Meddai cyn-ysgrifennydd cyffredinol UCAC, Iorwerth Morgan, mewn cyfweliad â minnau (22 Mai 2006):

> Pan wnes i arolwg o ddosbarthiad cymdeithasol yr holl ysgolion Cymraeg yr hen Forgannwg diwedd y chwedegau, 'roedd yr ysgolion yn amlwg yn elitaidd. Pan ddarllenodd Pennaeth Sefydliad Ymchwil Addysg Lloegr ar y pryd fy ngwaith, d'wedodd, "You have a veritable Eton here." 'Roedd y rhieni i gyd yn perthyn i Ddosbarth 1 neu 2 yn gymdeithasol. O'n i wedi synhwyro'r peth, ond nawr o'n i wedi'i brofi. 'Doedd dim drwg yn hynny.

Seiliwyd gwaith Bush, Atkinson a Read ar 104 o ymatebion (1981a, 42) 'r[h]ieni plant oedd yn derbyn addysg gynradd trwy gyfrwng y Gymraeg yn sir Gwent yn y flwyddyn academaidd 1977/78.' 'Roedd 24 y cant o'r tadau mewn swyddi proffesiynol, gweinyddol, rheolaethol neu weithredol, 17 y cant mewn galwedigaethau dwylo-glân, 22 y cant yn weithwyr-â'r-dwylo crefftus, 11 y cant yn weithwyr-â'r-dwylo lled-grefftus, ac 13 y cant yn weithwyr-â'r-dwylo-di-grefft. Nid ymatebodd 14 y cant o'r tadau (1981a, 44).

Seiliwyd data Evas ar ymateb myfyrwyr B12 rhwng Mai ac Awst 1996 mewn ysgolion yn ardal hen siroedd Morgannwg Ganol a Gwent; 'roedd 4 ysgol Gymraeg a 4 ysgol Saesneg gyfagos i'r rhai Cymraeg. Ymatebodd y myfyrwyr drwy holiaduron; dychwelwyd 106 gan yr ysgolion Cymraeg a 117 gan yr ysgolion Saesneg.

Dosbarthwyd swyddi'r rhieni yn ôl rheolau'r Office for Population Censuses and Surveys i ddosbarthiadau cymdeithasol 1–5. Ychwanegwyd y categorïau 'wedi ymddeol' a 'di-waith'. Yn ôl Evas (1999, 206):

Y mae'r gwahaniaethau mwyaf syfrdanol i'w canfod yn y grwpiau cymdeithasol uchaf lle y mae dros deirgwaith cymaint o dadau'r atebwyr Cymraeg [19.8 y cant o'i gymharu â 6.1 y cant] a bron pum gwaith cymaint o famau atebwyr yr Ysgolion Cymraeg [8.6 y cant o'i gymharu â 1.8 y cant] yn perthyn i'r dosbarth cymdeithasol uchaf.

Yn nosbarth cymdeithasol 2, ceir mwy o dadau a mamau'r ysgolion Cymraeg na'r ysgolion Saesneg, gwahaniaeth 'dim ond ychydig yn llai trawiadol'. Yn nosbarth 5, mae 11 y cant o dadau'r atebwyr Cymraeg o'i gymharu â 4 y cant o dadau'r atebwyr Saesneg. Achosa hyn 'sefyllfa ryfedd lle y mae mwy o dadau'r atebwyr Cymraeg ar waelod ac ar ben y pentwr nag o dadau'r atebwyr Saesneg' (1999, 207).

Yn y gwaith cyfredol (Tabl DC4) 'roedd 41.7 y cant o'r mamau yn y sampl a 28.9 y cant o'r tadau yn nosbarth cymdeithasol 1, data sydd, ar yr olwg gyntaf, yn cadarnhau'r ddelwedd mai ysgolion dosbarth canol, elitaidd, yw'r ysgolion Cymraeg. Yr wrth-ddadl yw mai dyma'r rhieni a ddychwelodd holiaduron. Nodir hefyd mai 6.5 y cant o'r mamau yn y sampl a 3.5 y cant o'r tadau oedd yn ddi-waith, o'i gymharu â 5 y cant o holl boblogaeth Cymru 16–59/60 oed. Mae mwy o rieni'r astudiaeth yn gweithio nag yn genedlaethol, y mamau o 12.4 pwynt canran, a'r tadau o 7.6 pwynt canran (Tablau GW 1–3).

Er felly bod samplau Evas a'r astudiaeth hon yn fwy, yn ddaearyddol ehangach, ac yn fwy cyfoes nag arolygon Morgan a Bush et al., erys yr angen am ddadansoddiad o'r cefndir cymdeithasol-economaidd sy'n seiliedig ar ddata cyfoes, dibynadwy, a chynrychioliadol o'r boblogaeth dan sylw. Ar gyfer yr astudiaeth hon, dadleuir bod y fath dystiolaeth ar gael eisoes mewn ffordd hylaw.

PRYDAU YSGOL AM DDIM
Un o'r dangosyddion gorau hyd yn hyn am gefndir cymdeithasol-economaidd disgyblion yw'r canrannau ohonynt sy'n cael hawlio prydau ysgol am ddim. Cyhoeddir y data gan Lywodraeth Cynulliad Cymru. Ym mhennod 6, ymdrinnir â'r cysylltiad rhwng y canrannau prydau ysgol am ddim a chyrhaeddiad disgyblion, sy'n destun poblogaidd yn y wasg addysgol.[2]

Methodoleg
Y flwyddyn 2005 a ddewiswyd yn flwyddyn sampl, a hynny am ddau reswm: yn bennaf gan mai yn ystod y flwyddyn hon y gwnaed y rhan

---

[2] Er enghraifft yn Major (2001).

fwyaf o'r ymchwil empirig ar gyfer yr astudiaeth, ond yn ogystal gan fod ystadegau cyflawn ar gael adeg yr ysgrifennu ar gyfer y cyfnod hwn. Er mwyn darganfod data prydau ysgol ar gyfer holl ysgolion Cymraeg y de-ddwyrain, codwyd canran pob ysgol o'r adroddiadau cryno ar ysgolion unigol (CCC, 2006dd). Yn yr un adroddiadau nodir poblogaeth yr ysgol, ac o luosi'r boblogaeth â'r ganran prydau am ddim cyfrifwyd nifer y disgyblion â'r hawl i gael prydau am ddim.

Ar gyfer canrannau disgyblion pob ysgol mewn awdurdod â hawl i gael prydau am ddim (CCC, 2006c, 101), mae dwy set o ddata, y naill ar gyfer pob disgybl a'r llall ar gyfer disgyblion 5–15 oed. Gan fod data'r ysgolion Cymraeg yn cynnwys pob disgybl, penderfynwyd defnyddio data pob disgybl ar gyfer yr holl ysgolion. Ystyr 'pob disgybl' yw holl ddisgyblion cofrestredig ysgolion meithrin, cynradd, uwchradd ac arbennig, beth bynnag fo'u cyfrwng.

Tueddiadau cenedlaethol
Ers 2000, mae'r ganran prydau ysgol am ddim ar raddfa genedlaethol (pob math ar ysgol) wedi disgyn yn raddol, o 20.0 y cant yn Ionawr 2000 i 17.0 y cant yn Ionawr 2005 (CCC, 2006c, 101). Bu gostyngiadau tebyg ar draws awdurdodau de-ddwyrain Cymru yn ystod y cyfnod hwn.

Patrwm cyffredinol de-ddwyrain Cymru
Dengys Tabl 3.11 yr amrywiaethau sylweddol rhwng y gwahanol awdurdodau, o 8.8 y cant (uwchradd) i 27.6 y cant (cynradd). Yn gyffredinol mae canrannau'r de-ddwyrain yn sylweddol uwch na'r ffigur ar gyfer Cymru gyfan, sef 17.0 y cant, ac awgryma hynny elfen gref o amddifadedd cymdeithasol. Gan fod darpariaeth ôl-16 mewn rhai ardaloedd mewn colegau AB yn unig, a chan fod y niferoedd sy'n dychwelyd i'r chweched dosbarth yn amrywio o ardal i ardal, mae'n dilyn fod rhywfaint o sgiwio ar y data uwchradd mewn rhai ardaloedd. Dadleuir felly fod y data cynradd yn rhoi gwell argraff o gefndir cymdeithasol-economaidd ardal na'r data uwchradd.

Dyfais ystadegol yw'r dangosyddion prydau ysgol, nid disgrifiad o gefndir cymdeithasol-economaidd. Nid yn y cyfartaleddau torfol, boed ar lefel genedlaethol neu ardal megis y de-ddwyrain, y deuir yn agos at ganfod gwahaniaethau yn y cefndir cymdeithasol-economaidd, ond yn y data ar gyfer ysgolion unigol. Hyd yn oed wedi hynny, dim ond tueddiadau y medrir eu disgrifio.

TABL 3.11: PRYDAU YSGOL AM DDIM: YSGOLION DE-DDWYRAIN
CYMRU, FESUL AWDURDOD ADDYSG LLEOL, 2005

Awdurdod addysg lleol	Cynradd	Uwchradd
Pen-y-bont ar Ogwr	20.0	15.3
Bro Morgannwg	11.9	9.3
Rhondda Cynon Taf	26.2	20.1
Merthyr Tudful	27.6	24.8
Caerffili	20.0	17.2
Blaenau Gwent	25.9	20.7
Torfaen	21.4	13.9
Sir Fynwy	9.2	8.8
Casnewydd	22.6	18.3
Caerdydd	20.8	18.1
De-ddwyrain	20.8	17.1
Cymru	18.0	15.3

Ffynonellau: CCC (2006c; 2006dd).

Rhai gwahaniaethau bras rhwng awdurdodau'r de-ddwyrain

Crynhoir y gwahaniaethau yn Nhablau 3.12 a 3.13. Y ganran isaf yn y sector cynradd yw 9.2 a'r uchaf 27.6. Y gwahaniaeth mewn pwyntiau canran rhwng yr isaf a'r uchaf yw 18.4, sydd yn wahaniaeth sylweddol, ac yn cadarnhau natur gymdeithasol-economaidd amrywiol yr ardal. Gwelir gwahaniaeth bellach rhwng bro a dinas, ar y naill law, a'r cymoedd, ar y llall. Yn ôl y disgwyl, ailadrodda data'r sector uwchradd y gwahaniaethau arwyddocaol rhwng bro a dinas a'r cymoedd sydd yn y sector cynradd.

Ystadegau torfol yn cuddio amrywiaethau arwyddocaol

Cyn ystyried data'r ysgolion Cymraeg, nodir bod canrannau ysgolion unigol yn amrywio'n sylweddol iawn y tu mewn i ganran yr awdurdod cyfan y maent yn perthyn iddo. Er enghraifft, yn y sector uwchradd, yn un o'r awdurdodau bro a dinas, y ganran isaf oedd 3.4, a'r uchaf 51.7 y cant. Eto i gyd, 'roedd canran yr awdurdod yn llai nag 20. Yn yr un flwyddyn, sef 2005, amrediad un o awdurdodau'r cymoedd yn y sector uwchradd oedd 8.4–42.0 y cant. Nid canran ysgol Gymraeg oedd yr un o'r rhain. Trafodir arwyddocâd hynny nes ymlaen.

TABL 3.12: PRYDAU YSGOL AM DDIM: YSGOLION CYNRADD
DE-DDWYRAIN CYMRU, FESUL GRWPIAU O AWDURDODAU, 2005

Awdurdodau addysg lleol	Canran isaf	Canran uchaf	Y gwahaniaeth mewn pwyntiau canran
De-ddwyrain cyfan	9.2%	27.6%	18.4
Bro a dinas: Caerdydd, Casnewydd a Bro Morgannwg[1]	9.2%	22.6%	13.4
Cymoedd: y 7 awdurdod arall	20.0%	27.6%	7.6

Ffynonellau: CCC (2006c; 2006dd).

[1] Er bod gwahaniaethau arwyddocaol rhwng bro a dinas, a thu mewn i fro a dinas, penderfynwyd agregu'r data ar gyfer yr ymarfer hwn, yn arbennig gan mai dwy ysgol gynradd Cymraeg sydd yn sir Fynwy. Yn ysgolion cynradd Cymraeg Gwent, daw 156 (11.2 y cant) o ddisgyblion o sir Fynwy, 392 (28.1 y cant) o Gasnewydd, 304 (21.8 y cant) o Flaenau Gwent, a 541 (38.9 y cant) o Dorfaen. Y gymhariaeth fawr felly yw rhwng y cymoedd (60.7 y cant) a'r ardaloedd eraill. Pwrpas yr ymarfer yw gweld patrymau bras.

TABL 3.13: PRYDAU YSGOL AM DDIM: YSGOLION UWCHRADD
DE-DDWYRAIN CYMRU, FESUL GRWPIAU O AWDURDODAU, 2005

Awdurdodau addysg lleol	Canran isaf	Canran uchaf	Y gwahaniaeth mewn pwyntiau canran
De-ddwyrain cyfan	8.8%	24.8%	16.0
Bro a dinas: Caerdydd, Casnewydd a Bro Morgannwg	8.8%	18.3%	9.5
Cymoedd: y 7 awdurdod arall	13.9%	24.8%	10.9

Ffynonellau: CCC (2006c; 2006dd).

Canran prydau am ddim ysgolion Cymraeg y de-ddwyrain
mewn cyd-destun cenedlaethol

Yn 2005, 18 y cant oedd y ganran genedlaethol ar gyfer pob ysgol gynradd yng Nghymru; canran ysgolion Cymraeg y de-ddwyrain oedd 14.9 y cant, tua thri phwynt canran yn is. Yn yr un flwyddyn, yn y sector uwchradd, 15.3 y cant oedd y ganran genedlaethol ar gyfer pob ysgol uwchradd yng Nghymru; canran ysgolion cyfun Cymraeg y de-ddwyrain oedd 12.2 y cant, tua thri phwynt canran yn is. Mae'r gwahaniaeth rhwng ysgolion Cymraeg de-ddwyrain Cymru a holl ysgolion Cymru yn fychan, a gellid honni ar sail yr ystadegau fod poblogaeth ysgolion Cymraeg y de-ddwyrain yn lled debyg yn gymdeithasol-economaidd i boblogaeth Cymru gyfan.

Ysgolion Cymraeg y de-ddwyrain o'u cymharu â'r ysgolion Saesneg – data cymharol
Yn gyntaf, dangosir y data cymharol yn Nhablau 3.14 a 3.15. Ar gyfer y sector uwchradd, penderfynwyd nad oedd hi'n bosibl dadansoddi'r gwahaniaethau fesul awdurdod. 'Roedd dau reswm am hynny. Yn gyntaf, mae hi'n gymhleth cyfrifo rhifau go iawn y ddau sector ieithyddol ar gyfer yr ysgolion uwchradd, gan fod un ysgol yn gwasanaethu pedwar awdurdod yng Ngwent, a 'doedd dim ysgol uwchradd Gymraeg ym Mhen-y-bont ar Ogwr nac ym Merthyr. Yn ail, fel y dadleuwyd uchod, mae data'r sector cynradd yn rhoi argraff gywirach o gefndir cymdeithasol-economaidd na'r data uwchradd.

TABL 3.14: PRYDAU YSGOL AM DDIM:
YSGOLION CYNRADD DE-DDWYRAIN CYMRU, 2005

Awdurdodau addysg lleol	Pob ysgol	Cynradd Saesneg	Cynradd Cymraeg	Gwahaniaeth mewn pwyntiau canran
Pen-y-bont ar Ogwr	20.0%	20.2%	17.3%	-2.9
Bro Morgannwg	11.9%	12.2%	9.6%	-2.6
Rhondda Cynon Taf	26.2%	28.2%	16.8%	-11.4
Merthyr Tudful	27.6%	28.6%	19.6%	-9.0
Caerffili	20.0%	20.4%	16.7%	-3.7
Blaenau Gwent	25.9%	26.2%	20.1%	-6.1
Torfaen	21.4%	21.6%	18.9%	-2.7
Sir Fynwy	9.2%	9.3%	6.4%	-2.9
Casnewydd	22.6%	22.7%	17.3%	-5.4
Caerdydd	20.8%	22.1%	10.2%	-11.9
De-ddwyrain	20.8%	21.5%	14.9%	-6.6

Ffynonellau: CCC (2006c; 2006dd).

TABL 3.15: PRYDAU YSGOL AM DDIM:
YSGOLION UWCHRADD DE-DDWYRAIN CYMRU, 2005

Awdurdod addysg lleol neu gyfuniad ohonynt	*Uwchradd Saesneg*	*Uwchradd Cymraeg*	*Gwahaniaeth mewn pwyntiau canran*
Bro Morgannwg	9.3%	6.2%	-3.1
Rhondda Cynon Taf, Pen-y-bont ar Ogwr a Merthyr	20.0%	13.6%	-6.4
Caerffili	17.2%	17.7%	+0.5
Gwent	15.7%	12.0%	-3.7
Caerdydd	18.1%	7.9%	-10.2
De-ddwyrain	17.3%	12.2%	-5.1

Ffynonellau: CCC (2006c; 2006dd).

Tueddiadau cymdeithasol-economaidd

Y tu mewn i wead cymdeithasol y de-ddwyrain ei hun, amlygir nifer o dueddiadau. Yn gyntaf, mae llai o brydau ysgol am ddim yn yr ysgolion Cymraeg, ym mhob dadansoddiad fesul awdurdod a sectorau cynradd/ uwchradd, ond am un. Mae hynny yn cadarnhau'r canfyddiad bod cefndir cymdeithasol-economaidd disgyblion yr ysgolion Cymraeg yn uwch na chefndir y sector Saesneg. Golyga hyn fod patrwm cyffredin ar draws ardal yr astudiaeth.

Yr ail dduedd yw yr amrywia maint y gwahaniaethau yn sylweddol ar draws y de-ddwyrain. Yn y sector cynradd, mae'r gwahaniaeth yn gymharol fychan (llai na 4 pwynt canran) yn hanner yr awdurdodau. Yn yr hanner arall, mae amrediad y gwahaniaeth yn mynd o 5.4 pwynt canran i 11.9 pwynt canran, ond rhaid cofio mai un ysgol Gymraeg oedd yng Nghasnewydd, un ym Mlaenau Gwent, a dwy ym Merthyr. Dim ond yn Rhondda Cynon Taf a Chaerdydd y gwelir gwahaniaeth sylweddol. Yn y sector uwchradd, yn Rhondda Cynon Taf a Chaerdydd y mae'r amrywiaeth fwyaf eto, tra bo Ysgol Gyfun Cwm Rhymni yn sgorio hanner pwynt canran uwchben canran yr awdurdod. Dengys y dadansoddiad felly pa mor beryglus a chamarweiniol yw gorgyffredinoli.

Y trydydd tuedd yw bod amrediad canrannau'r ysgolion uwchradd Cymraeg yn llai nag amrediad yr ysgolion uwchradd Saesneg. O edrych ar ganrannau'r holl ysgolion uwchradd unigol, Cymraeg a Saesneg, ceir amrediad o 3.5 y cant hyd at 51 y cant, hynny yw, gwahaniaeth o 47.5 pwynt canran, yn y sector Saesneg. Ar gyfer y naw ysgol uwchradd

Gymraeg, y gwahaniaeth yw 11.5 pwynt canran, sef o 6.2 y cant hyd at 17.7 y cant. Yn fanylach, yn y categori bro a dinas uwchradd, yr amrediad fesul ysgol Gymraeg uwchradd unigol oedd 6.2 y cant–10.0 y cant ac, yn y cymoedd, 10.1 y cant–17.7 y cant.

Eithriadau a rhybudd

Mewn unrhyw ystadegau, wrth gwrs, bydd rhai ffigurau yn is, ac eraill yn uwch na'r cyfartaledd. Ysgol Gyfun Cwm Rhymni yw'r unig ysgol (uwchradd) Gymraeg yn yr astudiaeth sydd â chanran prydau ysgol am ddim (ar gyfer 2005), sef 17.7 y cant, yn uwch na chanran uwchradd yr awdurdod addysg, sef 17.2 y cant. Arwyddocâd y ffaith hon yw iddi ddryllio'r myth mai'r ysgolion Cymraeg yw'r rhai mwyaf breintiedig yn y de-ddwyrain. O'r holl ardaloedd, tybed ai yng Nghaerffili y mae addysg Gymraeg wedi ymnormaleiddio, a siarad yn gymdeithasol felly? Esboniad arall yw bod canran y nifer sy'n dychwelyd i'r chweched dosbarth yn yr ysgol hon ddwywaith yn uwch nag ar gyfer ysgolion Saesneg yr awdurdod. Nodir hefyd fod un ysgol Gymraeg gynradd o'r 54 yn y de-ddwyrain, dair blynedd yn olynol, heb yr un disgybl â'r hawl i gael pryd ysgol am ddim.

Prif gasgliadau

Defnyddir y dangosydd prydau ysgol am ddim er mwyn mesur cefndir cymdeithasol-economaidd yr ysgolion. Pan gymherir natur gymdeithasol-economaidd ysgolion Cymraeg y de-ddwyrain â holl ysgolion Cymru gyfan, bychan iawn yw'r gwahaniaeth, sef dim ond 3 phwynt canran yn uwch. Nid yw'r gwahaniaethau, ar raddfa genedlaethol, mor drawiadol ag y tybir ar lawr gwlad.

Er bod canrannau'r prydau ysgol am ddim yn fwy homogenaidd yn yr ysgolion Cymraeg nag yn y sector Saesneg, mae patrymau amrywiol iawn i'w gweld ar draws ysgolion Cymraeg de-ddwyrain Cymru, rhwng awdurdodau a thu mewn i awdurdodau unigol. Yn ogystal, mae lleiafrif bychan o ysgolion Saesneg â chanrannau is na'r ysgolion Cymraeg.

Heb amheuaeth, mae cefndir cymdeithasol-economaidd yr ysgolion Cymraeg yn uwch nag ysgolion Saesneg de-ddwyrain Cymru. Dengys manylion y canrannau nad yw'r disgyblion, fel sector, yn freintiedig, ond bod eithriadau ac amrywiaethau sylweddol, nid yn unig yn y sector Cymraeg, ond yn y sector Saesneg yn ogystal. Byddai ymchwil, nid yn unig yn ne-ddwyrain Cymru, ond ar raddfa genedlaethol, i gyd-berthynas, os oes, rhwng cefndir cymdeithasol-economaidd yr ysgolion

Cymraeg a thueddiadau gwleidyddol a phatrymau twf, a hynny ar draws cyfnod rhesymol, dyweder 30 mlynedd, yn astudiaeth ddiddorol. Medrai canlyniadau'r ymchwil, efallai, awgrymu patrymau ar gyfer twf pellach. Mae'r fath astudiaeth y tu hwnt i gylch gorchwyl y gyfrol gyfredol.

RHESYMAU RHIENI DROS DDEWIS YR YSGOL GYMRAEG

Wedi disgrifio 'pwy' yw'r rhieni, gofynnir nesaf 'pam dewis yr ysgol Gymraeg?' Tenau yw'r ymchwil yn y maes hwn. Mewn un rhan yn unig o Went yn 1978–9 yr ymchwiliodd Bush i agweddau rhieni at addysg ddwyieithog, ac fe gyhoeddodd Bush et al. (1981b) bapur ar y testun yn 1981. Awgrymwyd 11 rheswm posibl i'r rhieni dros ddewis yr ysgol Gymraeg, a gofynnwyd iddynt fynegi pwysigrwydd y fath ystyriaethau ar raddfa 5-pwynt math Likert. Cawsant yn ogystal gyfle i ychwanegu rhesymau pellach (1981b, 10–11). Awydd i'r plant fod yn rhugl yn Gymraeg ddaeth i'r brig.

Mae gwahaniaethau arwyddocaol rhwng astudiaeth Packer a Campbell (2000) yn 1993 a'r gwaith cyfredol: dau ddwsin o rieni un ysgol Gymraeg mewn un dref yn 1993 o'u cyferbynnu â 734 ar draws y de-ddwyrain yn y gwaith presennol. Â'r papur cynnar *in medias res* i drafod rhai rhagdybiaethau megis 'reputation', 'success', 'cultural atavism' a 'political opinions' (2000, 578). Gofyn i'r rhieni nodi eu rhesymau, heb fath ar symbyliad na dylanwad o du'r ymchwilydd, *tabula rasa* go iawn, oedd man cychwyn yr ymchwil cyfredol. Dengys Tabl 3.16 resymau'r rhieni fel y'u cofnodwyd yn 2004.

Pan ofynnwyd i rieni H4 ddewis y pum rheswm mwyaf pwysig o'r rhestr (a welir yn Tabl 3.16), a'u gosod yn nhrefn eu pwysigrwydd o'r pwysicaf i'r pumed pwysicaf, cafwyd rhai canlyniadau tebyg a rhai go annhebyg, fel y dengys y data yn Tabl 3.17. Trafodir y canfyddiadau a chynnig rhesymau posibl am y gwahaniaethau yng nghorff y gyfrol. Gofynnwyd i rieni H4 osod y rhesymau mewn trefn pwysigrwydd, a gwelir y rhai a ddaeth i'r brig yn Nhabl 3.18.

SYLWADAU
Wrth ddadansoddi'r dylanwadau ar dwf yr ysgolion Cymraeg, dim ond un rhan o'r plethora yw rhesymau'r rhieni, fel y dengys Tabl 3.19. O'r 62 ymateb i H1, cafwyd 267 rheswm, mewn nifer mawr o gyfuniadau,

Tabl 3.16: RHESYMAU A NODWYD GAN 100 O DEULUOEDD H1–3
DROS DDEWIS YR YSGOL GYMRAEG

Trefn restrol	*Rheswm*	*Canran yr ymatebion*
1	Y Gymraeg	62
2	Safon addysg/staff/ethos/enw da'r ysgol	43
3	Economaidd/gwell swyddi	42
4	Safon uwch addysg Gymraeg/safon is addysg Saesneg	37
5	Hunaniaeth	34
6	Dwyieithrwydd	29
7	Plant yn y teulu/perthnasau yn siarad Cymraeg	20
8	Bwlch ieithyddol rhwng cenedlaethau	14
9	Haws dysgu ieithoedd eraill	13
10=	Disgyblaeth	11
10=	Ailadrodd profiad rhieni	11
12	Dewis naturiol, anorfod	8
13=	Canlyniadau arholiadau/safonau academaidd	7
13=	Maint dosbarthiadau	7
15=	Cyfle i'r rhieni ddysgu Cymraeg	5
15=	Lleoliad cyfleus	5
17=	Magu personoliaeth	4
17=	Gweithgareddau allgyrsiol	4
19=	Agwedd rhieni'r ysgolion Cymraeg	3
19=	Natur gymdeithasol-economaidd y disgyblion	3
21	Agwedd at foesoldeb ac ati	2
22=	Ysgolion cymysg eu rhyw	1
22=	Manteision pedagogaidd	1
22=	Cyfleoedd a roddir i'r plentyn	1
22=	Adeilad newydd	1

ac yn amredeg o 1 rheswm yn unig gan 5 ymatebydd i 15 gan un ymatebydd arall. Nododd traean o'r ymatebwyr bedwar rheswm yr un. Mae dwyieithrwydd a'r Gymraeg ymhell ar y blaen i bob rheswm arall. Nodir bod bwlch arwyddocaol rhwng y ddau label ieithyddol, er eu bod yn ymarferol yn y Gymru gyfoes yn golygu'r un peth. Yn wleidyddol, dwyieithrwydd a farchnetir drwy bolisïau, yn hytrach na'r Gymraeg. Hwyrach bod hynny wedi effeithio ar ymatebion. Trafodir goblygiadau delweddau a marchnata iaith yng nghorff y gyfrol, yn arbennig ym mhennod 8, pan ystyrir goblygiadau datblygiadau hanesyddol iaith ac addysg ar gyfer y dyfodol.

TABL 3.17: TREFN PWYSIGRWYDD RHESYMAU'R RHIENI –
CYMHARU YMATEB I DDAU FATH AR HOLIADUR

Rhif	Rheswm – disgrifiad byr	Trefn restrol H1–3	Trefn restrol H4
1	Y Gymraeg	1	2
2	Dwyieithrwydd	6	1
3	Hunaniaeth	5	6
4	Safon addysg/staff/ethos/enw da'r ysgol	2	4
5	Canlyniadau arholiadau/safonau academaidd	13=	3
6	Maint dosbarthiadau	13=	18
7	Magu personoliaeth	17=	5
8	Haws dysgu ieithoedd eraill	9	15
9	Economaidd/gwell swyddi	3	11=
10	Plant yn y teulu/perthnasau yn siarad Cymraeg	7	20
11	Agwedd rhieni'r ysgolion Cymraeg	19=	21
12	Disgyblaeth	10=	8
13	Ailadrodd profiad rhieni	10=	19
14	Gweithgareddau allgyrsiol	17=	16
15	Bwlch ieithyddol rhwng cenedlaethau	8	9
16	Natur gymdeithasol-economaidd y disgyblion	19=	26
17	Safon well addysg Gymraeg/safon waeth addysg Saesneg	4	13
18	Dewis naturiol, anorfod	12	7
19	Lleoliad cyfleus	15=	22=
20	Ysgolion cymysg eu rhyw	22=	25
21	Cyfle i'r rhieni ddysgu Cymraeg	15=	22=
22	Agwedd at foesoldeb ac ati	21	17
23	Manteision pedagogaidd	22=	11=
24	Cyfleoedd a roddir i'r plentyn	22=	14
25	Adeilad newydd	22=	24
26	Safon uwch addysg Gymraeg/safon is addysg Saesneg (cyfystyr â rheswm 17 o ran trefn restrol H1–3)	4	10

Mae dwyieithrwydd a'r Gymraeg yn sgorio 28.8 y cant o'r holl
ddewisiadau wedi'u pwysoli. Daw canlyniadau arholiadau a safonau
academaidd nesaf, ac mae'r ddau reswm hwn gyda'i gilydd yn cyfrif
am 14.8 y cant o'r dewisiadau pwysoledig, sef hanner y ddau reswm
ieithyddol. Llywiodd y canlyniadau hyn drwydd y gyfrol i raddau
sylweddol, gan eu bod yn nodweddu'r prif ddylanwadau.

TABL 3.18: RHESYMAU'R RHIENI – Y RHAI A DDAETH I'R BRIG

Safle	Disgrifiad byr o'r rheswm (a'i rif yn yr Holiadur)	% pwysoledig
1	Dwyieithrwydd (2)	16.8
2	Cymraeg (1)	12.0
3	Safon addysg/staff/enw da'r ysgol (4)	9.7
4	Canlyniadau arholiadau/safonau academaidd (5)	8.9
5	Safon uwch addysg Gymraeg (26)	5.7
6	Hunaniaeth (3)	5.1
7	Economaidd/gwell swyddi (9)	5.1
8	Bwlch ieithyddol rhwng cenedlaethau (15)	4.8
9	Magu personoliaeth (7)	4.5
10	Disgyblaeth (12)	4.1

Ffynhonnell: H4.

TABL 3.19: AMLDER RHESYMAU DROS DDEWIS YR YSGOL GYMRAEG

Nifer y rhesymau	Nifer yr ymatebwyr	Cyfanswm y rhesymau
1	5	5
2	4	8
3	11	33
4	20	80
5	12	60
6	4	24
7	3	21
8	1	8
13	1	13
15	1	15
Cyfanswm: 10	Cyfanswm: 62	Cyfanswm: 267

Ffynhonnell: H1.

Teg nodi y byddai rhieni unrhyw ysgol yn nodi rhai agweddau, megis disgyblaeth dda. Ar wahân i'r rhesymau a ddaeth i'r brig, dylid crybwyll y rhesymau economaidd a phedagogaidd, gan y'u crybwyllir yn aml fel dwy o fanteision dwyieithrwydd. Heb i neb awgrymu rhesymau, daeth manteision swyddi (da) yn drydydd (H1–3), ond yn unfed ar ddeg yng nghanol 26 o resymau H4. Tra bo dadl o blaid marchnata arwahanrwydd yr ysgolion Cymraeg, a'r fantais o gael swyddi (da), oni fydd grym dadl rhesymau economaidd yn lleihau wrth i'r iaith ymnormaleiddio?

Mae mwy o angen marchnata manteision pedagogaidd plant dwyieithog, gan fod y ddadl yn gynhwysol ac o fantais i drwch y boblogaeth. Prin y cyfeiriwyd at y rheswm hwn yn H1–2, ond sgoriodd yr un peth â rhesymau economaidd yn H4. Dadleua May, er enghraifft, yn gryf y dylid gwahanu rhinweddau addysgol ac ieithyddol addysg ddwyieithog oddi wrth yr her wleidyddol i'r canfyddiad o genedlwladwriaeth unieithog (2003, 144). Noda fod tua 150 o brosiectau ymchwil o bwys wedi'u cynnal dros y 40 mlynedd diwethaf, a'u bod yn gyson yn casglu bod manteision gwybyddol ac uwchieithyddol gan fyfyrwyr dwyieithog.[3]

Cydnabyddir felly fod gan fyfyrwyr dwyieithog nifer o fanteision dros rai unieithog, megis aeddfedu'n gynt wrth fagu sgiliau haniaethu ieithyddol, rhagori mewn tasgau meddwl dargyfeiriol, a dangos mwy o sensitifrwydd cymdeithasol mewn sefyllfaoedd sydd ag angen cyfathrebu llafar. Yn gryno, daeth yn amlwg fod cymhellion rhieni yn seiliedig ar gyfuniad a setiau amrywiol o resymau croesgyfeiriol ac ymblethedig, ymenyddol ac emosiynol, ideolegol a phragmataidd, egwyddorol a llai egwyddorol, ond bod rhai cymhellion yn ymddangos yn amlach ac yn bwysicach na'i gilydd, sef iaith, hunaniaeth a safon yr addysg.

---

[3] Gellir cyfeirio hefyd at nifer o ffynonellau perthnasol, megis Baker a Prys Jones (1989); Romaine (1995); Cummins (1996; 2000); Corson (1998) a Baker (2001).

Pennod 4

Iaith a Hunaniaeth

IAITH A HUNANIAETH

Mae twf yr ysgolion Cymraeg yn cydredeg â thair ffenomen gyfoes, sef esblygiad yr iaith Gymraeg o ran nifer ei siaradwyr, cynnydd yn yr ymdeimlad o Gymreictod ymhlith trigolion Cymru, a'r grymuso cynyddrannol ym mhwerau Llywodraeth ganolog ym Mae Caerdydd. Y gyddibyniaeth rhwng iaith, hunaniaeth, ac addysg a'm hargyhoeddodd fod astudiaeth feirniadol yn y maes hwn yn allweddol er mwyn deall ffyniant yr ysgolion Cymraeg. Dyna'r rheswm cyntaf pam y rhoddir cryn ofod yn y gyfrol i astudiaeth feirniadol o ddamcaniaethau gwrthdroi shifft ieithyddol (GSI) Fishman, a'u perthnasedd i'r Gymraeg ac i addysg a hunaniaeth Gymreig. Yr ail reswm yw fy mod yn credu bod yr ysgolion Cymraeg yn haeddu ymdriniaeth ar lwyfan cysyniadol safonol mewn cyd-destun global. Y trydydd rheswm yw dyfnhau dealltwriaeth o sialens gwrth-droi'r shifft ieithyddol: ar y cyfan bydd y rhai hynny sydd yn ymroi yn feunyddiol i achub yr iaith mewn ffyrdd ymarferol heb wybod am ymroddiad cyfochrog sosioieithyddwyr. Y pedwerydd rheswm yw gosod yr ysgol Gymraeg yng nghanol y trafod, gan ddangos bod ei ffiniau yn ymestyn ymhell y tu hwnt i gatiau'r ysgol: nid ffenomen blwyfol na chul-genedlaethol mo'r ysgol Gymraeg. Y rheswm olaf yw'r un pwysicaf, sef atgoffa'r ymgyrchwyr nad ydynt yn brwydro ar eu pennau eu hunain, yn arbennig y tu mewn i furiau eu hysgol. Ni ellir gwahanu twf yr ysgolion Cymraeg oddi wrth dwf yr iaith Gymraeg.[1]

Heb fynd i gors manylion, yn fras mae o leiaf 6,000 o ieithoedd yn y byd ac, yn ôl Krauss (1992, 10), y rhagolygon yw mai dim ond tua

[1] Dylid darllen ochr yn ochr â'r bennod hon Colin Williams, 'The case of Welsh/ Cymraeg in Wales' (2005a, 35–114), yn arbennig yr is-adran (sylweddol) 'A stage-by-stage analysis of current RLS efforts on behalf of Welsh'. Rhydd ei ddadansoddiad drosolwg cyflawn ar gynllunio ieithyddol yng Nghymru ddechrau'r ganrif hon.

600 ohonynt fydd yn goresgyn. Beth bynnag fo amcanestyniadau academyddion, mae'r duedd gyffredinol yn sicr (Grenoble a Whaley, 1996, 1998, 2006): marw y bydd ieithoedd.

I ba raddau y mae gwladgarwch, cenedligrwydd, diwylliant, seicoleg, teimladau a hanes gwlad yn rhan annatod o iaith a hunaniaeth ethno-ddiwylliannol – cyfuniad hanfodol, yn ôl rhai – i sicrhau parhad cenedl? Yn ôl eraill, megis May (2001, 8), mae'r cysylltiadau rhwng yr elfennau hyn yn gymhlethach o lawer:

> Language is but one cultural marker among many and not even a particularly important one at that . . . or at least so it seems. This position immediately problematises the intrinsic link between language and identity that is normally presupposed in many sociolinguistic discussions of language loss.

O ran Cymru, bydd y darllenydd yn gyfarwydd â gwladgarwch geiriau megis *I'r gad!*; *Safwn yn y bwlch!*; *Coron gwlad ei mamiaith*; *Cenedl heb iaith, cenedl heb galon.* Ymgorfforant un o'r agweddau pwysicaf yn y frwydr i achub yr iaith Gymraeg, sef yr ysbryd penderfynol mai goresgyn y bydd hi.

Argyhoeddiad tebyg, os nad credo, a welir ar draws cenhedloedd y byd. Er enghraifft, yn ôl Fishman mewn cyfweliad â Holson a Holt (1994), dywed y Gwyddelod fod eu hiaith yn rhoi iddynt wreiddiau'r goeden Wyddelig; ac yn ôl y Maiaid unwaith y cyll pobl ei hiaith, fe gyll ei hunaniaeth; a chred y Swmatriaid, 'heb iaith diflanna'r genedl'.

Tan ddiwedd yr ugeinfed ganrif, edwino bu hanes yr iaith Gymraeg am gan mlynedd. Ai ofn colli enaid y genedl a sbardunodd cenedlaethau o Gymry i ymladd brwydrau di-ben-draw yn y rhyfel i'w chadw yn fyw? Ai bwrw ati y gwnaethant fel cenhadon pybyr, yn llawn argyhoeddiad mai tua'r goleuni diwylliannol ac ieithyddol yr oeddent yn ymlwybro? Neu a oedd meddyliau craff yn damcaniaethu, yn cyn-llunio, yn strategaethu, yn gwleidydda ac yn gweithredu? Ar y llaw arall, er enghraifft, dadleua Mac Giolla Chríost ac Aitchison (1998) nad yw hunaniaeth genedlaethol y Gwyddel yn dibynnu ar y Wyddeleg. Tua diwedd yr unfed ganrif ar bymtheg cynyddodd diddordeb yn yr iaith i'r fath raddau fel y daeth, yn y diwedd, yn 'defining feature of ethnic identity' (1998, 305). Tua diwedd yr ugeinfed ganrif, gwanhaodd y cysylltiad rhwng iaith a hunaniaeth, a dyfynna'r cyd-awduron (1998, 306) nifer o ffynonellau fel tystiolaeth, megis Northover a Donelly

(1996, 45), 'those who do not learn Irish are not essentially different in their self-perception of ethnic identification from learners.'[2]

Dywed May mai'r farn gyffredin mewn damcaniaethau cymdeithasol a gwleidyddol, a fwyfwy mewn cymdeithaseg iaith, yw mai dim ond elfen ar y mwyaf sy'n cyffwrdd â hunaniaeth yw iaith (2005, 327). Dyfynna Edwards (1985; 1994) ac Eastman (1984) i gadarnhau'r farn hon, a drafodir dan thema ymbarél 'problem hanfodiaeth'. Problem cymysgrywiaeth, sef 'that our social, political (and linguistic) identities are inevitably plural, complex, and contingent' (May, 2005, 329) yw'r ddamcaniaeth a wedda orau i blwraliaeth ieithyddol a hunaniaethol Cymru, 'while language may not be a *determining* feature of ethnic identity, it remains nonetheless a *significant* one in many instances' (May, 2005, 330).

Cam pellach yw ystyried iaith yn werth diwylliannol creiddiol, chwedl Smolicz (1979; 1993; 1995). Cyfeiria May at ei waith mewn ôl-nodyn (2005, 341), gan nodi:

> [W]here language is a 'core cultural value' – the *sharing* of that language may engender particular solidarities. Certainly, ethnic and nationalist movements have seen the potential this connection offers – often choosing language as a rallying point for the alternative histories, and associated cultural and political rights, that they wish to promote.

Yng Nghymru, ag ychydig dros un o bob pump yn medru siarad Cymraeg, 'I'm as Welsh as anybody, though I don't speak the language myself, I'm sorry to say' yw un o'r sylwadau, medrid dadlau, sy'n ymgorffori cymhlethdod yr hunaniaeth Gymreig. Er bod dinasoedd y de yn gosmopolitaidd ers tua chanrif, Lloegr fu'r prif ddylanwad ar iaith a hunaniaeth Cymru. Yn ôl Colin Williams (1990, 19), mae Seisnigeiddio – 'the process by which non-English people become assimilated or bound into an English-dominated cultural and ideological system'– yn broses enfawr a chymhleth, ac un a drawsnewidiodd barthau helaeth

---

[2] Yn ôl Mac Giolla Chríost ac Aitchison (1998, 306):

[T]he relationship between Irish ethnic identity and the Irish language in the Republic of Ireland, couched in terms of a separatist national identity (Ó Murchú, 1997–81), may also be in decline (Ó Riagáin ac Ó Gliasáin, 1984, 1994). The result of the three national surveys of the language in the state (in 1973, 1983 and 1993) indicate a progressively lower level of ethnic and cultural identification with the language.

Gweler ymhellach Ó Murchú yn Hederman a Kearney (goln) (1982).

o Gymru a'r rhan fwyaf o'i thrigolion yn ddinasyddion uniaith Saesneg. I'r Goron ac i'r syniad o'r wladwriaeth Brydeinig, meddai Williams, yr oedd teyrngarwch pennaf trwch y bobl.

Mewn gwirionedd, mesur teyrngarwch i Gymreictod a Phrydeindod oedd bwriad gosod pum gosodiad yn H4–6 o dan yr is-bennawd Hunaniaeth (G30–4). Fy marn bersonol ynghylch iaith a hunaniaeth berodd imi osod G30 o dan yr is-bennawd Hunaniaeth, sef 'Os yw'r Gymraeg yn mynd i oroesi (*survive*), mae angen i bobl deimlo'n angerddol dros hybu'r iaith.' Gwir thema'r is-adran hon yw teyrngarwch, yn fwy na hunaniaeth, ac mae agweddau ar deimladau yn y gosodiad. Ymdrinnir ymhellach â theimladau ym mhennod 5. Dim ond 5.6 y cant o'r holl ymatebwyr a anghytunai â'r gosodiad, a'r athrawon uwchradd a deimlent gryfaf dros sentiment y gosodiad: 37.3 y cant yn cytuno'n gryf iawn, a 35.3 y cant yn cytuno'n gryf. Ym mhennod 5, gwelir patrymau tebyg, sef bod ymatebion athrawon yn amlygu mwy o argyhoeddiad a thân yn y bol, o'u cymharu â'r rhieni.

'Cymru yw fy mamwlad' oedd G31; 'Wales is my nation' oedd y fersiwn Saesneg. Yr hyn sydd o ddiddordeb yn y bennod hon yw'r gydberthynas rhwng 'my nation' a'r wlad enedigol. (Nodir gwledydd geni'r rhieni yn Nhabl M1.) Yn gryno, ganwyd dros bedwar o bob pum rhiant yn y sampl yng Nghymru, a bron pawb arall yn Lloegr. Cytunai'r ymatebwyr bron yn ddieithriad, nid yn unig y rhai a anwyd yng Nghymru, ond 84 y cant o'r mamau a 100 y cant o'r tadau a anwyd yn Lloegr neu mewn gwledydd eraill, mai Cymru oedd eu mamwlad. Dengys y data iddynt ymwreiddio yng Nghymru i'r graddau iddynt ddewis addysg Gymraeg ar gyfer eu plant. Mae hynny yn arwydd o ymrwymiad i'r hunaniaeth Gymreig. Nododd 91 y cant o'r rhieni eu bod yn Gymry twymgalon. Ar yr un pryd, nododd bron hanner y rhieni eu bod yn Brydeinwyr twymgalon. Rhan o'r hunaniaeth Gymreig gyfoes yw ymrwymiad i Gymru ac i Brydain, fel y dengys yr ymateb i G32, 'Y Deyrnas Unedig yw fy mamwlad'. Unwaith yn rhagor, mae bwlch arwyddocaol rhwng y rhieni a'r athrawon: tra bod mwyafrif yr ymatebwyr (59.3 y cant) yn anghytuno â'r gosodiad, y canrannau yw 51.3 y cant o'r rhieni, 74.6 y cant o'r athrawon uwchradd ac 80.0 y cant o'r athrawon cynradd. Yn fanylach eto, gwelir cryfder teimladau yn y categori 'anghytuno'n gryf iawn': rhieni 20.1 y cant, athrawon uwchradd 35.3 y cant, ac athrawon cynradd 42.2 y cant. Yn arolwg Coupland, Bishop a Garett (2006, 17), 18 y cant o'u sampl ar draws Cymru a ddewisodd y label Prydeiniwr yn hytrach na Chymro. Ond nid label naill ai/neu oedd byrdwn y gosodiadau yn yr holiadur, ac fel y dangosodd Coupland, Bishop a Garett gellir uniaethu'ch hun â Phrydain yn ogystal â Chymru (2006, 17), 'The overall pattern . . . suggests that no division into the categories of 'Welsh-identifying' and 'British-identifying' (the two categories used by Balsom) is tenable.' Cadarnheir casgliad Coupland, Bishop a Garett gan ddata y sampl yn fy ymchwil.

Gan mai'r Gymraeg oedd y prif reswm gan rieni H4 dros ddewis addysg Gymraeg, tybiwyd, yn gam neu yn gymwys, y byddai'r mwyafrif yn credu, fel yr awdur, fod y Gymraeg yn rhan annatod o'r hunaniaeth Gymreig. Priodol felly yw cloi drwy ddyfynnu o astudiaeth Coupland, Bishop a Garett (2006, 22):

> [O]ur regression analysis results show that levels of self-reported competence in Welsh do not predict subjective Welshness. That is *not* to say, however, that there is *no* association between these factors . . . Rather, that association is not sufficiently strong or consistent for the regression to have found it to be a significant predictor.

IAITH, HUNANIAETH A'R GENEDL-WLADWRIAETH

Dim ond 4 y cant o boblogaeth y byd sy'n siarad 96 y cant o ieithoedd y byd, yn ôl Crystal (1999a, b). Cred rhai mewn Darwiniaeth ieithyddol, a gofyn ai cwestiwn biolegol neu fater o bŵer yw colli iaith. Ni ddilynir y dadleuon hyn. Nid oes dadl mai ar gyrion cymdeithas a gwleidyddiaeth y mae mwyafrif ieithoedd y byd sydd dan fygythiad; yn aml fe'u siaredir gan grwpiau ethnig neu grwpiau cenedlaethol lleiafrifol.

Tanlinella May bwysigrwydd y genedl-wladwriaeth; tua 200 ohonynt sydd yn y byd heddiw. O blith y rhain mae 120 wedi mabwysiadu Saesneg neu Ffrangeg neu Sbaeneg neu Arabeg fel eu hiaith swyddogol. Yr iaith leol yw iaith swyddogol y wladwriaeth mewn 50 ohonynt (Colin Williams, 1996, 47). Ar hyn o bryd, cydnabyddir llai na 1.5 y cant o ieithoedd y byd yn swyddogol gan genedl-wladwriaethau. Yn gryno, yr hyn a ddywed May (2001, 5–6) yw mai'r genedl-wladwriaeth yw sail y drefn wleidyddol ar draws y byd. Mae'n rymus ac yn rheoli drwy wleidyddiaeth a'r gyfraith. Crea ddelwedd ohono'i hun fel symbol o foderniaeth a chynnydd. Mewn termau gwleidyddol, cynrychiola oruchafiaeth cyfanfydedd dros daleithioldeb.

CENEDL-WLADWRIAETH Â DWY IAITH SWYDDOGOL?

Cyflea'r paragraff canlynol o eiddo May rai o'r prif egwyddorion a drafodir yn y bennod hon (2001, 6):

> The 'triumph' of universalism with respect to language is evidenced by the replacement over time of a wide variety of language varieties spoken within a nation-state's borders with one 'common' national language (sometimes, albeit rarely, a number of national languages). This process usually involves the *legitimation* and *institutionalisation* of the chosen national language. Legitimation is understood to mean here the formal recognition accorded to the language by the nation-state – usually, by the constitutional and/or legislative benediction of official status.

Â ymlaen:

> Institutionalisation refers to the process by which the language comes to be accepted, or 'taken for granted', in a wide range of social, cultural and linguistic domains or contexts, both formal and informal. Both elements achieve a central requirement of the modern nation-state – that all its citizens adopt a common language and culture for use in the civic or public realm. At the same time, the chosen 'national' language comes to be associated with modernity and progress, while the remaining minority languages become associated with tradition and obsolescence.

Mae pwysigrwydd moderniaeth a chynnydd i'r Gymraeg yn fwy o lawer na delwedd; mae'n hanfodol fel rhan naturiol anorfod o ba bynnag beuoedd iaith sy'n delweddu moderniaeth a chynnydd. Er enghraifft, dadleuir ymhellach yn y gyfrol dros bwysigrwydd y Gymraeg i addysgu Gwyddoniaeth a Mathemateg, a thrafodir peryglon compartmentaleiddio iaith. Nid ailadrodd y dadleuon a wneir yma, ond eu gosod yng nghyd-destun cyfreithloni a sefydliadoli'r Gymraeg mewn gwlad sydd â dwy iaith â statws cyfartal.

At siarad un iaith gyffredin y bydd y genedl-wladwriaeth draddodiadol yn arwain, ac fe ddechreuodd gyda'r Chwyldro Ffrengig. Yn ôl May (2001, 6), dylai ffiniau hunaniaeth wleidyddol a chenedlaethol gydredeg mewn cenedl-wladwriaeth gytunol: 'The view here is that people who are citizens of a particular state should also, ideally, be members of the same national collectivity.'[3] Canlyniad y safbwynt gwleidyddol hwn yw creu cenedl-wladwriaeth sydd yn 'ethnically exclusive and culturally and linguistically homogenous' – a hynny yn milwriaethu yn erbyn ieithoedd lleiafrifol. Ond dyna'r model delfrydol, sy'n atseinio teitl gofynnol y gyfrol.

O dan ddylanwad globaleiddio a mudo, bydd grwpiau ieithyddol lleiafrifol yn cwestiynu undod y genedl-wladwriaeth wrth iddynt drafod, ymhlith pynciau eraill, amlddiwylliannaeth a dwyieithrwydd.

CENEDLAETHOLDEB AC IAITH

Ychydig sydd wedi'i ysgrifennu am genedlaetholdeb ac iaith, ac eithrio'r gwaith gan Jan Blommaert, John Edwards, Joshua Fishman a Sue Wright. Dadleua May (2001, 7) mai'r rheswm yw bod academyddion wedi tueddu i ymchwilio y tu mewn i'w meysydd arbenigol. Dadleua awduron ym maes hawliau lleiafrifol (megis Tollefson, Phillipson, Skutnabb-Kangas a Kontra) y dylai grwpiau lleiafrifol fwynhau o leiaf rai agweddau ar gynhaliaeth sefydliadol fel y gwna'r grwpiau mwyafrifol. Barn May (2001, 8) yw nad un talp homogenaidd mo grŵp lleiafrifol ac nad yw pob aelod ohono am gael ei uniaethu yn bennaf â'r iaith leiafrifol.

Teg gofyn beth yw canfyddiad, er enghraifft y Cymry Cymraeg, dyweder yn y Fro Gymraeg; aelodau Cymuned; y Cymry Cymraeg yn y brifddinas; y Cymry di-Gymraeg yn y cymoedd; y Cymry Cymraeg yn sir Gaerfyrddin; y mewnfudwyr; y ceiswyr lloches; y Cynulliad; mwyafrif trigolion Cymru, sef y di-Gymraeg? Mae barn bersonol gan fwyafrif yr unigolion a berthyn i grŵp; felly anodd yw canfod gweledigaeth grŵp. Hwyrach mai dod yn agos at ganfod hynny a wnawn. A sut mae'r genedl-wladwriaeth yn datblygu yn ieithyddol mewn cyddestun esblygol amlethnig, amlieithog ac amlddiwylliannol? Mae'r atebion yn anodd a thu hwnt i baramedrau'r gyfrol. Er hynny, maent yn hynod o berthnasol.

Yn ôl May (2001, 9), bydd unigolion yn anghytuno â chonsensws torfol am yr iaith. Bydd y tyndra rhwng hawliau'r unigolyn a hawliau torfol yn codi problem wrth gyfreithloni unrhyw alw am hawl ieithyddol leiafrifol ar sail anghenion grŵp. Nid oes ots, medd May, beth yw rhinweddau cymdeithasol neu wleidyddol yr hawl. Nid yw hawliau'r unigolyn yn cael eu diogelu ychwaith gan Ddeddf yr Iaith Gymraeg 1993: ni waranta'r hawl i unigolyn ddefnyddio'r Gymraeg wrth ymwneud â chyrff cyhoeddus nac i fynnu addysg Gymraeg i'ch

---

[3] 'Ernest Gellner's definition of nationalism as a "theory of political legitimacy which requires that ethnic boundaries should not cut across political ones" (1983: 1) clearly illustrates this standpoint' (May 2001, 6).

plentyn. Yr angen yw ymdrin yn fanylach â chymlethdodau ac, ar brydiau, groesddywediadau ym maes hunaniaeth yr unigolyn a grwpiau, a'r hawliau cysylltiedig y dadleuant trostynt.

RHAI FFACTORAU SY'N EFFEITHIO AR SHIFFT IEITHYDDOL
Nid nifer y siaradwyr (May, 2001, 146) yw'r ffactor pwysicaf mewn shifft ieithyddol, ond po leiaf y nifer, po leiaf y tebygolrwydd y bydd yr iaith yn goroesi. Y ffactorau pwysicaf yw:

- Pwy sy'n ei siarad, a phaham [cf. Nelde, Strubell a Williams, 1996].
- I ba raddau y mae'r wladwriaeth yn cydnabod yr iaith.
- I ba raddau y mae cefnogaeth y tu mewn i gymdeithas sifil, h.y. prosesau cyfreithloni a sefydliadoli.
- Statws isel grwpiau lleiafrifol a'u hymylu cymdeithasol, diwylliannol ac economaidd.

Tanlinella'r meini prawf uchod rôl ganolog pŵer gwahanol grwpiau a'r cydadwaith rhyngddynt mewn shifft ieithoedd lleiafrifol. Ymddengys y byddai Cymru yn sgorio'n uchel ar y tri maen prawf cyntaf, ond bod statws y grwpiau lleiafrifol yn statws uchel, sydd weithiau yn esgor ar feirniadaeth o elitiaeth dan arweiniad y crachach.

Dadl J. Edwards (1984a, 289–91; 1985, 17–18) yw mai'r gorau y gellid ei ddisgwyl ar gyfer dyfodol iaith leiafrifol yw cadw rhai o werthoedd symbolaidd neu dotemaidd yr iaith, '[I]ts continued communicative currency is ruled out of court', medd Edwards. Dadleua May fod y ddadl yn un ffals [*specious*] ac yn hanesyddol anghywir, gan gyfeirio at ddatblygiad Saesneg fel iaith genedlaethol: Lladin fu'r iaith gofnodi a Ffrangeg iaith yr uchelwyr ac felly hi oedd iaith uchelgais. Yng Nghymru, yn ôl Aitchison a Carter (2000, 158), medrai hunaniaeth Gymreig ddatblygu ar sail grym a delwedd sefydliadau cenedlaethol, tra byddai'r iaith a'r diwylliant traddodiadol yn foddau interim o gadw hunaniaeth y Cymry.

Gellir gwahaniaethu felly rhwng iaith symbolaidd ac iaith gyfathrebu, a thrwy hynny ddadlau nad oes angen iaith ar gyfer hunaniaeth ethnig. Iawn, medd May, ond yr awgrym sy'n ymhlyg yn hyn yw y gall iaith ar gyfer cyfathrebu edwino a marw. Hynny yw, pam poeni datblygu'r Gymraeg yn iaith gyfathrebu pan fo'r Saesneg yn gryf ac ar wefusau pob dinesydd yng Nghymru, ac eithrio rhai o'r mewnfudwyr a'r ceiswyr lloches diweddaraf? Dadl wleidyddol yw hon, nid dadl ieithyddol. A dyna'r ddadl gron: lladd iaith, lladd cenedl, hil-laddiad ieithyddol Skutnabb-Kangas.

Dadl May (2001, 148) yw bod dadleuon Edwards a'i debyg yn cynrychioli barn ar werth ieithoedd, barn sy'n gwneud colli iaith leiafrifol, a shifft ieithyddol at iaith fwyafrifol, yn gyfystyr â chynnydd a moderniaeth. Yn aml cysylltir diwylliant y grŵp mwyafrifol, Yigrwydd chwedl Fishman, â moderniaeth, yn arbennig pan fo Yeg yn iaith bwerus, megis Saesneg. Dywedir mai rhwystr yw'r iaith leiafrifol yn erbyn moderneiddio a datblygiad cymdeithasol. Felly mae ymgyrchwyr dros iaith leiafrifol yn gwneud hynny am resymau hiraethlon a chenedlaetholaidd, grwpiau elitaidd hunangeisiol ac anghynrychioliadol. A dyna ddychwelyd i'r cysyniad o Ddarwiniaeth ieithyddol a chymdeithasol: dim ond yr ieithoedd â'r gwerth (*currency*) cyfathrebu mwyaf fydd yn goresgyn. Ar lawr gwlad ar hyn o bryd rhoddir pwyslais ar gyfathrebu yn Gymraeg yn y sector cyhoeddus, y cyfryngau a'r Cynulliad. Cyfyd rhywfaint o densiwn a ddylid cyhoeddi'r Hansard Cymreig yn gwbl ddwyieithog, er enghraifft. Arweiniai peidio â defnyddio'r Gymraeg yn iaith â gwerth cyfathrebu cryf at ddiffyg statws ac at wanhau'r gobaith o'i hadfer.

Beth felly yw'r gwir? Awgrymir mai rhywle rhwng pesimistiaeth y meddwl deallusol ac optimistiaeth yr ewyllys, chwedl Gramsci, y mae'r ateb. Mewn gwirionedd, pwy all ddarogan? Mae awydd y bobl yn un o'r ffactorau allweddol. Cred Grenoble a Whaley (1996, 1998), mai o'r pridd y daw ein hachubiaeth, oddi wrth y bobl, oddi wrth y gymdogaeth a'r gymuned, fel y dywed May (2001,146): '[I]t is regionally specific or even community-specific factors that dictate the ultimate patterns and effects of language shift in any given context.'

Pan fo'r mwyafrif llethol o bobl gwlad neu ardal neu ranbarth (dyweder 90 y cant) yn dewis yr iaith fwyafrifol, mae'r achos, mae'n debyg, wedi'i golli. Os cysylltir iaith leiafrifol isel ei statws â hualau cymdeithasol a diwylliannol ac os yw hi'n rhwystr i symud cymdeithasol, 'does syndod bod siaradwyr ieithoedd lleiafrifol mewn cyfyng-gyngor: cadw traddodiadau a cholli cyfleoedd cymdeithasol ac economaidd ynteu wella'u bywyd personol drwy hunanladdiad diwylliannol? (Fishman, 1991, 60). Nid oes yn rhaid iddi fod felly, medd May, gan fod rhan bwysig gan y wladwriaeth i'w chwarae drwy gydnabod statws swyddogol yr iaith a'i pheuoedd derbyniol y tu mewn i gymdeithas sifil. Yn y cyd-destun hwn, ni ellir gorbwysleisio arwyddocâd gwleidyddol 'Iaith Pawb'. Yn ddamcaniaethol, gall iaith fod yn un arwydd yn unig o hunaniaeth. Yn ymarferol yn y byd go iawn, mae iaith yn llawer mwy na dim ond hynny (May, 2005, 332). Un o ddadleuon y gyfrol hon yw y newidiai'r hunaniaeth Gymreig pe bai'r iaith yn marw.

TROSGLWYDDO IAITH NEU FARW

Yn y byd naturiol, cenhedlu a throsglwyddo genynau sy'n sicrhau parhad. Dengys hanes y Gymraeg mai diffyg trosglwyddo'r iaith o genhedlaeth i genhedlaeth oedd y prif reswm am yr edwino, o dan ddylanwad amryw ffactorau: diwydiannu, ymfudo, mewnfudo a Seisnigeiddio'r gyfundrefn addysg. Ar hyn o bryd, gwelir cwymp yn nifer y siaradwyr hŷn, sef y cenhedlwyr, a chynnydd yn nifer y plant a phobl ifanc, sef y cenedledig. Gellir dadlau mai patrwm annaturiol yw hyn, a bod patrymau organig annaturiol yn arwain at broblemau esblygiad. Cyfeirir at rai o'r sialensiau hyn yn ddiweddarach yn y bennod.

Oherwydd diffyg trosglwyddo'r iaith rhwng cenedlaethau, bylchwyd ei llinell ddatblygu, ac fe droes yn llinell amddiffyn. Y sialens fawr bresennol i'r Gymraeg yw gwrth-droi'r patrwm, a chynyddu graddfa'r trosglwyddo rhwng cenedlaethau, cyn colli'r màs critigol o siaradwyr. Oni wneir hyn, yna bydd y cylch dieflig a athreuliad yn ailgychwyn.

Marw yw hanes ieithoedd: y clasur yw Lladin. Er hynny, i'r optimist, byw y mae Lladin, dan gochl yr aileni, sef Eidaleg. Ond marw, heb ddadeni, yw hanes lliaws o ieithoedd lleiafrifol, sef y categori mwyaf o holl ieithoedd y byd. O dan effaith globaleiddio, cyfathrebu electronig a chyfryngau torfol Americanaidd a Seisnig, mae hyd yn oed ieithoedd mwyafrifol a chryfaf y byd yn poeni am natur eu hesblygiad. Ar yr un pryd, mae'r ieithoedd cryfaf yn ymosod ar y rhai gwannaf. Barn arbenigwyr yw y bydd tua hanner ieithoedd y byd yn marw o fewn hanner canrif i ganrif.

Noda Crystal (2000, 130–43) chwe ffactor neu amod pan fo ieithoedd bregus yn adfer. Bydd y siaradwyr yn tyfu mewn statws yn y gymuned ddominyddol; yn mynd yn fwy cyfoethog mewn perthynas â'r gymuned ddominyddol; yn cryfhau eu grym cyfreithlon yng ngolwg y gymuned ddominyddol; yn dangos presenoldeb cryf yn y gyfundrefn addysg; yn medru ysgrifennu eu hiaith; ac yn medru defnyddio technoleg electronig. Heb fanylu, dadleuir mai nodyn o obaith yw'r amodau hyn pan ystyrir ffyniant y Gymraeg a'r siaradwyr Cymraeg ddechrau'r unfed ganrif ar hugain. Ar draws y byd, ceir ymdrechion systematig i achub ieithoedd lleiafrifol, rhai ohonynt yn ieithoedd cynhenid ac eraill yn ieithoedd a siaredir gan fewnfudwyr. Ymhlith y damcaniaethwyr amlycaf y mae'r cymdeithasegwr ieithyddol, Joshua Fishman, Athro (Emeritws, bellach) mewn adran seicoleg ar gampws meddygol Prifysgol Yeshiva yn Efrog Newydd. Nid syndod felly yw bod iechyd da'r corff a'r enaid yn gonglfaen i ddamcaniaethu Fishman am wrth-droi shifft ieithyddol (GSI) (*RLS*). Yn ei gyfrol seminal, *Reversing Language Shift* (1991), credai fod iachusrwydd (*well-being*) a sefydlogrwydd ieithyddol yn hanfodol ar gyfer dyfodol iaith. Yn britho ei ysgrifennu mae geiriau megis y claf, diagnosis, prognosis, meddyginiaeth, yr ysbryd a'r enaid. Treiddia'r trosiadau meddygol i un o osodiadau sylfaenol Fishman (2001, 1), degawd yn ddiweddarach:

> What the smaller and weaker languages (and peoples and cultures) of the world need are not generalised predictions of dire and even terminal illnesses but, rather, the development of therapeutic understandings and approaches that can be adjusted so as to tackle essentially the same illness in patient after patient.

Gellir dweud bod ymdrechion niferus yn digwydd yng Nghymru er mewn datblygu dealltwriaeth ac agweddau therapiwtig, chwedl Fishman. Gwelir, bellach, amryw agweddau ar gynllunio ieithyddol: dadansoddi a chynllunio strategol, damcaniaethu academaidd, creu polisïau a gweithredu arnynt. Gellir dadlau hefyd fod llawer mwy na hynny yn digwydd, sef yr ymgyrchu beunyddiol gan y werin bobl i achub yr iaith, y gweithredu gan unigolion a grwpiau, a'r camau pragmataidd i ddelio â sefyllfa argyfyngus neu gwbl ymarferol – megis paratoi deunyddiau addysgu a dysgu neu chwilota am dermau technegol, neu eu bathu.

I ba raddau y mae'r therapi yn gydlynus yng Nghymru? Datblygodd gagendor rhwng polisi a chynllunio ar y naill law, a gweithredu ar y llall. Yn yr ysgolion, er enghraifft, nid oes llawer o ymwybyddiaeth o'r ymchwil a'r ysgrifennu ym maes adfer iaith, cyn brysured yw'r athrawon yn eu tasgau dyddiol wrth adfer y Gymraeg. Yn y byd academaidd, ar y llaw arall, defnyddio'r ysgolion a wneir er mwyn enghreifftio'r ymchwil a'r damcaniaethu. Arwyddocaol felly yw'r deyrnged gan yr Athro Colin Williams i'r ysgol a oedd yn fwy cyfrifol na'r un ysgol o'i blaen, yn fy marn i, am atal y dirywiad yn nifer y siaradwyr ifanc, sef Ysgol Gyfun Rhydfelen. Cyflwyna'i gyfrol (2000b) i'w *alma mater*, 'To the teaching staff of Ysgol Gyfun Rhydfelen (1962–9) for their inspiration, professional dedication and sense of common humanity, which made school life a daily joy.'

Heb amheuaeth, un sialens sylweddol i'r ysgolion Cymraeg yw
meithrin dealltwriaeth fwy ymenyddol o oblygiadau ehangach adfer
iaith, ac yna ddefnyddio'r wybodaeth honno er mwyn ymestyn y
defnydd o'r iaith y tu allan i furiau'r ystafell ddosbarth, mewn gweith-
gareddau hamdden ac yn arbennig yn y cartrefi. Yn ymarferol, rhan o'r
fath ddatblygu fydd sbarduno Cymry o'r tu allan i'r proffesiwn i ymroi
i'r maes datblygu hwn, drwy drefnu a chynnal gweithgareddau pwr-
pasol. Rhan hefyd o strategaeth ganolog ieithyddol-adferol Cymru
ddylai fod trefnu cyhoeddusrwydd effeithiol i esbonio'r weledigaeth.
Rhaid cyfaddef bod hyn yn ymdebygu i fyd y 'Big Brother', ond mae'r
cynnydd yn nifer y siaradwyr a groniclwyd yn y cyfrifiad diwethaf
(2001) yn rhy fychan i neb laesu dwylo.

Hwyrach i'r nodyn lled besimistaidd hwn adleisio un o ofnau Fish-
man, sef bod ceisio gwneud unrhyw beth a phopeth mewn brwydr i
wrth-droi shifft ieithyddol yn debygol o arwain at fethiant ac at dranc
yr iaith sydd dan sylw (1991, 1), 'Let's try everything we possibly can,
and perhaps something will work.' Datblygu gam wrth gam yw ei
gyngor. Ond nid yw'r canol na damcaniaethu yn rheoli pawb, gryfed
yw'r ysbryd dynol.

Optimistiaeth a nodwedda ymateb rhieni ac athrawon i osodiad 36,
'Mae angen i'r Gymraeg esblygu ym mhob agwedd ar fywyd er mwyn
goroesi fel iaith fyw.' Dengys y data yn Nhabl 4.1 gryfder gweledigaeth
ddigamsyniol yr athrawon yn arbennig.

TABL 4.1: MAE ANGEN I'R GYMRAEG ESBLYGU YM MHOB AGWEDD
AR FYWYD ER MWYN GOROESI FEL IAITH FYW

Graddfa	*H4 rhieni*	*H5 athrawon uwchradd*	*H6 athrawon cynradd*	*% rhieni ac athrawon*
Cytuno'n gryf iawn	28.0	60.8	44.4	36.5
Cytuno'n gryf	20.6	9.8	35.6	21.1
Cytuno	35.4	17.6	20.0	29.9
Cytuno, mwy neu lai	9.5	7.8		7.7
Cyfanswm cytuno	93.5	96.0	100.0	95.2

Gŵyr Fishman cystal â neb fod enaid gan genedl, ac nid anwybydda
agwedd sylfaenol ar achub iaith, sef yr elfen ysbrydol. Medda caredigion
ac ymgyrchwyr yr iaith yng Nghymru ysbryd sy'n llawn penderfyniad.

Trafodir pwysigrwydd teimladau ym mhennod 5, ond priodol yw cofnodi yma ymateb ysgubol yn erbyn y gosodiad mai 'Gwastraff amser ac egni yw cael pob dim yng Nghymru yn ddwyieithog.' Anghytunodd 90.5 y cant o'r sampl â'r gosodiad.

Mesur argyhoeddiad oedd amcan gosodiad 37 yn yr holiadur, 'Nid yw'n deg disgwyl i drethdalwyr dalu am gost ychwanegol arholi pob pwnc mewn arholiad allanol drwy gyfrwng y Gymraeg.' Wrth gwrs, byddai'n rhaid i rywun dalu, ac mae arholiadau allanol yn llai cost-effeithlon mewn iaith leiafrifol. Unwaith eto, yr athrawon uwchradd a sgoriodd uchaf, 94.1 y cant, a bron 57 y cant yn dangos teimladau cryf iawn yn erbyn y gosodiad. Ar draws y tair carfan o ymatebwyr, dim ond 15.9 y cant gytunodd â'r gosodiad.

Cyn symud i ddadansoddi damcaniaeth GSI Fishman a chynnig beirniadaeth ar ei addasrwydd i anghenion Cymru, nodir y sylw byd-eang a roddir i wrth-droi shifft ieithyddol. Cyfeiria Fishman, er enghraifft (2001, xii), at gynadleddau rhyngwladol, diweddariadau e-bost, datganiadau i'r wasg, safweoedd, ac ymdrechion llywodraethol, rhyng-lywodraethol ac asiantaethau rhyngwladol yn y maes. Teg cofnodi yr ymddangosai'r 'diwydiant ieithyddol' hwn yn arallfydol, o faint cosmig, i ymchwilydd a oedd newydd ymddeol o ganol prysurdeb a phragmat-iaeth bywyd beunyddiol ysgol.

Y RADDFA BYLCHU RHWNG CENEDLAETHAU
(GBRhC)
(Esbonnir y confensiynau/llawfer yn Atodiad ES).

Dadansoddodd Fishman gyflwr iechyd iaith a'i osod ar raddfa wyth lefel neu gam. Yn y raddfa bylchu rhwng cenedlaethau (*GIDS*) mae pob cam yn cynrychioli difrifoldeb y bylchu rhwng cenedlaethau. Confensiwn Fishman yw trafod o gam wyth i gam un, hynny yw, o'r lefelau isaf i'r lefelau uchaf (Fishman, 2001, 466):

1 Addysg, y byd gwaith, cyfryngau torfol a gweithrediadau llywod-raeth ar lefelau uwch a chenedlaethol.

2 Cyfryngau torfol lleol neu ranbarthol a gwasanaethau llywod-raeth.

3 Y byd gwaith lleol neu ranbarthol (hynny yw, nid yn y gymuned leol), ymhlith Xwyr yn ogystal ag Ywyr.

4a Ysgolion y wladwriaeth ar gyfer plant Xaidd, sy'n cynnig peth addysgu drwy gyfrwng Xeg, ond yn ei hanfod o dan oruchwyliaeth gwricwlaidd a staffio Yeg.

4b Ysgolion yn bodoli yn lle addysg orfodol ac yn ei hanfod o dan oruchwyliaeth gwricwlaidd a staffio Xeg.

II GSI i oresgyn dwylosia, wedi llwyddo i gyrraedd dwylosia.

5 Ysgolion ar gyfer caffael llythrennedd, ar gyfer yr hen a'r ifanc, ac nid yn cymryd lle addysg orfodol.

6 Cymuned â chanolbwynt rhwng cenedlaethau a demograffig yng nghymdeithas y cartref, y teulu a'r gymuned ei hun: sail trosglwyddo mamiaith.

7 Cydadwaith diwylliannol, mewn Xeg yn bennaf, ac yn ymwneud â'r genhedlaeth hŷn sydd yn rhan o'r gymuned.

8 Ailadeiladu Xeg a'r oedolion yn caffael XAI.

I GSI i gyrraedd dwylosia (ar y dybiaeth fod yr ideoleg wedi'i diffinio'n glir cyn hynny).

EGWYDDORION SYLFAENOL

Mae GSI yn gyfle i oresgyn anawsterau cymdeithasol-diwylliannol. Er enghraifft, pan fo effaith globaleiddio neu oresgyniad Yeg wedi trechu a bron â lladd Xeg a'i diwylliant cynhenid, sef hunaniaeth yr Xwyr, a phan fo patrymau traddodiadol Xaidd wedi edwino yng nghysgod patrymau byw Yaidd, gall ffocysu ymdrechion ar adfer Xeg arwain at adfywio Xigrwydd. Pan fo iaith a diwylliant Yeg yn gryfach nag Xeg, crëir problemau economaidd-technegol. Arweinia hyn yn ei dro at ymbellhau a gelyniaeth rhwng yr Xwyr a'r Ywyr. Adlewyrcha hyn y grym all fod y tu mewn i'r teulu.

Mae'n amlwg yn barod i Fishman ystyried agweddau amlweddog ar hunaniaeth wrth adeiladu ei ddamcaniaeth. Nid yw'n awgrymu diriaethu hunaniaeth ethnoddiwylliannol (bron fel petawn yn Sainffaganeiddio'r diwylliant Cymreig); nid yw ychwaith yn awgrymu y gellid cadw'r hunaniaeth mewn cyflwr pur, annewidiadwy. Awgryma fod pob cyfangorff dynol yn diffinio ei hanes ac yn gweithio tuag at fodel dymunol o'i ddyfodol yn unol â'r diffiniad hwnnw. Adleisir hyn yn 'Iaith Pawb'. Dyma'r paragraff agoriadol (2003, 1):

Cred Llywodraeth Cynulliad Cymru fod y Gymraeg yn rhan annatod o'n hunaniaeth genedlaethol. Mae'r iaith Gymraeg yn rhan hanfodol ac oesol o hanes, diwylliant a gwead cymdeithasol ein cenedl. Rhaid i ni barchu'r etifeddiaeth honno a gweithio i sicrhau nad yw'n cael ei cholli ar gyfer cenedlaethau'r dyfodol.

Cymer y ddogfen hon agwedd holistig tuag at ddyfodol y Gymraeg, a rhydd arweiniad ar brif-ffrydio'r Gymraeg wrth ddatblygu polisi, fel y dengys y dyfyniadau canlynol (2003, 12–13):

[Felly] bydd Llywodraeth y Cynulliad yn **prif-ffrydio** ystyriaeth o'r iaith Gymraeg i brosesau gwneud polisi portffolios pob un o Weinidogion y Cynulliad, yn yr un modd ag y gwnaeth yn barod gyda chyfle cyfartal, datblygu cynaliadwy a TGCh (technoleg gwybodaeth a chyfathrebu) gyda strategaeth Cymru Ar-lein. Bydd yr iaith Gymraeg yn bolisi traws-bynciol parhaol a bydd angen i bob Gweinidog a'i swyddogion ystyried goblygiadau eu polisïau eu hunain ar yr iaith, ac a ellid rhoi mwy o gefn-ogaeth.

Mae cefnogaeth y llywodraeth i'r Gymraeg wedi tueddu i ganolbwyntio ar fentrau diwylliannol ac addysgol lle 'roedd y cysylltiad â'r iaith yn amlwg. Mae prif-ffrydio yn golygu gwneud asesiad effaith ieithyddol yn elfen berthnasol mewn polisïau mewn meysydd fel datblygu economaidd a gofal cymdeithasol neu ofal iechyd.

Byddai Fishman yn labelu'r weledigaeth ganolog hon gan Lywodraeth Cynulliad Cymru, fe dybir, fel (1991, 7) 'a genuine identificational desideratum in the ethnocultural realm'. Cred hefyd fod angen gofal wrth ddatblygu a mireinio twf iaith, diwylliant, addysg, cyfathrebu torfol, iechyd cyhoeddus, y gyfraith, a'r sefydliadau a'r nodau amryw-iol sy'n gysylltiedig â hwy.

Ymhellach, ysgrifenna (1991, 9) fod cryfder emosiynol yn y cysyllt-iad cyffredin rhwng iaith a'r rhwymau ffurfiannol â theulu, cymuned a hanes. Pan fo'r rhwymau wedi'u datod, mae angen strwythur i'w hail-glymu; nid yw emosiwn yn ddigon. Yng Nghymru cynhelir dosbarth-iadau Cymraeg i oedolion, dosbarthiadau nos, dosbarthiadau dysgu Cymraeg yn gysylltiedig ag ysgolion meithrin, grwpiau mam a'i phlentyn ac *ulpanim*. Gwneir ymdrech lew gan nifer o rieni XAI i gyfathrebu â'u plant drwy gyfrwng y Gymraeg. Yn anffodus, yn rhy aml, bydd y plant yn beirniadu lefel ieithyddol eu rhieni ac yn tanseilio eu hyder.

P'un a oes meistrolaeth gan y rhieni ar y Gymraeg neu beidio, bydd yr ymdeimlad o Gymreictod (Xigrwydd) yn gryf. Tanlinella Fishman bwysigrwydd diwylliant ym mrwydr GSI. Enghraifft amlwg yng Nghymru yw ymrwymiad y di-Gymraeg i'r ysgolion Cymraeg ac i'r Eisteddfod. Rhoddant gefnogaeth ymarferol i'w plant yn eisteddfodau'r Urdd, a bwrw sawl diwrnod mewn gwahanol ardaloedd wrth i'r ŵyl genedlaethol fynd ar ei thaith flynyddol.

Er mai strwythurwr yw Fishman, nid yw'n colli gafael ar realaeth y natur ddynol, nac ar sialens enfawr GSI:

> RLS requires reversing the tenor, the focus, the qualitative emphases of daily informal life – always the most difficult arenas in which to intervene. Indeed, RLS resists being programmed or planned, not only because its would-be planners and programmers are frequently poor in resources and weak in numbers, but because it is initially necessary for the weak in numbers and poor in resources to tackle some of the most elusive behaviors and interactions of social and communal life (1991, 8).

CAMAU'R RADDFA BYLCHU RHWNG CENEDLAETHAU
Cam 8

Cynrychiolir cam 8 gan hen bobl nad ydynt yn rhan o'r gymdeithas leol ond sydd â rhyw arlliw o'r iaith Xeg ar eu gwefusau, lefel isaf cyn i iaith farw. Gellir ailadeiladu Xeg o'r ychydig eiriau a phatrymau sydd ganddynt ac o brocio'u cof am iaith y gorffennol. Crëir sail ar gyfer dysgu Xeg i bobl iau.

Yr agosaf y daethpwyd i'r lefel hon yng Nghymru benbaladr oedd yn nychymyg Islwyn Ffowc Elis yn *Wythnos yng Nghymru Fydd*. Mewn amryw ardaloedd, ysywaeth, bu farw'r iaith, a gellid dadlau bod ailgyfodi tafodieithoedd neu hen ieithoedd megis y Wenhwyseg yn enghreifftiau o'r lefel hon. Ar y llaw arall, gellid dadlau mai safoni'r iaith a ddigwyddodd wrth i'r Gymraeg esblygu ac i'r cyfryngau torfol leihau'r gwahaniaethau ieithyddol lleol. Pe bai'r Gymraeg yn edwino cyn waeled â cham 8, yna tybir y gwelid ymchwilwyr Sain Ffagan yn bwrw ati i ailadeiladu'r Gymraeg, nid yn annhebyg i Gernyweg heddiw.

Cam 7

Ar gam 7, mae mwyafrif defnyddwyr Xeg wedi'u hintegreiddio yn gymdeithasol, maent yn boblogaeth ethnoieithyddol weithredol ac yn rhy hen i genhedlu plant. Llafar yw natur y diwylliant Xaidd, ac mae cyfle i Xwyr ifanc brofi'r hen ddiwylliant Xaidd drwy gyfrwng Yeg.

Y nod ar y cam hwn yw troi plant a phobl ifanc yn bobl ail iaith, XAI, a'u sbarduno i barhau i siarad yr iaith. Yna medrant genhedlu a throsglwyddo Xeg i'w plant eu hunain. Nid parhau â gweithgareddau mewn Xeg yw'r nod, ond sefydlu teuluoedd sy'n siarad Xeg. Mae angen creu gweithgareddau ar gyfer grwpiau ieuenctid a rhieni ifainc. Mae trefnu profiadau cymdeithasol ar gyfer teuluoedd o oedran cenhedlu plant yn hanfodol, fel y mae ardaloedd megis New Brunswick yng Nghanada wedi sylweddoli a gweithredu'n briodol.

Er bod Cymru yn bell o gam 8, mae nifer o gysyniadau yng ngham 7 yn taro tant: yr edwino ieithyddol, crefyddol a thraddodiadol ddiwylliannol yng nghymoedd y de, a gweithgareddau cymdeithasol yr Urdd yn ceisio llenwi'r bylchau. Yn y dinasoedd hefyd cysylltir diwylliant y capel fwyfwy â phobl hŷn, a dim ond yn eithriadol y cyffyrdda Cymdeithas y Cymmrodorion â bywydau pobl iau na 50 oed. Gall gweithgareddau Xaidd drwy gyfrwng Xeg fodoli er eu mwyn eu hunain, heb gyfrannu at barhad rhwng cenedlaethau. Dyna berygl twyllo'r hunan bod cyflwr yr iaith yn iachach nag y mae mewn gwirionedd (Fishman, 1991, 92).

Cam 6

Tra mai â hen bobl yr ymwna camau 8 a 7 yn bennaf, cynrychiola cam 6 'iaith-mewn-diwylliant' yn aros i bobl ifanc greu eu teuluoedd eu hunain ac i deuluoedd rhwng cenedlaethau amrywiol gyrraedd dwysedd demograffig sydd, yn ei dro, yn creu cymunedau. Ar gam 6, cam anodd (1991, 93–5), bydd y cartref, y teulu a'r gymdogaeth yn arfer yr iaith lafar yn anffurfiol ar draws cenedlaethau; bydd y bobl yn byw yn agos i'w gilydd mewn ardal, ac atgyfnerthir yr iaith gan sefydliadau. Po fwyaf y dwysedd demograffig, po fwyaf y cyfle i drosglwyddo Xeg i ddysgwyr XAI drwy normau cymdeithasol a sefyllfaoedd cydadweithiol.

Medrid cymhwyso'r cam hwn i realiti Cymru o ddau bersbectif, sef yn hanesyddol ac yn gyfredol. Yn hanesyddol, yn siroedd Caerfyrddin a Cheredigion, er enghraifft, hanner can mlynedd yn ôl, y Gymraeg a siaredid yn naturiol gan deuluoedd a rhwng teuluoedd mewn cymdogaethau, yn ogystal ag yn y capeli a'r eglwysi. Yn y byd addysg, fe'i defnyddid mewn ysgolion cynradd, ond ni fyddai'n treiddio nemor ddim i'r sectorau uwchradd, bellach nac uwch, ac eithrio y tu mewn i rai cyrsiau mewn colegau megis Coleg y Drindod neu ambell i gwrs gradd yn Aberystwyth. Yn Saesneg y byddai trwch y Cymry Cymraeg yn ysgrifennu, hyd yn oed at aelodau'r teulu. Yn barod gwelid Xeg yn iawn ar gyfer bywyd bob dydd, crefydd a diwylliant y werin, megis dramâu, yr eisteddfod, nosweithiau llawen a chyngherddau. Yeg oedd iaith busnes yn aml, addysg uwch a chyfathrebu torfol. Cymaint oedd dylanwad Yigrwydd, byddai'r Cymry yn troi i Yeg pan fyddai ymwelydd uniaith Yeg yn eu plith. Yn gryno, Saesneg oedd iaith dod ymlaen yn y byd, a'r Gymraeg yn iawn yn iaith lafar.

Er y camau breision a gymerwyd i adfer yr iaith ar lefel genedlaethol a'r tu mewn i fyd addysg, er enghraifft, dal i ddirywio y mae nifer y siaradwyr Cymraeg yng Ngheredigion a Gwynedd, yn ôl cyfrifiad 2001. Yn gyfredol felly, wrth gymhwyso'r camau i sefyllfa ieithyddol blwralistig Cymru heddiw, ni ellir llai na mynegi pryder am y diffyg trosglwyddo rhwng cenedlaethau sydd yn dal i fodoli mewn rhai ardaloedd, megis sir Gaerfyrddin. Gan fod GSI yn golygu ymdrechu ac aberthu mawr, gan unigolion, sefydliadau a llywodraeth, mae'n amheus a fyddai bellach yr egni a'r emosiwn gan ymgyrchwyr i ymladd brwydrau dros y Gymraeg tebyg i rai'r 50 mlynedd diwethaf, pe bai nifer y siaradwyr yn y bröydd Cymraeg yn disgyn yn isel, dyweder rhwng 20 y cant a 30 y cant.

Mae cadw màs critigol o siaradwyr yn y Fro Gymraeg yn hanfodol er mwyn iachusrwydd ieithyddol y genedl gyfan. Pe bai gorllewin Cymru felly yn cyrraedd y cyflwr o ddibynnu ar y system addysg, y cyfryngau a'r economi am ddyfodol yr iaith, yna byddai'n debygol o fod yn rhy hwyr i'w harbed. Nid yw'r sylwadau hyn yn gyfwerth â dadlau dros y Fro Gymraeg enciliol, ond yn gosod y Fro Gymraeg yng nghyd-destun ieithyddol Cymru gyfan.

Mae angen hyn a hyn o bobl mewn cymdogaeth, sef y dwysedd demograffig, er mwyn llwyddo. Gall nifer bychan o bobl greu màs critigol a throi o fod yn lleiafrif i fod yn fwyafrif lleol. Ceir enghreifft-iau o hyn mewn ardal megis Caerdydd: strydoedd mewn ardal megis yr Eglwys Newydd yn denu rhieni a ddanfonant eu plant i'r ysgolion Cymraeg yn y gymdogaeth; a strydoedd mewn ardaloedd megis Glanyrafon a ddenant bobl ifanc, prynwyr tai am y tro cyntaf. Cytuna'r sylwadau uchod â'r ddamcaniaeth nad yw iaith yn golledig os oes llai na 10 y cant yn ei siarad hi, gan mai ei harfer sydd yn allweddol. Yn ôl Ambrose a Williams (1980, 69–70):

> [T]he pure fact that language may be in a numerical minority may not be
> particularly significant, since the evidence has shown that the language
> is not necessarily 'safe' in a place where over eighty per cent of people

can speak it, and that it is not necessarily 'lost' or 'dead' where only ten per cent can do so.

Medrai dadansoddi iaith ac oedran pobl o'r cyfrifiad diweddaraf, fesul stryd, roi gwybodaeth ddefnyddiol ar gyfer blaengynllunio gweithgareddau cymdeithasol a sefydlu ysgolion Cymraeg newydd. Cynigiwyd hyn gan gynllunwyr ieithyddol fel ffordd ymlaen i nifer o fentrau iaith newydd i adnabod eu hardal.

Lle nad oes dwysedd poblogaeth sy'n siarad yr iaith leiafrifol, gellir cysylltu drwy dâp, llythyr, fideo-gynadledda, y ffôn, radio neu drwy ymweld (Fisher, 1991, 93–4). Defnyddir y strategaethau hyn yng Nghymru, ond nid yw'n dilyn eu bod i gyd yn llwyddo i hyrwyddo'r Gymraeg. Ar y naill law, mae cadw mewn cysylltiad trwy e-bost yn cynnal agosatrwydd ac yn hybu defnydd o'r iaith, boed Xeg neu Yeg; ar y llaw arall, ni fu ymdrechion addysg uwch i addysgu trwy fideo-gynadledda yn llwyddiant, yn ôl tystiolaeth anffurfiol, lafar, ac mae'n debyg y defnyddiwyd offer fideo-gynadledda fwy ar gyfer cynadledda a gweinyddu nag addysgu. Mae'r ysgolion cyfun Cymraeg yn ymdrechu'n galed i ddefnyddio fideo-gynadledda wrth addysgu pynciau lleiafrifol, a hyrwyddwyd y datblygiad gan Lywodraeth y Cynulliad.

Pe bai Cymru wedi canolbwyntio'i hymdrechion i adfer yr iaith ar y lefel hon, sef hybu cydadwaith ieithyddol yn y teulu a'r gymdogaeth, yn hytrach nag yn yr ysgolion, mae'n amheus a fyddai'r cynnydd yn nifer y siaradwyr rhwng y ddau gyfrifiad diwethaf wedi digwydd. Y rheswm dros gredu hyn yw bod cyfundrefnu cydadwaith ieithyddol-gymdeithasol yn fwy o her na sialens y gyfundrefn addysg. Er bod cyfundrefnu cydadwaith anffurfiol yn anodd dros ben (Fisher, 1991, 94), gwelir enghreifftiau niferus yng Nghymru: ymroddiad mawr gan wirfoddolwyr, unigolion, ysgolion, mudiadau a chynghorau i drefnu gweithgareddau cymdeithasol ar gyfer plant ac ieuenctid yn Gymraeg. Yn y gyfundrefn addysg hefyd ceir nifer o enghreifftiau gwreiddiol. Er enghraifft, clybiau fin nos a llety ar gyfer y disgyblion yn nyddiau cynnar Rhydfelen; rhwng 1981 a 1985, cynhwysai Ysgol Gyfun Cwm Rhymni weithgareddau cymdeithasol ar amserlen ddyddiol y disgyblion, a disgwylid i bob aelod o'r staff gyfrannu tuag at iaith gymdeithasol y disgyblion yn y clybiau. Prynodd Ysgol Gyfun Rhydfelen hen ysgol yng nghefn gwlad Cymru, yng Nghwrtycadno, a chyfundrefnu ymweliadau penwythnos neu hwy yn y gymdogaeth. Gellid pentyrru enghreifftiau eraill, megis cyrsiau haf preswyl. O dan wasgedd disgwyliadau arholiadol a chytundebau amodau gwaith, â yn anos i gymell athrawon i fwrw'r Sul i ffwrdd oddi wrth eu teuluoedd, ac i ddychwelyd i'r gwaith fore Llun heb orflino.

Â Fishman ymlaen i ddadlau nad oes cymaint o lwyddiant ar y lefelau uwch heb y cydadwaith ieithyddol teuluol, gan nad oes sail ieithyddol gadarn yn bodoli i adeiladu'r haenau uwch arni. Mewn iaith a adferir o'r gwaelod i fyny, gellir cytuno â'r rhesymeg hwn, ond yn achos y Gymraeg, fe'i hadferir ar bob cam yr un pryd. Cyfeirir at lwyddiant ar lefelau uwch gymaint o bobl XAI, ym myd addysg, y proffesiynau a llywodraeth. Yn ne Cymru, er enghraifft, mae dros 95 y cant o blant sy'n mynychu'r ysgolion Cymraeg yn dod o gartrefi di-Gymraeg, a daeth nifer ohonynt yn amlwg yn y byd Cymraeg ar y lefelau uwch.

Mewn rhai ardaloedd megis Caerdydd ceir grwpiau o siaradwyr y Gymraeg, megis yn y cyfryngau, yr ysgolion Cymraeg, y capeli, y cymdeithasau Cymraeg, MYM, y Cynulliad, a sefydliadau llai megis BIG neu adrannau coleg neu brifysgol. Ar eu pennau eu hunain, hwyrach nad yw'r niferoedd yn uchel, ond maent yn cydadweithio â'i gilydd ac yn creu hunaniaeth drwy'r Gymraeg a thrwy hynny yn datblygu'r teimlad mewn pobl eu bod yn perthyn i'w gilydd ac i'r gymuned Gymraeg. Mewn ardaloedd daearyddol ehangach, megis yn ne-ddwyrain a gogledd-ddwyrain Cymru, mae dwysedd y siaradwyr Cymraeg yn llai, ond erys nifer o gyfleoedd tebyg i'r rhai yng Nghaerdydd i arfer yr iaith.

Ar sail profiad ym maes addysg (yn hytrach na data wedi'u casglu yn wyddonol), ymddengys mai nad y gallu neu hyd yn oed y dyhead i siarad Cymraeg yw'r elfen gryfaf ymhlith oedolion yn yr ymgyrchu dros yr iaith, ond yr ymdeimlad o Gymreictod, o Xigrwydd drwy Yeg. Yr ysgolion Cymraeg a rydd ffocws i'r elfen fwy ysbrydol hon, rhan annatod o GSI. O brofiad personol eto, ymddengys fod gweledigaeth y Cymry di-Gymraeg yn y cymoedd i hybu'r iaith drwy addysg yn gliriach ac yn gadarnach na llawer o Gymry Cymraeg yn y bröydd Cymraeg neu yn y brifddinas. Mae'r cymoedd wedi gweld uffern camau 8 a 7; mae rhai o drigolion y bröydd Cymraeg yn tueddu i deimlo'n ddiogel o ran dyfodol yr iaith, ac yn collfarnu'r ymgyrchwyr yn eu plith fel gweledyddion ffuantus a breuddwydiol, hyd yn oed fel eithafwyr. Yn y gorllewin, â llai bellach yn siarad Cymraeg yng Ngheredigion a Gwynedd, ac wrth i fywyd teuluol wanhau ac i bobl ifanc fudo i'r trefi a'r dinasoedd, ofnir mai cyflymu bydd yr edwino yn y parthau hyn.

Neges arswydus sydd gan Fishman i gloi ei sylwadau ar gam 6 (1991, 95):

> Without an intimate and sheltered harbor at stage 6 an RLS movement tends towards peripheralization from personal and emotional bonds and faces the danger of prematurely tilting at dragons (the schools, the media, the economy) rather than squarely addressing the immediate locus of the intergenerational transmission of Xish.

Rhoddir blaenoriaeth gan BIG i hybu trosglwyddo'r iaith yn y teulu. Er enghraifft, rhanna Cynllun Twf wybodaeth â rhieni a darpar rieni am fanteision magu plant yn ddwyieithog. Diffinia tudalen wefan y bwrdd (2003b) grŵp targed y cynllun fel a ganlyn:

> Mae'r Cynllun yn canolbwyntio'n arbennig ar deuluoedd cymysg eu hiaith lle mae un o'r rhieni yn siarad Cymraeg a'r llall ddim. Mae ystadegau'n dangos nad yw nifer o'r teuluoedd hynny yn trosglwyddo'r Gymraeg i'w plant. Ar sail Cyfrifiad 1991, er enghraifft, dywedir fod gan 22.8 y cant o deuluoedd y potensial i drosglwyddo'r Gymraeg, am fod o leiaf un rhiant yn medru'r iaith. Ond dim ond 16.5 y cant o'r teuluoedd hynny sy'n defnyddio'r Gymraeg gyda'u plant.

Defnyddia'r prosiect wybodaeth ymchwil i sôn am fanteision dwy-ieithrwydd i blant, er enghraifft: manteision gwybyddol, addysgol, economaidd, cymdeithasol a diwylliannol, a'i bod yn haws dysgu trydedd iaith. Gosodir arwyddocâd Twf mewn cyd-destun rhyngwladol gan werthusiad Edwards a Newcombe (2003, crynodeb gweithredol):

> Ni ddylid tanbrisio pwysigrwydd cenedlaethol a rhyngwladol Twf. Tra bod cymunedau lleiafrifoedd ethnig amrywiol yn mynd i'r afael â thros-glwyddo iaith yn y teulu mewn ffordd dameidiog, mae cynllun Twf yn cynrychioli'r ymgais ddifrifol gyntaf i fynd i'r afael â'r mater hwn ar lefel strategol. Mae gan Fwrdd yr Iaith Gymraeg gyfrifoldeb penodol dros gysylltiadau Ewropeaidd; bydd yn bwysig iddynt ddosbarthu prof-iad y cynllun i gynulleidfa ehangach o siaradwyr ieithoedd lleiafrifol eraill.

Tra bo Fishman yn sôn am or-ddibynnu, er enghraifft ar ysgolion i adfer yr iaith ar draul trosglwyddo rhwng cenedlaethau, eto i gyd, yng Nghymru, bu cyfraniad addysg, yn arbennig yr ysgolion Cymraeg, yn allweddol i newid hinsawdd emosiynol a gwleidyddol tuag at dynged yr iaith. Mae'r paragraff canlynol o 'Iaith Pawb' (2003, 1) yn crynhoi nifer o ddatblygiadau allweddol ers 1967, ac yn tanlinellu pwysigrwydd y sector addysg:

> Wrth lunio cynllun cenedlaethol ar gyfer Cymru ddwyieithog, mae Llywodraeth y Cynulliad yn cydnabod nad yw'n gorfod dechrau o'r dechrau. Dros y tri neu bedwar degawd diwethaf mae llywodraethau'r DU wedi pasio deddfwriaeth a chyflwyno polisïau sydd wedi llwyddo i godi statws y Gymraeg ac wedi cyfrannu'n bendant at sefydlogi'r dirywiad rhwng 1971 ac 1991 . . . Mae'n debyg mai'r datblygiadau pwysicaf fu'r rheiny yn y sector addysg lle mae'r cynnydd cyson yn narpariaeth addysg Gymraeg a dwyieithog wedi cael effaith bendant ar nifer a chanran y plant oed ysgol sy'n gallu siarad Cymraeg.

Wrth ddadansoddi damcaniaethau Fishman, a'u gosod yng ngyd-destun Cymru, yr hyn sy'n ddiddorol yw hyn: yn y strategaeth amlweddog genedlaethol, y werin ac unigolion, y grwpiau pwyso a'r cymdeithasau arbenigol (sy'n cynnwys ysgolion), y pwyllgorau a'r cynghorau, y Cynulliad a San Steffan, a'r cyfathrebu cydwladol, gwelir elfennau o gamau, sylwadau a rhybuddion Fishman ar hyd pob cam o'r daith.

Cam 5

Cam 5 yw llythrennedd Xeg yn y cartref, yr ysgol a'r gymuned, ond heb gadarnhau'r llythrennedd honno y tu allan i'r gymuned. Yng Nghymru, yn hanesyddol, y gair printiedig – Y Beibl – o gyfnod y Dadeni ymlaen, oedd un o'r dylanwadau mwyaf ar lythrennedd y genedl gyfan. Erbyn heddiw, cyhoeddir toreth o lyfrau yn flynyddol ar draws ystod eang o feysydd. Eto i gyd, gellid dadlau mai casgliad o gymunedau amrywiol eu maint yw'r genedl Gymraeg gyfoes (nid y genedl Gymreig), sef cartrefi, ysgolion, sefydliadau, cymdeithasau, a nifer o gymdogaethau ac ardaloedd ar hyd ac ar led Cymru.

Ar draws Cymru normaleiddiwyd y gair printiedig gan Ddeddfau yr Iaith Gymraeg, a gwelir arwyddion dwyieithog ar ymyl y ffyrdd. Mae trethi'r genedl gyfan yn cyfrannu at y gost, a phrin iawn yw'r gwrthwynebiad gan y Cymry na fedrant mo'r iaith yn erbyn cyhoeddi llyfrau Cymraeg. Hynny yw, ni fedrech alw'r di-Gymraeg yn Ywyr, gan fod yr ymdeimlad o Xigrwydd cyn gryfed ar draws Cymru. Xwyr ydynt heb Xeg, neu Xwyr drwy Yeg. O ran cenedligrwydd, Xigrwydd sy'n gryf, nid Yigrwydd, fel y dengys y canrannau yn Nhabl 4.2.

TABL 4.2: RWY'N TEIMLO I'R BYW FY MOD YN GYMRO
TWYMGALON/YN GYMRAES DWYMGALON

Graddfa	H4 rhieni	H5 athrawon uwchradd	H6 athrawon cynradd	% rhieni ac athrawon
Cytuno'n gryf iawn	43.4	70.6	80.0	54.0
Cytuno'n gryf	20.1	19.6	11.1	18.6
Cytuno	21.2	2.0	6.7	15.4
Cytuno, mwy neu lai	6.3	2.0	2.2	4.9
Anghytuno	4.8	3.9	–	3.9
Anghytuno'n gryf	2.1	–	–	1.4
Anghytuno'n gryf iawn	2.1	–	–	1.4
Diffyg gwybodaeth	–	–	–	–
Amwysedd	–	2.0	–	0.4

Er bod Cymru wedi datblygu'i llythrennedd y tu hwnt i gam 5, ar y cam hwn yr oedd llythrennedd o ran gwerslyfrau ysgol 50 mlynedd yn ôl, bron yn llwyr felly yn y sector uwchradd, ac i raddau llai yn y cynradd. Adleisia'r paragraff nesaf gan Fishman (1991, 98) brofiadau cenedlaethau o athrawon Cymru a fu wrthi'n ddygn yn cynhyrchu eu deunyddiau ysgrifenedig eu hunain:

> It may seem unfair that the poor should have to tax themselves for their own betterment, but that is the way of the world and if Xmen do not labor on behalf of Xish before the world as a whole is changed, no one will do it (or pay someone else to do it) for them, or even believe that Xmen themselves really believe that it is worth doing.

Â ymlaen:

> The road to RLS is a long and difficult one and most of the road must be paved with self-sacrifice. There is no other way, really, for no language-in-culture can endure if it is dependent on another for the minimal essentials of its intergenerational continuity.

Cyfyd y cwestiwn pa mor ddibynnol yr ydym ar ddosraniad cyllid Ywyr er mwyn hybu llythrennedd. Wedi i'r Xwyr dalu eu trethi i mewn i goffrau Ywyr yn y lle cyntaf, fe ddyrennir cyllid drwy fformiwla Barnett yn ôl i goffrau Cymru, sef i Lywodraeth y Cynulliad; yna fe'i dyrennir ymhellach, er enghraifft, i BIG, a weithreda fel asiant i'w ddosbarthu ymhellach i wahanol gyrff. Dibynna Cyngor Llyfrau Cymru, er enghraifft, ar gyllid llywodraeth ganolog. Ar hyn o bryd mae cryn anniddigrwydd mewn nifer o gylchoedd gwleidyddol parthed tegwch fformiwla Barnett. Tybed ai pragmatiaeth sy'n gyrru'r dadlau, sef nad oes digon o gyllid gan Gymru ac y dylid cael rhagor, neu weledigaeth genedlaethol na ddylid dibynnu ar wlad arall ond cael yr hawl i godi trethi?

Mynegir anniddigrwydd yn ogystal na chyhoeddir digon o wers-lyfrau ar gyfer y sector addysg. Byddai ACCAC gynt yn cynhyrchu ystadegau i wrthbrofi'r gosodiad hwn, ac yn wir mae cynnydd arwydd-ocaol yn nifer y cyfrolau a gyhoeddir o'i gymharu â 50 mlynedd yn ôl. Ond ehangodd y cwricwlwm ymhellach tua dechrau'r ganrif hon gan gynnig arlwy fwy amrywiol i ddisgyblion, yn arbennig mewn meysydd galwedigaethol.

Cam 4

Cam 4 yw Xeg mewn addysg, ar lefelau is, sy'n cwrdd â gofynion deddfau addysg orfodol. Ar y lefel hon mae'r ymdrechion i hybu cymuned Xaidd yn hybu, yn eu tro, dwf Xeg a'r ymdeimlad o berthyn i'r gymuned. Ar y cam hwn, telir yr holl gostau gan drethi'r wlad. Gellid cael ysgolion X a defnyddio Yeg fel cyd-gyfrwng, a hawl gan Xwyr i drefnu'r cwricwlwm. Credai Fishman yn 1991 y medrai awdur-dodau addysg Yaidd dynnu eu caniatâd yn ôl, a pheidio â chefnogi ysgolion Xaidd. Bellach ni fyddai deddfwriaeth cyfle cyfartal na Deddf yr Iaith Gymraeg yn caniatáu i hynny ddigwydd. Ar gam 4, gwahan-iaetha Fishman rhwng ysgolion math 4a a math 4b.

YSGOLION 4A

Ysgolion 4a yw ysgolion sy'n ateb gofynion addysg orfodol/statudol ond a gynhelir yn bennaf gan y gymuned Xaidd ei hun. Nid yw hyn yn rhan o draddodiad Cymru, a dim ond dwy enghraifft sydd wedi'u cofnodi, y naill yn Aberystwyth a'r llall ym Mhen-y-bont ar Ogwr. Ni chynhwysir yr ysgolion bore Sadwrn yn y categori hwn, gan nad oeddent yn sefydliadau swyddogol o dan oruchwyliaeth y llywodraeth.

Ceir hanes sefydlu Ysgol Gymraeg yr Urdd yn Aberystwyth mewn nifer o gyhoeddiadau, gan gynnwys *Addysg Gymraeg – Addysg Gymreig* (Roberts a Williams, 2003). Yn ôl Iolo Wyn Williams yn y gyfrol honno (2003, 3):

Ar gychwyn yr ail ryfel byd ar Fedi 3ydd 1939, cyhoeddwyd bod llu o ifaciwîs ar fin cyrraedd Aberystwyth ac ofnai rhieni y byddai hynny yn dinistrio'n llwyr yr ychydig addysg Gymraeg oedd yn bod yn y dref. Penderfynodd grŵp o rieni dan arweiniad Ifan ab Owen Edwards mai'r unig ateb oedd sefydlu ysgol breifat Gymraeg. Cyflogwyd Norah Isaac, un o staff yr Urdd, fel athrawes ac agorodd yr ysgol ar Fedi 25ain gyda saith o ddisgyblion. Erbyn hyn nid yw'n syndod o gwbl i ni fod yr arbrawf yn llwyddiant o'r cychwyn cyntaf. Gyda rhieni cefnogol ac athrawes benigamp, sut y gallai fethu? Ond arbrawf ydoedd wedi'r cyfan ac fe gafodd gryn sylw gan arolygwyr, addysgwyr ac eraill. Tyfodd yr ysgol i dros ddeg a thrigain o blant cyn diwedd y rhyfel.

Yn y rhagair i'r gyfrol *Gorau Arf*, noda Williams arwyddocâd Ysgol Gymraeg yr Urdd fel hyn (2002, 7):

> Bu sefydlu Ysgol Gymraeg yr Urdd . . . yn drobwynt yn hanes addysg yng Nghymru, fel y bu ysgolion Griffith Jones a Thomas Charles, Brad y Llyfrau Gleision a Deddf Addysg Ganolraddol Cymru 1889 hwythau yn eu tro. Yr oedd digon o ysgolion gwledig yn defnyddio'r Gymraeg yn hollol naturiol erbyn 1939, diolch i ymdrechion cynnar O. M. Edwards, ond yr oedd cynnal ysgol Gymraeg mewn tref neu ardal ddiwydiannol Seisnig yn syniad chwyldroadol.

Yng Nghaerdydd, o dan arweiniad Gwyn Daniel, ymdrechwyd i sefydlu ysgol breifat Gymraeg, ond ni lwyddwyd. Yn ôl Iorwerth Morgan (2002, 22), addewid y cyngor i 'ystyried sefydlu dosbarth Cymraeg ei gyfrwng mewn un ysgol' ynghyd ag 'effeithiau'r rhyfel yn gwaethygu gyda chyrchoedd awyr enbyd ar y ddinas a channoedd o blant Caerdydd yn cael eu symud i gymoedd y de' oedd yn gyfrifol am roi'r gorau i'r ymgyrch. Ond 'doedd y Cymry 'naturiol' i gyd ddim wedi'u llwyr argyhoeddi, ac fe barodd yr amheuon i'r 1960au cynnar, pan na ddanfonwyd rhai o'r plant disglair i Rydfelen.

Trafoda Morgan arwyddocâd cyfraniad R. A. Butler i hybu'r Gymraeg, yn arbennig yn 1942. Dangosodd UCAC flaengaredd drwy longyfarch llywydd y bwrdd addysg am annog cynghorau sirol Cymru i ddyblu eu gweithgarwch dros yr iaith (2002, 22):

> Cyrhaeddodd yr anogaeth ar ffurf Cylchlythyr 182: *'The Teaching of Welsh'*, fis Hydref 1942. Pwysigrwydd y Cylchlythyr oedd ei fod yn mynnu bod yr awdurdodau addysg yn paratoi cynlluniau i hyrwyddo dysgu'r Gymraeg yn eu hysgolion, a galw arnynt i drafod eu cynlluniau gydag undebau athrawon a chyrff perthnasol eraill. Arwyddocâd hyn yw

bod Cymru gyfan yn gorfod trafod gwella statws y Gymraeg a'i dysgu yn 1943, ar yr union adeg pan oedd y Llywodraeth yn paratoi'r mesur mewn addysg a ddaeth yn Ddeddf Addysg yn 1944.

Diddorol yw nodi gweledigaeth Ywr, hwyrach o dan ddylanwad Cymro goleuedig yng nghylchoedd addysg neu wleidyddiaeth, ac yna Xwyr yn gyrru'r weledigaeth wreiddiol i lefel ymarferol ar lawr gwlad. Mae hon yn enghraifft bwysig o Xwyr yn gweld cyfle y tu mewn i fframwaith neu ddatblygiadau Yaidd. Enghraifft arall, ddiweddarach yw'r ffordd y sicrhawyd lle canolog i'r Gymraeg yn y cwricwlwm cenedlaethol. Agorodd Deddf Addysg 1944 y drysau i hyrwyddo ysgolion Cymraeg a'r Gymraeg fel pwnc. Yn arbennig felly, anogodd awdurdodau addysg i ystyried dymuniadau rhieni ynghylch addysg eu plant.

Cyn troi at ail gategori o ysgolion yn ôl fframwaith Fishman, dylid cyfeirio at y drydedd ymgais i sefydlu ysgol Gymraeg breifat. Mewn tref Seisnig a diwydiannol y sefydlwyd yr ail ysgol Gymraeg breifat, ym Mhen-y-bont ar Ogwr, o dan ysbrydoliaeth Trefor a Gwyneth Morgan. Croniclwyd yr hanes gan yr Arglwydd Gwilym Prys Davies, a noda (2001,10):

> Sefydlu Ysgol Glyndŵr yw'r enghraifft fwyaf trawiadol o barodrwydd Gwyneth a Trefor Morgan i herio'r awdurdodau ac i weithredu'n fentrus dros les y Gymraeg a'i diwylliant, heb gyfri'r gost iddynt eu hunain.

Bu farw Trefor Morgan yn 1970, ac o ganlyniad bu'n rhaid cau'r ysgol yn fuan wedyn. Arwyddocâd yr ysgol, yn ôl yr Arglwydd Prys Davies, yw (2001, 11) 'bod ysgol Glyndŵr yn arloesi patrwm gwahanol o addysg Gymraeg ac mai agor yr ysgol hon oedd y feirniadaeth bwysicaf o ddigon ar arafwch rhai o'r Awdurdodau Addysg Lleol i ddarparu cyfundrefn o addysg uwchradd Gymraeg.'

YSGOLION 4B

Ysgolion 4b yw ysgolion y caniateir iddynt gan y llywodraeth Yaidd a'i hawdurdodau addysg i addysgu yn rhannol drwy gyfrwng Xeg, a chan ddefnyddio diffiniad rhannol Xaidd o'r hyn sy'n ddymunol ac yn ddigonol mewn addysg; maent i'w trefnu a'u hariannu o gyllid y wladwriaeth. Ysgolion math 4b yw'r rheini a ddarparant 'an Xish component in the definition of minimally adequate and desirable education, but that are entirely funded from general tax funds' (Fishman, 1991, 100).

Yma, medd Fishman, mae'r Xwyr yn derbyn system addysg yr Ywyr. Gan yr Ywyr, sy'n cynrychioli'r pŵer macro, y mae'r pŵer gwleidyddol i addysgu yn unol â pholisïau a rhaglenni Yaidd. Er enghraifft, yn y 1980au, cwricwlwm cenedlaethol Lloegr greodd fframwaith a chynnwys y rhaglenni astudio yn ogystal â'r strwythurau asesu yn y cwricwlwm yng Nghymru, ac eithrio'r Gymraeg. Er bod yna bellach wahaniaethau cynnwys a phwyslais a strwythur mewn mannau sylweddol o'r cwricwlwm ac o'r asesu, eto i gyd gweledigaeth wreiddiol Yaidd a'i gyrrodd yng Nghymru. Wedi dweud hyn, manteisiodd gwleidyddion ac addysgwyr, yn arbennig yr arolygiaeth, ar y cyfle i wneud y Gymraeg yn statudol orfodol. Yn ôl Fishman (1991, 99), 'public education involves an implicit social compact, just as does government itself.' Hynny yw, oni bai i'r werin a'r llywodraeth dderbyn y Gymraeg fel pwnc a chyfrwng, ac iddi ennill ei lle yn y gyfundrefn addysg ac mewn bywyd sifil, yna methu byddai pob ymdrech i'w chyfreithloni a'i sefydliadoli, thema allweddol a dreiddia drwy'r gyfrol.

YSGOLION MATH GWAHANOL, 4C (TERM YR AWDUR)
Nid yw ysgolion Cymraeg yn ffitio i'r naill gategori na'r llall: nid y gymuned Xaidd (Gymraeg) sy'n eu cynnal, fel sy'n wir am ysgolion math 4a; ac er mai'r wladwriaeth sy'n cyllido ysgolion math 4b (Cymraeg eto), yr un yw'r cwricwlwm ffurfiol mewn ysgolion X a Y yng Nghymru. Yn hytrach, ymdebyga'r ysgolion Cymraeg yn fwy i'r hyn y gellid ei galw yn gategori 4c. O ran iaith dysgu ac addysgu, bu'r Gymraeg yn llawer mwy nag 'Xish component'. Y Gymraeg a grea ethos yr ysgolion, hi yw iaith swyddogol y sefydliadau, a hi, yn yr ysgolion uwchradd, yw cyfrwng addysgu nifer cynyddol o bynciau, gan wneud cyfraniad unigryw i faes GSI.

Cyfeiriwyd uchod at ysgolion 4b fel rhai, yn ôl Fishman, sy'n addysgu yn rhannol drwy gyfrwng Xeg. Hynny bu'r patrwm yng Nghymru tan sefydlu Ysgol Gyfun Cwm Rhymni yn 1981. Cyn hynny, y weledigaeth oedd dwyieithrwydd drwy addysgu rhai pynciau yn Gymraeg, ac eraill yn Saesneg. Yn ysgolion y gogledd-ddwyrain, addysgid y dyniaethau a'r pynciau esthetig drwy gyfrwng y Gymraeg; yn 1962 agorwyd Rhydfelen ac ychwanegu Ffrangeg, Lladin a'r pynciau ymarferol i restr pynciau cyfrwng Cymraeg. Yn hwyrach yn yr ysgol honno dechreuwyd addysgu Mathemateg drwy'r Gymraeg, ac yna rai agweddau ar Wyddoniaeth.

Cydbwysedd rhwng y Gymraeg a'r Saesneg fel prif ieithoedd addysgu oedd hanfod dwyieithrwydd yn y 1960au a'r 1970au yn yr ysgolion dynodedig dwyieithog: rhai pynciau drwy gyfrwng y Gymraeg, ac eraill drwy gyfrwng y Saesneg; hynny yw, dwylosia. Nid oedd rhieni'r de-ddwyrain yn barod, fe dybir, i dderbyn addysgu uwchradd yn llwyr drwy gyfrwng y Gymraeg. Wrth gwrs, camganfyddiad yw mai drwy gyfrwng y Gymraeg yn unig y dysgir pwnc, gan fod cymaint o symbyliadau yn Saesneg, megis llyfrau cyfair a'r rhyngrwyd. Dwy iaith yw'r cyfrwng mewn gwirionedd: Xeg (Cymraeg) yn chwarae rôl weithredol, tra bo Yeg (Saesneg) yn chwarae rôl fwy goddefol. (Ni chyfeirir yma at amryfal batrymau addysgu dwyieithog nifer o ysgolion, yn bennaf yng ngogledd-orllewin Cymru.)

Yn ddiweddar rhoddwyd sylw i dystysgrifo deuol ac i dechnegau arfer y ddwy iaith wrth addysgu a dysgu. Cred rhai nad yw caffael iaith mwyafrif disgyblion yr ysgolion Cymraeg yn ddigon cadarn i symud i'r cam hwn, er ei fod yn ddymunol yng nghyd-destun datblygu iaith y disgyblion. Cam i'w fabwysiadu yn y dyfodol yw hwn. O safbwynt gwleidyddol, ysywaeth, mae yn gam dymunol i'w droedio yn y cyfnod presennol.

Dadleua rhai, megis Cen Williams a Gwilym Humphreys, dros fwy o soffistigeiddrwydd wrth ddehongli dwyieithrwydd. Dadleua eraill mai datblygu ymchwil ymarferol yn labordy'r ystafell ddosbarth ac mewn cydweithrediad ag adrannau addysg prifysgolion Cymru yw'r ffordd ymlaen. Byddai angen cyllido'r fath brosiect yn ofalus er mwyn sicrhau amser digonol ar gyfer yr athrawon gan fod agenda ysgolion bellach yn orlawn. Amser yn aml yw'r allwedd i ryddhau creadigrwydd, a gynhyrcha, yn ei dro, impetws a chymhelliant a ffresni meddyliol a gweithredol.[4]

Erbyn sefydlu Ysgol Gyfun Cwm Rhymni yn 1981, credwn mai iaith ar gyfer pob sefyllfa oedd y Gymraeg, os oedd yn mynd i oresgyn. Nid oeddwn wedi clywed am ddwylosia, peuoedd iaith na datblygu corpws, ond dilynais fy ngweledigaeth bragmataidd fy hun pan benderfynais mai'r Gymraeg fyddai cyfrwng pob pwnc, ar bob lefel. Cytunodd yr

---

[4] Mae cyfle i ystyried ac arbrofi â thechnegau megis *parallel monolingualisms* Heller et al. (1999, 3), systemau dwyieithog Cen Williams (1994, 2002, 2003b), cod-switsio bwriadol-fethodolegol ac anfwriadol (Myers-Scotton, 1993; Heller, 1988; Auer, 1998; Moore, 2002), ac addysgu drwy gyfrwng iaith dramor (Pufahl et al., 2001; Muller a Baetens Beardsmore, 2004; Kocakulah et al., 2005).

AALl, gan nodi, 'Mathematics and Science may be taught through the medium of Welsh', geiriad bwriadol, yn chwarae ar amwysedd y ferf *may*. Cytunodd y darpar rieni, a dim ond un rhiant o blith rhieni'r 156 disgybl cyntaf a ofynnodd gwestiwn am gyfrwng Gwyddoniaeth (Athro prifysgol mewn pwnc gwyddonol, Sais a gefnogai'r iaith yn frwd). Llwyddodd y polisi, ac aeth mab hynaf yr Athro ymlaen i Rydychen a derbyn gradd dosbarth cyntaf mewn pwnc gwyddonol.

Pan sefydlwyd ysgolion Cymraeg uwchradd eraill yn y de-ddwyrain, dilynodd pob un ohonynt bolisi Cwm Rhymni. Yng Nglantaf (Caerdydd) Cymraeg oedd polisi cyfrwng pob pwnc o'r cychwyn cyntaf, ond ni weithredwyd yn llwyr ar y polisi tan y 1990au hwyr. Tan hynny, dim ond hanner y pynciau ar gwricwlwm y chweched dosbarth oedd yn Gymraeg. Bellach mae gweddill ysgolion y de-ddwyrain wedi dilyn patrwm Cwm Rhymni, ac mae'r un tueddiad i'w weld yn y gogleddddwyrain. Yn genedlaethol, bu cynnydd arwyddocaol yn nifer yr ymgeiswyr sy'n sefyll arholiadau allanol drwy gyfrwng y Gymraeg, fel y dengys Ffigur 4.1.

FFIGUR 4.1: NIFER YMGEISWYR YN DERBYN FERSIYNAU
CYMRAEG PAPURAU ARHOLIAD CBAC

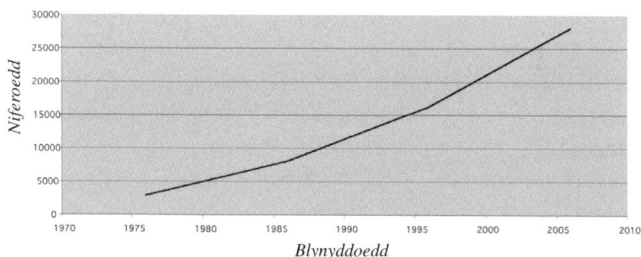

Ffynhonnell: Adran Ystadegau CBAC. Paratowyd yr ystadegau ar gais yr ymchwilydd.

Ar draws Cymru benbaladr gwelir amrywiaeth aruthrol ym mhatrwm y cyfrwng a phlwraliaeth ieithyddol sylweddol. Yng Ngwynedd, er enghraifft, gelwir pob ysgol yn swyddogol yn ysgol ddwyieithog. Y tu mewn i'r disgrifiad hwn ceir amrywiaeth fawr: ysgolion sy'n addysgu yn bennaf drwy'r Gymraeg, ac eraill yn bennaf drwy'r Saesneg; ffrydio ar sail iaith; rhai modiwlau drwy gyfrwng y Gymraeg ac eraill drwy gyfrwng Saesneg; addysgu rhai disgyblion yn bennaf yn Gymraeg, a rhai yn bennaf yn Saesneg.[5]

Cred Fishman (1991, 101) fod mwy o ryddid cwricwlaidd a threfniadol a gwell ethos Xaidd mewn ysgolion math 4a, ond bod eu sefydlu cyn rhai math 4b yn risg, yn yr ystyr fod dylanwadau Yaidd yn debygol o fod yn fwy mewn ysgolion 4b. Mater o radd o arwahanrwydd ac o ba sail o gryfder neu o wendid ieithyddol a diwylliannol y dechreuir adfer X yn y byd Yaidd yw hanfod y ddadl. Ni phrofodd hynny yn anhawster yng Nghymru, a welodd esblygu ysgolion math arall, 4c. Er eu bod yn ynysoedd ieithyddol o ran y Gymraeg yn nwyrain Cymru, mae gallu eu disgyblion mewn Cymraeg a Saesneg yn cymharu'n ffafriol iawn â disgyblion mewn ysgolion cyfrwng Saesneg yn ogystal â rhai naturiol Gymraeg yn y bröydd Cymraeg. Rhaid gofyn, er hynny, i ba raddau y medr ysgol naturiol Gymraeg fodoli yn y bröydd Cymraeg, o ystyried mewnlifiad o Loegr ac o wledydd eraill. Yn rhesymegol bydd yr ysgol naturiol Gymraeg yn esblygu i gynnwys elfennau trochiant, yn ymdebygu fwy i ysgolion Cymraeg y de-ddwyrain, a'u deilliannau ieithyddol yn ymdebygu i rai'r ysgol naturiol Gymraeg, gymaint ymdrechion clodwiw athrawon i Gymreigio'r newydd-ddyfodiaid.

Agwedd arall nodweddiadol o gefndir ieithyddol ysgolion Cymraeg dwyrain Cymru yw mai o gartrefi Saesneg eu cyfrwng y daw mwyafrif helaeth y disgyblion. Fe'u haddysgir felly drwy gyfrwng ail iaith, sef y Gymraeg. Er enghraifft, daw dros 95 y cant o ddisgyblion ysgolion y cymoedd o gartrefi di-Gymraeg. Gan dderbyn bod bylchau anferthol yn y trosglwyddo rhwng cenedlaethau, eto i gyd, gellir dadlau y byddai'r Gymraeg wedi marw yn y cymoedd oni bai am ddylanwad yr ysgolion Cymraeg. Ac er nad oes cymaint o drosglwyddo gan gyn-ddisgyblion yr ysgolion Cymraeg i'w plant hwythau ag y dymunid, eto i gyd gwnaed dechrau ar y daith adferol.

Droeon cyfeiria Fishman at anawsterau'r daith ond, o bryd i'w gilydd, oherwydd ei fod yn enghreifftio o gymdogaethau lleiafrifol mewn dinasoedd enfawr ac ardaloedd diwydiannol efallai, ymddengys yn besimistaidd. Er enghraifft, ysgrifenna (1991, 102): '[S]chools that are maintained from general tax funds . . . may elicit more public animosity and opposition than they are worth in terms of what they contribute to RLS.' Bellach mae'r ysgolion Cymraeg yn rhan annatod

---

[5] Mae CYDAG wedi cynnig datrysiad i'r dryswch (Atodiad CYD), ond ateb rhannol a gaed hyd yn hyn gan y pŵer yn y canol (LlCC, 2007ch).

real o'r patrwm addysgol yng Nghymru, â deddfau Prydain ac Ewrop yn grymuso eu statws. Eto i gyd, ofnai Fishman mai dibynnu ar gefnogaeth Ywyr (cyllid, adnoddau ac AALlau) y byddai Xwyr, ac y medrai ysgolion Xaidd barhau'r cyflwr o ddibynnu ar Ywyr. Arwain i ffwrdd oddi wrth GSI y bydd dibyniaeth ryngweithiol, fel arfer, medd Fishman, yn hytrach na thuag ato.

Ni ellir gwadu mai dibynnu ar Loegr y mae cyfundrefnau Cymru i raddau sylweddol, yn arbennig o gofio mai Llywodraeth y DU a benna'r rhan fwyaf o gyllid gwariant Cymru. Mae'r cyllido yn ei dro yn dylanwadu ar batrymau gwariant, os nad ar y polisïau sydd y tu ôl i'r gwariant. Er enghraifft, er bod statws cyfartal i'r Gymraeg ac i'r Saesneg, dadleuir gan rai na ddylid cyfieithu pob dogfen o du'r Cynulliad – gwastraff adnoddau dynol a chyllidol yw hyn, meddant. Nid yw hi'n rhwydd cadw cydbwysedd rhwng egwyddor a phragmatiaeth, rhwng realiti a gweledigaeth.

Parchu'r fath gydbwysedd y llwyddodd y Cymry i'w wneud dros, dyweder, yr 20 mlynedd diwethaf, a thyfu mewn hunanhyder. Gwelir parodrwydd i siarad Cymraeg (Xeg) yn naturiol mewn cwmni dwy-ieithog neu amlieithog heb ymddiheuro i Ywyr. Ar y llaw arall, gwelir diffyg dealltwriaeth o rôl yr ysgolion Cymraeg gan nifer o Ywyr ac Xwyr heb Xigrwydd sydd â swyddi dylanwadol ym maes addysg statudol: honnir yn aml na ddylai'r Gymraeg fod yn orfodol, dywed adroddiadau Estyn fod angen rhoi sylw i'r cwricwlwm Cymreig mewn ysgolion unigol (Saesneg eu cyfrwng), a gwelir diffyg ymwybyddiaeth o'r Gymraeg a Chymreictod mewn rhai o bwyllgorau sirol neu ranbarthol Cymru.

Un strategaeth i oresgyn anawsterau a gyfyd o orddibynnu ar Ywyr yw cael Xwyr i sefydlu, o'r cychwyn cyntaf, wobrwyo sy'n gysyllt-iedig â'r diwylliant Xaidd. Enghraifft glodwiw o hyn yw Eisteddfodau'r Urdd. Ond mae'r Urdd wedi mynd cam yn bellach, gan fod y sefydliad yn cynnwys disgyblion XAI ac Ywyr, a'u cymathu â'r Xwyr. Gresyn fod yr elfen gymdeithasol o letya plant mewn cartrefi yng nghymdogaeth yr Eisteddfod Genedlaethol wedi darfod, gan ei bod yn ffordd ymarferol ac effeithiol o roi profiadau uniongyrchol o iaith a diwylliant gwahanol i blant Cymru, boed yn ogleddwyr yn aros mewn cartrefi di-Gymraeg mewn cwm diwydiannol, neu blentyn o'r brif-ddinas yn aros ar fferm ddefaid yn y canolbarth.

Ym mharagraff olaf yr adran ar lefel 4, dadleua Fishman (1991,103) y gall dylanwadau macro Ywyr yn y gyfundrefn addysg greu 'a process that inevitably destroys the vision of Xmen-via-Xish, even the vision of "Xmen with Xish who also know Yish and participate in Yish economic and political life".' Gellid dadlau mai Yaidd yw cyfundrefn addysg Cymru yn y bôn, ond bod haen o Xigrwydd drosti. Un o'r haenau teneuaf yw'r Gymraeg fel ail iaith, y pwnc isaf ei safon yn ôl Estyn (2003a, 17), 'Mae mwy o waith anfoddhaol o hyd mewn Cymraeg fel ail iaith nag mewn unrhyw bwnc arall, yn enwedig yng nghyfnod allweddol 3.' Yn aml gwella safon y cwricwlwm Cymreig yw un o'r prif dargedau a roddir i ysgolion a arolygwyd. Ond gellid dadlau mai cam cadarnhaol i hybu Xigrwydd yw'r fath feirniadaeth gan y canol. Mae angen codi disgwyliadau rhieni, disgyblion a phenaethiaid ysgol, ail-ymweld â methodolegau, a threfnu HMS o safon uchel.

Cyfaddawdu ac efelychu, manteisiaeth a phragmatiaeth a geir yng Nghymru, sef derbyn prif strwythur addysgu, asesu ac arolygu macro Llundain, a'i gymhwyso i anghenion Cymru. Er enghraifft, wrth gloi pennod ar arolygu yng Nghymru, yn ôl Thomas ac Egan (2000, 166):

> [T]he overall experience of change appears to be another example of that 'incremental devolution so characteristic of Welsh education [*sic*; 'educational history' yn ôl Jones] over the past century' (Gareth Elwyn Jones, 1997, 192). Any differences between Wales and England arose as the actors in Wales used what scope they had, on the margins of policy formation, to reshape what had been designed in and for England.

'O Loegr y daeth yr arweiniad hwnnw gan neb llai nag R. A. Butler' (Morgan, 2002, 22). Cyfeirio y mae Iorwerth Morgan at Butler yn 1942 yn 'annog awdurdodau lleol Cymru i ddyblu eu gweithgarwch dros yr iaith', UCAC yn ei longyfarch drwy lythyr, ac erbyn mis Hydref y flwyddyn honno weld cyhoeddi Cylchlythyr 182, a fynnai 'bod yr awdurdodau addysg yn paratoi cynlluniau i hyrwyddo dysgu'r Gymraeg yn eu hysgolion'. Ymhlith yr actorion dylanwadol yng Nghymru yn y 1940au yr oedd rhai o aelodau UCAC, a welodd botensial Adran 76 o Ddeddf Addysg 1944, 'Deddf Addysg Butler', i hwyluso sefydlu'r ysgolion Cymraeg, gan y dywedai y dylid addysgu plant yn ôl dymuniad eu rhieni. Manylir ar hyn gan Morgan (2002, 24–2), a nododd i 'amryw o arweinwyr addysg a diwylliant Cymru' weld 'Adran 76 fel "siarter rhieni"', ymadrodd T. Raymond Edwards (1954).

Wrth droi yn ôl at ddamcaniaethu Fishman, gellid dadlau nad oes ysgolion Yaidd yng Nghymru, yn hytrach:

- ysgolion cyfrwng Yeg sy'n addysgu Xeg fel pwnc ac sy'n hybu'r ymdeimlad o Xigrwydd drwy'r cwricwlwm Cymreig;
- ysgolion yn bennaf cyfrwng Yeg sy'n addysgu Xeg fel pwnc a rhai pynciau drwy gyfrwng Xeg i'r rhai sy'n dewis hynny;
- ysgolion yn bennaf cyfrwng Xeg sy'n addysgu pwnc neu rai pynciau neu fodiwl neu fodiwlau y tu mewn i bwnc neu bynciau drwy gyfrwng Yeg;
- ysgolion cyfrwng Xeg sy'n addysgu pwnc neu rai pynciau drwy gyfrwng Yeg i'r rhai sy'n dewis hynny;
- ysgolion cyfrwng Xeg sy'n addysgu pwnc neu rai pynciau drwy gyfrwng Yeg am resymau hanesyddol ac oherwydd anawsterau deddfwriaethol rhag newid hynny;
- ysgolion cyfrwng Xeg, sy'n hybu Yeg drwy'r pwnc ei hunan (sef Saesneg) a thrwy symbyliadau darllen a thorfol Yaidd.

Perygl mawr yw credu y medr yr ysgolion lwyddo i wrth-droi'r shifft ieithyddol ar eu pennau eu hunain. Y sialens mewn sawl ardal lle mae'r Gymraeg yn iaith leiafrifol yn y gymdogaeth yw denu siaradwyr Cymraeg i gynnal gweithgareddau drwy gyfrwng yr iaith, yn rhan o'r proses hir o normaleiddio'r Gymraeg. Beth a olygir wrth 'normal-eiddio'?

NORMALEIDDIO[6]

Un o ystyron 'normaleiddio' yw safoni iaith; ond nid felly y'i defnyddir yn y man hwn. Fe'i harferir mewn cyd-destun ieithyddol wrth i iaith leiafrifol ddod yn fwy cyffredin neu wrth i ymdrechion a strategaethau ddatblygu er mwyn ei gwneud yn agosach i'r norm. Mae prif nod BIG yn enghraifft dda o'r egwyddor, sef 'ei gwneud hi'n haws i bawb ddefnyddio Cymraeg ym mhob agwedd ar fywyd' (2007a). Ys dywed Grin (2003, 202), 'If linguistic diversity is to be efficiently preserved, the presence and use of all languages must be considered *normal.*'

Yn ôl Fishman (1991, 152), ystyr 'normaleiddio' yw 'the intra-language task of returning to all the usual ('normal') H-functions (high culture and power functions) which [the minority language] once

---

[6] Cyfeiria Urla (1993, 838) at ffynonellau sy'n esbonio tarddiad y term, a gafodd ei gyflwyno gan Luis Aracil o Gatalonia, yn ôl Vallverdú (1991). Mae diffiniad cymdeith-asegwr ieithyddol arall, Rafael Ninoyles (1972, 75) 'placing the language on an equal footing with other languages (neither "above" or "below"): on the same level' yn debyg iawn i'r diffiniad yn atlas ieithyddol Euskara, Olabuénaga (1984, 12).

discharged.' Golyga normaleiddio fwy na hynny, gan ei fod yn cynnwys ffwythiannau newydd, megis agweddau ym myd darlledu, papur dyddiol cenedlaethol am y tro cyntaf erioed, neu dechnoleg cyfathrebu. Gall hefyd ymgorffori cynlluniau normaleiddio ar gyfer ysgolion, megis rhaglen *Ulibarri* Gwlad y Basg (Aldekoa a Gardner, 2002). Dadleua Skutnabb-Kangas a Phillipson (1995, 11) fod parodrwydd llywodraeth i rannu a dirprwyo cyfrifoldeb dros normaleiddio iaith yn hanfodol. Agwedd waelodol ar y parodrwydd hynny yw deddfwriaethu – nid yn unig er mwyn normaleiddio yn ystyr Fishman, ond hefyd er mwyn creu ffwythiannau newydd megis sefydlu S4C.[7]

Yng Nghymru, mae'r galw am ddeddf iaith newydd yn rhan o'r proses o normaleiddio, a hynny, yn ôl Colin Williams (2005b, 4–5), ar sail gwrth-wahaniaethu. Cytunir â'r rhesymeg:

> Mae strategaeth Cymdeithas yr Iaith (2005) yn pwysleisio'r egwyddor sylfaenol hon, sydd yn egwyddor gadarn, gydnabyddedig a theg i'r mwyafrif – ac felly yn fwy tebyg o gael ei dderbyn a'i weithredu. Fyddai'r Gymraeg ddim yn cael ei hystyried yn 'cause célèbre' neu yn 'ffetish'. Mae hon yn ffordd resymegol o dacluso tirwedd ddeddfwriaethol sydd yn trin anghyfartaledd hanesyddol a diffyg gweithredu yn y gorffennol. Dyma, rwy'n cymryd, yw rhan o'r cysyniad o normaleiddio'r Gymraeg.

Cynnal ac ymestyn yr iaith trwy berswâd, yn fwy na thrwy ddeddf, fu *modus operandi* BIG, a rydd bwysigrwydd mawr i'r frawddeg ganlynol o'i gynllun strategol (2005a, 8.1 ac 8.2): 'Un o ymrwymiadau mwyaf arloesol Iaith Pawb o ran datblygu a normaleiddio dwyieithrwydd yw'r addewid gan Lywodraeth y Cynulliad i brif-ffrydio'r Gymraeg wrth ddatblygu polisi.' Cynllunio ieithyddol yw gwir *raison d'être* BIG ac fe grynhoir y rhaglenni economaidd a gwleidyddol cyfoes i brif-ffrydio'r iaith mewn syniadaeth a gweithredu cymdeithasol yng nghyfrol Colin Williams (2000a).

Ond nid pawb sy'n cytuno ag 'a confrontational "leave it all to us" approach' gan BIG, chwedl Williams a Morris (2000, 234), a alwant am

---

[7] Cyfeiria'r ddau awdur at bedwar math ar ddeddfwriaethu: swyddogol ieithyddol (ceisio gwneud iaith neu ieithoedd yn swyddogol ym mheuoedd y gyfraith, y llysoedd, gweinyddu cyhoeddus ac addysg); sefydliadoli iaith (ceisio gwneud un neu fwy o ieithoedd yn iaith normal, arferol neu gyffredin ym mheuoedd answyddogol cyflogi, cyfathrebu, diwylliant, masnach a busnes); safoni iaith (parchu safonau ieithyddol mewn peuoedd arbennig, fel arfer peuoedd swyddogol neu sobr o dechnegol); a deddfwriaeth ieithyddol ryddfrydig (er mwyn cydnabod yn y ddeddfwriaeth, yn ddealledig neu yn esblyg, hawliau ieithyddol).

ailystyried cynllunio ieithyddol gan fod y dull cyfredol yn creu tensiwn rhwng agwedd 'awdurdodol' y pŵer canolog a natur neo-ryddfrydol y farchnad. Dair blynedd yn ddiweddarach ysgrifennodd prif weithredwr BIG, Meirion Prys Jones, am bartneriaeth syniadau ac awydd BIG i gydweithio â chyrff a grwpiau priodol er ffynnu pellach ar addysg Gymraeg (2003, 127–8), a hynny yn adleisio neges fawr partneriaeth yn 'Iaith Pawb' (2003, 53) 'i achub yr iaith'. Wrth drafod cyrff cynllunio ieithyddol, pwysleisia Grin (2003, 200–1) nifer o agweddau ar eu swyddogaeth, yn cynnwys partneriaeth ag awdurdodau cyhoeddus er mwyn cyfnewid gwybodaeth a hyrwyddo cefnogaeth y cyhoedd; cadarnhau cymeriad democrataidd y corff; a datblygu moddau o lywodraethiant 'where the divide between the governing and the governed becomes less'.

Cyfeirir ym mhennod 8 at y bwlch rhwng y cynllunwyr ieithyddol (y wladwriaeth) a'r ddinasyddiaeth. Cytunir â galw Williams a Morris am ymchwil i iaith gymdeithasol (2000, 248) ac i bwysigrwydd canolog yr iaith yn nadeni Cymru, trafodaeth wedi'i llunio o ddealltwriaeth a dychymyg, yn hytrach nag 'a slavish dedication to preformed discourses' (2000, 253). Ni chytunir â'r geiriau llym olaf, ond dadleuir y medrai'r cwestiynau canlynol o eiddo Tollefson (2002, 13–14) ennyn trafod ymenyddol egnïol:

1   Beth yw'r grymoedd pennaf sy'n effeithio ar bolisïau iaith mewn addysg, a sut y cyfynga'r grymoedd hyn ar bolisïau a thrafod cyhoeddus ar bolisïau amgen?

2   Sut y defnyddia awdurdodau'r wladwriaeth bolisïau iaith er mwyn rheoli mynediad at hawliau ac addysg ieithyddol, a beth yw deilliannau rhaglenni a pholisïau penodol ar gyfer cymunedau ieithoedd llai eu defnydd?

3   Sut y defnyddia awdurdodau'r wladwriaeth bolisi iaith ar gyfer llywodraethiant gwleidyddol a diwylliannol?

4   Sut y mae polisïau iaith mewn addysg yn fodd i greu, cynnal neu leihau gwrthdaro gwleidyddol rhwng gwahanol grwpiau ethno-ieithyddol?

5   Sut yr effeithir ar bolisïau a rhaglenni lleol ieithyddol mewn addysg gan brosesau megis gwladychu, dadwladychu, Seisnigeiddio, a thwf economi cyfalafol integredig?

6   Sut y gall lleiafrifoedd ieithyddol ddatblygu polisïau a rhaglenni addysgol i ateb eu gofynion cymdeithasol ac ieithyddol, yn wyneb gwasgedd sylweddol gan grwpiau cymdeithasol ac ethno-ieithyddol mwy pwerus?

Cam 3

Cam 3 yw arfer Xeg yn y peuoedd gwaith is (y tu allan i'r gymdogaeth neu'r gymuned) gan gynnwys cydadwaith rhwng Xwyr ac Ywyr. Yn ôl Fishman (1991, 103–5) bydd y peuoedd gwaith is yn gweithredu'n ddiogel yn y gymdogaeth Xaidd, hyd yn oed ar lefelau 6, 5 a 4. Ceir ardaloedd yng ngorllewin Cymru, er enghraifft yn ardal Menter Dyffryn Teifi, lle mae'r Gymraeg yn creu sail economaidd i'r math o gymdeithas ddeuol neu symbiotig sy'n llwyddo pan fo cyfle i gwrdd â'r farchnad Yaidd ar delerau Xaidd. Mae sail economaidd yn hanfodol i fywyd Xaidd ac i hyrwyddo GSI. Mae angen felly, medd Fishman, i gryfhau pŵer demograffig a gwleidyddol ar bob cam.

P'un ai gwasanaethu anghenion Yaidd y bydd busnes, marchnad neu wasanaethau Xaidd, neu i'r gwrthwyneb, mae hawliau'r unigolyn i gael y gwasanaeth a fynno yn yr iaith a fynno yn gwbl hanfodol. Am ddeg-awdau, taeog bu agwedd y Cymry Cymraeg o ran cael gwasanaethau yn eu hiaith eu hunain; bellach tyfodd eu hyder wrth i'r defnydd o'r Gymraeg yn y gweithle ac yn y gwasanaethau cyhoeddus ddod yn fwy naturiol. Wedi dweud hyn, mae ffordd bell i fynd o ran hyfforddiant cyfrwng Cymraeg yn y gweithle, fel y tystia ystadegau arswydus AADGOS (Atodiad CG). Ymddengys fod Fishman am gyfundrefnu hawliau Xwyr i arfer yr iaith mewn peuoedd Xaidd. Wrth i rym Deddfau'r iaith Gymraeg gydio ac i ewyllys y werin fanteisio ar normalrwydd arfer yr iaith ym mhob sefyllfa, dylai cynnydd pellach ddigwydd yn nifer y siaradwyr, yn arbennig gan fod mwy o obaith trosglwyddo iaith pan fo honno yn rhan naturiol o fywyd beunyddiol.

Cred Fishman mai camau 8 i 5 yw *sine qua non* GSI (1991, 104), ac fe'u cyferbynna â llinellau gwarchod mewnol; camau 4 a 3 yw'r haen gyntaf a'r ail yn y gwarchod allanol. Mae camau 4 i 1 yn rhoi cyfleoedd, ond hefyd yn creu peryglon. Mae angen cysylltu llwyddiant economaidd rhanbarth daearyddol â'r farchnad fwy Yaidd ac â'r farchnad ryngwladol. Gwêl Fishman beryglon mawr i ddyfodol Xeg os dibynna'r Xwyr yn bennaf ar Ywyr a gwobrwyo yn nwylo Ywyr.

Ehangwyd gorwelion masnachol ac economaidd dynion busnes yn yr ardaloedd gorllewinol yng Nghymru, a gwertha Cymdeithas Cig Cymru a mentrau eraill gynnyrch Cymreig fwyfwy yn Ewrop ac ar draws y byd. Ymdrechodd Bwrdd Twristiaeth Cymru (gynt) i werthu delwedd ddeniadol o Gymru a denu tramorwyr i ymweld, ac felly i hybu economi Cymru. Mae hyn oll yn iawn, ac yn fodd i gadw Cymry Cymraeg yn eu cymdogaethau ac i arfer yr iaith ac i'w throsglwyddo; ond mae angen i'r gyfundrefn addysg a'r bywyd diwylliannol hybu'r defnydd gorau o'r iaith yn ogystal. Mae'n rhaid cymryd gorolwg holistig ar natur ieithyddol cymdogaethau. Dyna y ceisia gweledigaeth 'Iaith Pawb' ei wneud, ond mae gweithredu yn medru codi anawsterau hiliol, economaidd, hawliau dynol a chyfreithiol, fel y tystia ymdrechion rhai cynghorau sirol neu sefydliadau cenedlaethol yng ngorllewin Cymru ym maes cynllunio a gwerthu tai.

Globaleiddio drwy'r Saesneg yw'r gelyn pennaf i ddyfodol yr iaith Gymraeg:

- mae'n dylanwadu ar ieithoedd ledled y byd oherwydd bod ei slicrwydd cynhenid hi yn ei gwneud hi'n rhwydd i ieithoedd eraill fabwysiadu geiriau ac ymadroddion newydd;
- mae effaith y cyfryngau torfol yn sylweddol;
- mae hi'n byw drws nesaf i Gymru;
- mae pawb yng Nghymru yn ei medru hi.

Dadleua Fishman (2001, 458–9) mai agosatrwydd y gymuned Xaidd, *Gemeinschaft*, yw prif arf cudd GSI, ac y medr fod yn ffordd amgen o fywyd. Gwreiddiau hanesyddol a diwylliannol, gwerthoedd traddodiadol a chrefydd yw rhai o anghenion gwaelodol y ddynoliaeth; ac yn y gymdogaeth Xaidd agos atoch a chlòs y gellir meithrin unwaith eto'r gwerthoedd a aeth ar goll, y gwerthoedd y mae dyn yn dyheu amdanynt, y safadwy yn erbyn dylanwadau ansafadwy byd-eang a materol globaleiddio. Gellir gweld dylanwad cefndir crefyddol a hanesyddol Fishman ei hun y tu ôl i'r geiriau hyn, a chymharol rwydd yw eu cyferbynnu â gwacter ysbrydol cyfredol Cymru. Yn ôl y ddamcaniaeth, nid yw cam 3 yn hanfodol, ac yn aml y mae allan o gyrraedd mudiadau GSI. Fel y dywed Fishman (1991, 105), rhaid felly i'r cefnogwyr weithredu po orau y medrant drwy bwysleisio camau 6 i 4 hyd yn oed yn fwy.

Cam 2

Cam 2 yw Xeg yng ngwasanaethau is y llywodraeth ac yn y cyfryngau torfol, ond nid ym mheuoedd uwch y naill na'r llall. Ychydig o fudiadau GSI sydd yn cyrraedd y cam hwn, yn ôl Fishman. Ymddengys y gweithredir ar y cam hwn yng Nghymru, fel y tystiolaetha llywodraeth ganol a lleol, y radio a theledu. Mae camau 2 ac 1 yn cynrychioli'r llywodraeth ei hun, neu'r agweddau, opiniynau a'r hunaniaeth a'r sgiliau a'r statws uchaf. Dyna pam y mae cefnogaeth llywodraeth yn allweddol yn y meysydd canlynol: BIG, y gyfundrefn addysg drwy'r ysgolion Cymraeg a'r asiantaethau addysg, Cymraeg gydol oes, deddfau iaith a chyfle cyfartal, ac yn arbennig y weledigaeth gyfannol o'r canol fel y'i mynegir yn 'Iaith Pawb'.

Camau 2 ac 1 yw'r rhai anoddaf i ddylanwadu arnynt, medd Fishman. Yng Nghymru, cafwyd cryn lwyddiant yn y gorffennol, megis y cwricwlwm cenedlaethol a'r Gymraeg yn dod yn bwnc gorfodol ym mhob ysgol; ei hasesu yn ôl meini prawf heriol; neu gynlluniau addysg Gymraeg yr awdurdodau lleol. Ar wahân i orfodi blaengynllunio bwriadus, mae goblygiadau'r cynlluniau yn treiddio i waith beunyddiol swyddogion monoglot, ac yn raddol yn codi eu hymwybyddiaeth o bwysigrwydd ac o hawliau'r Gymraeg yn y gyfundrefn addysg leol. Er enghraifft, bu dinas a sir Caerdydd yn cynllunio'r drydedd ysgol uwchradd Gymraeg ers blynyddoedd. 'Dyma un o'r camau mwyaf rhagweithiol erioed yn hanes addysg Gymraeg yn y Brifddinas – tystiolaeth o ddechrau normaleiddio.' Dyna a ysgrifennwyd gennyf yn 2007 (Thomas, 2007, 105). Yn anffodus, gohiriwyd blwyddyn agor yr ysgol sawl gwaith, ar hyn o bryd tan 2012. 'The delicacy of language revitalization' yw ymadrodd Jones a Williams (2000,168) ar ddiwedd eu dadansoddiad o bolisi adweithiol a chynllunio tameidiog yng Nghaerdydd, agwedd a arweiniodd at ffyniant ymhlith y mwyaf addawol yng Nghymru. Ar y llaw arall, barn (2007) un o lywodraethwyr ysgol Gymraeg gynradd orlawn yn y brifddinas oedd nad oedd dim wedi newid ers dyddiau'i rieni, sef dal i frwydro.

Dylid annog asiantaethau a gwasanaethau lleol y llywodraeth, medd Fishman, i weithredu'n ddwyieithog, ac arfer Xeg neu Yeg yn ôl dymuniad y cwsmer. Mae Cymru wedi byw drwy'r cyfnod hwn, o aberth Trefor ac Eileen Beasley yn mynnu papur treth yn Gymraeg yn y 1950au; yna'r profiad o orfod gofyn am fersiwn Gymraeg; bu'n rhaid hefyd ateb beirniadaeth nad oedd 'neb' yn gofyn am ffurflenni Cymraeg. Cam esblygol yw normaleiddio'r iaith, ac ar hyd y daith bydd y normaleiddwyr ymgyrchol yn ymddangos yn genedlaetholwyr eithafol.

Mae cynyddu'r defnydd o Xeg yn arwain at alw am fwy o swyddi a siaradwyr. Yn y cyfryngau yng Nghymru, er enghraifft, gellir dadlau fod y cynnydd yn yr oriau darlledu wedi creu swyddi a chryfhau hyfywedd economaidd y weledigaeth, yr hyn y mae Fishman yn ei alw yn Xwyr ag Xeg. Erbyn hyn, bydd Xwyr yn treiddio i mewn i fyd yr Ywyr.

Yn aml, gwelir llif o dalent o'r ardaloedd cryfaf Xaidd i brifddinas, gan fod gwobrwyo lled-lywodraethol, y gwasanaeth sifil a'r cyfryngau arbenigol yn tynnu tuag at Yeg, Ywyr drwy Yigrwydd. Bellach, ym-ddengys fod y Gymraeg yn dal ei phen yn hyderus yn y meysydd hyn. Dechreuodd Cymru fynd i'r afael ymenyddol ag effeithiau'r mudo o'r ardaloedd Cymraeg i'r trefi a'r dinasoedd, yn arbennig Caerdydd. Tra bo poblogaeth y siaradwyr yn y brifddinas yn codi, a thra bo cyfleoedd i arfer yr iaith yn naturiol hefyd ar gynnydd, eto i gyd, mae angen sicr-hau na chollir mo'r màs critigol o'r ardaloedd traddodiadol Gymraeg yn y gorllewin. Ai hynny ddylai fod un o brif gamau gweithredu Llywodraeth y Cynulliad? Gwnaed argymhellion mewn adroddiadau megis un Llais y Lli (Gruffudd et al., 2004), ond bu llusgo traed wrth i flwyddyn lithro rhwng dyddiad cyflwyno'r adroddiad a'i drafod ym Mhwyllgor Iaith a Diwylliant y Cynulliad (30 Tachwedd 2005). Bellach mae prosiect dilyniant ieithyddol BIG yn dechrau dangos cynnydd yng ngorllewin Cymru: mae mwy o ddisgyblion yn dilyn cyrs-iau mamiaith a chyfrwng Cymraeg yn yr ysgolion uwchradd, hwyrach dan arweinyddiaeth gadarn penaethiaid ysgol.

Os dibynnir ar flaengaredd y canol, sef y llywodraeth, heb ymdrechu ar lefel sefydliadol ac unigol, yna dim ond arafu tranc yr iaith a wneir. Meddwl, gwthio, lobïo, cynllunio a gweithredu yw'r cyfuniad gorau er mwyn rhoi'r ymdeimlad o berchnogaeth ac o falchder i bob elfen yn yr ymgyrch. Mae angen i bob partner weld y cyfleoedd i ddefnyddio cryfderau'r lleill. Mae angen i'r macro, y meso a'r micro gyd-dynnu a sbarduno'i gilydd ymlaen. Gwir y daw llwyddiant o ffrithiant gwleid-yddol, ond gall gormodedd ohono arwain at ddiflastod a hyd yn oed negyddiaeth.

Yng Nghymru mae sefyllfa yn datblygu a fedrai arwain at y fath negyddiaeth, yn arbennig y feddylfryd bod datblygiadau, waeth ym mha faes cyhoeddus neu wladwriaethol, yn gorfod dibynnu ar arwein-iad, cefnogaeth a chyllido canolog. Oni sicrheir hynny, yna ni ddaw llwyddiant, meddir. Weithiau dywedir nad yw datblygiad yn bosibl o gwbl heb y cataleiddio canolog. Dyma yw diwylliant y gymdeithas sifil yn gorddibynnu ar y Trysorlys.

Cam 1

Diffiniad Fishman o gam 1 (1991, 107) yw peth defnydd o Xeg ar lefelau uwch addysg, galwedigaethau, llywodraeth a'r cyfryngau, ond heb y diogelwch pellach a roddir gan annibyniaeth wleidyddol. Cynrychiola'r cam hwn annibyniaeth ddiwylliannol i ymgyrchwyr Xwyr-drwy-Xeg. Daw Xeg yn gyd-iaith ag Yeg. Bydd cynrychiolwyr addysg, y galwedig-aethau, llywodraeth a'r cyfryngau yn gyfrifol am gynllunio, gweithredu ac arfarnu'r gweithredu ieithyddol, sef y defnydd o Xeg ac Xigrwydd.

Pe baech yn dychmygu mai nirfana o lefel yw cam 1, byddech yn anghywir, gan ei fod yn ddiwedd taith hir, anodd a blinderus, ond nid diwedd problemau a materion o gonsýrn i GSI. Bydd rhai pobl sydd o blaid GSI yn anfodlon â'r sefyllfa am amryw resymau (Fishman, 1991, 108):

- nid Xeg yw'r unig iaith swyddogol ac ethnogenedlaethol yn y rhanbarth;
- caffael gwan ar yr iaith fydd, hwyrach, gan nifer o Xwyr sy'n byw y tu allan i'r rhanbarth;
- gall safon ieithyddol ddirywio wrth i fwy o Xwyr symud o gyrion y Fro i fyw ym mhrif dref y Fro (neu'r rhanbarth) Xaidd;
- gall Yeg ddal i bwyso ar Xeg, hyd yn oed yn y Fro Xaidd;
- Yeg yw'r *lingua franca*, a'i phwysau ar addysg uwch, diwydiant a thechnoleg yn gryf.

Clywir adleisiau adferwyr, y Fro Gymraeg ac ymgyrchoedd Cymuned yn y geiriau hyn. Ond mae patrymau lleoliad y siaradwyr Cymraeg yn fwy cymhleth o lawer na hyn. Yn ôl gwefan BIG (2003a, cyfrifiad 2001):

Mae'n ymddangos bod cynnydd yng nghanrannau y rhai sy'n darllen ac ysgrifennu Cymraeg mewn 20 o siroedd ar hyd a lled Cymru, a siroedd y de ddwyrain yn gweld y cynnydd mwyaf, gyda Torfaen, Casnewydd, Sir Fynwy, a Blaenau Gwent yn gweld codiadau sylweddol yn nifer y siaradwyr Cymraeg ers 1991. Ond bu dirywiad yng nghanran y rhai sy'n siarad, darllen ac ysgrifennu Cymraeg mewn dwy sir: Ceredigion a Gwynedd.

Dadleua Carter (2002) y medrai canolbwyntio ar gynnal y Fro Gym-raeg fod yn wrthgynhyrchiol yn y tymor hir, o ystyried y mudo am resymau cymdeithasol ac economaidd i'r de-ddwyrain yn arbennig. Gwrth-ddadl i hynny yw peryglon colli'r màs critigol o siaradwyr.

Rhaid trin data ystadegol yn ofalus dros ben. Er enghraifft, mae'r ddwy sir a nodir uchod yn cynnwys tri choleg prifathrofaol, Aber-ystwyth a Llanbedr Pont Steffan yng Ngheredigion, a Bangor yng Ngwynedd. Trafododd Lewis (1981, 395–402) rai o beryglon cyfrif-iadau, a chyfeirio yn benodol at y ffordd y gall poblogaeth y colegau sgiwio data. Am y tro cyntaf, yn 2001, cofrestrwyd myfyrwyr y DU gyfan yn eu cyfeiriadau coleg, nid lle 'roedd eu rhieni yn byw.[8]

Mae polisïau BIG a gweledigaeth Llywodraeth y Cynulliad yn symud Cymru yn araf deg tuag at gynyddu'r nifer o siaradwyr Cymraeg. Yn ôl cyfrifiad 2001, cynyddodd canran y siaradwyr am y tro cyntaf ers dros ganrif; a 1911 oedd y cyfrifiad olaf i nodi cynnydd dengmlynyddol tan 2001 (Tablau I 2–3). Mae arwyddocâd symbolaidd sylweddol yn y data syml hyn, yn ôl Aitchison a Carter (2003/04, 55), 'for they confirm the predicted . . . turning of the tide – at least in terms of crude numbers.'

Eto i gyd, tenau yw'r defnydd o'r Gymraeg ar lefel addysg bellach ac uwch (Cen Williams, 2003a), yr oriau darlledu, yn arbennig ar y teledu, ac mewn diwydiant a thechnoleg. Ymdrechir ar lefel polisi, megis gwneud y Gymraeg yn rhan o bortffolio pob Gweinidog ('Iaith Pawb'), neu gynlluniau addysg Gymraeg yr AALlau, ond mae angen gwyliadwriaeth barhaus. 'Eternal watchfulness is the price of RLS' (Fishman, 1991, 108).

SWYDDOGAETHAU (NEU FFWYTHIANNAU) IEITHYDDOL

Ar hyd y ganrif ddiwethaf daeth y werin i gredu mai Saesneg oedd yr iaith i ddod ymlaen yn y byd; hynny yw, byd y proffesiynau, busnes, addysg a llywodraeth yn bennaf. Arhosai'r Gymraeg yn iawn ar gyfer crefydd, diwylliant ac ymwneud bob dydd. Datblygodd felly swyddog-aethau clir ar gyfer y ddwy iaith. Eithafwyr, yn ôl llawer, a fynnai arfer y Gymraeg mewn swyddogaethau 'uwch'.

Gwahaniaetha Fishman rhwng swyddogaethau P ac n-P (2001, 10). Swyddogaethau P yw'r rhai mwy pwerus, megis cyflogaeth, addysg uwch, cyfryngau torfol a llywodraeth; ar gyfer yr astudiaeth bresennol,

---

[8] Trafodir manteision a chyfyngderau dehongli data cyfrifiad 2001 gan Higgs et al. (2004).

cynhwysir yr ysgolion Cymraeg yng nghategori P, gan eu bod yn allweddol yn hanes GSI. Y swyddogaethau n-P yw rhai megis y teulu, ffrindiau, y gymdogaeth a rhyw fath ar addysg gyn-ysgol neu gynradd sydd o dan reolaeth y gymuned ei hun.

Cynrychiola Fishman y fath batrwm mewn cyfres o fformiwlâu. Yr un gyntaf yw:

$$\frac{\text{P}}{\text{n-P}} : \frac{\text{Th}}{\text{Th}}$$

Pan fo'r iaith dan fygythiad (Th) yn anelu at gyflawni swyddogaethau P ac n-P, ysgrifennir Th uwchben llinell ac oddi tani. Gwelir bod y swyddogaethau a ddisgrifiwyd uchod yn bell o ffitio'r fformiwla sylfaenol hon. Ganol y ganrif ddiwethaf ac wedi hynny, ail fformiwla Fishman a ddisgrifiai swyddogaethau ieithyddol Cymru orau. Yr iaith nad yw dan fygythiad, Saesneg, er enghraifft, yw n-Th:

$$\frac{\text{P}}{\text{n-P}} : \frac{\text{n-Th}}{\text{Th}}$$

Bellach newidiodd y swyddogaethau yng Nghymru. Ond nid oes un patrwm neu fformiwla yn bodoli ar gyfer y wlad gyfan, gan mai plwraliaeth ieithyddol a ddisgrifia sefyllfa gyfredol y Gymraeg orau. Er enghraifft, ar yr olwg gyntaf, ymddengys mai'r fformiwla ganlynol fyddai fwyaf cymwys i ddisgrifio patrwm ieithyddol Gwynedd. Arwyddocâd y llinell arosgo yw y rhennir swyddogaethau rhwng Th ac n-Th, neu Xeg ac Yeg. Drwy nodi Th yn gyntaf, gellid awgrymu mai i'r Gymraeg y rhoddir y flaenoriaeth. Confensiwn y gyfrol yw hyn, nid un Fishman.

$$\frac{\text{P}}{\text{n-P}} : \frac{\text{Th/n-Th}}{\text{Th/n-Th}}$$

Yn ne-ddwyrain Cymru, gan mai i'r Saesneg y rhoddir y flaenoriaeth, fe ellid ysgrifennu'r fformiwla fel hyn:

$$\frac{P}{n\text{-}P} : \frac{n\text{-}Th/Th}{n\text{-}Th/Th}$$

Ceir sefyllfaoedd llawer mwy cymhleth pan fo grwpiau arwyddocaol Th (neu Xeg) yn byw yn ddyddiol drwy gyfrwng Th (neu Xeg) yn y gymuned Yaidd ac yn cyflawni swyddogaethau P, megis ysgolion Cymraeg, neu adrannau darlledu.

Mae hi'n bwysig dyfynnu esboniad a sylwadau Fishman ar y llinellau llorweddol ac arosgo yn y fformiwlâu (2001, 11):

> These lines pertain to the extent to which languages can be functionally compartmentalised (i.e. restricted to their established functions) as distinct from the extent to which they tend dynamically to overflow their functional boundaries. From the perspective of RLS, Th languages tend, at best, to become compartmentalised (i.e. functionally fixed), whereas n-Th languages tend to break out of any pre-existing functional compartmentalisation and to spread into new functions, both above and below the horizontal power divider.

Nid yw'r fformiwlâu sydd o dan sylw yn addas i Gymru, gan mai compartmentaleiddio swyddogaethau ieithoedd y golyga Fishman wrth sôn am rannu swyddogaethau, ond mai ymdreiddio a wna'r Gymraeg i nifer cynyddol o swyddogaethau. Bellach mae hi'n anodd rhestru swyddogaethau lle na ddefnyddir y Gymraeg o gwbl. Mater arall yw i ba raddau yr arferir yr iaith y tu mewn i'r amrywiol swyddogaethau.

Hwyrach y gellid addasu fformiwlâu Fishman er mwyn dangos y ffordd y llifa swyddogaethau yn ôl ac ymlaen rhwng y brif iaith a'r iaith leiafrifol. Yng Nghymru, er mai iaith leiafrifol yw'r Gymraeg o ran nifer siaradwyr, mae hi'n gyfartal â Saesneg o ran statws.

Felly, yn lle llinell arosgo, defnyddir y symbol ↔, a awgryma statws deinamig i'r ddwy iaith. Byddai fformiwlâu fel hyn yn bosibl:

- Ar gyfer ysgolion Cymraeg yn y de-ddwyrain, â hyd at 100 y cant o'r disgyblion o gartrefi di-Gymraeg:

$$\frac{P}{n\text{-}P} : \frac{Th \leftrightarrow n\text{-}Th}{n\text{-}Th/\leftrightarrow Th}$$

Ar gyfer y swyddogaethau P, Th a nodir yn gyntaf, a hynny yn cynrychioli ethos a chyfrwng addysgu. Cynrychiola'r symbol ↔ nifer o ffactorau: y ffaith y defnyddir Saesneg yn aml fel iaith ddarllen ehangach; mai Saesneg yw iaith gyfathrebu mwyafrif y rhieni mewn cyfarfodydd swyddogol yn yr ysgol; a'r realiti mai Saesneg a glywir amlaf ar wefusau'r disgyblion y tu allan i'r ystafell ddosbarth, er mai Th yw iaith swyddogol yr ysgol.

Ar gyfer y swyddogaethau n-P, nodir n-Th, neu Saesneg, yn gyntaf, gan mai hi yw iaith gryfaf gymdeithasol y disgyblion a'r rhieni yn y gymdogaeth ac yn y cartrefi.

- Ar gyfer Gwynedd, lle mae mwyafrif y boblogaeth yn rhugl yn y Gymraeg:

$$\frac{P}{n\text{-}P} : \frac{Th \leftrightarrow n\text{-}Th}{Th/\leftrightarrow n\text{-}Th}$$

Gellid datblygu'r mathau hyn o fformiwlâu i gofnodi'n gryno batrymau ieithyddol a'u defnyddio mewn astudiaethau cymharol.

COMPARTMENTALEIDDIO

Dylid cofio nad yw Fishman yn cefnogi ceisio gwneud pob dim er mwyn gwrth-droi shifft ieithyddol.[9] Ymestyn y defnydd o'r Gymraeg i swyddogaethau newydd yw'r strategaeth gyfredol, yn hytrach na chadw Saesneg y tu mewn i swyddogaethau diffiniedig. Ar hyn o bryd, mae'n anodd meddwl am un enghraifft lle y gellid cymhwyso damcaniaeth Fishman i'r Gymraeg. Wedi dweud hynny, mae'r llinell rhwng compartmentaleiddio y naill iaith a'r llall yn un denau iawn, megis y

[9] Er enghraifft, yn ei bennod ragarweiniol (2001, 1–22), 'Why is it so hard to save a threatened language?', ymdrinia â chompartmentaleiddio ieithoedd anfygythiol a rhai bygythiol, fel y dengys y dyfyniad canlynol (2001, 12):

> RLS requires making constant and repeated efforts not only to elevate the power-status of the Th language, but also making concerted efforts – efforts of will and efforts in terms of allocated resources – to reinforce recurringly the compartmentalisation of the n-Th language, so as to keep the latter from constantly generalising to new functions, whether above or below the horizontal power divide. The constant vigilance and insistence required by the n-P community of Th language users in order to compartmentalise continually and successfully the n-Th language of the P community is so substantial and unattainable that it also constitutes a reason why it is so difficult to strengthen threatened languages.

rheol Gymraeg yn y ddwy Eisteddfod Genedlaethol. Byddai rhai yn dadlau mai bod yn or-amddiffynnol y mae'r ddwy Eisteddfod, dwy gaer y tu mewn i linellau amddiffyn Fishman.

Er bod profiad helaeth gan ymgyrchwyr dros y Gymraeg o fod yn wyliadwrus, chwedl Fishman, gan fod Saesneg (n-Th) yn llithro'n dawel i mewn i fywyd y Cymro ar lefelau P a n-P, eto i gyd peryglus yw ceisio compartmentaleiddio Saesneg gan fod hynny yn awgrymu'n gryf fod angen compartmentaleiddio'r Gymraeg hefyd. Ai cylch cythreulig yw hyn, neu strategaeth ymarferol o gryfhau ac ymestyn peuoedd y Gymraeg er mwyn sicrhau dwylosia ar y ffordd i ddwyieithrwydd lwyr?[10]

Compartmentaleiddio ym myd addysg
Ystyrir nesaf gyngor Fishman am gompartmentaleiddio ym myd addysg. Dadleuir mai peryglus yw compartmentaleiddio rhai pynciau, megis Gwyddoniaeth, i gael eu haddysgu drwy'r Saesneg. Mae Saesneg yn cynrychioli statws mwy pwerus (P), uwchben y llinell yn y fformiwla. Felly mae cysylltu pwnc megis Gwyddoniaeth â lefel P yn seicolegol yn israddio'r Gymraeg yng nghyd-destun Gwyddoniaeth i lefel n-P. Dehongliad pur wahanol ar gyfrwng addysgu pynciau Gwyddonol a geir gan Williams a Morris (2000, 114–15):

> A number of Welsh-medium schools and educators have been reluctant to extend the use of Welsh to the teaching of science subjects. This is an extension of the modernist discourse and how it distinguishes between reason and emotion . . . Science is viewed as the epitomy of reason whereas the arts – poetry, music and so on – pertain to the world of emotion. It is this object construction and the associated social construction of a patriarchial society that contributes to the tendency to direct males towards the sciences and women towards the arts.

Dadleuant ymhellach:

> This was replicated in the tendency to teach science through the medium of English and the arts through the medium of Welsh. That is, males were rational and females emotional, and by the same token English was the language of reason while Welsh pertained to the emotional.

[10] Ymdrinnir â'r strategaeth hon gan Campbell yn ei astudiaeth o Fenter Cwm Gwendraeth (2000, 253).

Nid oes gyfeiriad at Fathemateg; tybir bod trin y pynciau Gwyddonol a Mathemateg o dan yr un ymbarèl yn rhesymol. Ymddengys mai pragmatiaeth a arweiniodd at addysgu rhai pynciau drwy'r Gymraeg ar draul eraill; er enghraifft, yn y 1960au cynnar 'roedd hi'n haws perswadio asiantaethau megis CBAC neu gyhoeddwyr annibynnol y byddai marchnad ar gyfer llyfrau Hanes a Daearyddiaeth, o'u cymharu, dyweder, â Ffiseg, gan eu bod yn feysydd a apeliai at gynulleidfa ehangach.

Fel y nodwyd eisoes, ychwanegodd Rhydfelen Ffrangeg, Lladin a'r pynciau ymarferol at restr y pynciau cyfrwng Cymraeg yn bennaf; addysgid y ddau bwnc i raddau llai drwy gyfrwng y ddwy iaith estron fel petai. Cyfnod arloesol oedd hwn, ac arbrofwyd, er enghraifft, ar addasu dull dwyieithog Dodson i addysgu Lladin. Cam yn unig felly yn esblygiad addysg Gymraeg oedd ychwanegu'r ddwy iaith hon at restr addysgu drwy'r Gymraeg.

Yn gynharach yn y gyfrol trafodwyd agweddau rhieni tuag at ddwyieithrwydd. Ychwanegir yn awr resymau pennaeth cyntaf Rhydfelen, Gwilym Humphreys, pam mai Saesneg oedd cyfrwng Gwyddoniaeth a Mathemateg (1973, 18–19):

> Mewn Gwyddoniaeth a Mathemateg, ein polisi bwriadol yw defnyddio'r Saesneg fel iaith dysgu, iaith darllen ac iaith arholi, ond er mwyn dod ag elfen ddwyieithog i'r pynciau hyn yn ogystal, caiff yr athrawon eu hannog i ddefnyddio'r ddwy iaith yn y gwersi.

> Teimlaf, ar hyn o bryd, mai dyma'r polisi iaith gorau i'r ysgol a nodaf fy rhesymau fel a ganlyn:

> 1 Pe byddwn wedi gweithredu polisi o ddysgu pob pwnc drwy'r Gymraeg nid wyf yn credu y byddai'r ysgol wedi cael y gefnogaeth a gafodd gan rieni Morgannwg. Pan agorwyd Ysgol Glyndŵr, gyda'r bwriad o ddysgu pob pwnc hyd at Safon A drwy'r Gymraeg, mynegwyd y farn i mi gan lawer rhiant na fyddent yn cefnogi ysgol oedd yn gweithredu polisi unieithog.

> 2 Mae'n bwysig fod y Gymraeg a'r Saesneg yn cael eu lle fel cyfryngau dysgu os yw'r ieithoedd hyn i gael eu parchu gan y disgybl.

> 3 Mae ein polisi o ddysgu Gwyddoniaeth yn bennaf drwy'r Saesneg neu iaith mwyafrifoedd, yn dilyn yr hyn a wneir

mewn gwledydd eraill lle siaredir un o'r ieithoedd lleiafrif. Honnir yn aml fod gwyddonwyr heddiw yn anllythrennog, a dylid gofalu bod ein gwyddonwyr yn cael digon o ymarfer i ysgrifennu eu gwyddoniaeth yn un o brif ieithoedd gwyddoniaeth drwy'r byd.

4   Mae cymaint o newid yn y dulliau o ddysgu Gwyddoniaeth a Mathemateg y dyddiau hyn (e.e. Gwyddoniaeth Nuffield a Mathemateg S.M.P. a ddefnyddir yn Rhydfelen) fel na fyddai'n bosibl inni gael y llyfrau (cwbl angenrheidiol) ar gyfer y cyrsiau hyn yn Gymraeg. Maent yn rhyfeddol o gostus yn Saesneg, a byddai eu pris yn Gymraeg (pe gellid perswadio rhywun i'w cyfieithu a'u cyhoeddi) yn afresymol o uchel.

Rwyf wedi rhoi ystyriaeth fanwl i'n polisi ynglŷn â dysgu gwyddoniaeth drwy gyfrwng y Saesneg, ac er bod fy nghalon o hyd yn dweud y dylwn ddysgu drwy'r Gymraeg, mae fy mhen yn dweud wrthyf mai'r polisi presennol yw'r un doethaf ac addysgol ddiogel ar hyn o bryd.

Nid dadl ieithyddol a geir uchod dros addysgu Gwyddoniaeth a Mathemateg yn Saesneg, ond rhesymau pragmataidd a gwleidyddol oedd yn addas i'r gynulleidfa a'r cyfnod. Ni cheir trafod ychwaith ar statws ieithyddol nac ar hunaniaeth. Cytunir yn llwyr â barn Iolo Wyn Williams (1987, 50): 'If we designate important endeavours such as science and technology as being the concern only of majority cultures we diminish our own cultural identity.' Cytunir hefyd â'i ddadl sy'n manylu ar bolisi Mathemateg a Gwyddoniaeth drwy gyfrwng y Saesneg (1987, 42):

The most telling point to be made against such a policy is that it effec-tively defined English as being technical, vocational, and marketable, and has clear negative implications for the Welsh language, therefore undermining the very philosophy which the schools were established to foster.

Cytunir mai penderfyniad cywir adeg sefydlu Rhydfelen ('ar hyn o bryd') oedd mabwysiadu'r polisi iaith y mae'r dyfyniad hir uchod yn rhan ohono. Anghytunir serch hynny â rhesymeg y bedwaredd ddadl, gan fod dulliau a chynnwys pob pwnc yn newid yn sylweddol, ac yn gyflym. Yn y 1970au nid oedd gwerslyfrau Ffrangeg ar gael drwy'r Gymraeg, ac 'roedd *Llyfr Dysgu Lladin* Evan John Jones (1933), er yn gyhoeddiad safonol yn ei ddydd, yn hynod o henffasiwn erbyn y cyfnod dan sylw.

Mae arwyddocâd pellgyrhaeddol i eiriau D. Emrys Evans yn y rhagair i'r llyfr hwnnw. Dywed 'ei bod yn naturiol i Gymro ddysgu iaith estron trwy gyfrwng ei iaith ei hun, ac yn annaturiol iddo ei dysgu trwy gyfrwng iaith arall.' Nid hwn yw'r man i ddadlau dros fethodoleg a'r defnydd o'r iaith darged; yn hytrach, tanlinella Emrys Evans normalrwydd dysgu pwnc drwy gyfrwng y Gymraeg. Yr un ymdeimlad â Chymreictod, ag Xigrwydd, a'm symbylodd i ysgrifennu'r geiriau canlynol yn Rhagair y *Geiriadur Lladin–Cymraeg* (1978):

> Ym meddwl y golygydd, mae cysylltiad agos rhwng Mallwyd ym Mhowys a Rhydyfelin ym Morgannwg Ganol. Gwelwyd dylanwad y Dadeni Dysg ar ysgolheictod Cymru gyda chyhoeddi *Dictionarium Duplex* John Davies, rheithor Mallwyd, yn 1632. Un o effeithiau'r Dadeni newydd yn hanes ein cenedl yw twf a llwyddiant yr Ysgolion Cymraeg a dwyieithog, a'r bri ar addysgu trwy gyfrwng y Gymraeg.

Bellach bu newid sylweddol yn genedlaethol o blaid addysgu Gwyddoniaeth a Mathemateg yn Gymraeg. Dengys Tabl CB7, er enghraifft, fod nifer yr ymgeiswyr Mathemateg mewn arholiadau allanol drwy gyfrwng y Gymraeg wedi codi o 23 yn 1976 i 3,049 yn 2006. Y rhifau cyfatebol ar gyfer pynciau gwyddonol yw o 69 i 3,991. Prin yw'r trafod yng Nghymru am oblygiadau ieithyddol a chymdeithasol-ddiwylliannol addysgu Mathemateg drwy gyfrwng iaith leiafrifol.[11]

TROSOLWG CYN CLOI

Un o hanfodion damcaniaeth Fishman yw nad oes yn rhaid symud o gam i gam, ond penderfynu ar ba gam y mae'r iaith, ac adfer y camau is (o 8 i 5) cyn symud i'r rhai uwch (4 i 1). Mae momentwm llwyddiant ar y camau is yn medru dylanwadu ar y rhai uwch. Yn ogystal, medr llwyddiant uwch, drwy adborth, ddylanwadu ar y lefelau is. Tanlinella Fishman y perygl o weithredu â statws uchel neu ar gyfer cynulleidfaoedd eang (camau 4 i 1) heb roi sylw i barhad y famiaith o genhedlaeth i genhedlaeth. Nid yw hi byth yn glir (1991, 109) pa gam yw'r doethaf, yr uchaf neu'r isaf. Mae angen rhoi sylw i'r ddwy garfan o gamau, ond hefyd mae angen rhywfaint o hyblygrwydd; *hedging* yw gair Fishman.

---

[11] Gellir cyfeirio at amryw erthyglau ysgogol, megis rhai Khisty (1995), Dylan Vaughan Jones (1997), Adler (2001), Moschkovick (2002), Setati (2005), Evans (2007) a Gutstein (2007), rhai ohonynt yn trafod addysgu Mathemateg yn Gymraeg.

Eto i gyd, dadleua Fishman dros bwysigrwydd sicrhau bod ymdrechion yn dilyn y drefn gywir. Mae Ffrangeg yn Québec a'r Gymraeg (dim ond yr ail gyfeiriad at Gymru mewn cyfrol o 431 o dudalennau) mewn cyflwr llai argyfyngus na nifer o ieithoedd sydd (neu a oedd) mewn cyflwr o fylchu cymdeithasol-ddiwylliannol difrifol. Dywed (1991, 112) fod rhai ieithoedd wedi canolbwyntio ar gamau 4 i 1 neu hyd yn oed 3 i 1 cyn sefydlu camau 8 i 5, ac yn y proses wedi llwyr ymlâdd o dan effaith andwyol straen, emosiwn a chyllid.

Byddai'n rhwydd collfarnu GBRhC Fishman yn bennaf gan ei fod wedi llunio graddfa, *graded scale* – cysyniad sydd o'i hanfod yn awgrymu bod cam 3 yn bwysicach na cham 4, neu i'r gwrthwyneb. (Nid oes wahaniaeth o ba begwn y dechreuir.) Ond gwelir cyfuniad deublyg yn namcaniaethau Fishman: ar y naill law, strwythur clir GBRhC yn ymddangos yn hierarchaidd ar yr olwg gyntaf; ac, ar y llall, gymhlethdodau a goblygiadau di-rif ymblethedig yn gwau patrwm o gydadweithio. Ni ddisgwyliech ddim llai oddi wrth ysgolhaig o statws Fishman, seicolegydd yn gweithio ar gampws meddygol. Wedi'r cyfan, dyna yw dyn, cyfuniad o gorff ac enaid, cig a gwaed a'r natur ddynol yn arddangos digon o briodoleddau tebyg, ond bod anian pob dyn yn unigryw.

O drosglwyddo'r trosiad i faes ieithyddol-gymdeithasol ac addysgol, mae hi'n dilyn bod angen addasu'r feddyginiaeth a'r driniaeth ar gyfer pob iaith leiafrifol, beth bynnag fo'i chyflwr. Parthed y Gymraeg, fel unrhyw iaith leiafrifol arall, ei chyflwr sydd yn hanfodol i'w deall, gan ei bod yn ymddangos yn iach, yn dirywio neu ar ei gwely angau yr un pryd. Hynny yw, anodd yw trin yr iaith fel pe bai ei hiachusrwydd yr un peth o Fôn i Fynwy. Felly nid un claf y mae angen ei drin, ond nifer o gleifion, ar yr un pryd. Dyna a wnaeth Cymru, sef gweithio ar wahanol gamau yr un pryd, er mwyn trin gwahanol gleifion ieithyddol, fel petai.

Ymdrinnir â'r fath strategaeth amlgamog hon gan Fishman (2001), pan yw'n ail-ymweld â'i ddamcaniaethau gwreiddiol. Rhwydd gweld Cymru yn treiddio drwy'r dyfyniad nesaf, er nad yw Fishman yn cyfeirio ati (2001, 476):

Any RLS theory must realise that many languages . . . function across several stages simultaneously. Some even jump-stage, and develop a pattern that ignores a particular stage . . . Stages are linear and human lives and societal functioning are not . . . There are 'haves' and 'have nots' on the language scene as there are on all other scenes.

Eto i gyd, mae gwendidau y mae angen eu trin ar lefel genedlaethol ac ar un cam, a phryd hynny croesewir ymdrechion canolog i wella iachusrwydd yr iaith. Yr hyn sy'n datblygu fel thesis yw bod y macro, y meso a'r micro yn cydadweithio y tu mewn i un corff. Weithiau ni fydd y driniaeth neu'r feddyginiaeth yn gweithio, ac fe geir gwrthadwaith; bryd arall, trin y symptomau y byddwn yn hytrach na'r clefyd. Dadleuir mai'r nod yw meddyginiaeth holistig sy'n gofalu am bob agwedd ar gyflwr y claf.

Ymhlith rhai o'r symptomau ieithyddol y mae'r gwaedlif o ysgolion categori A yng ngorllewin Cymru a'r diffyg trosglwyddo iaith rhwng cenedlaethau. Ymhlith rhai o'r meddyginiaethau y mae: prosiect dilyniant ieithyddol BIG, ymdrechion y dwyrain i fagu ac i feithrin yr iaith yn bennaf y tu mewn i ysgolion; datblygu dealltwriaeth o Xigrwydd ymhlith Xwyr ac Ywyr, boed y rheini yn bobl gyffredin neu yn swyddogion dylanwadol; ac ymdrechion i normaleiddio'r iaith ac i gynyddu cyfleoedd i blant a phobl ifainc arfer yr iaith y tu allan i'r ysgol. Erys rhai sialensiau amlwg, megis datblygu cyfrwng ac ymwybyddiaeth o Gymreictod mewn addysg bellach ac uwch. Mae'r rhestr yn ddi-ben-draw.

Di-ben-draw hefyd fydd yr ymdrechion i symud canran y siaradwyr yn uwch o gyfrifiad i gyfrifiad. Di-ben-draw fu ymdrechion addysg, yn arbennig yr ysgolion Cymraeg, i godi canran y siaradwyr, a hynny drwy gyfnod arloesol ac anodd. Y sialens nesaf yw creu momentwm newydd, gan fod momentwm yr arloesi wedi edwino. Gobeithio y bydd y strategaeth addysg cyfrwng Cymraeg genedlaethol 2010 yn sbardun effeithiol. Mae nifer o resymau am yr edwino y cyfeiriwyd ato:

- y teimlad bod màs critigol ieithyddol yn bodoli. Mae hynny, ynghlwm â llwyddiant yr ysgolion Cymraeg mewn arholiadau allanol, wedi creu ymdeimlad o fod yn gyffyrddus;

- atebion wedi dod i nifer o anawsterau ymarferol, megis asesu arholiadau allanol neu dermau technegol yn y prif feysydd;

- cydweithio rhwng ysgolion wedi gwella, yn arbennig o ran rhannu adnoddau;

- HMS da yn cael ei ddarparu gan asiantaethau, yn bennaf, ar raddfa genedlaethol, gan CYDAG;

- materion cyllid wedi symud golygon rhai penaethiaid oddi ar faterion megis dilyniant a pharhad cwricwlaidd ac ieithyddol;

- pwysau newidiadau canolog o du'r llywodraeth (ar wahân i sialensiau cyllidol), megis safon arweinyddiaeth a rheolaeth, safonau dysgu ac addysgu, rheoli perfformiad, neu ail-strwythuro addysg 14–19, yn mynnu cael sylw'r penaethiaid;
- pwysau gwaith y staff cyfan a materion llawr-y-dosbarth yn dwysáu'r canfyddiad ymhlith athrawon mai cyfrifoldeb rhywun arall yw'r freuddwyd fawr a'r modd i'w gwireddu hi;
- diffyg amser a chyfle i feddwl am natur materion gwaelodol megis dwyieithrwydd, caffael iaith, natur iaith, neu oblygiadau cymdeithasegol-ieithyddol.

Cytunir â Fishman pan gyfeiria at y camsyniad peryglus y gall ysgolion yn unig neu ryw ddoceniaeth yn yr economi neu'r cyfryngau achub iaith. Dywed (1991, 114): 'RLS is almost always part and parcel of a greater ideological program.' A hwyrach mai hynny yw un o'r meini tramgwydd mwyaf yn yr ymgyrch ideolegol yng Nghymru, sef yr amheuon ar lefel gwleidyddiaeth ficro, meso a macro mai brwydr i hybu cenedlaetholdeb Plaid Cymru yw'r ymgyrchoedd ieithyddol, gan gynnwys sefydlu ysgolion Cymraeg. Gellir dyfynnu o wahanol ffynon-ellau i brofi ac i wrthbrofi'r gosodiad hwn, megis o 'Iaith Pawb' ar y naill law ac o bamffledi ymgyrchoedd gwleidyddol lleol ar y llall.

CLOI

Gellid dadlau bod pob cam ar raddfa Fishman yn bodoli ar hyn o bryd yng Nghymru. Er enghraifft, erys ôl y Gymraeg ar wefusau hen bobl mewn rhai strydoedd yng Ngwent; ceir ymdrechion yn yr ardaloedd a gollodd yr iaith a'r rheini sydd, mae'n debyg, yn y proses o'i cholli, i sefydlu iaith gymdeithasol; ymgyrchir i hybu trosglwyddo'r iaith y tu mewn i deuluoedd; cyfranna'r gyfundrefn addysg yn arwyddocaol at dwf ystadegol nifer y siaradwyr; rhoddwyd statws swyddogol i'r iaith; fe'i defnyddir yn naturiol ddigon y tu mewn i lywodraeth leol yng Ngwynedd (tra yng Nghaerdydd tuedda i fod yn iaith gyfarch gan atebwyr y gyfnewidfa ffôn); fe'i harferir yn ddwys mewn rhai adrannau addysg uwch, a dim o gwbl mewn eraill; hi yw iaith S4C, ond mae'n dal yn iaith leiafrifol yn y cyfryngau yng Nghymru.

Yn ail, nid proses unffordd sydd yn bodoli yng Nghymru; hynny yw, mae'r iaith yn edwino mewn rhai ardaloedd ond yn tyfu mewn eraill.

Un rheswm yn unig yw shifft ddemograffig siaradwyr Cymraeg, dyweder i'r brifddinas, gan leihau nifer y siaradwyr yn y bröydd Cymraeg. Trafodir arwyddocâd twf ieithyddol Caerdydd gan Aitchison a Carter (1987, 492), 'a revolution of potentially considerable consequence for the survival of one of Britain's oldest languages'. Mae'r cynnydd, dyweder yng nghymoedd y de, yn nifer y plant sy'n medru'r iaith i'w briodoli i'r gyfundrefn addysg. Ar y llaw arall, mae diffyg trosglwyddo teuluol i'w ganfod, dyweder yn sir Gaerfyrddin, lle hefyd mae gafael plant 11 mlwydd oed ar yr iaith yn gwanhau wrth iddynt beidio â pharhau i dderbyn eu haddysg yn bennaf drwy'r Gymraeg yn yr ysgol uwchradd. Cefnogir ymdrechion BIG i fynd i'r afael â'r sialens hon, ac fe geir dadleuon cadarn o blaid addysg Gymraeg neu ddwyieithog uwchradd yn ei bamffled *Be Nesa? Y Dewis Naturiol* (2003c).

Yn drydydd, canolbwyntia polisïau ieithyddol Cymru ar bob cam – y meithrin, y gyfundrefn addysg, trosglwyddo, mentrau bro, darlledu, Cymraeg i oedolion, cynlluniau Cymraeg busnesau a sefydliadau a chynghorau, a BIG yn llywio ac yn arfarnu. Hwyrach y byddai Fishman yn ein beirniadu am geisio gwneud popeth, a thrwy hynny yn debygol o fethu. Credir bod datblygu cydamserol ar bob ffrynt neu gam yn hanfodol mewn gwlad ieithyddol blwralistig fel Cymru.

Ar y lefelau isaf, micro, rhaid i'r iaith gydio a blaguro, a hynny ar lefel gymdeithasol. Rhaid gweithio i sicrhau mai ei defnyddio a wna pobl, os yw'r ymdrechion i wrth-droi'r dirywiad yn mynd i lwyddo. Ni ddylid disgwyl i iaith ffynnu fel canlyniad anochel i weithgareddau ar y lefelau uchaf (Fishman, 1991, 4). Mae bywyd cymdeithasol sy'n ymwneud â phethau bychain bywyd, a hynny drwy gyfrwng yr iaith leiafrifol, yn anodd, medd Fishman, ond yn dyngedfennol. Gwelir hyn yng ngeirfa lafar disgyblion o gartrefi di-Gymraeg yn yr ysgolion Cymraeg: daw geiriau technegol megis 'hafaliad', 'disgyrchiant' neu 'eilaidd' yn haws i'w gwefusau na geiriau pethau bob dydd megis 'cot law', 'menig' neu 'llwy'.

Yn bedwerydd, er mai strwythurol a systematig yw hanfodion damcaniaethau Fishman ar yr olwg gyntaf, eto i gyd nid yw'n diystyru agweddau ysbrydol wrth iddo ddatblygu cyfundrefn sydd yn wirioneddol holistig. Bu Cymru'n dibynnu'n drwm ar y wedd hon drwy ysbrydoli ymgyrchwyr i aberthu dros yr iaith a'r achos. Enaid y bobl a chatalyddion yw'r elfennau pwysicaf i sicrhau llwyddiant GSI, catalyddion sy'n benderfynol mai arfer yr iaith a chyfoethogi diwylliant yw'r peth naturiol, doed a ddelo. Drwy ewyllys unigolion, brwdfrydedd a safonau proffesiynol uchel athrawon, a chefnogaeth ddiflino rhieni, llywodraethwyr, a rhai swyddogion a gweision sifil y llwyddodd y gyfundrefn addysg.

Yn bumed, y sialens fwyaf yw cymathu'r holl flaengareddau drwy ddatblygu dealltwriaeth pob partner o oblygiadau'r blaengareddau, a chryfhau cynllunio a gweithredu cydlynol. Byddai hyn felly yn hybu gweledigaeth holistig yr ymgyrchwyr a Llywodraeth y Cynulliad, gan ddarparu cyllid priodol i wireddu'r weledigaeth ond heb roi neges i'r ymgyrchwyr eu bod yn ddibynnol ar gyllid canolog am bob dim.

O ystyried cyn lleied o boblogaeth Cymru sy'n medru'r iaith ar hyn o bryd, erys un her fawr: mynd i'r afael â defnyddio'r Gymraeg mewn ffordd effeithlon ac effeithiol yn y 'frwydr', a chynyddu'r nifer o oedolion fydd yn medru'r iaith. Tanlinellodd Fishman ddefnydd cymdeithasol a theuluol o Xeg; gwnaed, a gwneir, ymdrechion glew ar y lefel hon yng Nghymru, ond mae'n anodd.

Un o hanfodion y seice Cymreig yw hunanfeirniadaeth hunan-fflangellol. Wrth ddeall nad yw llwyddiant mewn un pau, megis y gyfundrefn addysg, yn ddigon i wrth-droi'r shifft ieithyddol, gocheled rhag beirniadu'r gyfundrefn addysg am beidio â symud ei llwyddiant i beuoedd teuluol a chymdeithasol. Parchu'r llwyddiant a gweithio ar y sialensiau eraill yn gyfochrog yw'r ffordd ymlaen. Ar y ffordd honno, pe bai Cymru yn mynd yn ormodol i gyfeiriad damcaniaethu a chynllunio strategol, medrai fynd i'r un gors â'r Gwyddelod. Ond gwelir cynnydd yn y cyfeirio gan lywodraeth ganolog, boed o Lundain neu o Ewrop; cynyddu hefyd y mae effaith globaleiddio ar economi ac ieithoedd gwledydd y byd. Ar y llaw arall, aeth Cymru ati i achub yr iaith o'r gwaelod i fyny yn ogystal ag o'r pen i lawr.

Wrth edrych ymhellach i'r dyfodol ac yn benodol ar effaith polisïau'r Gymuned Ewropeaidd ar ieithoedd lleiafrifol (a elwir bellach yn ieithoedd llai eu defnydd), ceir ymdriniaeth fanwl gan Evas am ddamcaniaethau cyfredol, yn arbennig peuoedd a dwylosia. Dyfynna Glyn Williams (1992, 97) a ddadleua fod 'dwylosia yn gysyniad a seiliwyd ar sylfeini damcaniaethol annigonol' (Evas, 1999, 78). Â Evas ymlaen:

Nid yw Williams, sydd erbyn hyn â mewnbwn sylweddol i bolisi'r Gymuned Ewropeaidd ar ieithoedd llai eu defnydd, yn cytuno . . . â gwelliannau Fishman i ddwylosia . . . Nid yw'n cytuno â chysyniad 'pau' nac â'r dylanwad trwm sydd gan ffwythiannaeth strwythurol dros gymdeithaseg iaith. Yn wyneb dylanwad Williams ar y lefel Ewropeaidd, gall y fath syniadau hir-sefydledig golli pwysigrwydd yn sgîl eu disodli â thermau mwy cymdeithasegol gysáct a'u cymhwyso i faterion yr Undeb Ewropeaidd.

Yn hanesyddol, bu mwy o wasgu gan y werin, yn arbennig gan rieni, yn hytrach na chan lywodraeth neu asiantaethau canolog, i hybu addysg ddwyieithog. Ceir beirniadaeth ar y dylanwadau adhocaidd gwaelod i fyny hyn (Baker a Jones, 2000, 136), a galw am fwy o weledigaeth, strategaeth a chyfeirio gan y Cynulliad Cenedlaethol.

Yng nghyd-destun yr edwino ieithyddol yn y cadarnleoedd traddodiadol yng ngorllewin Cymru, gellid cytuno â'u galw am ddatblygu canolgyfeiriol. Ar y llaw arall, mae angen bod yn effro i berygl gwrthddatblygol y fath strategaeth, fel sydd yn digwydd yng Nghatalonia, yn ôl Gardner et al. (2000, 352):

> Another problem which works against the normalization of the Catalan language is the loss of militancy in favour of Catalan, derived from a general feeling that Catalan is already 'normalized', or at least that it is no longer in danger. Indeed the important presence of Catalan in public life, chiefly in public organizations, corroborates this feeling.

Ar y ffordd ymlaen, a fydd cydbwysedd rhwng strwythurau a pholisïau ar y naill law ac, ar y llall, enaid ac ewyllys i'w symbylu a'u gwireddu? Wrth i'r byd grebachu fel petai, a dylanwadau globaleiddio yn ehangu, ai cyd-dynnu y bydd ieithoedd lleiafrifol er mwyn sicrhau gwahanrwydd? Brawddeg olaf Fishman yn ei gyfrol dan sylw (2001, 481) yw, 'The languages of the world will either all help one another survive or they will succumb separately to the global dangers that must assuredly await us all (English included) in the century ahead.' Dethol a dewis syniadau Fishman, a'u haddasu i anghenion Cymru, yn hytrach na cheisio cymathu ei fframwaith (GIDS), a gadael i'r athrylith hogi ein meddyliau: dyna werth mwyaf Fishman i Gymru, ar hyn o bryd.

Yn y blynyddoedd arloesol, pragmataidd ar y naw oedd y cynllunio, ond bellach cyfunir pragmatiaeth a chynllunio mwy strategol. Cynllunio ar gyfer pwy? Beth yw gweledigaeth blwralistaidd y werin, beth yw hunaniaeth y genedl, pam y mae'r Gymraeg leiafrifol yn hanfodol yng nghynlluniau Llywodraeth y Cynulliad? Yn y bennod hon gwelwyd cysylltiad rhwng iaith a hunaniaeth, a bod syniadaeth a gweledigaeth fyd-eang yn ganolog yn y proses o wrth-droi'r shifft ieithyddol. Nid yn

unig gwerth hanesyddol ac academaidd sydd i'w gael o fyfyrio uwch-
ben syniadau a damcaniaethau heriol, ond hefyd y nerth a'r gobaith
sydd ei angen wrth ymgyrchu: nid yw statws ieithoedd mwyafrifol yn
sanctaidd ansafadwy o gwbl, beth bynnag yw neges ystadegau cyfoes.
Daw cysur o ddarllen am drai a llanw ieithoedd, fel y daw ysgytwad i
fynd rhagoch i'r frwydr nesaf wedi gwisgo amdanoch gysyniadau
cyfiawnder!

Pennod 5

Pŵer

Amcan y bennod hon yw dadansoddi grymoedd pobl a sefydliadau yn y proses o ddylanwadu ar dwf yr ysgolion Cymraeg. Un o brif sialensiau fy ymchwil oedd disgrifio prosesau dynol (micro) yng nghyd-destun polisïau a strwythurau (macro). 'Roeddwn yn awyddus i gadw cydbwysedd rhwng ysgrifennu gwaith academaidd gwrthrychol a phortreadu'r pŵer yn ysbryd ac enaid pobl a'u galluogodd i newid cwrs hanes addysg a'r iaith.

Defnyddiwyd dau gysyniad fel fframweithiau i saernïo'r dadansoddi a phatrymu hanesion fyddai, fel arall, yn ymddangos yn anecdotaidd. Gobeithir felly y bydd y darllenydd yn dehongli'r dystiolaeth brimaidd fel enghreifftiau o egwyddorion arwyddocaol a amlygir drwy'r ddau gysyniad a ddefnyddiwyd, sef strwythuroliaeth a disgresiwn.

STRWYTHUROLIAETH

Cysyniad cymharol ddieithr i lawer yw strwythuroliaeth, gair a fathwyd gennyf am *structuration* ar gyfer yr astudiaeth ddadansoddol hon. Damcaniaeth yw strwythuroliaeth a ddatblygwyd gan Giddens er mwyn esbonio ac integreiddio strwythur ac asiantaeth.[1] Diffinia'r term (1984, 376) fel, '[T]he structuring of social relations across time and space, in virtue of the duality of structure.' Diffinia strwythur (1984, 377) fel, 'Rules and resources, recursively implicated in the repro-duction of social systems. Structure exists only as memory traces, the organic basis of human knowledgeability, and as instantiated in action.'

Gair haniaethol yw asiantaeth, a'i ffurf ddiriaethol yw asiant (*agent)*, sef yr un gair ag actor (o'r Lladin *ago, agere, egi, actus*). Term arall allweddol wrth ystyried strwythuroliaeth yw'r geiriau 'system' a 'systemau', sef, yn ôl Giddens (1984, 25), 'Reproduced relations between

---

[1] Fe'i hamlinellwyd ganddo yn ei gyfrol seminal *The Constitution of Society: Outline of the Theory of Structuration* (1984).

actors or collectivities, organized as regular social practices.' Cysyniadau cydberthynol yw systemau a strwythurau, ond gwahaniaetha Giddens rhyngddynt. Patrymau perthnasau mewn grwpiau o bob math yw systemau, mewn amrediad o grwpiau bychain a chlòs hyd at gyfundrefnau mawrion; medrent gynnwys teuluoedd, grwpiau cyfurdd, cymunedau neu ddinasoedd.

Yn ôl Gingrich (2000, 3),[2] golyga strwythur rywbeth manylach i Giddens, mwy penodedig, megis arferion wedi'u strwythuro ar hyd llinellau clir. Nodweddir strwythur gan bedair elfen: rheolau gweithredu, rheolau moesol, adnoddau materol ac adnoddau awdurdod. Cyfunir dwy elfen allweddol yng ngwaith Giddens: ar y naill law, gwaith seminal ar lefel ddamcaniaethol aruchel ac, ar y llall, y diriaethu, y gorfodi i ganfod gweithredoedd yr actorion mewn gofod ac amser. Nid yw'r naill yn medru bodoli heb y llall (1984, 2): 'In and through their activities agents reproduce the conditions that make these activities possible.' Hynny yw, mae angen canfod, deall a dehongli'r cydadwaith rhwng pobl a'r strwythurau. Er bod rhoi ystyriaeth fanwl i'r ddwy elfen, heb orbwysleisio'r naill na'r llall, yn agwedd wirioneddol nodweddiadol o ddamcaniaeth strwythuroliaeth, nid hynny sy'n ei gwneud yn arbennig, ond y ffordd y cysyniadola strwythurau ac asiantau, yn arbennig y prosesau a ddigwydd yn y rhyngwyneb rhwng strwythur ac asiant. Yn fanwl, yn ôl Stones (2005, 4), yn greiddiol i'r cydberthnasau a'r cyd-ddibyniaethau rhwng strwythurau ac asiantau y mae ffenomenoleg, hermeniwteg (neu esboniadaeth) ac arferion. 'These provide the hinge, if you like, between structure and agency.' Yn ail, nid yn unig y colyn fel petai a effeithir gan y pethau hyn, oherwydd bod ffenomenoleg, hermeniwteg ac arferion yn rhan hanfodol o strwythurau ac o asiantau ill dau.

---

[2] 'Structures such as market exchange, class structures, political organizations and processes, and educational institutions . . . are formed by structured practices – that is, they do not just exist in and of themselves and they cannot exist without enacted conduct. While we may abstract these structures, and refer to them as large-scale structures that affect us, Giddens forces us to consider how they are reproduced.'

Dywed ymhellach:

'It is enacted human conduct in the form of structured practices that maintains and reproduces these structures. But if these enacted forms of conduct change, either because individuals make conscious decisions to change, or through less conscious forms of adjustment, adaptation, and practice, then this can result in structural change as well. Social movements, collective action, or parallel changes by many individuals could have this result.'

Yn gryno, dyna yw deuoliaeth strwythur sydd wrth graidd damcaniaeth strwythuroliaeth (Giddens, 1979, 5; 1984, 25). Dadl Giddens oedd bod strwythur yn *gyfrwng* arwyddocaol wrth i asiantau weithredu. Yn ôl Stones (2005, 5), 'There is a complex and mediated connection between what is out-there in the social world and what is in-here in the phenomenology of the mind and body of the agent.' Ar yr un pryd, mae strwythur yn ddeilliant o ganlyniad i arferion neu weithredu'r asiantau. Er enghraifft, arweiniodd ymdrechion rhieni Aberystwyth adeg yr Ail Ryfel Byd i gyfundrefn o ysgolion Cymraeg erbyn heddiw. Daeth yr ysgol Gymraeg yn rhan o gyfundrefn sefydlog; mae wedi'i chyfreithloni ym mhatrwm addysg y wlad. Mae hi'n strwythur ynddi hi'i hun fel ffenomen, ac mae'n rhan o strwythurau mwy, megis ysgolion, addysg, neu'r Gymraeg.

Cyfeiriwyd eisoes at bwyslais Giddens ar leoli ei ddamcaniaeth mewn gofod ac amser. Dyma agwedd ddefnyddiol i'w mabwysiadu mewn ymchwil empirig wrth ystyried swyddogaeth rhwydweithiau ar lefel feso.[3] Beth felly yw gwerth syniadau Giddens o ran deall y dylanwadau ar dwf addysg Gymraeg yn ne-ddwyrain Cymru? Awgrymir mai ffocysu ar systemau a strwythurau fel patrymau o ymddygiad gweithredol [*enacted conduct*] yw un ffordd o ddatrys y plethiad cymhleth rhwng lefelau micro, meso a macro yn yr astudiaeth.[4] Beth hefyd yw gwerth damcaniaeth strwythuroliaeth esblygedig yn yr astudiaeth gyfredol? Tra bo Stones, er enghraifft, yn amddiffyn strwythuroliaeth fel damcaniaeth, eto i gyd, cred ei bod hi ar groesffordd (2005, 2). Prif ddadl Stones yw bod angen bod yn gliriach, yn dynnach, ac yn fwy systematig nag y bu Giddens o ran yr hyn sy'n gwneud damcaniaeth strwythuroliaeth yn arbennig a sut yn fanwl y dylid ei diffinio hi. Er bod Stones yn adeiladu ar brif ganfyddiadau Giddens, nid yw'n osgoi ei feirniadu yn llym, er enghraifft: 'his [Giddens's] sheer lack of appreciation of the subtleties and complexities in any use of structuration theory at the empirical level' (2005, 35).

Dadleuir mai prif werth astudiaeth feirniadol Stones o ran ymchwil empirig yw'r ffordd y datblyga'r ddwy wedd ganlynol: yn gyntaf, crynhoi'r dadleuon a'r gwrthddadleuon o blaid damcaniaethau Giddens ac

---

[3] Fel y dywed Stones (2005, 6): 'Between large historical, spatial and social forces, on the one hand, and the situated practices of individual agents, on the other, it is useful to identify meso-level networks of relations and practices.'

[4] Trafoda Giddens wendid gwahaniaethu rhwng y micro a'r macro yn yr adran *Against 'Micro' and 'Macro': Social and System Integration* (1984, 139–44).

yn eu herbyn,[5] ac, yn ail, danlinellu rhai o'r peryglon a fedrai ddeillio o fethodoleg anghytbwys. Y perygl cyntaf yw gorbwysleisio'r naill neu'r llall o'r ddwy brif elfen mewn strwythuroliaeth (2005, 7), sef damcaniaethu bod gwybodaeth a phŵer asiantau yn gwneud yr holl wahaniaeth i ddatblygiad ('an overly voluntaristic theory') neu mai'r strwythurau sy'n holl bwerus a dylanwadol ('an overly fatalistic and deterministic theory'). Yn ail, mae perygl ceisio darganfod cyfiawnhad dros ontoleg-yn-gyffredinol, yn hytrach nag ontoleg-*in-situ*, ac o roi'r flaenoriaeth i gysyniadau yn hytrach nag i gwestiynau. Conglfaen strwythuroliaeth gref, yn ôl Stones (2005, 38), yw 'methodological reflexivity in relation to all of the relationships involved in the process of "finding out"'. Y trydydd perygl yw peidio â sylweddoli cymhlethdod y gydberthynas rhwng asiantau a strwythurau ar adegau gwahanol dros gyfnod o amser, a'r safbwyntiau a chyflyrau gwahanol o ble y bydd asiant neu strwythur yn dechrau cydadweithio â'i gilydd. Er enghraifft, bydd aelod newydd mewn gweithgor yn dod â safbwynt gwahanol, waeth pa mor drwyadl y bydd wedi ei friffio neu wedi darllen y cofnod-ion.[6]

Mae hi'n werth darlunio ar ffurf diagram (Ffigur 5.1) y cymhlethdodau a'r nodweddion dargyfeiriol a gorgyffyrddol mewn gweithrediadau.

FFIGUR 5.1

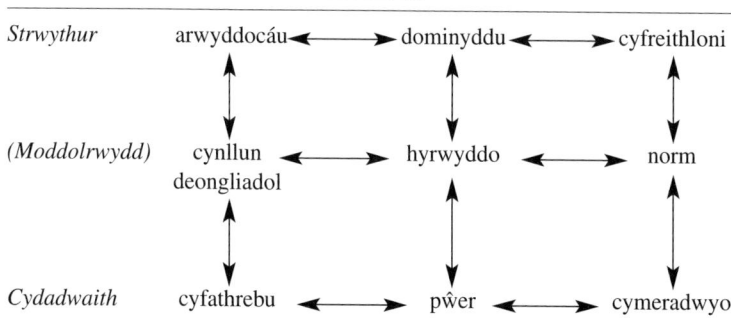

Addasiad Giddens (1984, 29) o waith Gregory (1982, 17).

---

[5] Megis ei sylwadau ar waith Cohen (1989), Craib (1992), Archer (1995), neu Loyal (2003).

[6] Datblyga Stones y wedd hon wrth gyfeirio at 'the web-like nature of interdependencies' (2005, 126–7).

Cyfeirir yn ddiweddarach yn y bennod at bŵer fel cysyniad canolog, y gallu i ddosbarthu adnoddau. Yn Ffigur 5.1, o ddechrau ar y gair pŵer, gellir gweld y llif rhwng y gwahanol weddau. Ond cyn trafod y symudiadau fel petai ar hyd y model, mae angen diffinio'r termau 'arwyddocáu', 'cyfreithloni' a 'dominyddu'. Mae sawl ffordd o esbonio 'arwyddocáu': y lefel syml, sef arwyddion gweledol, materol a gorchmynion symbolaidd. Mater o ddeall cysyniad yn gliriach a'i ganfod fel rhywbeth mwy arwyddocaol i gymdeithas yw arwyddocáu. Gall hefyd olygu bod y cysyniad yn colli ei arwyddocâd dros amser. Ystyr 'cyfreithloni' yw bod y cysyniad yn dod yn fwyfwy derbyniol fel rhan o'r *status quo*. Y gwrthwyneb yw amau'r cysyniad yn agored, megis y llythyron yn y *Western Mail* o bryd i'w gilydd yn gwrthwynebu'r Gymraeg. 'Dominyddu' yw pweru'r cysyniad drwy gynyddu'r arwyddocáu a'r cyfreithloni, ac fe ddibynna ar gaffael ar adnoddau (materol a dynol).

Ystyrir nesaf ble y mae addysg Gymraeg yn ffitio'r patrwm yn y diagram. Dadleuir bod addysg Gymraeg wedi cyrraedd 'arwyddocáu', gan fod arwyddion gweledol materol yn bodoli, megis ysgolion ac adnoddau yn Gymraeg; cynrychiolir gorchmynion symbolaidd gan statud sy'n cydnabod yr ysgol Gymraeg, a chan gyrff cyhoeddus sy'n cefnogi addysg Gymraeg. 'Cyfathrebir' gan Lywodraeth y Cynulliad â chynghorau sirol ac ag amrywiol gyrff, yn cynnwys grwpiau pwyso megis RHAG. Mae cynlluniau addysg Gymraeg yr AALlau yn enghreifftiau da o 'gynllun deongliadol.' Ond nid oes yn rhaid mynd o gam i gam er mwyn cyrraedd pwynt arbennig (yn y diagram). Cymerwch 'arwyddocáu'. Yn nyddiau cynnar yr ysgolion Cymraeg, anodd meddwl am unrhyw fath ar 'gynllun deongliadol' mwy na phenderfyniadau gan gynghorau lleol a Llywodraeth ganolog fod ysgol Gymraeg yn cael agor. Ar y llaw arall, medrid dadlau bod Adran 76 o Ddeddf Addysg 1944 yn gynllun deongliadol, gan iddi gael ei dylanwadu gan gyfathrebu rhwng UCAC, Gwyn Daniel yn benodol, ac R. A. Butler. Geiriad yr adran oedd: 'Pupils are to be educated in accordance with the wishes of their parents.' Hawl i addysg Gymraeg oedd neges Adran 76, nid i sefydlu ysgolion Cymraeg, fel yr esbonia Iorwerth Morgan (2002, 25).

Cyn bwysiced yn y proses yw bod y cyfathrebu yn y llinellau cyswllt yn mynd yn ôl ac ymlaen, patrwm sydd yn awgrymu trafodaethau a gosod agenda gan wahanol actorion. Agwedd arall yw mai un o hanfodion proses yw ei fod yn ddeinamig, ac yn amrywio felly yn yr egni a gynhyrchir ynddo. Mae hyn yn wir am y llinellau cyfathrebu. Er enghraifft, tra bo cydadwaith rhwng CYDAG neu RHAG a Llywodraeth y Cynulliad, megis dechrau yn unig y mae cyfathrebu â'r cyhoedd gan Lywodraeth y Cynulliad parthed addysg Gymraeg. Yn ddiweddar, er enghraifft, bu hysbysebu amlycach ynghylch Cynllun Twf ac fe gyhoeddwyd y strategaeth ddrafft (Addysg Cyfrwng Cymraeg) yn 2009. Derbyniwyd 152 o ymatebion, 23 ohonynt gan unigolion (nifer ohonynt â chysylltiadau agos ag addysg Gymraeg) ac 8 gan bobl ifanc yn ymateb i holiadur amgen. Rhanddeiliaid oedd y gweddill (121) (LLCC, 2009b). O du'r llywodraeth wedyn, anodd canfod unrhyw hysbysebu neu farchnata o blaid yr ysgol Gymraeg fel model.

Ystyrir nesaf yn fras y llinellau cyswllt rhwng 'pŵer' a 'chyfreithloni'. Nid yw'r camau o bŵer drwy 'cymeradwyo' a 'norm' hyd at 'gyfreithloni' yn rhai syml o gwbl. Tra bo Llywodraeth y Cynulliad yn cymeradwyo addysg Gymraeg ac wedi dechrau ei hyrwyddo hi, ei thuedd yw osgoi'r term 'ysgolion Cymraeg'. Ystyr 'norm' yw bod yr ysgol Gymraeg yn rhan naturiol a normal o'r dirwedd addysgol, er ei bod (yn ystadegol) yn cynrychioli'r lleiafrif. Wrth ystyried addysg Gymraeg, gan mai dim ond i raddau y cyrhaeddwyd 'arwyddocáu' a 'chyfreithloni', dadleuir nad yw hi'n bosibl cyrraedd, ar hyn o bryd, y lefel lawn o 'ddominyddu'. Yn fwy arwyddocaol, mae bwlch sylweddol yn y llinell uniongyrchol sy'n llifo o 'bŵer' hyd at 'ddominyddu': anodd gweld tystiolaeth bod Llywodraeth y Cynulliad yn 'hyrwyddo' ysgolion Cymraeg. Gellid dadlau bod cynlluniau peilot cyfredol i fodelau o addysg drochi yn cefnogi addysg Gymraeg. Bydd yn rhaid aros am yr arfarniad arno cyn penderfynu a fydd effaith ar yr ysgol Gymraeg. Cefnogi 'addysg cyfrwng Cymraeg benodedig' y mae'r strategaeth ddraft addysg cyfrwng-Cymraeg genedlaethol (LLCC, 2009a, 44).

Yn gryno felly, gellir defnyddio agweddau ar strwythuroliaeth mewn astudiaeth empirig er mwyn canfod y gydberthynas gymhleth, nid yn unig rhwng unigolion â'i gilydd, a rhwng strwythurau â'i gilydd, ond hefyd rhwng strwythurau a phobl, neu asiantau. A chan fod asiantau yn rhan anorfod o strwythurau, gan na fyddai strwythurau yn bodoli heb yr asiantau, cyfyd y cwestiwn allweddol o swyddogaeth unigolion y tu mewn i strwythur. Mae'r graddau y mae unigolion yn newid neu yn dylanwadu ar strwythur yn allweddol, ac yn arwain yr astudiaeth at feysydd goddrychol, i ganfod effeithiau gweledigaeth a disgresiwn ac ymarferoldeb yr unigolyn ar y strwythur. Ai drwy greu cyfleoedd, ac yna eu llywio y bydd y catalyddion yn troi potensial yn llwyddiant?

119

Mae'r gwrthwyneb hefyd yn wir, sef agweddau negyddol unigolion – yn fwriadol neu yn anfwriadol – yn llesteirio twf addysg Gymraeg. Defnyddir pŵer y tro hwn mewn ffordd negyddol, drwy atal adnoddau. Dangosir sut y bydd ymchwilio i faes disgresiwn bwriadus yn esbonio agweddau unigolion mewn gwleidyddiaeth neu'r gwasanaeth sifil a ymddangosant yn wrthwynebus i'r iaith, i ddiwylliant Cymru ac i addysg Gymraeg.

DISGRESIWN

Ymdrinnir â disgresiwn yn fanwl a chynhwysfawr gan Galligan (1995), ac er mai trywydd ei erthygl yw pwerau disgresiynol ac egwyddor cyfreithlondeb, eto i gyd ceir ynddi fewnwelediad i weddau sylfaenol ar y testun. Mewn disgresiwn gweinyddol, yn ôl Galligan (1995, 17–18):

> [I]n applying a standard to the facts, the decision-maker has to settle both the meaning of the standard and the characterization of the facts in terms of that meaning . . . In . . . finding facts and applying standards, the senses of discretion are somewhat specialized; they derive from characteristics inherent in decision-making, in the need to select and classify evidence, and from our limited understanding of the cognitive process involved.

Dywed hefyd:

> [I]t is discretion that results from the inherent qualities, in a sense, imperfections, of human decision-making, as well as from the elements of subjective judgement and evaluation which are irremovably part of the search for facts and the appliance of standards.

Nid yw safonau neu ganllawiau neu reolau fyth yn gyflawn, gan mai rhoi cyfrif yn rhannol y maent am system normadol fwy cynhwysfawr a chymhleth. Er mwyn eu gwneud yn benodol ac yn fanwl gymwys ar gyfer amgylchiadau neilltuol mae angen barn, ac mae disgresiwn yn rhan anorfod o'r proses hwnnw (1995, 19).

Mewn llywodraeth a gweinyddiaeth, bydd galw am farn broffesiynol ac arbenigol, ac er mwyn osgoi penderfyniadau mympwyol, bydd angen safonau awdurdodol sydd yn rhesymol glir. Â Galligan ymlaen i fynegi egwyddor sydd yn allweddol wrth ystyried darpariaeth cyfrwng Cymraeg (1995, 28):

The general importance of having authoritative standards which are reasonably clear and settled need not be elevated into a rigid principle, since situations can occur where the absence of prior standards opens the way for imaginative action on the part of the administrator which achieves the best outcome for all concerned.

Cyfeirir yn y cyd-destun hwn at anhawster ysgolion i esblygu ac addysgu pob pwnc drwy gyfrwng y Gymraeg oherwydd iddynt gael eu labelu yn rhai dwyieithog pan y'u sefydlwyd. Dadleuwyd yn 'Astudiaeth achos sir Gâr' (Thomas, 2007, 597–602) y medrai astudio disgresiwn arwain at dair prif ffrwd o ddatblygiad, yn arbennig wrth ystyried y dylanwadau gweinyddol ar dwf addysg Gymraeg:

1 Osgoi polareiddio rhwng gwerthoedd cyfraith a statud a gwerthoedd a elwir gan Galligan yn ystyriaethau cyd-destunol (1995, 31–5), megis ymrwymiad rhieni i addysg Gymraeg ac ymgyrchu i ddatblygu polisi iaith ysgol.
2 Datblygu strategaeth sy'n hybu cydadwaith cynhyrchiol rhwng asiantau mewn gwahanol strwythurau, gan arwain at ddeddfwriaeth neu ganllawiau neu reolau fel y bydd pobl yn cael eu trin yn deg ac yn ddifympwy – 'how administrative discretion can be a form of legitimate authority', chwedl Galligan (1995, 35).
3 Codi ymwybyddiaeth asiantau nad ydynt yn rhan o Lywodraeth o rym a photensial cyfreithiau a chanllawiau, wrth iddynt ddatblygu'r gallu i negydu, yn ffurfiol neu yn anffurfiol.

Dadleuwyd ymhellach fod yr astudiaeth achos hon yn berthnasol i dwf yr ysgolion Cymraeg, ac felly i brif thema'r astudiaeth. Erys sawl diffyg. Erys y ffordd i ddileu'r diffygion. Mae angen:

1 datblygu gwell dealltwriaeth rhwng gwahanol actorion;
2 osgoi polareiddio;
3 cynllunio a drafftio cydlynol er mwyn gofalu mai hybu amcanion 'Iaith Pawb' y bydd rheoliadau o hyn ymlaen, nid eu rhwystro. Cydnabyddir nad oes tystiolaeth i awgrymu mai bwriadau negyddol oedd y tu ôl i'r rheoliadau a fu dan ystyriaeth;
4 gwella effeithlonrwydd rhai adrannau o'r Llywodraeth;
5 datblygu sensitifrwydd yn y gwasanaeth sifil i wahaniaethau main addysg ddwyieithog;

6 sicrhau amser digonol ar gyfer drafftio, ymgynghori, ac ymateb i'r sylwadau a gyfyd o'r ymgynghoriad.

Ymhelaethir ar thema disgresiwn bwriadus gan Huber a Shipan (2002) wrth iddynt ddatblygu damcaniaeth am y ffordd y bydd gwleidyddion yn llunio statudau a fydd yn effeithio ar ddisgresiwn asiantau. Sail eu damcaniaeth yw mai ystyriaethau polisi sy'n cymell gwleidyddion i weithredu.[7] Beth bynnag fo'r newidynnau yn y cydadwaith disgresiynol rhwng gweinyddwr neu fiwrocrat a gwleidydd, mae angen i aelodau grwpiau sydd y tu allan i'r ddau grŵp hyn (grwpiau gwasgu neu gym-deithasau neu unigolion) fod yn ymwybodol o'r newidynnau, eu deall nhw, a dadansoddi'r potensial i'w defnyddio nhw er lles eu hagenda eu hunain.

Arwyddocâd y damcaniaethu hyn yw dadansoddi bod ffurfiau arbennig sefydliadau yn effeithio mewn dulliau systematig a rhag-weladwy ar y ffordd y bydd gwleidyddion yn defnyddio cyfreithiau er mwyn llunio'r proses o ffurfio polisi. Pan fo Cymru ar drothwy cyfnod newydd o ran llunio cyfreithiau, mae angen bod yn effro i oblygiadau'r prosesau ac yn arbennig o'u deilliannau. Gall cyfreithiau ddibynnu'n ddirfawr ar ddisgresiwn, neu fe allant fynd i'r eithaf arall; hynny yw, medrai corff deddfwriaethol fabwysiadu cyfreithiau manwl a phenodol iawn mewn ymdrech i reoli ar lefel ficro brosesau llunio polisi; neu, ar y llaw arall, medrent fabwysiadu deddfau cyffredinol sydd yn caniatáu cryn ddisgresiwn i'r gweithredwyr a'r biwrocratiaid. Erys un agwedd arall sy'n gysylltiedig â strwythuroliaeth a disgresiwn, sef gosod yr agenda. Mae angen nodi rhai agweddau ar y testun hwn, wrth ystyried eu perthnasedd i'r astudiaeth gyfredol. Cyn cyrraedd corpws deddfwr-iaethol, mae angen gosod agenda gwleidyddol.[8]

---

[7] Dywedant (2002, 78): '[O]ur theory is built on the simple premise that politicians are motivated by policy considerations. The policy motivations could stem from electoral considerations – politicians may want to produce the policy outcomes that will get them reelected. Alternatively, politicians might simply have an intrinsic interest in policy itself, either for selfish or altruistic reasons. Regardless of their origin, these policy motivations create a challenge for politicians, who must decide how to use legislation in the pursuit of desired policy outcomes.'

[8] Yn ôl Easton a Lasswell, er enghraifft, fel y dywed Thurber yn ei ragarweiniad i Kingdon (2003, vii): '[Easton and Lasswell's] theories of policy making are based on a stages metaphor, the phenomenon of the political environment giving rise to wants that are converted into demands by interest groups, the public, and individuals . . . They argue that each of the stages in the policy process involves distinct periods of time, political institutions, and policy actors.'

PŴER GOSOD AGENDA

Datblygwyd dealltwriaeth ymhellach gan Kingdon (2003) o gymhleth-dod a deinameg gosod agenda cenedlaethol; er mai agenda UDA oedd maes ei astudiaeth, gellir cymhwyso ei ddamcaniaeth i wleidyddiaeth Cymru, Prydain neu Ewrop. Damcaniaeth Kingdon yw bod problemau, datrysiadau a gwleidyddiaeth yn cydgyfarfod er mwyn symud y pwnc ymlaen i agenda polisi cyhoeddus. Nid ar hap a damwain y bydd y cydgyfarfod, neu'r cyplu, hyn yn digwydd: 'Successful policy entre-preneurs know how to pull together these diverse forces, but it is difficult to accomplish . . . [I]ndependent policy streams "flow" through the system all at once, each with a life of its own' (2003, viii).

Y neges o ran datblygu addysg Gymraeg yw bod angen i lunwyr polisi, yn weision sifil, yn wleidyddion ac yn arbenigwyr, gymryd gorolwg holistig ar y grymoedd o wahanol gyfeiriadau sy'n 'llifo', tra bo'r sialens gyfatebol i'r cyhoedd, boed unigolion neu grwpiau pwyso, yn ymddangos yn sylweddol iawn. Anarchiaeth gyfundrefnol yw dis-grifiad Kingdon o'r proses, ac mae angen mewnwelediad a gwybodaeth berthnasol, dadleuir, ar unrhyw asiant neu actor dylanwadol. Mae angen felly i ymgyrchwyr dros addysg Gymraeg ddatblygu cronfa o arbenigrwydd, canys rhagdybir y bydd angen parhau i ymgyrchu gan na chynhyrchwyd, hyd yn hyn, fomentwm digonol gan bŵer Llywodraeth y canol, boed yn genedlaethol neu yn rhanbarthol. Bydd angen i'r gronfa fod yn ymwybodol o broblemau, gwleidyddiaeth a chyfranogwyr, y rhai gweladwy a'r rhai yn y dirgel.

Un o fanteision Cymru yn hyn o beth yw ei bod yn wlad fechan, ac mae hynny yn hwyluso rhwydweithio i raddau. Ond mae angen cronfa gynhwysfawr o bobl â'r gallu i ganfod y llifoedd cysyniadol mewn un llun holistig. Hyd yn oed y tu mewn i adran addysg Llywodraeth Cynulliad Cymru, barn gwas sifil uchel ei statws (Rhagfyr, 2005) oedd nad oedd gweledigaeth ganolog yn bodoli parthed datblygiad addysg Gymraeg. Gwelwyd gobaith fis Mai 2007 yng nghytundeb y Blaid Lafur a Phlaid Cymru ('Cymru'n Un') bod bwriad i sefydlu 'Strateg-aeth Addysg gyfrwng-Cymraeg genedlaethol . . . a'r strategaeth wedi'i hategu gan raglen weithredu' (2007, 22). Dechreuwyd llunio'r strategaeth yn 2008, a chyhoeddi'r drafft ymgynghorol ym Mai 2009. Bu'r proses ymgynghori a chyn-ddrafftio yn enghraifft dda o lywod-raethiant, ac fe hyrwyddodd y llif cysyniadol rhwng actorion a strwythurau. Mae'r ddogfen ei hun yn enghraifft dda o'r llifo, ac yn ddisgrifiad holistig manwl a chynhwysfawr o addysg cyfrwng Cymraeg. Y sialens fydd sicrhau bod y llif cysyniadol yn rhan o ddealltwriaeth a gweledigaeth y gwasanaeth sifil ym maes addysg a thu hwnt, ac yn troi yn weithredu grymus ganddynt (ar ran Aelodau'r Cynulliad) a'r awdurdodau lleol.

Fel cymaint o agweddau eraill ar strwythur ac asiant, cymhleth hefyd yw natur yr amrywiol rwydweithiau sy'n bodoli mewn llywodraeth a'r tu allan iddi. Datblyga Marsh (1998) gysyniad sydd yn un o theses sylfaenol y gyfrol, sef na fedr lefelau macro, meso a micro fodoli nac esblygu heb gydadwaith rhyngddynt. Ymwneud â phatrwm o gyfryngu gan grwpiau diddordeb, sef y rhwydweithiau polisi, a geir ar y lefel feso, ac fe ganolbwyntir ar faterion sy'n ymwneud â strwythur y rhwydweithiau a'r patrymau o gyfryngu y tu mewn iddynt. Gweithredoedd unigolion a phenderfyniadau'r actorion/asiantau y tu mewn i'r rhwydweithiau a geir ar y lefel ficro. Ni all yr astudiaeth gyfredol fynd ymhellach na chofnodi ymwybyddiaeth o strwythuroliaeth ac o'r cydadwaith rhwng gwahanol lefelau o ddadansoddi; nodir hefyd y perygl o orbwysleisio'r asiant neu'r strwythur yn ormodol, heb ddod o hyd i'r pŵer sy'n gyrru'r trafod a'r creu.[9]

Yn ôl Marsh (1998, 11), un o'r cwestiynau allweddol i'w ofyn yw: i ba raddau, ac ym mha ffyrdd, y mae rhwydweithiau polisi yn effeithio ar ddeilliannau polisi? Yng nghyd-destun datblygu polisi addysg Cymru, wedi llyncu ACCAC ac ELWa i mewn i Lywodraeth ganolog, mae atebolrwydd y gwasanaeth sifil a'r gwleidyddion yn fater allweddol, fel y mae llywodraethiant gynhwysol, agored.

I GRYNHOI

Dadleuwyd bod angen i lunwyr polisi sy'n datblygu addysg Gymraeg gymryd gorolwg holistig ar y grymoedd o wahanol gyfeiriadau sy'n 'llifo', tra bo'r sialens gyfatebol i'r cyhoedd yn ymddangos yn sylweddol iawn. Mae angen cryn fewnwelediad a gwybodaeth berthnasol ar unrhyw asiant neu actor dylanwadol. Y sialens i ymgyrchwyr dros addysg Gymraeg fydd datblygu cronfa o arbenigrwydd yn ymwybodol o broblemau, gwleidyddiaeth a chyfranogwyr. Un o fanteision Cymru

---

[9] Yn ôl Daugbjerg a Marsh (1998, 71): 'Overall, we need to recognise the utility and the limitations of network analysis. It can't explain policy outcomes simply by reference to the structures of the network or the behaviour of the agents. We need to know why the networks take the form they do, how they relate to the broader political system and how network structures and actor behaviour affect outcomes and restructure networks.'

yw ei bod yn wlad fechan, sy'n hwyluso rhwydweithio, ond dadleuwyd hefyd fod angen grymuso'r cyd-drafod a miniogi meddwl er mwyn sicrhau bod y lefelau macro, meso a micro yn esblygu drwy'r cyd-adwaith rhyngddynt.

ADDYSG GYMRAEG – YM MHA LE Y MAE'R PŴER?

Gair awgrymog, amlhaenog yw pŵer, sy'n cwmpasu grym, nerth, gallu, ynni ac egni, awdurdod, llywodraeth, y gyfraith a dylanwadau personol, sefydliadol, moesol ac ysbrydol. Yn y bôn cwestiynau ynghylch pŵer yw cwestiynau ynghylch iaith (Chomsky, 1979, 191). A lle bynnag y mae pŵer mae'n anorfod fod yna rymoedd yn ei erbyn (*resistance*) (Glyn Williams, 1987, 10). Yng nghyd-destun cydadwaith rhwng haenau macro, meso a micro, gall pŵer ddylanwadu mewn ffyrdd cefnogol ac adeiladu yn ogystal ag yn negyddol a chrebachu. Yn ôl Giddens (1984, 257–8):

> [P]ower is the capacity to achieve outcomes; whether or not these are connected to purely sectional interests is not germane to its definition. Power is not, as such, an obstacle to freedom or emancipation but is their very medium – although it would be foolish, of course, to ignore its constraining properties . . . Power is generated in and through the reproduction of structures of domination.

Mae Mac Giolla Chríost (2003, 172) yn ymdrin ag iaith, hunaniaeth a gwrthdaro yn ei gyfrol ar y testun hwnnw a dyfynna esboniad Giddens (1985, 46) o bŵer gweinyddol, sy'n gyfystyr â sefydliadau'r wladwriaeth:

> In all societies, traditional and modern, administrative power is the core of domination generated by authoritative resources, although it is not the only such resource that exists (there is in addition power deriving from control of sanctions and from ideology).

Bydd y bennod hon yn dadansoddi'r cydadwaith rhwng gwahanol lefelau o bŵer yn natblygiad yr ysgolion Cymraeg ac yn cymathu canfyddiad Mac Giolla Chríost (2003, 172), 'power understood as the capacity to allocate resources' i gylch rhieni, gan eu gweld fel yr elfen bwerus sydd nid yn unig yn cynhyrchu disgyblion ar gyfer yr ysgolion, ond hefyd yn mynnu darpariaeth Gymraeg ar eu cyfer yn ysgolion y wladwriaeth. Dadansoddi felly, nid disgrifio'r elfen hon yn natblygiad yr ysgolion Cymraeg, a wneir, gan fod eraill wedi cofnodi'r ymgyrchu a'r twf.

O'r cychwyn cyntaf, grym rhieni a symbylodd sefydlu'r fath ysgolion, a byddai cefnogaeth ymarferol AALlau ynghyd â barn wleidyddol o'r canol, sef cyfuniad o fewnbwn gan y gwasanaeth sifil, yr arolygiaeth a'r gwleidyddion, yn troi'r dyhead yn realiti. Byddai dwyster ymgyrchu'r rhieni yn dibynnu ar ymateb y gwleidyddion lleol ac ar gefnogaeth a gweledigaeth y swyddogion proffesiynol; hynny yw, po fwyaf negyddiaeth y canol, po fwyaf angerdd yr ymgyrchu gan rieni a chyrff megis RHAG neu UCAC.

Cymhlethach na hynny yw hanes sefydlu'r ysgolion uwchradd, gan mai elfennau pragmataidd (yn gyllidol yn arbennig) fyddai'n aml yn symbylu AALl i sefydlu ail neu fwy o ysgolion cyffelyb, neu i agor ei ysgol Gymraeg gyntaf. Er enghraifft, yn yr hen Forgannwg, tyfodd Rhydfelen i'w llawn dwf, a sefydlwyd Ysgol Gyfun Ystalyfera gan Gyngor Sir Gorllewin Morgannwg ar gyfer plant gorllewin y dalgylch gwreiddiol. Esgorodd honno yn ei thro ar Ysgol Gyfun Bro Gŵyr. Wedi twf pellach, bu'n rhaid i AALl Morgannwg agor Ysgol Gyfun Llanhari, a'i dilyn, am yr un rheswm, gan ysgolion cyfun Cwm Rhymni, y Cymer ac yna Rhydywaun. Erbyn hynny, Morgannwg Ganol oedd yr AALl.

Diffyg lle yn Llanhari ym Morgannwg Ganol ar gyfer disgyblion ysgolion Cymraeg De Morgannwg a symbylodd yr awdurdod hwnnw i sefydlu Ysgol Gyfun Gymraeg Glantaf yn y brifddinas. Enghraifft gyffelyb yw hanes sefydlu Ysgol Gyfun Gwynllyw: arferai plant ysgolion Cymraeg Gwent fynychu Ysgol Gyfun Cwm Rhymni, ym Morgannwg Ganol, tan i honno fynd yn orlawn. Pan gynyddodd nifer disgyblion Glantaf i dros 1,500, penderfynodd yr AALl sefydlu Ysgol Gyfun Plasmawr, rhyw filltir a hanner i ffwrdd, yn 1988. Ar y pryd, darparai'r ddwy ysgol yng Nghaerdydd addysg ar gyfer holl ddisgyblion Caerdydd a Bro Morgannwg.

Profodd Glantaf ddwy sialens yn sgîl sefydlu Plasmawr yn 1998. Yn gyntaf, sialens staffio, sef yr her o ymdopi â cholli nifer sylweddol o athrawon profiadol neu rai tua 30 mlwydd oed â chryn botensial i ddatblygu yn broffesiynol mewn swyddi arweinyddiaeth; yn ail, sialens gyllidol, sef effaith y toriadau cyllidol arwyddocaol a ddeilliodd o leihau poblogaeth yr ysgol. Er i'r AALl ddarparu peth cyllid er mwyn iddi ymdopi â'r ffaith fod y blynyddoedd hŷn yn fawr a'r blynyddoedd iau yn gymharol fychan, parhau a wnaeth y sialens. Dim ond dwy flynedd yn ddiweddarach, agorwyd Ysgol Gyfun Bro Morgannwg, gan ddwysáu'r sialensiau yng Nglantaf. Mater arall yw i ysgol Glantaf greu ethos o sefydlogrwydd a phrofi cynnydd yn ei chyraeddiadau academaidd yn ystod y cyfnod cythryblus hwn.

Nid yw hanes sefydlu'r ysgol olaf yn y gyfres hon, yn y Barri yn 2000, yn ffitio'r patrwm traddodiadol. Yn gyntaf, 'roedd lle yn y ddwy ysgol uwchradd Gymraeg yng Nghaerdydd ar gyfer disgyblion De Morgannwg am bedair neu bum mlynedd wedi dyddiad agor Ysgol Gyfun Bro Morgannwg. Yn ail, bu ymgyrchu sylweddol gan rieni'r Fro i sefydlu ysgol yn eu talaith nhw eu hunain; yn hyn o beth, dilynwyd y patrwm traddodiadol. Yn drydydd, nid oedd cyfathrach dda bob amser rhwng cynghorau Caerdydd a'r Fro, ac fe drodd hwnnw yn symbyliad, er yn un negyddol fel petai, i wthio cyngor y Fro i sefydlu ei ysgol ei hun. Yn bedwerydd, rhoddwyd cefnogaeth lafar i'r ymgyrch gan BIG, a welai, mae'n debyg, ledaenu'r rhwydwaith o ysgolion fel cam cadarnhaol tuag at gynyddu'r nifer o siaradwyr: po agosaf i'r cartref y mae'r ysgol, po fwyaf y gefnogaeth gan y rhieni. Ar y llaw arall, yn ôl tystiolaeth dau o'r ymgyrchwyr (cyfweliad 22 Mehefin 2006), ''Doedd y Bwrdd ddim o help o gwbl i ni sefydlu'r ysgol, ac er i'r Cadeirydd addo help ariannol i gyhoeddi pamffled, ni chawsom ddim.' Cafwyd yr argraff adeg yr ymgyrchu bod yr arolygiaeth yn cefnogi'r bwriad, er nad oes tystiolaeth swyddogol gennyf am ysgrifennu hynny. Dylid nodi na chaed ymateb gan yr arolygiaeth pan godai pennaeth Glantaf effaith agor Ysgol Gyfun Bro Morgannwg ar ysgol Glantaf, fwy na bod sefydlu ysgol arall yn beth da.

Er mwyn hwyluso sefydlu ysgolion eraill, mae hi'n werth cofnodi effeithiau diffyg cynllunio cydlynol ar draws AALlau, oherwydd dyna a ddigwyddodd yn hanes sefydlu Ysgol Gyfun Bro Morgannwg. Go brin y byddid wedi agor Ysgol Gyfun Bro Morgannwg yr adeg y'i sefydlwyd pe bai un cyngor yn cwmpasu Caerdydd a'r Fro, fel y bu cyn ad-drefnu llywodraeth leol yn 1996. Nid yn erbyn sefydlu Ysgol Gyfun Bro Morgannwg y mae'r ddadl, ond yn erbyn methiant cyngor Caerdydd i ddarparu'n ddigonol er mwyn ymdopi â sgîl-effeithiau ar ysgol Glantaf.

Gwelir felly fod pŵer rhieni Bro Morgannwg wedi llwyddo, bod cyngor y Fro wedi arfer ei bŵer drwy ddosrannu adnoddau sylweddol (tua £15 miliwn) er mwyn sefydlu'r ysgol ac ymestyn yr adeiladau, bod

Llywodraeth y Cynulliad wedi cytuno i'r cynnig i agor yr ysgol, tra bo cyngor Caerdydd wedi atal adnoddau drwy wrthod mynediad i ddisgyblion o'r Fro. Aeth cysylltiadau rhwng cynghorau Caerdydd a'r Fro cynddrwg fel y trefnwyd cyfarfod 'preifat' rhwng prif swyddogion a chynghorwyr y ddau gyngor a Peter Hain, is-ysgrifennydd i Gymru ar y pryd, er mwyn cyrraedd cyfaddawd neu ddeilliant boddhaol. Mae'n debygol mai tua 1999 y digwyddodd y cyfarfod.

Mae hon yn enghraifft dda o bŵer yn ei amryfal haenau, yn cynnwys elfennau cadarnhaol a negyddol. Un o'r elfennau parhaus yn natblygiad addysg Gymraeg yw'r diegnïo, wrth i'r tyndra rhwng y gwahanol bŵerau lyncu adnoddau dynol a meddyliol yr holl bartneriaid sy'n cyfrannu at y penderfyniad. Ar y naill law, gellid dadlau dros lywodraethiant torfol a democrataidd yn y proses o sefydlu'r ysgol ac, ar y llaw arall, medrid defnyddio'r adnoddau dynol mewn ffordd llawer mwy effeithiol ac effeithlon.

Priodol ystyried rhai agweddau ar sefydlu ysgol uwchradd Gymraeg arall yn y de-ddwyrain, a'u cymharu â phrofiadau'r gorffennol. Cyngor Bwrdeistref Sirol Pen-y-bont ar Ogwr fu'n gyfrifol am agor Ysgol Gyfun Gymraeg Llangynwyd ger Maesteg ym Medi 2008. Ysgol Llanhari yn Rhondda Cynon Taf fu'n darparu addysg uwchradd Gymraeg tan hynny i ddisgyblion awdurdod Pen-y-bont ar Ogwr, ond nid prinder lle yn Llanhari a symbylodd y cyngor i sefydlu ei ysgol uwchradd Gymraeg ei hun, fel y dengys cynllun addysg Gymraeg y fwrdeistref (2006a):

> Mae cyfran y disgyblion sy'n derbyn addysg cyfrwng Cymraeg [cyn-radd] wedi amrywio o flwyddyn i flwyddyn, ond, yn gyffredinol, mae wedi aros yn lled gyson. [par. 6.3]

> Yn gyffredinol, mae cyfanswm nifer y disgyblion sy'n derbyn addysg cyfrwng Cymraeg yng Nghyfnod Allweddol 2 wedi disgyn o 599 ym 1996 i 502 yn 2005, cwymp o 16.2%, sydd i'w gymharu â chwymp o 8.6% ar draws pob ysgol. [par. 13.9.2]

> Nid yw'r dystiolaeth sydd ar gael ar hyn o bryd yn dangos angen dybryd am ehangu pellach mewn lleoedd addysg cyfrwng Cymraeg yn y blyn-yddoedd cynnar/sectorau cynradd. Mae ehangu uwchradd eisoes ar y gweill. [par. 3.4.7]

> Ym mhob un o'r pedair ysgol gynradd cyfrwng Cymraeg mae nifer y lleoedd gwag wedi cynyddu ers 1999. [par.13.10.1]

Y rhif safonol ar gyfer Ysgol Gyfun Llanhari yw 1,350. Ar hyn o bryd, mae 1,100 o ddisgyblion yn mynychu'r ysgol 11–18, 687 o'r rhain o AALl Pen-y-bont ar Ogwr. Mae gan Ysgol Gyfun Llanhari adeiladau addas ar gyfer niferoedd y disgyblion sy'n ei mynychu ar hyn o bryd. [par. 14.8.1]

[M]ae'r AALl wedi cwblhau un arolwg o ddewis tebygol rhieni. Mae'r ymatebion, er yn gyfyngedig (47.6% o rieni a ymatebodd) yn awgrymu y gallai cymaint â 25% o rieni ddewis anfon eu plant i Ysgol Gyfun Llanhari. Mae'r arolwg o ddewis rhieni ar hyn o bryd yn cael ei ailadrodd. [par. 14.8.1]

Awgrymir yr esboniad am y datblygiad yn 'Gweledigaeth yr AALl' (par. 3.2.3):

Mae dewis rhieni a myfyrwyr yn amlwg yn egwyddor allweddol wrth benderfynu sut a lle caiff addysg cyfrwng Cymraeg ei hehangu o fewn y Fwrdeistref Leol. Bydd ymwybyddiaeth gynyddol o'r cyfleoedd a gynigir yn dyngedfennol wrth ehangu'r ddarpariaeth. Bydd hyblygrwydd yn bwysig wrth ehangu'r ddarpariaeth hon, boed yn y blynyddoedd cynnar, yr ysgolion cynradd ac uwchradd, neu addysg barhaus, i sicrhau y gellir teilwra strategaethau'n briodol i gwrdd ag anghenion lleol.

Yn wir, gwelir rhywfaint o ysbryd cenhadol yn nogfen Pen-y-bont ar Ogwr sydd o'i hanfod yn ddogfen fiwrocrataidd. Er enghraifft, bwriedir darparu 'rhaglen ymarferol i godi ymwybyddiaeth o gyfleoedd ar gyfer addysg cyfrwng Cymraeg ac i 'farchnata'r' iaith drwy addysg yn y Fwrdeistref Sirol' (par. 3.4.1). Yn fanylach, 'Cylchynir holiaduron i rieni a darpar rieni' ynghylch eu dewis a'u bwriad (Targed 1a), ac anelir at gynyddu'r ganran sy'n trosglwyddo o'r sector cynradd Cymraeg i'r sector uwchradd Cymraeg i 100% (Targed 4a). Collwyd 17 disgybl o 135 yn 1999, 18 o 111 yn 2000, 9 o 136 yn 2001, 7 o 112 yn 2002, 6 o 149 yn 2003, ac 8 o 129 yn 2004 (t. 37).

Yr ysgol gyfun Gymraeg hon oedd yr ail yn y de-ddwyrain i'w sefydlu heb fod argyfwng a phrinder lleoedd yn gyrru'r proses. Ond mewn nifer o ardaloedd, er yr ymgyrchu ac er prinder llefydd, parhau y mae'r frwydr. Er enghraifft, agorwyd Ysgol Gymraeg Cwm Derwen fis Medi 2008 yn Oakdale, Cwm Sirhywi, wedi ymgyrchu caled gan rieni brwd yr ardal, yn ôl y papur bro, *Tua'r Goleuni* (2007). Cyn-ddisgyblion ysgolion Cymraeg yr ardal fu'n ymgyrchu, yn ôl tystiolaeth Ben Jones.

Yr un mis sefydlwyd ysgolion Ifor Hael (Casnewydd), Pen-y-groes, Tan yr Eos, y Dderwen a Chefn Coed (Caerdydd), cynhaeaf brwydro caled.

Brwydr wahanol sydd yn debygol o daro Ysgol Gyfun Llanhari, gan nad oes twf digonol yn ysgolion cynradd Cymraeg ei dalgylch, a chan y bydd yn colli'r rhan fwyaf o ddisgyblion bwrdeistref sirol Pen-y-bont ar Ogwr. Bydd poblogaeth ysgol Llanhari yn cwympo yn arwyddocaol wedi sefydlu Ysgol Gyfun Gymraeg Llangynwyd, gan arwain rhai i amau y gallai dyfodol ysgol Llanhari fod dan fygythiad.

Oni bai bod y cynllunio yn gydlynol, medrai'r datblygiad fod yn un trychinebus: medrai Llanhari beidio â bod yn ysgol uwchradd hyfyw am rai blynyddoedd; mae ad-drefnu dalgylchoedd yn amhoblogaidd gan rieni, gan fod eu plant yn mynychu dwy ysgol uwchradd wahanol; mae adeiladau newydd ysgol Rhydfelen (Ysgol Gyfun Garth Olwg) yn agosach o lawer i Lanhari nag oedd y sefydliad hanesyddol yn Rhyd-yfelin, a bydd adeiladau newydd sbon yn debygol o ddenu rhai o 'gwsmeriaid' traddodiadol Llanhari. Er bod Ysgol Iolo Morganwg yn y Bont-faen, Bro Morgannwg, yn agos yn ddaearyddol at Lanhari, i ysgol Gymraeg uwchradd eu hawdurdod (yn y Barri) y bydd disgyblion yn mynd, ac mae teyrngarwch disgyblion a rhieni i sefydliad yn bŵer adeiladol.

Os cynigir newid dalgylch fel un ffordd o liniaru problem niferoedd yn Llanhari, tebygol y bydd gwrthwynebiad gan bartneriaid eraill ym myd addysg, gan yr effeithir ar niferoedd ysgolion Cymraeg eraill. Er bod un cyngor yn sefydlu ysgol yn gymharol ddidrafferth, mae diffyg cynllunio ar draws awdurdodau yn debygol o achosi anawsterau sylweddol i ysgol arall. Dyma enghraifft arall sy'n cadarnhau'r angen am gorff i oruchwylio darpariaeth addysg Gymraeg, yn ôl gofynion siarter Ewrop, fel y trafodir isod o dan y pennawd 'Ewrop'.

Mantais arall i addysg ym mwrdeistref sirol Pen-y-bont ar Ogwr oedd gwacáu un o adeiladau ysgol gyfun aml-safle Maesteg, ac adeiladu ysgol gyfun Saesneg newydd sbon ar safle arall. Patrwm digon tebyg a gaed yng Nghwm Rhymni ddiwedd y 1970au, gan mai ar ad-drefnu addysg uwchradd y dyfarnwyd y cyllid gan y Swyddfa Gymreig, ond ar adeiladu ysgol gyfun newydd (Saesneg) ar gyfer tref Rhymni a'i chyffiniau y gwariwyd y rhan fwyaf ohono. Ysgol ar bum safle a ddyfarnwyd ar gyfer yr ysgol gyfun Gymraeg, sef yr ateb gorau o blith tri opsiwn a gynigiwyd gan yr AALl: pŵer gan y rhieni, gan mai eu dewis nhw oedd yr ysgol ar bum safle, a phŵer gwleidyddol y cyngor wrth gynnig tri opsiwn, a phob un ohonynt yn rhai gwael.

Yn egwyddorol felly, ble y mae'r pŵer? O safbwynt rhieni, bydd plant ardal Maesteg yn elwa, gan y bydd y teithio yn darfod, mwy neu lai; bydd nifer o'r gweddill hefyd yn teithio llai o filltiroedd yn feunyddiol. O safbwynt AALl, maent wedi dosbarthu adnoddau: ysgol newydd sbon Saesneg ac ailgyflunio rhan o'i hen adeiladau ar gyfer yr ysgol Gymraeg. O ran Llywodraeth y Cynulliad, ymateb y bydd i'r cynllun ac i unrhyw wrthwynebiadau iddo. Ond datganodd y Llywodraeth o blaid yr ad-drefnu gan gefnogi'r cynllun ariannu (Pen-y-bont ar Ogwr, 2006b), cyn yr ymgynghori statudol. Nid yw'n glir yn y diwedd ai sefydlu ysgol Gymraeg oedd blaenoriaeth y cyngor, ynteu sefydlu ysgol Saesneg newydd, a chlymu sefydlu ysgol Gymraeg i mewn i'r cynllun. Nodir yn nes ymlaen yn y bennod mai RHAG fu'n ymgyrchu am gyfnod hir.

Wrth ddadansoddi'r patrymau a ddisgrifiwyd uchod, amlygir tair elfen bwysig: y cydadwaith rhwng gwahanol bwerau mewn bywyd cyhoeddus; grymuster pŵer llywodraeth ganolog drwy ei gallu i gytuno neu beidio i sefydlu ysgolion; a grymuster pŵer y bobl wrth iddynt orfodi llywodraeth leol i sefydlu ysgolion drwy rym y farchnad, sef cynhyrchu cwsmeriaid sy'n hawlio prynu nwyddau, a defnyddio ieithwedd gyfoes. Gellir crynhoi'r elfennau hyn mewn un gair: llywodraethiant.

Proses yw llywodraethiant y mae addysg Gymraeg yn un rhan annatod ohono. Ceir ymdriniaeth fanwl ar y gwahaniaeth rhwng llywodraeth a llywodraethiant gan Quinn (2005), a gyfeiria at bwyslais Osborne a Gaebler (1992) ar broses yn erbyn offeryn.[10] Mae crynodeb Quinn (2005, 3) o ymdriniaeth Goldsmith (1997) â phrif nodweddion llywodraethiant yn crynhoi'r proses o lywodraethiant yn y Gymru gyfoes:

> [T]he characteristics of governance include 'an emphasis on vertical co-operation between institutions and tiers or levels of government, and on horizontal co-operation between public, private and voluntary sectors' [1997: 9]. Such co-operation leads to the establishment of regimes or networks with shared values and visions. The creation of such networks raises issues of accountability, accessibility, openness and transparency.

---

[10] 'Governance is the process by which we collectively solve our problems and meet our society's needs. Government is the instrument we use.' (1992, 24)

Â Quinn ymlaen i danlinellu bod llywodraethiant yn broses deinamig sy'n ymaddasu i wahanol amgylchiadau, a bod hyn yn adlewyrchu swyddogaeth gyfnewidiol llywodraethau (2005, 3–4). Gwelir thema proses deinamig mewn gweithiau awduron eraill. Er enghraifft, wrth drafod esblygiad llywodraethu i lywodraethiant, dywed Stoker (2004) a Denters a Rose (2005) fod nifer o ffactorau yn gyfrifol am newid y berthynas rhwng dinasyddion a llywodraeth (leol): gostyngiad arwydd-ocaol yn nifer y dinasyddion sy'n bwrw pleidlais, ffyrdd eraill o ddatgan barn y tu allan i'r sianel etholiadol, cryfhau rôl y swyddogion gweithredol, creu system gabinet, a chanoli pŵer yn nwylo nifer llai o gynghorwyr, er gwaethaf rôl grwpiau archwilio. Gall y gwrthwyneb ddigwydd hefyd, sef gwanhau rôl y swyddogion wrth i nifer bychan o gynghorwyr fagu profiad a phŵer. Cymhlethach eto yw sefyllfa pan fo plaid wleidyddol wedi bod mewn grym am gyfnod hir, a heb rannu cyfrifoldebau ag aelodau'r wrthblaid; pan yw'n colli statws mwyaf-rifol, nid oes profiad gwleidyddol perthnasol gan y brif blaid newydd, a gall hynny arwain at gynyddu grym y swyddogion gweithredol, wrth iddynt gynnig cyngor proffesiynol.

Cyn ateb y cwestiwn ym mha le y mae'r pŵer, gosodir addysg Gym-raeg mewn cyd-destun ehangach yn nhirwedd wleidyddol Prydain. Ni ellir gwerthfawrogi'r dylanwadau cyfoes ar dwf yr ysgolion Cymraeg heb ddeall y dylanwadau ar wleidyddiaeth ac economi Prydain dros y 60 mlynedd diwethaf. Yn ystod y cyfnod hwn newidiwyd tirwedd wleidyddol Prydain gan ddylanwadau ffwndamentalwyr y farchnad, yn wreiddiol gan adain dde'r Torïaid, ac yna gan Lafur Newydd.

Un o'r meddylwyr gwleidyddol cyfoes sy'n ysgrifennu am effeithiau andwyol meddylfryd y farchnad breifat ar ddemocratiaeth ac iachus-rwydd y maes (*domain*) cyhoeddus, yn arbennig o safbwynt dinasydd-iaeth, cydraddoldeb a gwasanaethau, yw David Marquand. Gydol ei gyfrol, *Decline of the Public: The Hollowing-out of Citizenship* (2004), tanlinella nad yw'r maes cyhoeddus yn gyfystyr â'r sector cyhoeddus. Ynddi (2004, 1–2) gwna dri gosodiad sylfaenol ynghylch natur y maes cyhoeddus.

Yn gyntaf, dadleua fod gan y maes cyhoeddus ei ddiwylliant arben-nig a'i reolau ei hun ynghylch gwneud penderfyniadau. Y sbardun i weithredu yw'r balchder sy'n dod o gyflawni dyletswydd yn dda neu'r ymdeimlad o gyfrifoldeb dinesig (neu gyfuniad o'r ddau) a byddant yn cymryd lle'r gobaith o wneud elw neu'r ofn o wneud colled. Yr ail osodiad yw mai maes amhrisiadwy a bregus yw'r maes cyhoeddus, a bod angen ei feithrin yn ofalus ac yn ddi-dor. Y trydydd gosodiad yw bod y wladwriaeth ym Mhrydain wedi ymyrryd mewn ffordd ymosodol yn y maes cyhoeddus, gan wanhau ei sefydliadau a'r arferion a fu'n meithrin yr union wladwriaeth; mae'r wladwriaeth bellach mewn argyfwng.

Yr elfen bwysicaf a amlygwyd gan yr adain dde newydd yn y 1980au a'r 1990au oedd *kulturkampf* didostur a di-ildio a gynlluniwyd i ddiwreiddio'r diwylliant a nodweddid gan gyfrifoldeb dinesig a gwasanaethau i eraill. Mae'r cyhoedd yn ymddiried llai a llai mewn gwleidyddion a'r holl broses gwleidyddol, mae llai o ddinasyddion yn bwrw eu pleidlais mewn etholiadau, ac mae llygredd gwleidyddol yn amlhau drwy gysylltiadau personol, ffafriaeth a nawdd. Yn gryno, nid yw dinasyddion Prydain yn ymddiddori llawer yn y maes cyhoeddus, ac eithrio pan fyddant yn dioddef o un o ddiffygion un o'r meysydd, megis agweddau ar y gwasanaeth iechyd, neu anghyfleustra personol a achosir gan ddiffyg cludiant disgyblion i'r ysgol.

Yn ôl Marquand, mae'r chwyldro neo-ryddfrydig yn parhau, ac ar flaen maes y gad fel petai y mae 'market mimicry, populist governance and central control' (2004, 139). Sut olwg sydd ar y dirwedd hon yng Nghymru ar hyn o bryd? Ymddengys fod y dirwedd lywodraethol mor amrywiol â'r dirwedd ffisegol.

Yn gyntaf, cyfeirir at efelychu (neu beidio) strategaethau a thactegau'r farchnad. Bellach mae Llywodraeth y Cynulliad wedi dileu tablau cyrhaeddiad ysgolion; ymdrecha i hybu partneriaethau rhwng sefydliadau addysgol, am resymau addysgol yn ogystal â rhai cyllidol; rhoddir pwyslais mawr ar hunan-arfarniad gan sefydliadau; ac, yn hollbwysig, tanlinellir atebolrwydd sefydliadau ysgolion i'r disgyblion, i'r rhieni ac i lywodraeth. Dod o hyd i gydbwysedd rhwng awtonomiaeth broffesiynol ac atebolrwydd i ddinasyddion yw'r sialens, heb lithro yn ôl i benrhyddid cymharol a nodweddai'r cyfnod cyn chwarter olaf yr ugeinfed ganrif: '[A] government committed to reinventing the public domain would . . . acknowledge that in the heyday of the public domain, around the middle of the last century, accountability was often lacking' (2004, 141).

Yn yr ysgolion yn arbennig, bu'n rhaid i benaethiaid lywio polisïau newydd yn ddi-ben-draw, ac yn raddol arweiniodd hyn at wasgedd emosiynol a thyndra. Yn yr ysgolion Cymraeg yn neilltuol, mae disgwyliadau ychwanegol: trochiant ieithyddol a'i sialens, ethos Cymreig,

gweithgareddau allgyrsiol, cynhyrchu deunyddiau a datblygu strateg-
aethau cenedlaethol y tu mewn i fframweithiau gwleidyddol. Nid oes
syndod felly fod cyn lleied yn cynnig am swyddi penaethiaid. Dyma
sialens i Lywodraeth y Cynulliad wrth iddi anelu at wireddu targedau
'Iaith Pawb'.

Yn ail, ymdrinia Marquand â llywodraethiant poblyddol. Ffug
ymgynghori â'r bobl, y proffesiynau, y grwpiau gwasgu a'r gwasanaeth
sifil oedd bellach y norm wrth i lywodraeth ganolog gyhoeddi polisïau
newydd. Agwedd fonyddol oedd hon a esgorodd ar sinigiaeth a neg-
yddiaeth. Yng Nghymru, mae angen sicrhau bod gwleidyddion yn
gwrando ar y bobl, ar yr amrywiol gyrff a'u hamrywiol farnau, ond
gwrando yn feirniadol yn y proses cymhleth ac anodd o wneud pender-
fyniadau gwleidyddol a llunio polisïau. Wedi'r cyfan, nid un telpyn
homogenaidd mo pobl, chwedl Marquand, ac fe allant fod yn anghywir
yn ogystal â bod yn gywir. Dibynna hunanlywodraeth ddemocrataidd
ar oddefgarwch, ar barodrwydd i wrando ar eraill ac ar y gallu i wahan-
iaethu rhwng diddordebau preifat a lles y cyhoedd (2004, 104).

Magu gwleidyddion sy'n meddu ar y fath rinweddau felly yw un o
sialensiau Cymru. Gellir cael dau fath ar ymgynghori, sef ymgynghori
ffals ac ymgynghori didwyll: ymgynghori er mwyn mynd drwy'r proses
ymgynghorol pan fo'r penderfyniad eisoes wedi'i wneud, ac ymgynghori
go iawn. Mae angen i unigolion, grwpiau yn cynrychioli diddordebau
arbennig, cyrff proffesiynol a llywodraeth leol rymus ddatblygu gweledig-
aeth genedlaethol a chyd-deithio gyda gwleidyddion y Cynulliad ac
Ewrop, ac (i raddau llai yn y dyfodol) gyda gwleidyddion San Steffan,
tua'r goleuni. Mewn gwlad fechan fel Cymru, mae patrwm tebyg, er yn
uchelgeisiol, yn bosibl.

Er mwyn cyrraedd y lefel yma o gyd-ddyheu ac o gyd-gynllunio,
mae angen dod o hyd i gydbwysedd rhwng, ar y naill law, yr hen
gyfundrefn gynrychioliadol a fu gynt, a dyfodd yn gyfundrefn Fysant-
aidd, ac, ar y llaw arall, gyfundrefn a fedrai fod yn rhy bell oddi wrth y
bobl, wedi'i datblygu a'i mwytho gan wleidyddion a gweision sifil yn
atebol i'r gwleidydd, a chan leygwyr wedi'u penodi gan y gwleidydd.
Ond ar y gallu i lunio agenda ac i'w wireddu y dibynna llwyddiant y
proses gwleidyddol; yn hyn o beth gall rôl y gwas sifil fod yn all-
weddol. Ar hyn o bryd, wedi coelcerth y cwangoau, nid yw'n glir i ba
gyfeiriad y mae atebolrwydd a democratiaeth Cymru yn mynd.

Y drydedd thema yw grym y canol, sef un o'r pwerau mawr eraill a
nodwedda fywyd cyhoeddus chwarter ola'r ugeinfed ganrif. Ym maes

addysg, er enghraifft, un o dactegau'r Llywodraeth Dorïaidd wrth ddirymu llywodraeth leol oedd creu ysgolion a gynhelid â grant. Yng Nghymru, prin oedd yr ysgolion a benderfynodd geisio am y statws newydd hwn, heb hualau'r AALl ac â chyllid sylweddol newydd. Er bod cyflwr adeiladau ysgolion Cymru yn wael drwyddi draw, ac er bod y statws newydd hwn yn hwyluso codi estyniadau safonol ac ail-gyflunio hen adeiladau, penderfyniad Cymru (â mân eithriadau) oedd cadw'r *status quo*. Y rhesymau pennaf dros y fath geidwadrwydd oedd agosatrwydd llywodraeth leol, traddodiad y Blaid Lafur a'r arlliw o ysgolion bonedd a ddeilliai o fodel newydd y Torïaid.

Symud pŵer o'r canol yw un o elfennau sylfaenol gweledigaeth Marquand. Dadleuir nad oes amser gan yr holl bartneriaid yn y proses delfrydol a amlinellir ganddo i ymgyrraedd yn agos at wireddu'i freuddwyd. Ar yr un pryd, mae effeithiau andwyol gorganoli pŵer yn fater i Gymru ymdrin ag ef, yn arbennig yng nghyd-destun, ar y naill law, feddylwyr mewn gwleidyddiaeth ddemocrataidd, y gwasanaeth sifil a'r proffesiynau ac, ar y llall, ddyheadau'r bobl. Newid sylweddol felly sy'n nodweddu democratiaeth leol, a hynny nid yn unig yng Nghymru, ond ym Mhrydain ac ar draws gwledydd gorllewin Ewrop.[11]

Yn yr ysgolion Cymraeg, er ymrwymiad rhieni i'r sefydliad ac i'r achos, dadleuir bod angen iddynt fod yn fwy ymwybodol o bolisïau a thueddiadau er mwyn iddynt ddatblygu yn ddinasyddion â gwell dealltwriaeth o ddyfodol eu cymuned a'u gwlad. Dyfynnir o ddwy

---

[11] Wrth ailddiffinio natur arweinyddiaeth leol, cyfeiria Hambleton (2005, 15) at waith Stone (1989), a ymdrinia â'r symud oddi wrth fiwrocratiaeth drwy orchymyn a rheoli tuag at gydweithio â phartneriaid er mwyn cyrraedd nodau cyffredin. Gwêl Hambleton botensial mewn cyfundrefn o gydweithio rhwng dinasyddion, cynghorwyr a swyddogion; medrai patrwm tair rhan o'r math hwn greu agoriadau ar gyfer datblygu arweinyddiaeth (2005, 18).

Ymhlith yr academyddion Prydeinig fu'n arsylwi ar y shifft o lywodraethu i lywodraethiant y mae Rhodes (1997) a John (2001), ac fe gytuna Denters a Rose (2005, 261) mai ffenomen ryngwladol yw hi. Yn ôl Denters a Rose, canfyddir tri newid sylweddol: datblygu ar raddfa eang NPM a phartneriaethau cyhoeddus-preifat; ymwneud gan gymdeithasau lleol cyfundrefnol, grwpiau diddordeb ac actorion preifat mewn partneriaethau polisi; a chyflwyno ffurfiau newydd ar ymwneud dinesig.

Rhybyddir y darllenydd i fod yn wyliadwrus wrth ddehongli tueddiadau megis y rhai a ddisgrifir yn y paragraff blaenorol: weithiau, symbolaidd yw'r gweithgareddau a'r labeli a roddir arnynt, yn hytrach na'u bod yn weithgareddau go iawn (Denters a Rose, 2005, 261). Neges olaf yr awduron (2005, 262) yw ei bod yn rhy gynnar i gloriannu effeithiolrwydd ac effeithlonrwydd y systemau sy'n datblygu mewn llywodraethiant lleol, ac y medrai rhai gweithdrefnau a gynlluniwyd er sicrhau atebolrwydd weithio yn erbyn democratiaeth. Cadw llygaid barcud ar ffurfiau llywodraethu lleol yw'r cyngor.

ffynhonell i gadarnhau diffyg ymwneud rhieni (pob math ar ysgol) yn llywodraethiant Cymru: canlyniadau H4 ac adroddiad LLCC, *Llywodraethu a Gwella Ysgolion yng Nghymru: Crynodeb Gweithredol* (2005). Gosodiad 49 (H4) oedd: 'Mae "Iaith Pawb", sef dogfen bolisi Llywodraeth y Cynulliad ar gynyddu'r nifer o siaradwyr Cymraeg, yn hanfodol yn y proses o ledaenu rhwydwaith o ysgolion Cymraeg.' Dengys dadansoddiad o ymatebion rhieni yn y sampl fod 23.8 y cant ohonynt heb wybodaeth ddigonol i ateb y cwestiwn. Pe bai'r cwestiwn wedi gofyn a oedd yr ymatebwyr wedi darllen y ddogfen, gellid disgwyl canran isel. Gellid dadlau nad yw 'Iaith Pawb' yn hanfodol ar gyfer y proses o greu rhagor o ysgolion Cymraeg. Nid hynny oedd bwriad y cwestiwn, ond mesur ymwybyddiaeth ymatebwyr o'r polisi.

Ymatebodd un rhiant fel hyn:

> Amherthnasol braidd yw'r ddau sylw a ganlyn – ond dyma nhw:
>
> 1 Yr holiadur wedi codi cywilydd arnaf o sylweddoli mor anwybodus ydwyf am bolisïau etc. y Cynulliad a'r modd mae Cynghorau yn gweithio – tybir fod llawer (y mwyafrif?) yr un fath!
> 2 Y Gymdeithas Rhieni yn ein hysgol ni – codi arian yn unig a wna – does dim trafod ar bolisi na dim felly – siom i mi.

Yr awgrym cryf yw bod lle i godi ymwybyddiaeth rhieni ac athrawon yng Nghymru o ddatblygiadau pellgyrhaeddol a fedrai effeithio ar ddatblygiad, neu ar ddiffyg datblygiad, yr iaith Gymraeg ac addysg Gymraeg.

Mae'r ail ffynhonell o dystiolaeth (LLCC, 2005, 2) yn tanlinellu nad yw cyrff llywodraethu yn gyrff cynrychioliadol:

> Mae gan lywodraethwyr ysgolion a ymatebodd i'n harolwg broffil penodol: maent yn debygol o fod yn wyn, yn ganol oed, yn perthyn i'r dosbarth canol ac yn weithwyr proffesiynol ac yn rheolwyr gwasanaethau cyhoeddus ag incwm canolig. Yn hyn o beth nid ydynt yn cynrychioli poblogaeth y rhan fwyaf o ddalgylchoedd ysgolion. Mae gogwydd tuag at ddosbarthiadau penodol o ran llywodraethu ysgolion, ac mae'r ffaith na chaiff lleiafrifoedd ethnig a rhieni o gymunedau difreintiedig eu cynrychioli'n ddigonol yn peri pryder.

Â'r adroddiad ymlaen i ddweud (2005, 3) bod 'y broses o recriwtio llywodraethwyr yn benodol, a chadw llywodraethwyr weithiau hefyd,

yn peri problem'. Medrid enghreifftio ysgolion Cymraeg lle nad oes
angen trefnu etholiadau ar gyfer cyrff llywodraethu gan nad enwebir
digon o rieni. Yn ogystal gellir cael diffyg cyfatebiaeth rhwng canran
y llywodraethwyr sy'n siarad Cymraeg, weithiau nifer uchel ohonynt,
a chanran y teuluoedd â'r Saesneg yn brif iaith yr aelwyd. Nid oes
ystadegau manwl wedi'u casglu yn y maes hwn. Yn gryno, mae ffordd
bell i fynd cyn cyrraedd delfryd Marquand o weddnewid ymwneud
dinasyddion â llywodraethiant hyd yn oed eu hysgolion, heb sôn am eu
cymunedau.

EWROP

Yn olaf, ystyrir dylanwad posibl Ewrop ar lywodraethiant, gan gyfeirio
yn benodol at siarter Ewrop ar gyfer ieithoedd rhanbarthol neu
leiafrifol (Council of Europe (CE), 1992, 5, Erthygl 7, 1, i), sef sefydlu
corf neu gyrff yn gyfrifol am fonitro'r mesurau a gymerwyd a'r cynnydd
a wnaed i ddatblygu ieithoedd rhanbarthol neu leiafrifol, ac am lunio
adroddiadau rheolaidd ynghylch eu casgliadau.

Er i Lywodraeth Prydain arwyddo'r siarter yn 2000 (2 Mawrth)
a'i gadarnhau flwyddyn yn ddiweddarach (27 Mawrth 2001), barn
y pwyllgor arbenigwyr oedd: 'this undertaking is not being fulfilled'
(CE, 2004, par. 134). Cydnabyddir sgîl-effeithiau datganoli ar lywod-
raethiant Cymru ac ar gyfrifoldeb Llywodraeth Prydain i sicrhau bod
pob cymal wedi'i weithredu (CE, 2004, par. 13).

Ceir enghraifft o'r cydadwaith rhwng llywodraethau macro Ewrop,
meso Prydain a micro Cymru ym mharagraff 34 o'r adroddiad dan
sylw:

> The devolution of responsibilities has the advantage of ensuring that
> the policies and measures for implementing the Charter are adopted
> close to the speakers of the relevant language. A difficulty that some-
> times arises in states that have a strong tradition of local self government,
> in federal states, or where there is an allocation of powers to devolved
> administrations, is that the central state may not feel responsible for
> implementation of certain international commitments that it has under-
> taken, which expressly point to the level of government responsible.
> While fully recognising the value of such structures, the Committee
> of Experts nevertheless underlines that the United Kingdom remains
> responsible under international law for the implementation of treaties it
> has ratified.

Argymhelliad Pwyllgor Gweinidogion Cyngor Ewrop (Recommenda-tion of the Committee of Ministers on the application of the European Charter for Regional or Minority Languages by the United Kingdom), a gytunwyd ganddynt ar 24 Mawrth 2004 (CE, 2004, 70), yw y dylai awdurdodau'r Deyrnas Unedig roi blaenoriaeth (o ran Gaeleg a Chym-raeg) i sefydlu cyfundrefn (*system*) er mwyn gwireddu'r math ar arfarniad a ddisgrifiwyd uchod.

Diddorol nodi bod *corff neu gyrff* wedi newid i *system,* a bod y gwasanaeth sifil yng Nghymru wedi mynegi barn, ar lafar, mewn cyfarfod â CYDAG (5 Rhagfyr 2005), am y posibilrwydd o sefydlu comisiwn. Mae gan gorff ei gylch gorchwyl, ac mae'r cylch gorchwyl yn yr enghraifft dan sylw wedi'i led-ddiffinio gan y siarter. Mae system yn fwy anelwig, tra bo comisiwn yn medru argymell beth bynnag a fynno. Medrai sefydlu comisiwn arwain at gorff; ar y llaw arall, medrai fod yn enghraifft glasurol o dacteg Ffabïaidd: oedi a llusgo traed, heb ddangos arweiniad clir. Yn ôl gwas sifil uchel ei statws yn y cyfarfod uchod nid oedd (yn 2005) gweledigaeth strategol yn ganolog gan Lywodraeth Cymru, ac 'roedd angen creu'r fath strategaeth, nid drwy gorff, ond drwy gomisiwn. Nid oes cofnodion swyddogol o'r cyfarfod ar gael.

Defnyddir egwyddor sefydlu corff yn enghraifft o anawsterau llywodraethiant cynhwysol Cymreig: diffyg gweledigaeth ganolog a hirdymor; diffyg cyhoeddusrwydd ynghylch polisïau sydd eisoes yn bodoli; yr angen i ddatblygu dealltwriaeth o bolisïau, boed ar lefel facro, feso neu ficro; meintioli cymharol fychan y gwasanaeth sifil yng Nghymru a wyneba'r sialens o gadw cydbwysedd rhwng cyngor rhag-weithiol, tasgau pragmataidd beunyddiol a delio yn adweithiol ag anawsterau, rhai ohonynt yn deillio o'r cam cyntaf yn y cylch datblygu hwn, sef diffyg blaengynllunio yn rhagweithiol. Nid yw'r cyd-drafod rhwng gwahanol bartneriaid yng Nghymru wedi aeddfedu ar lefel strategol, fel yr amlygwyd mewn cynhadledd a drefnwyd gan BIG i drafod y siarter (29 Mehefin 2007): er y blerwch cynllunio o ran sefydlu rhagor o ysgolion Cymraeg, weithiau oherwydd diffyg cydlynu ar draws AALlau, gwrthodwyd i banel o arbenigwyr ateb cwestiwn o'r llawr ar y mater hwn, a dywedyd nad oedd angen y fath gorff, gan nad oedd corff yn bodoli i oruchwylio darpariaeth Saesneg yng Nghymru. Dadleuir bod yn rhaid gwella gwybodaeth yr holl bartneriaid, miniogi meddyliau a datblygu ymddiriedaeth rhyngddynt mewn trafodaeth agored.

Tystiolaeth yw'r adran hon o bŵer potensial corff megis CYDAG i ddylanwadu ar ddatblygiad addysg Gymraeg, ac mae'n rhan o'r darlun deinamig, esblygol. Bellach mae gobaith y bydd y strategaeth addysg cyfrwng Cymraeg yn llenwi'r bwlch strategol wrth gynllunio rhwydwaith o ysgolion Cymraeg.

Mae'r cyfarfod a ddisgrifiwyd dau baragraff yn ôl yn enghraifft o agwedd bwysig ar lywodraethiant yng Nghymru, sef argaeledd Gweinidogion a gweision sifil yn y proses democrataidd o gyd-drafod, nad yw, wrth gwrs, yn gyfystyr â newid barn y Llywodraeth; ond erys y trafod yn rhan waelodol o lywodraeth agored. Yn ôl adroddiad yr arbenigwyr (CE, 2004, par. 39) mae ym Mhrydain 'a strong participation . . . through non-governmental organisations in the promotion and maintenance of . . . minority languages'. Enghreifftir hynny yn sylwadau CYDAG i'r ddirprwyaeth o Bwyllgor yr Arbenigwyr (Thomas, 2005a, 4):

- The Minister for Education and Lifelong Learning has been the keynote speaker at numerous CYDAG Annual Conferences.
- The Minister with Responsibility for Welsh [and other matters] will be the chief guest at CYDAG's Secondary Schools Annual Conference in June 2006.
- We have constant, and fruitful dialogue with ELWa, and meet the Chair of that quango twice a year.
- The WJEC discusses matters of policy and practice and tries its best to meet the demands of its customers, if I may use a right-wing term. However, it may be constrained by the policy makers at ACCAC, with whom we appear to be driven into a state of conflict from time to time.

Gwelir bod y ddau gorff cenedlaethol, CBAC ac ACCAC, yn enghreifftiau amlwg o ddiffiniad Giddens o bŵer, sef y naill gorff yn penderfynu rhoi ei adnoddau i hybu addysg Gymraeg, a'r llall yn ymddangos, ar brydiau, yn gyndyn o wneud hynny.

Ni hwylusodd ACCAC bob amser ddatblygu asesu allanol drwy gyfrwng y Gymraeg mewn meysydd newydd, ac mae hynny yn enghraifft o un rhan o lywodraeth yn llesteirio gweithredu polisi iaith y Llywodraeth, gan fod 'Iaith Pawb' yn gosod targedau i gynyddu nifer y siaradwyr ac, yn arbennig, i gyrraedd targed o 7 y cant o fyfyrwyr addysg uwch yn dilyn o leiaf ran o'u cwrs gradd drwy gyfrwng y Gymraeg erbyn 2011.

Yn ôl dadl CYDAG, 'roedd hefyd yn enghraifft o anffafriaeth ar sail iaith, gan fod ACCAC a'r gwasanaeth sifil yn barod i ddarparu asesu allanol yn Gymraeg, dim ond ar yr amod bod niferoedd digonol o ymgeiswyr ar gael, cysyniad sy'n codi cwestiwn cydraddoldeb a hawliau dynol. Dyma rym y farchnad yn tra-lywodraethu ar weledigaeth llywodraeth ac ar ddyheadau'r bobl, neu'r cwsmeriaid. Yn ôl adroddiad CYDAG (Thomas, 2005a, 5), 'Here is a good example of macro policy decision with its implementation being thwarted by another branch of macro government.'

Wrth gyfeirio at ddiddymu cwangoau Cymru, tystiolaeth CYDAG (Thomas, 2005a, 5) oedd:

> Governance in Wales with its impending assimilation of ACCAC, ELWa and the Welsh Language Board, while not denying rights of access to central government, nevertheless has shades of judge, jury and even law-making, all in the hands of centralist government. CYDAG expresses serious concerns with the possible misuse of power, and sees a body as an external, objective participator in, hopefully, consensus governance. We are concerned that macro governance could become a monolithic, self-congratulatory institution with a perceived monopoly of the truth. That is dangerous.

Dyfynnir o dystiolaeth CYDAG nifer o bwyntiau eraill sy'n ganolog i lywodraethiant Cymru ac i ddyfodol yr iaith Gymraeg:

> Another danger that could lead to conflict government is the tension caused by paradoxes between macro policy and meso implementation of those policies. I am equating meso government with LEAs; we have 22 such Unitary Authorities in a small country with a population of some 3 million. Let me exemplify that tension. Macro government sets targets for increasing the number of Welsh speakers, and it acknowledges that Welsh-medium education, particularly immersion schools, is the most effective way of producing those speakers. However, macro government tells meso government that it is not to create a demand for Welsh-medium schools, only to respond to the demand. We believe that such a policy is in direct conflict with the spirit of the language policy as expressed in *Iaith Pawb*.

> Here is another instance of the need for a central body to promote joined-up thinking.

However, we ought to mention a recent macro guideline (CE, 2005a, 22), which states that LEAs will in the near future have to show strong evidence that they have measured parents' wishes in which language they would like to have their children educated. We understand that data on recent births will be made available in order to facilitate such market research. We applaud central government's initiative, and are ready to co-operate fully in their planning strategies. At the same time, publicity for this initiative is thin on the ground, and we cannot be blamed for thinking that this is an instance of government running with the hares and the hounds: supporting the language, without alienating non-supporters. We realise that policy makers are avoiding conflict by taking a neutral stance, but a more positive attitude needs to be developed, particularly with the marketing of Welsh-medium education.

Iaith Pawb seems to avoid referring to the . . . Ysgolion Cymraeg; instead, the report appears to deconstruct the schools as it were, and subsume them under the abstract term Welsh-medium education. There appears to be little promotion of the Ysgolion Cymraeg as a successful model.

Mewn ymdriniaeth ddiriaethol sydd yn ymwneud â chysyniadau megis modelau a strwythurau, hawdd iawn anwybyddu un o'r elfennau pwysicaf a arweinia at lwyddiant neu fethiant, sef natur a phriodwedd-au'r bobl sy'n creu, mireinio a gweithredu amcanion y modelau a'r strwythurau. Erbyn heddiw bron na ddaeth yn ofynnol cael polisi ysgrifenedig fel cam yn y proses o gael y maen i'r wal; nid felly y bu yn y gorffennol, o anghenraid. Gan hynny mae'n briodol ystyried dylanwad polisïau ar dwf yr ysgolion Cymraeg.

Polisïau
Ar lefel facro, cytunir â Rees (2004, 36) bod yna 'gyfundrefn Bryd-einig' gref yn dal i fodoli ym maes llunio polisïau ers sefydlu'r Cynulliad Cenedlaethol. Gwelwyd potensial llywodraethiant Cymru i dorri cwys genedlaethol, megis y cyfnod sylfaen neu ddiddymu tablau cynghrair. Ond er yr honiadau bod polisïau addysg Cymru yn cael eu llunio ar gyfer anghenion Cymru, ac er hefyd y gellir profi'r honiadau drwy nodi enghreifftiau, eto i gyd mae cwestiwn cydgyfeiredd neu ddargyfeiredd ym maes polisi addysgol, yn ôl Rees (2004, 36), yn un cymhleth iawn. Credir bod datblygiadau 14–19 yn enghraifft dda o ddibynnu i raddau sylweddol ar syniadaeth o Loegr heb feddwl yn greiddiol am anghenion unigryw Cymru, megis yr iaith Gymraeg neu

boblogaeth gymharol denau cefn gwlad. Mae arholi allanol yn faes lle gwelir enghreifftiau i brofi honiad arall gan Rees, pan ddywed: '[T]o the extent that "policy learning" between the territories of the UK develops as a major element in policy-making, then this is likely to reinforce tendencies towards policy convergence.'

Ar lefel feso, a simplistig, gan fod addysg yn un o'r meysydd datganoledig, ni fyddai polisi addysg y DU yn ymwneud ag ysgolion Cymru nac â'r ysgolion Cymraeg. Ar hyn o bryd, yn hanes cymharol gynnar hunanreolaeth ym maes addysg, mae siâp y cwricwlwm, statws asesu (i raddau), fframwaith bras arolygu ysgolion, cyfundrefn cyllido ysgolion i raddau helaeth, cyflogau ac amodau gwaith athrawon, ynghyd â llawer o agweddau sylfaenol ar addysg bellach ac uwch, i gyd o dan ddylanwad polisïau macro Prydeinig. Chwarter canrif a mwy yn ôl, 'roedd y frwydr yn anos; yn ôl John Brace (1982, 68):

> Strangely enough, Mrs. Nancy Trenaman in her review of the Schools Council, saw little or no difference between the schools of Wales and those of England. It would appear that she saw Wales as an extension of England and only recommended a stay of execution for the Schools Council Committee for Wales because of that eccentricity that refuses to go away, the Welsh language.

Mae gan Gymru'r cwricwlwm Cymreig a'r iaith Gymraeg, sef y prif wahaniaethau – gwahaniaethau yng nghynnwys y cwricwlwm, a gwahaniaethau sy'n codi o'r hunaniaeth genedlaethol. 'Mae Gofynion Cyffredin y cwricwlwm ysgol yng Nghymru yn nodi, "Dylid rhoi cyfleoedd i'r disgyblion, lle y bo hynny'n briodol, i ddatblygu a chymhwyso gwybodaeth a dealltwriaeth o nodweddion diwylliannol, economaidd, amgylcheddol, hanesyddol ac ieithyddol Cymru".' (ACCAC, 2003, 3).

Gwneir sawl sylw cadarnhaol yn *Y Cwricwlwm Cymreig* (Estyn, 2005ch); er enghraifft:

> Mae llawer o'r athrawon mwy profiadol wedi dod yn fwy ymwybodol o broffil cenedlaethol cryfach yng Nghymru mewn gwleidyddiaeth, y cyfryngau, y celfyddydau, chwaraeon, materion iaith, a bywyd dinesig yn gyffredinol, yn ystod y 25 mlynedd diwethaf. [2005ch, 4]

> Dylai Llywodraeth y Cynulliad ystyried . . . gofyn i'r trefniadau sefydlu gynnwys ffocws ar Y Cwricwlwm Cymreig ar gyfer athrawon y mae gweithio yng Nghymru yn rhywbeth newydd iddynt. [2005ch, 5]

Dylai ysgolion . . . sicrhau bod rhieni sy'n newydd i Gymru yn ym-
wybodol o nodweddion nodedig y cwricwlwm yng Nghymru . . . [ac]
ystyried darparu dosbarthiadau yn Gymraeg ac yn Y Cwricwlwm
Cymreig i rieni. [2005ch, 6]

Gwnaed 13 o argymhellion ddiwedd yr adroddiad, sydd yn anelu, nid
yn unig at godi safon dysgu ac addysgu, ond hefyd at ddyfnhau ym-
wybyddiaeth o hunaniaeth y genedl. Adlewyrcha'r adroddiad ddylanwad
yr arolygiaeth ar y Gymraeg a'r hunaniaeth, ac mae'n enghraifft dda o
unigolion mewn sefydliad ac o'r sefydliad fel corff yn gweithredu
disgresiwn er hybu hunaniaeth.

Er mwyn gweithredu, mae'n ddisgwyliedig bellach fod yn rhaid cael
polisi. Ar lefel genedlaethol, er enghraifft, dywedodd Jenny Randerson
ar ran y Democratiaid Rhyddfrydol (cyfweliad 18 Awst 2006) fod gan ei
phlaid bolisi sylweddol ar yr iaith Gymraeg ac ymrwymiad i Gymru
ddwyieithog. Mae polisi'r Democratiaid Rhyddfrydol wedi'i hen
sefydlu, meddai, er hwyluso sefydlu ysgolion Cymraeg: 'In practice, it
is like water building up behind a dam, which eventually breaks, and
the Local Authority has to establish a new Welsh-medium school. Local
Authorities have an obligation to plan, but they are not proactive
enough about it.' Cred rhai y byddai cael polisi yn gwneud pethau'n
haws (cyfweliad â Geraint a Carys Evans, 22 Mehefin 2006), a byddai
cynllunwyr iaith yn gofyn pa mor gynaliadwy yw ffenomen a thwf *ad
hoc* a chynyddrannol heb bolisi na chynllunio manwl. Mae eraill o'r
farn nad yw polisi mor bwysig â hynny (cyfweliad â Keith Price
Davies, 21 Mehefin 2006). Yn ôl un pennaeth ysgol (cyfweliad ag
Alun Davies, 21 Awst 2006), nid yw rhieni yn ymwybodol o strategaeth
na pholisi, dim ond beth sydd yn dylanwadu ar eu plentyn nhw.

Awgryma'r ddau sylw olaf mai pragmatiaeth, arfer da a chyd-
adwaith cynhyrchiol rhwng pobl â'i gilydd yw'r allwedd i lwyddiant y
sector hyd yn hyn. Medr polisi gyfrannu at hybu twf yr ysgolion
Cymraeg, ond gall 'polisi fod yn esgus am beidio â gweithredu. Y
dyn sydd yn bwysig yn y pendraw' (cyfweliad â Keith Price Davies,
21 Mehefin 2006). Datblygir hyn yn nes ymlaen yn y bennod o dan y
pennawd 'Disgresiwn yr unigolyn'.

CYNYDDU NIFER YR YSGOLION CYMRAEG – CYFRIFOLDEB PWY?

Ar lefel feso, sef y cynghorau sir, beth a fu'n nodweddiadol o'u polisïau
ym maes addysg Gymraeg? Nid ymdrinnir yma â chynlluniau addysg

Gymraeg a ystyrir yn is-gymalau fel petai i bolisïau. Yn ôl tystiolaeth o'r cyfweliadau, go brin y bu unrhyw bolisi ysgrifenedig gan yr AALlau i hybu twf yr ysgolion Cymraeg, nac i flaengynllunio yn strategol. Yn ôl prif weithredwr BIG (10 Gorffennaf 2006), yn 1996 'roedd chwech o'r wyth awdurdod addysg yng Nghymru 'yn dilyn rhyw fath ar bolisi addysg Gymraeg'. Ymateb Lilian Jones i'r cwestiwn 'Pwy fyddai'n blaengynllunio yn strategol yng Ngwent?' oedd, 'Y'chi'n jocan!' (2 Awst 2006). Dadleuai prif swyddog ysgolion Caerdydd, Hugh Knight (12 Gorffennaf 2006) fod polisi gan y ddinas, yn yr ystyr bod y cynllun addysg Gymraeg am weld ysgol Gymraeg ym mhob rhan o'r ddinas.

Ymateb i'r galw gan rieni am ysgolion Cymraeg oedd 'polisi' cynghorau'r de-ddwyrain yn hanesyddol, ac fe dystiolaethir i hynny yn gyson yn y cyfweliadau. Yn wir, o ystyried diffyg polisïau yn y gorffennol i hybu twf yr ysgolion Cymraeg, cyfyd y cwestiwn i ba raddau y mae polisi yn bwysig. Mewn ffordd, mae gweithredu pan nad oes polisi ar gyfer y gweithredu yn fath ar bolisi *de facto*.[12]

Yn H4–6 gofynnwyd i rieni ac athrawon a ddylai cynghorau sir fod yn ddiduedd ac ymwrthod ag unrhyw bolisi i hybu ysgolion Cymraeg. Credai tri o bob pedwar ymatebydd y dylai cynghorau sir gael polisi o blaid hybu twf yr ysgolion Cymraeg. Nid yw'r fath ymateb gan bobl sy'n cefnogi'r ysgolion Cymraeg yn annisgwyl, ond mynegodd lleiafrif arwyddocaol, un o bob pump, na ddylai'r cyngor ddangos tuedd na mabwysiadu polisi i hybu twf yr ysgolion Cymraeg.

Yn nes ymlaen yn yr holiadur, gwnaed gosodiad a anelai at fesur agwedd debyg. Mae geiriad cwestiynau neu osodiadau mewn holiadur yn medru sgiwio ymateb, ond bwriadau G57, sef y dylai'r cynghorau sir greu'r galw am ragor o ysgolion Cymraeg, oedd mesur barn yr ymatebwyr ac yna gymharu'u hymateb â'u hymateb i G44. Cytunodd tri o bob pedwar â neges y gosodiad, gan briodoli cryn gyfrifoldeb ar y cynghorau sir am greu'r galw am ragor o ysgolion Cymraeg. Pan ofynnwyd i'r un gynulleidfa a ddylai Llywodraeth y Cynulliad osod targedau i bob AALl i gynyddu canran y plant a addysgir mewn ysgolion Cymraeg, credai hyd yn oed fwy, sef pedwar o bob pump, y dylai fod gwthio canolog.

Cyfrifoldeb cyrff megis llywodraethwyr ysgol, Llywodraeth y Cynulliad, BIG neu MYM yw ymgyrchu dros ysgolion Cymraeg. Dyna oedd barn bron pedwar o bob pum ymatebydd (78.5 y cant). Yn

---

[12] Datblygir y cysyniad hwn gan Heath (1976).

hanesyddol, rhieni fu'n ymgyrchu, ond dywedodd nifer o'r cyfweledigion nad oedd yr un tân yn y bol bellach. Cadarnha'r data ystadegol uchod farn unigolion bod llai o frwdfrydedd ymhlith rhieni nag a fu. Hwyrach bod rhieni yn cymryd addysg Gymraeg yn fwy caniataol nag yn y gorffennol, gan adael yr ymgyrchu i eraill, yn arbennig i RHAG. Ond ni chredai mwyafrif yr ymatebwyr mai mudiadau gwirfoddol, megis RHAG, ddylai arwain unrhyw ymgyrchu dros sefydlu rhagor o ysgolion Cymraeg.

Hwyrach mai colli'r awydd i frwydro yw'r pris a delir am rywfaint o normaleiddio'r Gymraeg ac ysgolion Cymraeg. Byddai rhai sylwebyddion yn honni mai difaterwch rhieni a welir yn y data. Er enghraifft, G43 oedd 'Nid yw'n iawn disgwyl i rieni a mudiadau gwirfoddol orfod brwydro dros sefydlu rhagor o ysgolion Cymraeg.' Cytunai 77.6 y cant o'r ymatebwyr â'r gosodiad. Tra bo hyn yn groes i batrwm y gorffennol, gellid dadlau bod yr agwedd yn agwedd iachus, sef bod addysg Gymraeg wedi ennill ei lle, ac na ddylai fod unrhyw frwydro drosti. Ond nid yw'r carfanau o ymatebwyr yn gytûn ynghylch brwydro: 17 y cant o rieni, 23.5 y cant o athrawon uwchradd a 35.5 y cant o athrawon cynradd sydd o'r farn ei bod yn iawn disgwyl i rieni frwydro dros yr 'achos'. Gall fod sawl esboniad am y gwahaniaeth barn, ac mae hyn yn haeddu ymchwil pellach mewn prosiect yn ymwneud ag ymagweddiad rhieni ac athrawon. Yn ôl rhai, megis Dylan Phillips (yn siarad ag Abley, 2005, 264), hwyrach mai'r seice Cymreig sy'n gyfrifol am yr ymateb oriog: 'When Welsh speakers have their backs against the wall, they tend to be quite militant. Otherwise the vast majority are apathetic . . . The Welsh come out of their shells only when they have to, and maybe when it's too late.'

DYLANWAD HANESYDDOL MUDIADAU GWIRFODDOL

Croniclwyd hanes ymgyrchu'r rhieni yn y gyfrol *Gorau Arf* (I. W. Williams, 2000), ac nid oes fwriad i ailadrodd y saga, fwy na chyfeirio at rai themâu a nodweddai lythyron yn y 1970au a'r 1980au rhwng cyrff gwirfoddol â chadeirydd pwyllgor addysg Caerdydd, y Cynghorwr Emyr Currie-Jones, a roddodd gopïau imi o'r ohebiaeth.

Yn gyntaf, atgyfnerthwyd gweledigaeth RHAG, MYM, UCAC a Merched y Wawr gan eu hymchwil trylwyr i amcanestyniadau niferoedd disgyblion ac ystadegau priodol a ffocysedig amdanynt. Yn ail, cyflwynwyd dadleuon craff, gan ddyfynnu cyfraith berthnasol a thrafod egwyddorion megis cynhwysiant a chynrychiolaeth deg o farn rhieni. Yn drydydd, amlygwyd cysondeb yn y negeseuon oddi wrth bob grŵp gwasgu. Yn bedwerydd, teimlir cadernid a phenderfyniad y bobl y tu ôl i'w geiriau. Yn bumed, caed casgliad o unigolion a wyddai, yn ôl Michael Jones (20 Mehefin 2006) 'fod angen cudd, a byddent yn mynd ati i brofi'r angen'. Ni chyfeiriwyd yn y cyfweliadau at lwyddiannau o ran sefydlu nac ehangu ysgolion Cymraeg o ganlyniad i strategaeth na thactegau Cymdeithas yr Iaith. Yn ôl Derek Rees (1 Gorffennaf 2006), 'It was not the sort of movement that politicians warm to.'

Dyfynnir o un ffynhonnell a ymgorffora'r holl themâu, llythyr Elaine Pye (1989) at AALl De Morgannwg:

> As Development Officer for M.Y.M. in Cardiff I am experiencing great difficulty in establishing enough new playgroups to offer places to the increasing number of children whose parents have chosen to give them the advantages of a bi-lingual education.
>
> My concern is that these parents, having chosen a Welsh medium playgroup, then experience 2 years of worry as to where their children will be offered a reception class place.
>
> In September 1985, 134 children entered the reception classes of the four Welsh medium Primary schools. This September, four years later, the expected number is 235: an increase of 75%.
>
> In the same period, the number of places offered in the schools has risen from 120 (four reception classes of 30 children) to 185: an increase of only 54%.
>
> To accommodate the expected 235 pupils this September, 50 extra places will be required.
>
> Parents fear there will be, once again, a last minute, 'best we can do in the short time available' solution. They do not believe that the Authority has a clear policy concerning the growth of Welsh medium education.
> As you will see from the enclosed forecasts for September 1990, the growth is continuing. On behalf of all the parents who are seeking places for their children in the near future, may I ask you to give serious consideration to the need to establish two new Welsh medium Primary schools, one between Bro Eirwg and Y Wern, and the other between Coed y Gôf [*sic*] and Radnor.

Sefydlwyd dosbarth cychwynnol Ysgol Pencae yn 1990, ac agor yr ysgol yn 1991. Ailadroddwyd y patrwm hwn pan sefydlwyd dosbarth cychwynnol Mynydd Bychan ar safle Ysgol Howardian yn 1993 ac agor yr ysgol yn 1994.

Mae'r cryfderau a nodwyd uchod yn parhau hyd heddiw, fel y mae'r pwyso gan rieni am ddarpariaeth ddigonol. Ymddengys mai RHAG yw'r corff pwyso grymusaf ar hyn o bryd yn y de-ddwyrain. Yng ngeiriau Michael Jones, ysgrifennydd cyffredinol egnïol RHAG y de-ddwyrain (20 Mehefin 2006): 'Fel y dywedodd Charles Wesley, *It's a society that exists for others*. Mae RHAG yn rhywbeth tebyg. Mae'n fwyaf prysur pan fo argyfwng . . . Mae'n anobeithiol i gael pobl i ddod i bwyllgorau pan fo pethau yn dawel . . . Ma'n nhw am weld twf yn parhau a RHAG i wneud rhywbeth drostynt . . . Ry'n ni'n treio recriwtio pobl ifancach, ac wedi llwyddo yng Nghaerdydd.'

Dengys erthygl Michael Jones yn *Y Dinesydd* (2007) fanylder ffeithiau, aeddfedrwydd gwleidyddol, strategaeth bragmataidd, a realaeth ymgyrchu pellach, llywodraethiant cynhwysol ar ei orau, lefelau micro a meso yn cydweithio er lles addysg Gymraeg. Erthygl yw hi am benderfyniad cyngor Caerdydd i sefydlu pedwar dosbarth cychwynnol, sail i bedair ysgol newydd. Arwydd o ddiffyg cynllunio rhagweithiol blaenorol yw'r cynllun hwn, er y croesewir pen draw'r penderfyniad, sef agor pedair ysgol Gymraeg ychwanegol. Mae cryn weithgarwch hefyd yn ardal Caerffili, lle mae niferoedd y disgyblion yn tyfu, fel y disgrifwyd yn afieithus gan Ben Jones mewn cyfweliad â mi. Dathlu agor Ysgol Gyfun Gymraeg Llangynwyd oedd ar dudalen flaen papur Bro Ogwr Hydref 2008, ond â nifer o negeseuon, 'O'r diwedd! Ysgol Gyfun Gymraeg i sir Pen-y-bont ar Ogwr. Llongyfarchwn Bwyllgor RhAG am ddyfalbarhau dros un mlynedd ar bymtheg nes gwireddu eu gweledigaeth o gael Ysgol Gyfun Gymraeg i'r ardal.' Canlyniad ymgyrchu dygn gan RHAG oedd sefydlu Ysgol Ifor Hael yng Nghasnewydd, hefyd yn 2008.

Wrth drafod cynllun anelwig Rhondda Cynon Taf ar gyfer darpariaeth Gymraeg yng nghanol Cwm Cynon, collfarnodd Michael Jones yr AALl yn llym am beidio â gwneud yr ymchwil mwyaf elfennol, a gyferbynnodd â manylder ymchwil RHAG. Ymfalchïai Michael Jones fod RHAG wedi dylanwadu ar bolisi cyfredol y Llywodraeth sy'n galw ar awdurdodau i fesur y galw am le mewn ysgol Gymraeg. Er nad oes gan Gymru gorff swyddogol i gymryd gorolwg ar ddarpariaeth Gymraeg, mae ganddi gorff gwirfoddol sydd â'i fys ar y pỳls gwleidyddol ar lefel leol. Pan fo cydweithio goleuedig rhwng RHAG ac awdurdod, daw cynnydd.

Un o beryglon rhesymoli cynllunio ieithyddol drwy wleidyddiaeth yw sefydliadoli'r gweithgarwch. Er enghraifft, yng Ngwlad y Basg, unwaith y sefydlwyd HABE yn 1981, caed llai o ymwybyddiaeth ieithyddol a llai o ymrwymiad i'r iaith. Yn ôl Montaña, (1996, 235): 'although part of the individual responsibility had remained in the personal sphere or was lost (absence of commitment), a great part was assumed by public institutions'. Credir bod peryglon tebyg i'w canfod yn y data ynghylch agwedd rhieni tuag at ymgyrchu. Y neges glir oddi wrthynt yw mai Llywodraeth, ar lefelau lleol a chenedlaethol, ddylai gymryd y cyfrifoldeb am ledaenu'r sector Cymraeg, nid y rhieni eu hunain.

Ceisiodd y gwaith maes yn fy ymchwil fesur y cydbwysedd rhwng grym polisi a grym pobl, neu bwysigrwydd cymharol strwythur ac actorion. Er enghraifft, gofynnwyd am farn ymatebwyr i'r gosodiad: 'Mae dogfennau megis "Iaith Pawb" yn iawn hyd at ryw bwynt; grym rhieni yw'r dylanwad mawr ar gynyddu nifer yr ysgolion Cymraeg.' Dengys y data fod dau o bob tri ymatebydd yn cytuno â'r gosodiad hwn, sydd yn ymgorffori ymdeimlad o bŵer ac o berthyn i gymdeithas eang rhieni'r ysgolion Cymraeg.

Yn gryno, felly, er y cred rhieni fod ganddynt bŵer, nid ydynt mor awyddus â hynny i ymgyrchu. Eu pŵer yw dewis ysgol Gymraeg, a thrwy'u dewis orfodi'r AALlau i ddarparu addysg Gymraeg. Mae rhieni yn ymgyrchu, ond ymateb i argyfwng yw eu tuedd, yn hytrach nag ymgyrchu yn strategol ar gyfer yr hir dymor. Arweinia'r sylw hwn at ystyriaeth o ymrwymiad corff y rhieni i weithgareddau eu cymdeithasau yn yr ysgolion.

Cymdeithasau rhieni ac athrawon
Mae cymdeithasau rhieni ac athrawon yn dal i godi symiau anrhydeddus tuag at gronfeydd yr ysgolion Cymraeg ond, ar sail fy mhrofiad personol, lleiafrif bychan a gefnogai pob gweithgaredd. Dim ond i'r nosweithiau agored i drafod cynnydd eu plant y byddai'r rhelyw yn dod i'r ysgol, er bod hynny yn dda o beth, wrth gwrs. Profiad personol hefyd a berodd imi gynnwys G72 yn yr holiaduron: 'Mae cefnogaeth mwyafrif y rhieni i weithgareddau'r gymdeithas rhieni [neu gymdeithas rhieni ac athrawon] yn siomedig.' Mae dros ddau o bob tri rhiant (68.7 y cant) yn cytuno. Ar sail eu profiad, gan eu bod yn mynychu llawer o'r

gweithgareddau, cytunai pedwar o bob pum athro cynradd (82.2 y cant) a bron naw o bob 10 athro uwchradd (88.2 y cant).

O ddarllen cofiannau megis *Heyrn yn y Tân* Gwilym Humphreys (2000, 75–6), pur wahanol oedd brwdfrydedd a chefnogaeth yr arloeswyr: 'rhiant pob disgybl bron yn dod i'r cyfarfod cyntaf a alwyd [o'r gymdeithas rhieni] . . . [ac] 'roedd y gymdeithas yn fyrlymus a'r cyfarfod yn llawn syniadau am weithgareddau a datblygiadau ac ymgyrchoedd cyhoeddusrwydd a chodi arian'. Y gwahaniaeth erbyn heddiw yw nid ym mrwdfrydedd a gweiddioldeb y dyrnaid o gefnogwyr, yn arbennig y rheini a fynycha bwyllgorau'r cymdeithasau yn rheolaidd, ond yn absenoldeb yr ymdeimlad o berthyn i'r cymdeithasau a'r diffyg ymdeimlad o gyfrifoldeb torfol i'r achos, fel petai. Aeth cymdeithas yn gyffredinol yn fwy hunanol, a chyfrifoldeb rhywun arall yn aml yw gweithredu er mwyn ei gwella hi.

Un agwedd ar newid cymdeithas er gwell yw creu Cymru ddwyieithog. Ystyrir nesaf ymwneud y gymdeithas ddinesig â pholisi iaith Llywodraeth Cynulliad Cymru, mater y mae'n rhesymol disgwyl i rieni'r ysgolion Cymraeg a charedigion yr iaith fod â chryn ddiddordeb ynddo.

'IAITH PAWB' (2003)

O ran Llywodraeth y Cynulliad, 'Iaith Pawb' yw'r ddogfen bolisi seminal er hyrwyddo'r Gymraeg a chynyddu'r nifer o siaradwyr. Eto i gyd, 'roedd amryw o'r cyfweledigion heb ddarllen y ddogfen; cynhwysai'r rhain nifer o garedigion yr iaith ac ymgyrchwyr dros ysgolion Cymraeg. O bob mater y ceisiwyd mesur barn rhieni ac athrawon amdano, G49, 'Mae "Iaith Pawb", sef dogfen bolisi Llywodraeth y Cynulliad ar gynyddu'r nifer siaradwyr Cymraeg, yn hanfodol yn y broses o ledaenu rhwydwaith o ysgolion Cymraeg,' gafodd y sgôr uchaf yn y categori 'diffyg gwybodaeth', sef 22.1 y cant.[13]

Gellid dadlau nad yw 'Iaith Pawb' yn hanfodol er mwyn cynyddu nifer yr ysgolion Cymraeg; ond nid hynny oedd bwriad cynnwys y gosodiad. Yr amcan oedd canfod lefel ymwybyddiaeth ymatebwyr o bolisi Llywodraeth ganol a ddefnyddir gan lawer o ymgyrchwyr wrth lunio strategaeth a pholisi. Gwelwyd patrwm o ddiffyg gwybodaeth ynghylch polisïau ar draws y gwahanol garfanau o ymatebwyr. Er enghraifft, o ystyried y cyhoeddusrwydd sylweddol a roddir i gyfle

---

[13] Yn fanwl, 'doedd dim digon o wybodaeth gan 23.8 y cant o'r rhieni i fedru mynegi barn, 21.6 y cant o'r athrawon cynradd a 15.5 y cant o'r athrawon uwchradd.

cyfartal a'r cwyno hanesyddol ynghylch cyflwr gwael adeiladau ysgolion Cymraeg, diddorol bod 28.5 y cant o rieni heb wybodaeth ddigonol i fynegi barn am G60, sef 'Mae'r AALl yn gweithredu polisi cyfle cyfartal wrth ddarparu addysg Gymraeg.' 'Roedd 62.4 y cant ohonynt o'r farn bod yr AALl yn gweithredu polisi cyfle cyfartal. Yn groes i hyn, credai dros hanner yr athrawon cynradd a bron pedwar o bob 10 athro uwchradd nad oedd yr AALlau yn gweithredu felly. Mae'r amrywiaeth arwyddocaol rhwng canfyddiadau rhieni ac athrawon yn dangos pa mor gymhleth yw mewnwelediad gwahanol grwpiau.

Awgryma'r diffyg gwybodaeth o'r math a ddisgrifiwyd y gall fod bwlch arwyddocaol rhwng gwybodaeth cynllunwyr polisi – boed wleidyddion, weision sifil, swyddogion neu gynllunwyr ieithyddol – a gwybodaeth y werin bobl, yr etholwyr. Yn hanesyddol, sefydlwyd ysgolion Cymraeg pan ymatebodd AALlau i'r galw amdanynt gan rieni. Yn y dyfodol, p'un ai adhociaeth neu gynllunio cydlynol fydd yn cario'r dydd, mae codi lefel gwybodaeth ac ymwybyddiaeth a deall yr holl actorion yn hanfodol mewn democratiaeth wâr.

GRYM GWYBODAETH A GRYM GODDEFOL

Diddorol crynhoi'r ystadegau ar sail ymatebion yn yr holiaduron a ddangosodd y lefelau uchaf o ddiffyg gwybodaeth ar ran rhieni ac athrawon. Nodir pob gosodiad a gafodd sgôr cyfartalog o 10.0 y cant neu uwch yn Nhabl 5.1. Mae'r wyth maes a sgoriodd uchaf yn cyn-rychioli meysydd polisïau, deddfwriaeth a rôl llywodraeth ganol. O'r pedwar maes arall, llywodraeth leol yw ffocws tri ohonynt. Onid oes gwybodaeth ddigonol gan bobl cyn iddynt wneud penderfyniad, gall eu mewnwelediad fod yn gam a'i gwneud hi'n anos dylanwadu ar gynllunio a gweithredu. Dadleuir ar sail y data hyn y byddai'n dda pe bai etholwyr yn ymwneud mwy â gwleidyddiaeth leol a chenedlaethol.

'Roedd diffyg gwybodaeth bron chwarter y rhieni ynghylch priodol-deb Deddf Iaith newydd (G66) yn uchel. Manylu ar agwedd bosibl ar ddeddf newydd a wnâi G67: 'Dylai cwmnïau preifat yng Nghymru gael eu gorfodi drwy Ddeddf Iaith i arfer y Gymraeg.' Hwyrach y disgwyl-iech ymatebion lled debyg i'r ddau osodiad, gan mai cyfrifoldebau'r sector breifat yw un o brif feysydd yr ymgyrchu dros Ddeddf Iaith newydd.

Y gwahaniaeth mwyaf arwyddocaol (Tabl 5.2) oedd rhwng barn rhieni a barn athrawon. Yn fras 'roedd tua dwywaith gymaint o athrawon o blaid Deddf Iaith newydd ag oedd o rieni. Yn ail, lleiafrif y rhieni

TABL 5.1: Y LEFELAU UCHAF O DDIFFYG GWYBODAETH

Rhif y gosodiad	*Disgrifiad byr*	*Rhieni* %	*Athrawon uwchradd* %	*Athrawon cynradd* %	*Pawb* %
49	'I. Pawb': hanfodol?	23.8	21.6	15.5	22.1
60	Cyfle cyfartal	28.5	0.0	2.2	19.3
66	Deddf Iaith arall?	23.9	9.8	4.4	18.2
50	Grym rhieni	20.6	13.7	8.9	17.5
48	Cyhoeddusrwydd	19.0	5.9	2.2	14.0
47	Cefnogaeth Llafur	18.5	2.0	4.4	13.3
68	Cyfraith Ewrop	18.5	2.0	2.2	13.0
45	Cynllun addysg	16.4	5.9	2.2	12.3
65	Tegwch/eithafwyr?	14.8	3.9	2.2	10.9
6	Addoldy Cymraeg	11.1	5.9	0.0	8.4
74	Swyddogion lleol	10.6	7.8	0.0	8.4
73	Cynghorwyr sirol	10.1	7.8	2.2	8.4

TABL 5.2: YMATEBWYR OEDD AM WELD DEDDF IAITH NEWYDD

Gosodiad	*Rhieni*	*Athrawon uwchradd*	*Athrawon cynradd*	*Pawb*
66	40.7%	78.5%	73.3%	52.6%
67	44.5%	78.5%	91.1%	57.8%

oedd o blaid Deddf Iaith newydd. Credir mai anwybodaeth rhieni a diffyg trafod goblygiadau hawliau ieithyddol yw'r esboniad am y canrannau cymharol isel. Cyferbynnant â sgôr uchel pwysigrwydd creiddiol yr iaith Gymraeg wrth i'r rheini ddewis cyfrwng addysg. Anwybodaeth ynghylch yr angen am Ddeddf Iaith newydd oedd un o'r bylchau mwyaf a gofnodwyd yng ngwybodaeth y rhieni. Medrent fod wedi dadlau dros Ddeddf newydd neu yn ei herbyn hi; nid hynny mo'r ddadl, ond nad oedd gwybodaeth ddigonol am bwerau'r Ddeddf bresennol gan leiafrif arwyddocaol o ymatebwyr, yn arbennig y rhieni.

CRYFDER BARN A THEIMLADAU
Ceisiwyd mesur cryfder barn a theimladau'r ymatebwyr (H4–6) drwy raddfa saith pwynt, yn amredeg o 'cytuno'n gryf iawn' i 'anghytuno'n gryf iawn'. Nid yw'n rhwydd bob amser i ymatebwyr benderfynu ai

cytuno'n gryf neu yn gryf iawn y maent, a chydnabyddir bod y ffin rhwng un pwynt ar y raddfa a'r un nesaf ato yn medru bod yn denau. Eto i gyd, amlygir cryfder arbennig pan gofnodir barn eithafol, sef pwynt 1 neu 7 ar y raddfa. Dengys Tabl 5.3 y data moel.

TABL 5.3: GOSODIADAU A GAFODD Y SGÔR UCHAF AM GYTUNO NEU (*)ANGHYTUNO'N GRYF IAWN Â NHW

Rhif y gosodiad	Disgrifiad byr	Rhieni %	Athrawon uwchradd %	Athrawon cynradd %	Pawb %
1	Dim pwynt dysgu Cymraeg*	72.5	96.1	88.9	79.3
31	Mamwlad: Cymru	59.8	80.4	88.9	68.1
2	Trosglwyddo rhwng cenedlaethau	50.3	92.2	75.6	61.8
39	Addysg bellach ac uwch: iaith	47.6	76.5	86.7	58.9
33	Cymro twymgalon	43.4	70.6	80.0	54.0
63	Adeiladau	40.2	68.6	77.8	51.2
35	Pob dim yn ddwyiethog?	43.4	68.6	60.0	50.5

Y rheswm dros fesur cryfder teimladau ymatebwyr oedd y gred bod ewyllys a theimladau pobl yn allweddol mewn unrhyw ymgyrch i wrth-droi shifft ieithyddol. Yn ôl Mark Abley (2005, 4): 'A minority language always depends on popular will.' Cytunodd 86.6 y cant o'r ymatebwyr â'r gosodiad hwn. Tanlinella'r Arglwydd Roberts o Gonwy (1995, 13) 'parhad ewyllys da'r bobl' fel un o amodau cynnydd yr iaith yn y dyfodol. Mae cymdeithasegwyr ieithyddol megis Fishman wedi ysgrifennu'n helaeth am bwysigrwydd ewyllys pobl, er enghraifft:

RSL efforts . . . are unwelcome testimony to shortcomings of the mainstream and to the tremendous will of the neglected and the 'different' to lead their own lives and to find their own satisfactions, regardless of outside pronouncements that nothing can or should be done for them. [2006, 80]

RLSers are . . . 'change-agents on behalf of persistence'. [2006, 85]

Yn aml nid yw hi'n bosibl gwahanu barn oddi wrth deimladau, ac felly ni cheisir gwneud hynny yn y man hwn. Y gosodiadau yn Nhabl 5.3 gafodd y sgôr 'eithafol' uchaf o bell ffordd.

Mewn gwirionedd, prawf ar ddilysrwydd system sgorio'r holiad-uron oedd G1: ''Does dim pwynt dysgu Cymraeg, gan fod pawb yng Nghymru yn medru siarad Saesneg.' Dyna pam y'i gosodwyd ar flaen y 74 o osodiadau. Am ba reswm bynnag, cytunodd pum rhiant â'r gosodiad. Cafwyd yr ymateb disgwyliedig, o ystyried bod pob ym-atebydd yn rhan o'r sector Cymraeg. Ymddengys felly fod canran uchel iawn o'r ymatebwyr wedi deall y system sgorio.

Yr ail sylw a wneir ar y canlyniadau yw bod yr ymatebwyr yn teimlo'n gryf iawn nad yw unieithrwydd (Saesneg) yn dderbyniol – cam arwyddocaol ymlaen o safbwynt digon cyffredin yn y 1950au. Yn drydydd, mae'r teimladau cryf dros Gymru ddwyieithog yn adlewyrchu pwysigrwydd blaenllaw'r Gymraeg a dwyieithrwydd ym marn ymateb-wyr pan ofynnwyd iddynt osod eu rhesymau dros ddewis yr ysgol Gymraeg mewn trefn pwysigrwydd. Dengys hyn gysondeb wrth i'r ymatebwyr nodi eu sgôr. Yn bedwerydd, mae'r gosodiad yn ennyn yr ymateb mwyaf 'eithafol' oddi wrth y tair carfan yn ddiwahân. Yn olaf, mae cryfder barn/teimladau'r athrawon yn nodedig iawn, ac yn dangos gweledigaeth gadarn ar gyfer Cymru'r dyfodol, fel hefyd eu dealltwr-iaeth o bwysigrwydd trosglwyddo iaith rhwng cenedlaethau. Er mai hanner y rhieni sy'n cytuno'n gryf iawn â G2, 'Rwy'n gobeithio y bydd ein plant ni, pan fyddan nhw'n rhieni eu hunain, yn siarad Cymraeg â'u plant nhw,' ac er bod chwarter arall yn cytuno'n gryf, a dim ond tri rhiant yn anghytuno, eto i gyd, mae'r dadansoddiad yn y bennod ar gefndir ieithyddol yr ysgolion Cymraeg yn dangos diffyg trosglwyddo rhwng cenedlaethau. O leiaf, mae sail obeithiol yn yr ystadegau hyn i wneud rhagor o waith cenhadu ar drosglwyddo iaith o fewn y teulu. Ar draws y saith gosodiad, gwelir bod yr athrawon yn fwy brwdfrydig na'r rhieni, patrwm a amlygir drwy H4–6.

Mae hi'n arwyddocaol bod tri o'r gosodiadau yn ymwneud ag iaith, dau â Chymru fel mamwlad neu deimladau twymgalon tuag at genedlig-rwydd, a'r llall am adeiladau, 'Mae ein plant yn haeddu'r adeiladau gorau posibl.' Dengys yr ymatebion ymlyniad cryf i genedligrwydd Cymraeg. Gellir dadlau bod cryfder teimladau, yn arbennig o ran iaith a chenedligrwydd, yn elfen hanfodol ym mudiad yr ysgolion Cymraeg, a bod y data hyn yn cefnogi ymrwymiad emosiynol a diwylliannol rhieni ac ymgyrchwyr i'r sector Cymraeg. Yn ôl John Davies (2007, 671):

Yn sgîl sefydlu Cynulliad Cenedlaethol Cymru yn 1999, daeth adeiladu a chyfnerthu'r genedl yn fater o gryn drafod. Yn y drafodaeth honno hefyd yr oedd profiad yr Alban yn ystyriaeth o bwys. Dadleuwyd bod yr Albanwyr yn gweld eu cenedligrwydd mewn termau cyfreithiol a chyfansoddiadol – gwrthgyferbyniad i ddirnadaeth ddiwylliannol a chymdeithasol y Cymry.

Dangosodd yr astudiaeth gyfredol ddiffyg diddordeb y rhieni mewn materion cyfreithiol a chyfansoddiadol, tra noda 91 y cant ohonynt eu bod yn Gymry twymgalon (G33). Anghytunai ychydig dros hanner y rhieni eu bod yn Brydeinwyr twymgalon. Teimlai'r athrawon eu gwladgarwch i'r byw, gan fod 70.6 y cant o'r athrawon uwchradd a 80.0 y cant o'r athrawon cynradd yn cytuno'n gryf iawn eu bod yn Gymry twymgalon. Yn ôl rhai, ni fedrwch fod yn Gymro ac yn Bryd-einiwr; yn ôl eraill, 'does dim gwrthdaro rhwng y ddau ganfyddiad. Teimlai'r athrawon yn gryf iawn nad oeddent yn Brydeinwyr twym-galon (45.1 y cant o athrawon uwchradd a 51.1 y cant o athrawon cynradd). Y ganran gyfatebol ar gyfer rhieni oedd 19.6 y cant. Awgryma'r data ddylanwad posibl cryf athrawon ar genedligrwydd disgyblion, sef y thema a dröwyd yn thema wleidyddol yn y gorffennol, ac un a arweiniodd at gysylltu'r iaith, yr ysgol Gymraeg, a Phlaid Cymru â'i gilydd, yn gyfeiliornus.

GWYBODAETH AM EFFAITH ADEILADAU AR SAFONAU

Mantra un o lywodraethwyr Ysgol Gyfun Cwm Rhymni (un o'r cynghorwyr sir) adeg yr ymgyrchu yn y 1990au cynnar am adeiladau teilwng oedd, 'Buildings don't make a school.' Er bod gwirionedd yn y geiriau hyn, dim ond rhan o'r gwirionedd sydd ynddynt. Yn ôl adroddiad a gyhoeddwyd gan Estyn (2007a), ar y cyfan, 'roedd safonau addysgu, cyflawniad, cyrhaeddiad ac ymddygiad wedi codi ym mhob ysgol bron a arolygwyd lle 'roedd adeiladau newydd neu rai wedi'u hadnewyddu. Crynhoir hanfod sialens cymaint o ysgolion Cymraeg (a rhai Saesneg) gan y frawddeg (2007a): 'Inadequate buildings make improvements in standards of achievement more challenging.'

Un o'r argymhellion a wneir yw y dylai AALlau (2007a, 4) 'Identify the contribution that school buildings make to raise standards and school improvement, to better inform elected members, so that school buildings feature prominently in Council priorities.' Yr athrawon yw'r garfan a deimla gryfaf dros gael adeiladau o'r safon orau posibl ar gyfer eu disgyblion, a bron dwywaith gymaint o athrawon cynradd ag o rieni (77.8 y cant o'i gymharu â 40.2 y cant) yn cytuno'n gryf iawn â G63: 'Mae ein plant yn haeddu'r adeiladau gorau posibl.' Nodwyd eisoes mai mesur cryfder teimladau oedd prif fwriad y gosodiad. Enghraifft yw G64, 'Heb adeiladau da, methu bydd addysg Gymraeg', o brocio ymatebwyr i feddwl. Fe'i lleolwyd yn union ar ôl G63, gosodiad pur wahanol am adeiladau ysgol. Pe bai ymatebwyr yn ticio blychau yn ddifeddwl, nid syndod fyddai cael sgorau digon tebyg ar gyfer y pâr hwn o osodiadau. Ond nid felly y bu. 'Roedd bron tri chwarter yr ymatebwyr yn anghytuno â'r gosodiad, gan ddangos bod athrawon yr ysgolion Cymraeg wedi goresgyn degawdau o anawsterau a achoswyd gan adeiladau gwael ac anaddas. Wrth gwrs, nid oedd y gosodiad yn mesur effaith adeiladau ar safonau, dim ond yn gwneud gosodiad gweddol simplistig. Y gosodiad blaenorol oedd y prawf litmws ar gryfder teimladau o blaid ymgyrchu am adeiladau gwell. Drwy benderfyniad penaethiaid a Llywodraethwyr, ymgyrchu rhieni a chefnogaeth AALlau, codwyd safon adeiladau, yn arbennig dros yr ugain mlynedd diwethaf, ond erys sialensiau.

DYLANWAD Y CAPEL A'R EGLWYS

Saif un gosodiad o blith y 12 am iaith a diwylliant ar ei ben ei hun, sef G6: 'O ran ein plant ni yn ein teulu ni, mae'r addoldy Cymraeg lleol wedi rhoi cyfle i'n plant ni i siarad Cymraeg, neu bydd yn rhoi. [Os nad oes eglwys neu gapel Cymraeg yn eich ardal, rhowch 9 yn y golofn ar y dde.]' Maes arall y mae angen ymchwilio iddo yw dylanwad crefydd, yn arbennig Anghydffurfiaeth, gweinidogion yr efengyl, a'r Ysgol Sul ar addysg Gymraeg. Dechreuwyd sawl cylch neu ysgol feithrin neu ysgol Gymraeg mewn festri capel. Ysywaeth, dywedodd dros un o bob tri theulu (35.4 y cant) nad oedd addoldy Cymraeg yn y cyffiniau; anghytunai bron chwarter y rhieni (23.8 y cant) fod yr addoldy Cymraeg wedi rhoi cyfle i'w plant siarad Cymraeg, a 'doedd dim gwybodaeth am addoldy gan 11.1 y cant pellach.

Unwaith eto, dengys y data hwn ymateb ar sail canfyddiadau: cytunai bron dau o bob tri athro uwchradd a dros hanner yr athrawon cynradd â'r gosodiad. Ond dim ond 27.6 y cant o'r rhieni a fynegodd iddynt gytuno â'r gosodiad. Y rhieni, wrth gwrs, sydd agosaf at fywyd beunyddiol eu teuluoedd a phatrymau bwrw'r Sul.

DISGRESIWN YR UNIGOLYN

Dadansoddir nesaf brosesau gweithredol ar lefel ddynol, ac yn arbennig y disgresiwn a ddefnyddir gan unigolion er mwyn hybu gwireddu gweledigaeth. Yn ôl Fishman,

> People cannot be tricked into supporting RLS. They must be convinced to accept a definition of their 'best interest' and 'most positive future' that depends upon and derives from RLS . . . The first ones to do so will obviously be pioneers and must be particularly ready to work hard in order to attain very sparse results. All this becomes possible only when the RLS enterprise can count on the participation of maximally dedicated and ideologically oriented individuals. [2006, 92]

Mae unigolion a'u gweithredoedd, mewn cymdogaethau lleol, yn ôl Colin Williams (1990, 21) wrth ymdrin â Seisnigeiddio, yn gyfrwng i ddylanwadu ar y cyfuniad o effeithiau cyd-ddibynol, megis patrymau mudo neu newidiadau cymdeithasol-economaidd. Ystyrir yn gyntaf rôl unigolion ym Morgannwg yn hanes gwrth-droi'r shifft ieithyddol drwy'r gyfundrefn addysg.

MORGANNWG GANOL

Llwyddodd Morgannwg Ganol i agor ysgol Gymraeg uwchradd bob saith mlynedd o 1974 hyd at 1995. Ymfalchïai Keith Price Davies yn hyn (21 Mehefin 2006), a chynnig esboniad manwl amdano. Yn gyntaf, cafwyd cyfres o gyfarwyddwyr addysg goleuedig, rhai, fel John Brace, yn meddu ar weledigaeth bellgyrhaeddol, ac eraill, fel Aelwyn Jones, yn ddynion hirben. 'Roeddent i gyd yn arfer polisi cynhwysol, ac yn cydweithio â RHAG drwy gynnal cyfarfodydd tymhorol a chyfnewid data a syniadau. Byddai arolygon manwl ynghylch y galw, gwaith llafurus a dyfal, gan ymgyrchwyr megis Wyn Rees, Eric Jones, Cennard Davies a Phil Bevan, gan roi sail gadarn i'w dadleuon gafaelgar, ac ategent eu hargyhoeddiad mewn ffordd ymarferol a strategol.

Golygai aelodaeth cyfarwyddwr addysg (megis Ken Hopkins) o'r Blaid Lafur (y blaid mewn grym) a'r trafod rhwng y cyfarwyddwr a chadeirydd y pwyllgor addysg nad oedd gwrthwynebiad yn y cyngor i agor ysgol Gymraeg. Meddai Ken Hopkins (27 Mehefin 2006), 'No, there was no opposition in the Council. We never had anyone opposing in committee. It had been discussed in the Labour group . . . John Brace must have influenced Heycock a great deal. Directors influence Chair-men.' Dair wythnos wedi'r cyfweliad, ysgrifennodd Ken Hopkins ataf i danlinellu cyfraniad arweinyddion gwleidyddol yr hen Forgannwg a Morgannwg Ganol, yn arbennig gan mai yn y 1970au a'r 1980au y bu eu dylanwad yn gryf, 'when support for the language was certainly not a popular or politically helpful position for a Leader to take up'. Aeth yn ei flaen (2006b):

> There is no doubt that without their support the campaigns mounted by the Welsh Schools Parent Associations would not have got anywhere.
>
> The contrast in the degree of support for the language between Cardiff and Swansea City and Glamorgan and Mid Glamorgan County Councils is highly significant, and reflects the positive and strong influence of leading councillors like Heycock and Squire. If it were not for them we would certainly not have had Rhydfelen, Ystalyfera, Llanhari and Cwm Rhymny [*sic*], schools which have clearly played a leading role in saving the language.
>
> Nor should we forget, and it is a significant factor which would have been helpful to the Leaders, that there were several leading Labour councillors but Welsh speaking who almost daily were telling the Leaders that the council should be supporting the language. I need mention only Joe Williams of Tredegar, Philip Squire's loyal Deputy Leader, and two other senior Welsh speaking councillors, Will Llewellyn of Treherbert, Chair of Social Services, and Ted Davies of Pyle, Chair of the Establishment Committee. Because these were influential councillors, too, the Leaders would know that they could deliver the votes for them of many of their fellow councillors in their Valleys at the Labour Group annual elections as well as voting for supportive policies for the language. They were all strong and single-minded supporters of the Welsh language and its culture and their influence on the Leaders must have been significant.
>
> In view of such senior elected member support it was not difficult for a succession of Directors of Education to present supportive Welsh language policies.

Bydd pob hanesydd yn dangos ei duedd, ac nid yw Ken Hopkins yn eithriad, gan iddo beidio â sôn yn ei gyfweliad am *sit-ins* yn neuadd y sir neu mewn ysgolion. Nid yw'r *lacuna* hwn yn gwanhau arwydd-ocâd ei lythyr fel enghraifft bwysig o ddylanwad unigolion yn y blaid Lafur, caredigion yr iaith (*strong and single-minded*) ar eu plaid a'u harweinyddion lleol. Diddorol hefyd bod dau gyfeiriad at bolisïau, polisïau ymateb i'r angen a'r galw, mae'n debyg, yn hytrach na pholisïau rhagweithiol. Serch hynny, llwyddodd y 'polisïau', gan fod twf arwydd-ocaol wedi digwydd. Y deilliant sy'n cyfrif yn y pen draw.

Y rheswm am y protestiadau oedd bwriad y cyngor i greu unedau ynghlwm wrth ysgolion Saesneg yn hytrach nag ysgolion Cymraeg. Ym mis Mai 1978 yn ei chynhadledd flynyddol, mabwysiadodd y Blaid Lafur Gymreig bolisi o blaid yr uned Gymraeg fel modd o gadw egwyddor yr ysgol gymunedol (Rawkins, 1987, 42, 44). Gwrthwynebai'r cynghorwyr ysgolion â dalgylchoedd mawrion, fel oedd yn anorfod yn achos ysgolion Cymraeg.[14] Yn ail, 'roedd ymarferoldeb ac ymwneud gwleidyddol a diplomyddol swyddogion â'u cyd-swyddogion a'u cynghorwyr yn golygu bod gwybodaeth am wleidyddiaeth leol a data dibynadwy gan swyddfa'r sir. Canmolai Ken Hopkins a Keith Price Davies wybodaeth drylwyr Gomer Davies, swyddog a chanddo gyfrifoldeb am adeiladau, 'Cymro Cymraeg gwych yn medru gweld sefyllfa ac yn chwarae rôl allweddol' (John Albert Evans, 30 Mehefin 2006). Er bod cynghorwyr yn credu bod John Albert Evans (ymgynghorydd yr iaith Gymraeg), er enghraifft, yn perthyn i Blaid Cymru, medrai 'droi atynt am gefnogaeth ar lefel bersonol, nid o ran syniadaeth ac ati'.

Credai Keith Price Davies mai ei gyfraniad pennaf ef oedd 'treial dylanwadu ar y swyddogion yn y Cyngor Sir i gael ysgolion Cymraeg i ymateb i'r twf'. Pan ofynnwyd iddo pa ddisgresiwn a ddefnyddiai yn ei swydd, atebodd mai nad mater o ddisgresiwn oedd hi ond defnyddio ystadegau digonol. Perswadio cynghorwyr oedd y gwaith, meddai, a delio â gwrthwynebiad rhieni. Pan fyddai swyddogion yn gwybod y byddai gwrthwynebiad, byddent yn rhybuddio'r cynghorwyr. Fy nadl innau yw i'r swyddogion arfer disgresiwn am iddynt ddefnyddio strategaeth a thactegau er mwyn dylanwadu er budd addysg Gymraeg. Medrent fod wedi peidio â gwneud hynny, sef peidio â dosbarthu eu hadnoddau ymenyddol, addysgol a phroffesiynol. Tanlinella hyn rôl allweddol y swyddogion addysg yn hanes y datblygu.

---

[14] Yn ôl Rawkins (1987, 45): 'The degree of hostility exhibited by many councillors toward those who seek to enhance the position of the language appears to reflect politically based prejudice rather than the feelings of their constituents, as the increasing demand from non-Welsh speaking, working-class parents for Welsh-medium education would appear to attest.'

Canoli gweinyddu'r ysgolion Cymraeg yn neuadd y sir yng Nghaer-dydd oedd y drydedd elfen allweddol, gan fod hynny yn creu màs critigol o ran datblygu arbenigedd swyddogion, a sicrhau pwerdy strategol cryf. Nid canoli pobl *per se* oedd yn bwysig, ond bod y bobl allweddol yn cael y cyfle i gydweithio yn yr un man. Yno hefyd y canolid y grym gwleidyddol, pŵer sylweddol iawn pan oedd Llewelyn Heycock yn ei anterth fel cadeirydd Awdurdod Addysg Morgannwg. Er enghraifft, honna Phil Bevan i Heycock ddweud, cyn penderfynu sefydlu Rhydfelen: 'Give them a portacabin with 200 pupils; that should suffice.' Ond anodd gwadu gweledigaeth yr hen Forgannwg o ystyried i'r cyngor sefydlu ysgolion â niferoedd bychain iawn o ddisgyblion wedi'u cofrestru pan y'u hagorwyd. Enghreifftiau nodedig yw Ynys-lwyd, Aberdâr (1949), 28 o ddisgyblion; Pont-y-gwaith (1950), 13; Pont Siôn Norton (1951), 16; Sant Ffransis, Y Barri (1952), 15; Tonyrefail (1955), 11.

Dadl yn erbyn gwir ymrwymiad cynghorau lleol yw ansawdd gwael yr adeiladau a ddefnyddiwyd ar gyfer yr ysgolion Cymraeg. Eithriadau prin yw'r ysgolion a sefydlwyd mewn adeiladau newydd, pwrpasol. Ar y llaw arall, bu'n rhaid blaenoriaethu gwariant erioed, a gellid dadlau mai defnyddio pŵer mewn dull democrataidd yr oedd y cynghorau yn ei wneud, gan fod galwadau eraill ar eu cyllid.

PŴER GWLEIDYDDOL YNG NGHYNGOR CAERDYDD

Enghraifft nodedig o rywun yn llywio addysg Gymraeg yn gadarn ac yn ddoeth drwy stormydd gwleidyddol lleol yw Emyr Currie-Jones, a roddodd arweiniad clodwiw am flynyddoedd yn y brifddinas. Dengys y dyfyniadau canlynol o gyfweliad ag ef (29 Awst 2006) fod ei weledig-aeth a'i argyhoeddiad personol, ei ddyfalbarhâd a'i ddawn i berswadio pobl o wahanol garfanau a phleidiau, yn rhai o'r cryfderau allweddol a ddylanwadodd ar dwf addysg Gymraeg yng Nghaerdydd. Cyn symud o sir Gaernarfon i Gaerdydd, a dod yn aelod o'r cyngor yn 1966, gwyddai mai brwydr a fyddai yn y de dros yr iaith:

> Pan ddechreuais i, 'roedd amryw ddadleuon am y Gymraeg. 'Roedd Lincoln Hallinan yn awyddus i gael dewis rhwng Ffrangeg a'r Gymraeg. Llwyddais i raddau gan fy mod wedi perswadio'r NUT. 'Doedd fawr o gefnogaeth gan y Torïaid oedd mewn grym ar y pryd, ond yr arweinydd o ran y Gymraeg oedd Llew Jenkins, a wnaeth waith arloesol i gefnogi'r Gymraeg mewn sawl ffordd.

[Adeg sefydlu Glantaf] 'roedd drwgdeimlad garw yn y blaid Lafur, ac 'roedd cynghorwyr lleol yn ymladd dros gadw'r ysgol [Glantaff High School], ond 'roedd y rhifau'n disgyn . . . 'Roedd llawer o gamddeall-twriaeth gan y Cymry Cymraeg – rhaid cael arian er mwyn gweithredu.

Sut oeddech yn llwyddo i ennill y dydd? Dal ati a dal ati. 'Rwyf wedi llwyddo dros addysg Gymraeg drwy fod yn onest o'r dechrau ac o'n i'n gwybod llawer mwy na'r mwyafrif o'r cynghorwyr . . . 'Roedd cymaint o ragfarn yn erbyn y Gymraeg.[15]

'Doedd dim rhwyg rhwng y Blaid Lafur a'r Torïaid. Bues yn lwcus yn hyn o beth. 'Roedd Llafur allan [o redeg y cyngor] am bedair blynedd. McCarthy[16] yn Gadeirydd dan y Torïaid . . . ac 'roedd darparu addysg Gymraeg yn hanfodol . . . 'Doedd dim ffrae wedi bod rhwng y ddwy blaid, efallai o ran manylion, ie.

Ystyriai Emyr Currie-Jones mai ei gyfraniad pwysicaf i dwf addysg Gymraeg oedd y ffordd y brwydrodd dros yr iaith, gan mai cyfeirio at gyd-adwaith rhwng pobl oedd bwrdwn ei ateb, nid rhestri'r ysgolion a sefydlwyd pan oedd yn gadeirydd y pwyllgor addysg. Ychwanegodd iddo ennyn parch ar hyd y blynyddoedd, fod pobl yn gwrando arno, a'i fod yn medru dylanwadu. Cydnabu'r amser anodd gyda'r toriadau ariannol, a'r gwasgu gan y rhieni Cymraeg. 'Haws dweud na gwneud,' meddai. Pan oedd ysgol Bryntaf yn orlawn, yn y diwedd 'gweithiodd pethau, ond yn llawer rhy hwyr; byddai tair neu bedair ysgol llawer yn gynt wedi bod yn well'. Nid doethineb trannoeth mo hyn ar ran Emyr Currie-Jones, ond ymarferoldeb y gwleidydd yn gwthio am y posibl yn yr amgylchiadau a oedd yn bodoli.

Er yr hanes yng Nghaerdydd o 'frwydro parhaus gan y rhieni ac o ddiffyg gwelediagaeth a rhagbaratoi ar ran yr Awdurdod' (Michael

---

[15] Er enghraifft, 'The Welsh language is dying and it is a waste of time and money to create Welsh schools!'; 'Keep Bryntaf open, and in three years there may not be a demand for a Welsh secondary!'; 'I am against anything which is isolationist . . . It can cause only bitterness'; 'Many of the parents demanding Welsh Education for their kids are non-Welsh speakers. I'm very wary of spending money on schools for these.'

Rhai o'r dyfyniadau mewn gair o gyfarch oddi wrth Emyr Currie-Jones yn y gyfrol *Glantaf, Y Degawd Cyntaf, 1978–88*. Meddai: 'Mae'n ddiddorol troi tudalennau hen rifynnau o'r *Echo* a'r *Western Mail* a sylwi ar rai o'r dadleuon neu, yn hytrach, ragfarnau rhai cynghorwyr.'

[16] Cadarnheir ymrwymiad y Cynghorydd McCarthy i'r ysgolion Cymraeg a'i sensi-tifrwydd i ffrithiant ieithyddol gan Rawkins (1979, 63).

160

Jones, 2002, 161), teg gofyn y cwestiwn pa ddarpariaeth Gymraeg fuasai yn y brifddinas pe na bai gwleidydd â stamp Emyr Currie-Jones wedi bod wrth y llyw. Yn yr un ysgrif, ceir awgrym o ganmoliaeth gan Michael Jones wrth iddo ddisgrifio hanes sefydlu Ysgol Bro Eirwg yn 1983 (2002, 153): 'Cymaint oedd pryder Cadeirydd y Pwyllgor Addysg, Mr Emyr Currie Jones [*sic*], am ddyfodol yr ysgol newydd a enwyd Ysgol Bro Eirwg nes i'r Awdurdod agor ysgol feithrin i fwydo'r ysgol. Bu'r fenter yn llwyddiant ysgubol.' Heb os nac oni bai, ymateb i'r galw fu'r patrwm datblygu yng Nghaerdydd, fel ym mhob awdurdod arall.[17] Yn y brwydro parhaus, hawdd colli golwg ar gyfraniad all-weddol unigolion a hybai ymateb cadarnhaol yr awdurdodau i'r gwthio gan rieni. Ar yr un pryd, o gysylltu Plaid Cymru ag ymgyrchoedd dros y Gymraeg, gan gynnwys sefydlu ysgolion Cymraeg, llawn cyn hawsed yw cymylu canfyddiadau pobl o weledigaeth pleidiau, creu rhagfarn a magu drwgdybiaeth. Er enghraifft, Owen John Thomas (AC wedi hynny) a luniodd gynllun embryonig datblygu addysg Gymraeg Caerdydd yn y 1990au, ond rhwystrwyd ei weithredu gan ragfarn wleidyddol ac arafwch gweinyddol.

PLEIDIAU GWLEIDYDDOL – GWELEDIGAETH A GWEITHREDU, RHAGFARN A DRWGDYBIAETH

Cyfraniad aelodau unigol o'r blaid Lafur

'Welsh-medium schools have faced a lot of opposition from Local Education Authorities . . . In Wales, the Labour Party dominates many of the local-government councils and authorities; it has been tradition-ally against promoting the Welsh language.' Geiriau Khleif (1980, 120) yw'r rhain, ac fe'u hadleisir gan Hopkins (2006b). Dadleuir bod canfyddiadau tebyg wedi codi muriau athronyddol a gwleidyddol yn hanes yr iaith ac addysg Gymraeg. Wrth gwrs, tra bo muriau yn medru cynnig lloches, medrant hefyd greu gwrthglawdd.

'Rwyf yn dra dyledus i'r Arglwydd Gwilym Prys Davies am ei ddadansoddiad treiddgar o'r dylanwadau ar ddwf yr ysgolion Cymraeg: '[M]ae'r datblygiad yn gymhleth ac yn ddarlun o un o frwydrau mawr y genedl Gymreig mewn cyfnod o'r pwysigrwydd mwyaf' (llythyr

---

[17] Meddai addysgwr anhysbys o dde Morgannwg (Rawkins, 1979, 59; 1987, 37–8): 'They know how to go about it. They ask for a deputation, and they make sure they've got the big guns (barristers, doctors, lecturers) – not the easiest people to handle . . . If the pressure weren't there, I don't think as much would have been done.'

personol ataf, Mai, 2006). Cyfeiria at wrthwynebiad Ness Edwards, AS Caerffili, i'r 'rheol Gymraeg' yn Eisteddfod Genedlaethol Caerffili 1950, pan dorrodd y rheol o'r llwyfan, ac o ganlyniad:

Ar unwaith cododd storm o brotest a fyddai'n cymryd blynyddoedd i dawelu. [Yn eu mysg yr oedd] aelodau seneddol a Chynghorwyr lleol . . . Rhaid pwysleisio bod y rhan fwyaf o'r arweinwyr [hyn] yn ddynion galluog a hunanaddysgiedig a chanddynt eu gwerthoedd. 'Roeddynt yn wahanol iawn i werthoedd ac ethos y capeli ac anghydffurfiaeth, ond gwerthoedd, er hynny. Awgrymaf yn garedig mai un o gamgymeriadau mawr llawer o genedlaetholwyr Cymreig y cyfnod hwn oedd peidio â chydnabod y ffaith hon gan eu trafod fel pobl dwp. Yn hytrach, 'roeddynt yn wrthwynebwyr a haeddai y gorau oedd ynom . . . 'Roedd angen i ni geisio deall eu safbwyntiau a cheisio chwilio am y llwybr canol.

Rhwydd felly adael i wrthwynebiad croch aelodau blaenllaw o'r blaid Lafur y 1950au a'r 1960au lywio barn cenedlaetholwyr am safbwynt Llafur tuag at yr iaith a'r ysgolion Cymraeg, nid yn unig yn ystod ail hanner yr ugeinfed ganrif ond yn y cyfnod presennol. Erys rhagfarn heddiw, yn ôl tystiolaeth amryw, gan gynnwys Ken Hopkins (cyfweliad 27 Mehefin 2006), 'the feeling is still there, but not as strong'. Ystyr 'the feeling' oedd bod yr ysgolion Cymraeg yn cynhyrchu darpar aelodau Plaid Cymru, ar draul pleidiau eraill. Ond aeth ymlaen i ddweud: 'The existence of the Welsh-medium schools has led to the general feeling of goodwill towards the language.' Dyma enghraifft arall o'r dylanwadau cymhleth yn stori'r ysgolion Cymraeg a'r iaith.

Tra oedd gwrthwynebiad yn erbyn yr iaith gan rai aelodau blaen-llaw o'r blaid Lafur, 'roedd aelodau eraill, gan gynnwys yr Arglwydd Gwilym Prys Davies, yn gweithredu i'w hachub. Cydweithiodd â Goronwy Roberts, Jim Griffiths a Cledwyn Hughes, yn arbennig â'r ddau olaf, 'y tri yn ymwybodol ei bod yn argyfwng o ddirywiad mawr ar y Gymraeg' ac 'yn effro i'r datblygiadau oedd ar gerdded. 'Roedd y tri yn gynnyrch y Gymru Gymraeg . . . Ond de-ddwyrain Cymru, gwlad Ness Edwards, Iori Thomas, Aneurin Bevan a George Thomas oedd pwerdy gwleidyddol Cymru y cyfnod – fel yr erys o hyd, o ran hynny.'

Yn 1962, dylanwadodd dau ddarllediad ar hanes yr iaith. Araith Saunders Lewis, 'Tynged yr Iaith', yw'r naill, araith 'ysbrydoledig', 'ysgytwol' a 'haeddiannol enwog' yn ôl yr Arglwydd Prys Davies. 'Roedd ei dylanwad hi yn amlwg, ond drwy goridorau pŵer y dylanwadodd y llall – geiriau Jim Griffiths yn cael ei holi gan Aneirin Talfan Davies yn y gyfres *Dylanwadau* (teledu'r BBC) oedd y darllediad hwn. Dyfynnir o'r trawsysgrif, heb newid unrhyw wallau teipio yn y gwreiddiol (Talfan Davies, 1962):

A. T. DAVIES: Wel, i ofyn y cwestiwn olaf i chi: Beth ydych chi'n feddwl yw prif broblem Cymru heddi.

MR. GRIFFITHS: Achub yr iaith – 'rwy'n credu mae dyna ydi prif broblem Cymru heddi'. Mae problem cael gwaith a chynhaliaeth a phroblem cefn gwlad, calon y wlad, mae hwnna yn broblem fawr, ond 'rwy'n credu yn y deg neu ugain mlynedd nesa' – fod tynged yr iaith yn y fantol.

A.T. DAVIES: Sut ych chi'n mynd i achub yr iaith?

MR. GRIFFITHS: Wel, mae'n rhaid i ni ddechrau 'rwy'n credu, ar yr aelwyd, mae'n rhaid i ni ddechre yn yr ysgol, ac mi garwn i ddechrau yn y gwaith; os ydi'r iaith yn mynd i fyw, nid yn y coleg mae i achub hi; ar yr aelwyd yn yr ysgol, yn y gwaith, yn y ffatri. Os yw hi'n mynd i fod yn iaith y werin, nid iaith rhyw nifer fach o bobol, cofiwch chi, ond iaith y werin, iaith y wlad, dyna'r lle, yr aelwyd, yr ysgol, y gwaith, ag ym mywyd bob dydd, dyna'r lle mae achub yr iaith.

Fel y dywed yr Arglwydd Gwilym Prys Davies mewn llythyr personol at yr awdur:

Ni chyhoeddwyd sgwrs JG [Jim Griffiths] ac aeth yn angof. [Bellach atgyfodwyd y darllediad ganddo yn Davies (2008, 57–8).] Serch hynny, y mae hithau yn bwysig. Bu geiriau JG, ac yntau yn un o brif arweinwyr Llafur, yn gymorth sylweddol i garedigion y Gymraeg oedd hefyd yn aelodau amlwg o'r Blaid Lafur ym Morgannwg allweddol, dynion fel Llewelyn Heycock, Cadeirydd Pwyllgor Addysg Morgannwg (ac a benodwyd yn aelod o Dŷ'r Arglwyddi ym 1966 a gŵr dylanwadol dros ben ym myd llywodraeth leol Cymru), y Cynghorydd Haydn Thomas UH, Gilfach Goch (Cadeirydd Cymdeithas Rhieni Rhydfelen) [Cadeirydd y Corff Llywodraethol mewn gwirionedd], y Cynghorydd William Llewelyn, Blaenrhondda, Thomas Jones Coriton a'i wreiddiau ym Mhont-yberem, y Cynghorydd Emyr Currie-Jones Caerdydd, y Cynghorydd Rose

Davies, Aberdâr, y Cynghorydd D. G. Bonner Tonyrefail, y Cynghorydd Ioan Williams Ynyshir a'i wreiddiau ym Mlaenau Ffestiniog. Medrent hwy alw ar awdurdod gwleidyddol JG; ni fedraf dystio iddynt wneud hynny, wrth gwrs. Ond medraf dystio i'r cyfweliad teledu hwn fod yn gefn i mi.

Arwyddocâd y dystiolaeth hon yw bod rhwydwaith o Gymry Cymraeg dylanwadol yn gweithio drwy'r blaid Lafur er budd y Gymraeg ac ysgolion Cymraeg ym Morgannwg, a nifer o'r enwau hyn wedi ymddangos mewn tystiolaeth o ffynonellau eraill yn y gwaith cyfredol. Nid oedd ganddynt bolisi ysgrifenedig, hyd y gwyddys, i hybu twf yr ysgolion Cymraeg. Yn wir, yn wyneb gwrth-Gymreigrwydd cymaint o unigolion blaenllaw yn y blaid Lafur, naïfrwydd gwleidyddol fuasai ceisio cynnwys y fath bolisi yn eu maniffesto. Pragmatiaeth ymateb i'r galw gan rieni a nodweddai'r datblygiadau unwaith eto. Heb gefnogaeth unigolion fel y rhai uchod, byddid yn ysgrifennu am dranc yr iaith. Ymddengys felly mai unigolion, yn hytrach na pholisi eu plaid, a gefnogai'r ysgolion Cymraeg.

Un o'r datblygiadau mwyaf arwyddocaol yn y 1960au yn hanes yr iaith oedd gosod Deddf Iaith 1967 ar y llyfr statud. Cytunai'r Arglwydd Gwilym Prys Davies (a roddodd dystiolaeth i bwyllgor David Hughes Parry yn 1963) â Jim Griffiths a Cledwyn Hughes ac eraill 'mai dyma'r Ddeddf bwysicaf o safbwynt y Gymraeg er y Deddfau Uno, hyd hynny'. Meddai mewn llythyr personol at yr awdur: 'Am y tro cyntaf mewn canrifoedd dyna arwydd bod "prestige" a nerth y Wladwriaeth mwyach yn dod yn gefn i'r Gymraeg. Ni ddylid dibrisio dylanwad pellgyrhaeddol y datblygiad hwn. Ond a ddaethai mewn pryd? Ni wyddom eto.' Gesyd y geiriau hyn y Ddeddf mewn cyd-destun hanesyddol, seicolegol a chenedlaethol, a hynny yn atseinio neges agoriadol llythyr yr Arglwydd Prys Davies, wrth iddo gyfeirio at weledigaeth Owen M. Edwards ac Emrys ap Iwan: '[D]ylanwadodd y ddau ar gylch bychan o Gymry diwylliedig; ond fe gymerai yn agos i ganrif i'w dylanwad adael ei ôl ar y lliaws. Fel yna y mae hi, gan amlaf, pan fo dyn yn dwyn syniadau newydd i mewn i feddwl gwlad.'

Ni rannai llawer o Aelodau Seneddol y de-ddwyrain weledigaeth a ffydd yr Arglwydd Gwilym Prys Davies. Dyfynnir yn llawn o'i lythyr:

'Roedd rhai o'r AS a gynrychiolai Forgannwg a Mynwy ymhlith gwrthwynebwyr ffyrnicaf y Gymraeg a Phlaid Cymru. Ym 1968, llwyddasant i gael gwared o Cledwyn, awdur y Ddeddf Iaith, o'r Swyddfa Gymreig a'i olynu gan George Thomas, a oedd yn enwog am ei wrth-Gymreigrwydd. Dyma gam yn ôl. Wedi etholiad 1969 [1970] byddai George Thomas yn parhau yn lefarydd [*sic*] Llafur ar faterion Cymreig. Gwrthwynebai unrhyw arwydd a welai o'r ysbryd cenedlaethol yng Nghymru. Gwyddoch fel y gwnai heuriadau fod rhai athrawon yn defnyddio'r Ysgolion Cymraeg i ledaenu syniadau Plaid Cymru. Ac eisteddai Gwynfor ar feinciau'r gwrthbleidiau yn Nhŷ'r Cyffredin, ond yn sicr bod y gwirionedd ganddo.

I lawer o garedigion yr iaith 'roedd gwrth-Gymreigrwydd George Thomas ac Aelodau Seneddol megis Leo Abse yn gyfystyr â gwrth-Gymreigrwydd y blaid Lafur gyfan. Pwysigrwydd tystiolaeth yr Arglwydd Gwilym Prys Davies yw datgan nad oedd hyn yn wir. Yn anffodus, trodd rhagfarn yn erbyn aelodau unigol Llafur yn rhagfarn yn erbyn y blaid Lafur. Erys y rhagfarn hyd heddiw, gan fod drwgdybiaeth a sinigiaeth yn codi'u pen pan fo'r blaid Lafur yn cynnig mesurau er hybu'r iaith. Tanlinella'r dystiolaeth hefyd mai trai a llanw bu hanes datblygiad yr iaith, nid llinell yn datblygu'n llyfn. Fel y dywedodd Illtyd Lloyd (6 Mehefin 2006), 'Tra fod yr hinsawdd yn ffafriol, rhaid manteisio, nid dibynnu ar ryw bolisi, ond gweithredu.'

Gweithredu o blaid yr iaith wnaeth yr Arglwydd Gwilym Prys Davies, yn arbennig wrth ddefnyddio'i wybodaeth a'i sgiliau ym myd y gyfraith. Dangosodd benderfyniad a pharodrwydd i sefyll dros statws y Gymraeg pan fynnodd gymryd y llw teyrngarwch yn Nhŷ'r Arglwyddi yn Gymraeg yn 1982. ''Doedd neb o'r blaen wedi gwneud y cais,' meddai, 'a bu'n rhaid i mi aros am ryw ddeufis hyd nes y newidiwyd Rheolau'r Tŷ.' Ymddengys fod argyhoeddiad a gweledigaeth yr unigolyn wedi cyflawni llawer drwy ddylanwadu ar gyfraith ac ymagweddiad gwleidyddion a'r werin, a hynny dros ddegawdau lawer. Ar yr iaith, yn fwy nag ar addysg y bu dylanwad unigolion yn y blaid Lafur, ond 'roedd twf hunaniaeth a chenedligrwydd ac ymagweddu mwy cadarnhaol tuag at y Gymraeg yn creu amgylchfyd fwyfwy cynnes er cefnogi'r ysgolion Cymraeg.

Ym Mhrydain, canrif y Ceidwadwyr oedd yr ugeinfed ganrif, gan iddynt fod mewn grym am 68 o flynyddoedd. 'Roedd Llafur mewn grym o 1964 tan 1970, o 1974 tan 1979, ac yna o 1997 tan y cyfnod presennol. Polisïau Llundain oedd yn dominyddu, a chan nad oedd cenedligrwydd Cymreig yn gryf y tu mewn i'r blaid yng Nghymru, nid annisgwyl mai dyfal donc unigolion a hybai gynnydd o ran yr iaith ac addysg Gymraeg. Er enghraifft, 'roedd yr Arglwydd Gwilym Prys Davies yn allweddol wrth ddrafftio Deddf yr Iaith Gymraeg 1993.[18]

Amlyga'r dystiolaeth yn llythyr yr Arglwydd Gwilym Prys Davies ddycnwch unigolion a'r penderfyniad i gydweithio ar draws pleidiau, bod y dasg o lunio drafft wedi cymryd dwy flynedd – gwaith manwl ond pellgyrhaeddol – a bod cyfeiriad at ymgyrchu 'dygn a chaled', microcosm fel petai o hanes sefydlu'r ysgolion Cymraeg. Galwyd y cyfarfod cychwynnol i ystyried lansio ymgyrch am ddeddf iaith newydd ganol teyrnasiad Thatcher (1979–90), y Ceidwadwyr oedd mewn grym pan osodwyd Deddf yr Iaith Gymraeg ar lyfr statud yn 1993, ac yn y cyfnod hir o lywodraeth Ceidwadol (1979–97) y cyflwynwyd y cwricwlwm cenedlaethol. Dyma'r cyfnod hefyd pan sefydlwyd S4C yn 1981 ac y gwnaed y Gymraeg yn orfodol yn ysgolion y wlad yn 1988. Ar yr olwg gyntaf, mae'r cerrig milltir hyn yn cadarnhau'r honiad a wneir yn aml fod mwy o gynnydd i'r iaith Gymraeg pan fo'r Ceidwadwyr mewn grym. Ond mae angen ystyried y ffeithiau yn ofalus. Er enghraifft, pan oedd John Morris yn Ysgrifennydd Gwladol Cymru, cododd y grant ar gyfer gwariant ar addysg feithrin.[19]

Llinell esblygol fu hanes cefnogaeth llywodraeth ganol i'r iaith, pa blaid bynnag oedd mewn grym yn San Steffan. Ar hyd y llinell esblygol

[18] Meddai mewn llythyr personol at yr awdur: 'Cyhoeddwyd yr adroddiad *Deddf Newydd I'r Iaith – Argymhellion*, a lansiwyd yr ymgyrch yn Neuadd y Ddinas, Caerdydd 3 Tachwedd 1984 a chyn-Archesgob Cymru, y Gwir Barchedig Gwilym O. Williams, yn y Gadair. [Ceir argymhelliad yn yr adroddiad 'y dylai fod gan bob person sy'n byw yng Nghymru ac sydd yn oedran derbyn addysg, yr hawl i ddewis cael yr addysg honno yn yr iaith Gymraeg a thrwyddi.'] Wedi ymgyrchu dygn a chaled enillwyd Deddf yr Iaith Gymraeg ym 1993. Efallai taw cynnyrch pwysicaf y Ddeddf hon oedd sefydlu Bwrdd [statudol] yr Iaith Gymraeg i hyrwyddo'r Gymraeg. Ond o safbwynt cynllunio ieithyddol, gwendid y Ddeddf hon a'r 'Cynlluniau Iaith' yw nad yw'n rhoi awdurdod i'r Bwrdd i adolygu polisi'r awdurdod neu'r ysgol ar gyfer dysgu'r Gymraeg. Dyna un o'r datblygiadau y mae galw amdano o hyd.'

[19] Ceir tystiolaeth bellach o ymrwymiad personol John Morris i'r iaith ac i addysg gan Rawkins (1987, 34): 'Indeed, the extent of his commitment to devolution and the language had led a number of his fellow Welsh Labour M.P.s to hold him in some suspicion, regarding him as a closet nationalist . . . The appointment of a less sympathetic minister, less willing to devote his time to considering how he might best employ his resources to assist the language, or to oblige his officials to give the language in education priority consideration, would certainly have slowed the flow of developments.'

Hefyd, yn ôl yr Arglwydd Gwilym Prys Davies: '[M]ynnodd gan y Trysorlys fod gan Ysgrifennydd Cymru yr hawl i dalu cost ychwanegol gweinyddiaeth (ac addysg) ddwyieithog; mae'n rhyfedd nad oedd y ffaith syml hon wedi ei chydnabod yn 1967. Rhoddwyd grant am y tro cyntaf i'r Eisteddfod Genedlaethol. Ac yn bwysig iawn, ym 1975 – ar y cyd â'r Swyddfa Gartref – codwyd Gweithgor, Gweithgor Siberry, i ystyried sut y gellid sefydlu Sianel Pedwar Cymru . . . 'Roeddwn yn aelod o'r Gweithgor hwnnw.'

honno, dadleuir mai dylanwad unigolion cenedlaetholgar a berthynent i'r blaid Lafur yn hytrach na'r blaid Lafur fel plaid a sicrhaodd y cyllid ychwanegol, gan gynnwys cost ychwanegol addysg ddwyieithog am y tro cyntaf. Bu'n rhaid dylanwadu a pherswadio a dadlau, yn union fel y digwyddodd y tu mewn i'r blaid Geidwadol rhwng 1979 a 1997. Dadleuir yn yr un modd mai dylanwad unigolion o Geidwadwyr, nid y blaid Geidwadol *per se*, a gefnogodd yr iaith ac addysg Gymraeg.

Cyfraniad aelod unigol o'r blaid Geidwadol

Fel yr achosodd gwrth-genedligrwydd nifer o ASau Llafur amheuon dwfn ym meddyliau nifer o garedigion yr iaith ynghylch didwylledd y blaid Lafur gyfan i gryfhau statws yr iaith a'i hachub hi (amheuon sy'n dal i fod), felly hefyd y crëwyd amheuon pan oedd y Ceidwadwyr mewn grym, yn arbennig y canfyddiad bod cyfuniad o Dori a Chymro yn gyfuniad gwrthun ym meddyliau llawer o Gymry Cymraeg. Yn ei hunangofiant (2006, 221), dywed yr Arglwydd Roberts o Gonwy i Margaret Thatcher ebychu arno:

> 'You have nothing! You contribute nothing!' she said with great emphasis. I was tempted to say that we had a lot of Japanese companies – more than England – but I refrained. I knew that she would make a mountainous denunciation of our inadequacies from such a reply. 'The only Conservatives in Wales are the English who moved in.' I did not let her get away with that – I had hundreds of Welsh-born Conservatives in my constituency and told her so.

Bid hynny fel y bo, yn ystod teyrnasiad y Ceidwadwyr gwnaed camau breision i gryfhau statws y Gymraeg; ond dadl y gyfrol hon yw mai i unigolion dylanwadol y mae dyled genedlaethol Cymru, nid i'r blaid. Ymhlith yr unigolion amlycaf a phwysicaf eu dylanwad yr oedd Syr Wyn Roberts, y Gwir Anrhydeddus Arglwydd Roberts o Gonwy bellach. Amlyga'r dyfyniadau nesaf o ddarlith ganddo (1995, 3) nifer o agweddau sy'n sylfaenol er mwyn deall y cynnydd yn statws yr iaith a thwf yr ysgolion Cymraeg:

> Wrth edrych yn ôl, mae'r broses ddatganoli a'i chynnydd yn ymddangos fel parhad llyfn o 1964 ymlaen. Gall fod ychydig o dir anwastad yma ac acw ond ni ellir disgrifio hynny fel canlyniad unrhyw ffrwydradau gwleidyddol folcanaidd ond yn hytrach fel beiau a namau deddfwriaethol. Does yna ddim a gafwyd na all deddfwriaeth welliannol ei hogi i lefel dderbyniol.

Aeth ymlaen:

> Am y 'llaw sydd wrth y llyw', os maddeuwch chi i mi am ddisgrifio'r cymhelliant gwleidyddol a llywodraethol sydd y tu cefn i ddatganoli gweinyddol yn y fath fodd, mae consensws yn bodoli yn y pleidiau gwleidyddol ac o fewn y llywodraeth fod yna ddimensiwn Cymreig yn bod ac y gall yr hyn sy'n addas i Loegr fod yn gwbl anaddas i Gymru. Ceir tueddiad felly i ddatganoli, ond, yn gwbl gywir, rhaid cyfiawnhau unrhyw argymhelliad ar sail llywodraeth gadarn.

Hanesydd oedd yr Arglwydd Roberts – enillodd ysgoloriaeth Hanes i Rydychen – ac mae'r cysyniad o linell amser a datblygiad yn y frawddeg gyntaf. Yr ail agwedd yw'r cyfle i adeiladu ar gynseiliau ac i fireinio datblygiad drwy statud. O gyfuno'r ddwy agwedd, y traddodiad Pryd-einig o dwf cynyddrannol a geir yma, twf sydd yn fwy tebygol o fod yn gynaliadwy na thwf cyflym a dramatig.

Y drydedd agwedd yw'r consensws rhwng y pleidiau. O 1964 tan 1999, ASau fyddai'n llywio datblygiadau cenedlaethol Cymru, ond ers sefydlu'r Cynulliad, mae'r amrywiaeth o bwerau a chyfrifoldebau a ddatganolwyd ac nas datganolwyd yn pylu'r prosesau gwleidyddol. Er enghraifft, er bod addysg wedi'i datganoli, nid felly amodau gwaith a chyflogau athrawon, a gellid dadlau bod gofynion addysg ddwyieithog yn hawlio amodau gwaith gwahanol. Ymddengys fod consensws bras er hybu'r iaith Gymraeg, ond mai mater o radd o argyhoeddiad ac o weithredu sy'n gwahaniaethu, a hynny ar sail argyhoeddiad a disgres-iwn yr unigolyn.

Y bedwaredd agwedd yw addasrwydd polisïau ar gyfer dwy wlad wahanol. Mae'r ymadrodd *For Wales, read England* yn llawer llai cyffredin heddiw, yn arbennig ym maes addysg. Trafodwyd cyfeiredd a dargyfeiredd polisi eisoes. Y bumed agwedd yw'r ffordd i gael y maen i'r wal, sef paratoi dadleuon cryf ar sail data dibynadwy ac ymchwil, ac yna ddylanwadu ar y bobl sy'n allweddol er mwyn sicrhau bod y dadleuon yn cael eu derbyn a naill ai yn eu troi yn bolisi neu yn cael eu gweithredu.

Heb os nac oni bai, 'roedd dylanwad yr Arglwydd Roberts o Gonwy ar benderfyniadau yn ymwneud yn uniongyrchol â Chymru yn aruthrol. Drwy gyd-drafod â'r Arolygiaeth, er enghraifft, daeth y Gymraeg yn statudol orfodol yn y cwricwlwm cenedlaethol. Teg cofnodi bod amheuon gan y gwleidydd ynghylch gwneud y Gymraeg yn orfodol, ac fe ganiatawyd eithriadau, 'optio allan'. Dyfodol y Gymraeg oedd yn poeni'r gwleidydd, a bu'n ystyried y ffordd orau ymlaen am gyfnod hir, fel y dengys ei hunangofiant.[20]

Nid oedd ennill cefnogaeth Thatcher yn rhwydd i'r un aelod o'i Chabinet, ac er i Syr Wyn ei chanmol (1995, 8) am gadw '[l]lygaid barcud ar baratoadau, yn cynnwys ein rhai ni yng Nghymru, ar gyfer y Mesur Addysg a ragolygwyd yn Araith y Frenhines wedi buddugoliaeth etholiad Mehefin 1987', geiriau agoriadol y frawddeg hon yw 'Ni cheir ond un cyfeiriad at Gymru yn hunangofiant Margaret Thatcher *The Downing Street Years* a hwnnw yng nghyd-destun polisi tai.' Gellid maentumio mai Syr Wyn oedd llysgennad y Cymry Cymraeg yn Downing Street, lle 'roedd angen iddo dynnu ar ei holl sgiliau diplomyddol, a'i hennill hi drosodd. Erbyn 1986, teimlai ei fod yn cadw'i le fel Gweinidog 'because of my Welshness and at as low a ministerial level as possible' (2006, 209). Erbyn 1987, yn ôl ei ddyddiadur (2006, 212), ffoniodd Thatcher ef a dweud, 'I want you to be minister of state . . . a mark of respect . . . you are the only Welsh speaker in the government . . . I am sure you will do it well.'

Ennill pobl a gwneud y Gymraeg yn ddigon deniadol fel eu bod yn awyddus i'w dysgu hi oedd neges y gwleidydd (31 Mehefin 2006). 'Amcan deddf yw rhoi cyfle i gyflwyno'r iaith ond nid i orfodi,' meddai. ''Roedd yn gam pwysig ein bod wedi cael lle statudol i'r Gymraeg fel pwnc.' Ymfalchïai wrth ddyfynnu o'r *Conservative Campaign Guide 1991*: 'Ers 1970–4 [cyfnod pan oedd y Ceidwadwyr mewn grym], cynyddodd grantiau Llywodraeth ganol i hybu'r Gymraeg dros 800%, a disgrifiwyd statws statudol y Gymraeg fel "the most far-reaching ever made by a Welsh Secretary of State".'

---

[20] Ebrill, 1983: 'I learnt from Paddy [O'Toole] that it had been a mistake to make Gaelic a compulsory subject in schools in the republic and that the policy had to be abandoned' [2006, 172]. Hydref, 1987: 'Welsh would not be a compulsory subject in all schools in Wales, although there would be a presumption in favour of it. (I had not forgotten what I had been told about the Irish experience with compulsory Irish)' [2006, 219]. Gorffennaf 1989: 'I had already persuaded the Welsh local education authorities, much against their will, to set up a special committee to examine the problems relating to the teaching of Welsh in schools . . . I launched our proposals for Welsh in the National Curriculum in July 1989. There was no way that the activists [Cymdeithas yr Iaith Gymraeg] could claim these proposals as their own. But, as well as watching them, I had to keep a wary eye on the prime minister.' Dywedodd amdani:

> She . . . had gone out of her way to mention that schools could apply for exemption from teaching the language. Of course, I too referred to this option at the launch, but I expressed the hope that most schools and most children in Wales would take the opportunity to learn their native tongue. I knew I was sailing between Scylla and Charybdis; I had no choice but to negotiate the passage. [2006, 234]

Cyfeiriodd Syr Wyn, a defnyddio'r teitl hwnnw gan mai fel yna y'i cyferchid pan oedd yn y Swyddfa Gymreig, at y weledigaeth fawr. Synhwyrais mai ei weledigaeth fawr, bersonol oedd hon. Cam pwysig ynddi oedd iddo sicrhau statws statudol y Gymraeg yn y cwricwlwm cenedlaethol. Gofalu bod cyfleusterau ar gael i ddefnyddio'r iaith oedd penllanw'r weledigaeth. Meddai:

> Wrth edrych i ddatblygu bywyd llawn yng Nghymru 'roeddwn i'n benderfynol o gael deddf. Fel y dywedodd Bradley, *Shakespeare didn't give them what they wanted; he gave them what they hadn't dreamed of.* Yr allwedd i'r hyn 'roeddwn yn ceisio'i wneud gyda Deddf yr Iaith oedd ymadael â'r hen drafod a rhygnu ymhlith cyfreithwyr . . . 'Roeddwn wedi hen syrffedu ar wneud yr iaith yn bwnc i'r llysoedd, ac yn ceisio adeiladu rhyw fath ar ymbarél i ddefnyddio'n hiaith yn ein bywyd bob dydd.

Dangosai ddisgresiwn drwy ei ymrwymiad personol i'r iaith pan oedd yn anterth ei ddylanwad gwleidyddol. Er enghraifft, honna (1995, 6–7) iddo fod yn ysbrydoliaeth i Nicholas Edwards a'i araith ym Maenan, Ebrill 1980, araith a ddisgrifiodd fel 'datganiad unigryw o arwyddocaol o bolisi'r llywodraeth ym maes iaith'. Dyfynna baragraff agoriadol ei gyfarwyddyd i Nicholas Edwards, a theimla'n falch ohono. Sylwer ar y pwyslais ar ymrwymiad:

> Efallai y carech ddatgan ar y cychwyn ymrwymiad positif a nerthol, ymosodol hyd yn oed, i barhad yr iaith fel iaith fyw. Yr ydych, wedi'r cyfan, yn ceisio gweithredu ymrwymiad Plaid a Llywodraeth a golyga hyn ymwrthod â'r gwae a ddarogenir yn yr athroniaeth ieithyddol sydd wrth wraidd cymaint o farnau cyfredol ar y pwnc.

Paratôdd araith Maenan y ffordd i greu Deddf Iaith newydd a sefydlu BIG, bwrdd na fu ei angen, gan fod 'y Llywodraeth ei hun yn ysgwyddo'r cyfrifoldeb' yn ystod y 1980au cynnar (1995, 11).

Yn 1980 y traddodwyd araith Maenan, ac fe gyfeiria Syr Wyn at 'ymrwymiad personol ar fy rhan i a'r Ysgrifennydd Gwladol' ac at '[f]esur o ddifrifoldeb' y byddent yn 'cymryd cyfrifoldeb uniongyrchol' am hybu'r iaith drwy statud. Ef ei hun a gadeiriodd grŵp ymgynghorol (1995, 11) 'i edrych i mewn i fater deddfwriaeth newydd ac agweddau eraill ar ddiogelu a hyrwyddo'r iaith'. Er nad oedd yr Ysgrifennydd Gwladol, Peter Walker, yn 'dyheu am ddeddf newydd, cynhwyswyd yn rhan o weithgarwch y Bwrdd [anstatudol] astudiaeth o faterion perthnasol ar gyfer argymhellion deddfwriaethol' (1995, 12).

Ennill drosodd yr Ysgrifennydd Gwladol oedd un o'r camau ymarferol er gwireddu'r weledigaeth fawr, yn cynnwys creu amryw sefydliadau Cymreig newydd, yn arbennig ACAC, PDAG a SPAEM. Llwyddwyd i ariannu'r cyrff hyn – cam ymarferol sylfaenol – fel hefyd y sicrhawyd cynnydd mewn grantiau i gyrff gwirfoddol. Tanlinellodd yr Arglwydd Roberts o Gonwy bwysigrwydd cyllid yn ystod ei gyfweliad yn 2006, fel y cyfeiriodd ato yng Nghynhadledd Flynyddol RHAG ym Mhonty-pridd yn 1986: ''Roedd yr holl wariant hyn [dros £2,700,000] yn ychwanegol i'r gwario arferol gan awdurdodau addysg lleol a gâi grant cymorth y dreth a bu'r cyfan yn help i greu diddordeb byw mewn addysg Gymraeg' (1995, 8). Gwelir bod sicrhau cyllid yn hanfodol er mwyn gwireddu gweledigaeth. A defnyddio geiriau'r Arglwydd Roberts ei hun, 'roedd 'llaw' gadarn iawn 'wrth y llyw'.

Cyfraniad Plaid (Plaid Cymru)
Bwrdwn y bennod yw dadansoddi pŵer ar wahanol lefelau. Yn y de-ddwyrain ni fu Plaid mewn grym mwyafrifol ac eithrio yn Rhondda Cynon Taf a Chaerffili rhwng 1999 a 2004. Ers 2008 hi sy'n rheoli Cyngor Bwrdeistref Sirol Caerffili mewn cydweithrediad â chynghor-wyr annibynnol. Mae hi'n wahanol i'r ddwy blaid a ystyriwyd hyd yma gan y tybir bod ei holl aelodau a'i chynghorwyr yn cefnogi'r iaith ac addysg cyfrwng Cymraeg. Bydd strategaethau a thactegau'r Blaid i hyrwyddo'r meysydd hyn yn amrywio yn ôl y dirwedd ieithyddol a gwleidyddol lleol. Ar y cyfan felly bydd dylanwad cynghorwyr Plaid ar dwf yr ysgolion Cymraeg yn y de-ddwyrain yn dibynnu ar eu gallu i ennill cydymdeimlad a chefnogaeth wleidyddol gan y pleidiau sydd mewn grym. Nid yw'n rhwydd arfarnu cyfraniad Plaid y tu mewn i lywodraeth leol: ar hyn o bryd, ar lefel genedlaethol, mae cryn ewyllys da tuag at yr iaith ar draws y pleidiau gwleidyddol. Ar y llaw arall, gellid hefyd faentumio nad yw ymlyniad pob cyngor lleol i'r iaith ac addysg cyfrwng Cymraeg yn gryf, a gellid dehongli arafwch rhai ohonynt i flaengynllunio darpariaeth (hyd yn oed yn eu Cynlluniau Addysg Gymraeg) fel arwydd o'u gwrthwynebiad i'r ysgolion Cymraeg. Yr hyn sydd yn ddiamheuol yw cyfraniad cyson a gwerthfawr cynghor-wyr Plaid i hybu'r dreftadaeth Gymreig.

O droi i'r lefel genedlaethol, plaid leiafrifol fu hi erioed, heb ddylan-wadu ar gydbwysedd grym tan ffurfio'r glymblaid â'r Blaid Lafur ym Mehefin 2007. Cyhoeddwyd y ddogfen bolisi *Cymru'n Un*, a nododd nifer o gamau arwyddocaol er hybu'r iaith ac addysg Gymraeg. O ganlyniad i weithredu (ar fyrder) ar y polisïau, bu nifer o benderfyniadau arwyddocaol: yn 2009 derbyn mewn egwyddor y Coleg Ffederal; yn 2010, cyhoeddi'r Strategaeth Addysg Cyfrwng-Cymraeg; sicrhau addewid o refferendwm erbyn 2011 ar hawl Llywodraeth y Cynulliad Cenedlaethol i gynyddu ei phwerau deddfwriaethol. Ar ôl cryn oedi pasiwyd yn Nhŷ'r Cyffredin (Rhagfyr 2009) y Gorchymyn CCC (Cymhwysedd Deddfwriaethol) fydd yn datganoli pŵerau pellach dros ddeddfwriaethu ym maes yr iaith Gymraeg.

Defnyddiodd Plaid ei chyfleoedd i sianelu pŵer ar lefelau lleol a chenedlaethol, gan sylweddoli, yn arbennig ar lefel genedlaethol, fod yn rhaid achub ar bob cyfle i gamu ymlaen pan fydd ganddi'r cyfle hwnnw. Gwelwyd enghreifftiau o fanteisiaeth wleidyddol ar waith gydol y gyfrol, manteisiaeth sydd yn rhan allweddol o strategaeth lleiafrifoedd.

CYFRANIAD YR AROLYGIAETH

Hanes taith wahanol a amlinellwyd gan Ann Keane, pennaeth Cyfarwyddiaeth Arolygu Darparwyr yn Estyn ar y pryd (3 Gorffennaf 2006). Bellach hi yw Prif Arolygydd Ei Mawrhydi dros addysg a hyfforddiant yng Nghymru:

> Nid ein gwaith uniongyrchol ni yw gosod unrhyw bolisi addysg; mater i'r Llywodraeth yw hynny. 'Roedd y Prif Arolygydd cyntaf, Syr O. M. Edwards, wedi gosod llinach yn yr Arolygiaeth, lle ma'n nhw'n cydnabod . . . ar ran Prydain Fawr, os liciwch chi, fod rhywbeth arbennig, gwahanol yng Nghymru a bod angen . . . Arolygiaeth ei hunan ar Gymru – y Llywodraeth a'r gwasanaeth sifil yn cydnabod fod y fath beth ag addysg Gymraeg . . . ar gyfer pobl oedd yn ddwyieithog.

> 'Roedd yr Arolygiaeth yn gweithio gyda chydnabyddiaeth y Llywodraeth ac mae hynny yn mynd llaw yn llaw â'r datblygiadau sydd wedi ymestyn hyd at heddiw. Gallech edrych arno fel cyfres o gamau sydd wedi arwain at y Cwricwlwm Cenedlaethol, Cymraeg yn orfodol, a Deddf Iaith, sydd wedi dod â gwleidyddwyr o bob lliw i arwain y gydnabyddiaeth yma ac i gynnal a hybu addysg Gymraeg.

Rhoi cyngor i'r Llywodraeth a darparu arolygiadau yw prif swyddogaeth Estyn. Ond cyflawna fwy na hynny. Er enghraifft, mae cyfraniad yr arolygiaeth ysgolion yng Nghymru (gan gynnwys Estyn) i ddatblyg-

iad addysg ddwyieithog, wedi bod yn nodedig. Cyfrannai at gyhoedd-
iadau cyrff canolog y Llywodraeth megis *The Place of Welsh and
English in the Schools of Wales* (1953), a wnaeth sylwadau cefnogol am
addysg uwchradd ddwyieithog – adroddiad a oedd, yn ôl Baker (1990,
86), yn 'encouraging and sympathetic'.

Yn ystod y cyfnod y bu Gwilym Humphreys yn yr arolygiaeth,
1975–83, '['R]oedd cryn bwyslais ar gyhoeddi papurau trafod ar
feysydd penodol megis addysg drwy'r Gymraeg . . . Ar adegau, gelwid
cynhadledd i gyflwyno ac ysgogi trafodaeth ar y papurau hyn. Heb
amheuaeth, bu'n gyfnod cynhyrchiol iawn gan arolygwyr Cymru.'
(2000, 118). Dyma hefyd gyfnod sefydlu panel ar ddwyieithrwydd dan
gadeiryddiaeth Gareth Lloyd Jones. Yn ôl Gwilym Humphreys, sydd,
hwyrach, wedi cyhoeddi mwy na neb am fywyd yn yr arolygiaeth yng
Nghymru (2000, 116): 'Ei brif waith oedd sefydlu dealltwriaeth ar arfer
da mewn ysgolion, ystyried casgliadau arolygon ac arolygiadau a
cheisio ffurfio barn ar gyfer cynghori'r Swyddfa Gymreig ar bolisi
a darpariaeth ar gyfer y Gymraeg a chyfrwng Cymraeg yn benodol.'
Deil yr arolygiaeth i hybu arferion da mewn addysgu dwyieithog, y
cwricwlwm Cymreig ac ethos Gymreig. Bellach fe arolygir dwyieith-
rwydd ar draws y sector.

Cyfeiriodd Ann Keane at arwyddocâd statws y Gymraeg yn yr
arolygiaeth gan fod arolygydd staff, 'rhywun ar lefel uchel', â chyfrif-
oldeb dros y Gymraeg ers degawdau. Bellach mae gan Estyn ei gynllun
iaith Gymraeg ac ymrwymiad i egwyddor cydraddoldeb ieithyddol
wedi'i ffurfioli (2003b, 3). Atebion proffesiynol a gafwyd i'r cwestiynau
am ddisgresiwn ac argyhoeddiadau personol, ond ni fedrai'r brwd-
frydedd yn ei llais a'i chorffiaith guddio argyhoeddiad dwfn, megis pan
ddywedodd iddi ymfalchïo ei bod wedi gallu dylanwadu 'cryn dipyn',
fel rhan o gorff Estyn, ar gynnwys 'Iaith Pawb'.

Argyhoeddiad tebyg a brofwyd wrth gyfweld ag Illtyd Lloyd, cyn
Brif Arolygwr Ei Mawrhydi. 'Roedd ei ddisgwyliadau yn uchel bob
amser, ac ni chollai gyfle i hybu'r Gymraeg ac addysg ddwyieithog,
weithiau drwy godi sgwrs broffesiynol mewn ysgol er mwyn gwthio'r
ffiniau, bryd arall drwy weld potensial deddf newydd ac awgrymu
ffyrdd ymarferol ymlaen. Gweithredu bob tro y deuai cyfle oedd un
o'i nodweddion, boed mewn trafodaethau â Gweinidogion, gweision
sifil neu AALlau. Cadarnheir cyfraniad a 'ffrwyth dylanwad tawel
Illtyd Lloyd ar wleidyddion y Swyddfa Gymreig mewn sawl maes –

yn arbennig mewn perthynas â'r Gymraeg a'i lle yn y Cwricwlwm Cenedlaethol' gan Gwilym Humphreys (2000, 127).

Cyn y drefn bresennol o arolygu pob sefydliad yn rheolaidd a chyn penodi Illtyd Lloyd yn Brif Arolygwr, 10 ysgol a arolygid bob blwyddyn. Cytunodd fod wastad sampl o ysgolion, ond mai sampl cwbl bersonol oedd hi. Nodai'r arolygwyr beth oedd yn eu poeni ar y pryd, ac 'roedd angen i hynny fod yn amlwg. Datgelodd fod yr arolygiaeth yn poeni am gyflwr adeiladau Ysgol Gyfun Cwm Rhymni, ac mai dyna pam y cafwyd arolwg llawn pan oedd yr ysgol yn chwe blwydd oed. 'Roedd arolygu ysgol mor ifanc yn anghyffredin iawn bryd hynny. Dadleuir felly fod disgresiwn wedi'i arfer er mwyn ceisio gwella amgylchiadau go drychinebus adeiladau'r ysgol.

O ran hybu twf ysgolion Cymraeg, estyn cyngor i'r Llywodraeth am sefydlu, cau neu uno ysgolion yw rôl yr arolygiaeth. Mewn cyfweliad â chyn AEM arall, Owen E. Jones, dadlennodd sut y byddai ef a chyd-arolygwyr yn ymchwilio i ddata demograffig ardal a lleoedd gweigion mewn ysgolion er mwyn bod â dadleuon grymus yn barod erbyn i awdurdod gynnig safle ar gyfer ysgol Gymraeg newydd. Dadleuir bod y fath ymchwilio, cyn oes rhwyddineb y cyfrifiadur, yn enghraifft o ddisgresiwn unigolion er budd y gwasanaeth addysg.

Tenau yw'r ffin rhwng disgresiwn cadarnhaol a mynd yr ail filltir. Yn achos Owen E. Jones, 'roedd diffyg addysg Gymreig yn pwyso arno ers iddo sylweddoli fel swyddog addysg yn Tanganyika yn y 1960au bod cwricwlwm y wlad honno 'yn pellhau'r hogiau oddi wrth eu gwreiddiau.' Drwy ddyfalbarhad a phenderfyniad, fe lywiodd a sicrhau cyhoeddi tua 50 o lyfrynnau Hanes yn Gymraeg, a'r Swyddfa Gymreig yn eu hariannu. Arwydd o'i ymrwymiad yw iddo ddarllen ac addasu pob un drafft.

Un o gyfraniadau unigryw Gwilym Humphreys yn yr arolygiaeth oedd sefydlu (1979) cyrsiau preswyl a roddai 'sylw penodol i'r ysgol uwchradd ddwyieithog' (2000, 124). Nodir hyn fel enghraifft arall o unigolyn yn defnyddio disgresiwn yn ei swydd er budd addysg ddwy-ieithog, a'r ysgolion Cymraeg.

Ychydig a gyhoeddwyd ar ddylanwad yr Arolygiaeth, a medrai fod yn faes ymchwil gwerthfawr. Gellir cyfeirio at ddau baragraff o eiddo Baker (1990, 86–7; 2000, 119), a dyfynnu dwy frawddeg o gyfrol 2000, er nad oes ymchwil empirig yn y penawdau i gadarnhau'r farn. 'It is perhaps easy to underestimate the legitimization process effected by

OHMCI on the growth of bilingual education in the last three decades. Such a central government agency has played neither a neutral nor an uninterested role.' Ar sail profiad personol, cytunaf â'r casgliadau hyn.

RHAI SYLWADAU I GLOI

Dangosodd y bennod sut y bydd pŵer ar wahanol lefelau micro, meso a macro yn newid yn ôl eu cyd-destun, ac yn cydadweithio â'i gilydd. Wrth olrhain datblygiad yr ysgolion Cymraeg, ymgyrchu pobl, yn arbennig y rhieni, oedd y grym a orfododd cynghorau lleol i'w sefydlu – y lefel ficro yn effeithio ar y meso. Ar y lefel facro, penderfyniad y Gweinidog dros Addysg a Dysgu Gydol Oes [neu'r Ysgrifennydd Gwladol cyn hynny] yw caniatáu neu wrthod agor ysgol newydd.

Rhoddwyd cryn ofod yn y bennod i bwyso a mesur cyfraniad unigolion, a dadansoddi eu disgresiwn personol-gynhenid. Nid yw ymdrechion a chymhelliant carismataidd unigolion, megis Douglas Hyde, Ben Yehuda a Bobby Sands, wrth achub ieithoedd wedi cael digon o sylw gan ymchwilwyr, barn a adleisir gan Quinn (2007, 5): '[M]ore case studies might enable us to proffer a motivational theory of language revitalization.' Hwyrach y medrai rhan olaf y bennod hon gyfrannu at ddatblygu'r fath ddamcaniaeth.

Gall pŵer fod yn gudd neu yn agored, ond nid yw byth yn colli ei rym, neu mae yn peidio â bod. Gall ymgryfhau neu ymwanhau. Newidir y ffocws ar y pŵer o bryd i'w gilydd, ond yr elfen gyson yw'r trydan sy'n creu cydadwaith rhwng y gwahanol bwerau. Teimlais hyn yn gryf wrth wrando ar gyfweliadau fy ngwaith maes (y mae CD-ROM o bedwar ohonynt ar gael yn Thomas, 2007). Dangoswyd sut y mae angen arbennig i wleidyddiaeth a gwleidyddion ymwneud â'r union bwerau sy'n tanseilio'u hygrededd. Er enghraifft, yn ôl Bentley (2001, 10): 'Avoiding this danger, for leaders of all political colours, requires a constant stream of challenging and radical ideas. Governments must be willing to learn, and to accept vigorous debate as a necessity for identifying solutions.'

Yn 1987 disgrifiodd Rawkins ddiffyg arweiniad llywodraeth ganol i ddwyieithrwydd mewn addysg (1987, 46). Yn 2004, ysgrifennodd Colin Williams, 'Mae mater o gyfrifoldeb a phwy sydd yn llywio'r system [addysg ddwyieithog yng Nghymru] yn un anodd ei ddehongli.

Erbyn heddiw yr argraff a geir yw nad oes neb yn gwbl sicr gan bwy mae'r cyfrifoldeb o arwain a hyrwyddo.' Fy thesis innau yw mai gan rieni ac athrawon, cynllunwyr a gwleidyddion, y mae'r cyfrifoldeb, ar y cyd. Mae cyfle yng Nghymru i harneisio'r pŵer er mwyn gyrru deinamo iaith, diwylliant, addysg a hunaniaeth y genedl, ac aeddfedu'r dadleuon, ar lawr gwlad, yn y sefydliadau, yn y cynghorau lleol ac ar lawr y Cynulliad. Dyna'r sialens fawr nesaf.

Pennod 6

Safonau Academaidd

CYFLWYNIAD

Ffocws y bennod hon yw safonau academaidd ysgolion Cymraeg de-ddwyrain Cymru. Rhennir yr astudiaeth yn ddwy brif ran, sef canfydd-iadau am y safonau, a mesuriadau gwrthrychol y gellir eu cymhwyso er mwyn arfarnu'r safonau a'r canfyddiadau amdanynt. Bydd canfydd-iadau yn creu delwedd – delwedd o safonau uchel yn achos yr ysgolion Cymraeg. Mater arall yw cytuno neu beidio â'r ddelwedd. Er enghraifft, cyfeiria Gorard (1998, 462) at 'the . . . sustaining myth, that Welsh-medium schools are more effective than their "English" counterparts'. Dadleua (2000, 144): '[T]here is an indication that the Welsh-medium schools in south Wales are not especially effective.' Ar y llaw arall, chwe blynedd cyn hynny, dywedwyd yn Nhŷ'r Cyffredin (Hansard, 1992, 8):

> **Mr. Butler**: Did my right hon. Friend see the survey in The Sunday Times which showed that some Welsh-medium schools offer excellent education – some of the best education in the whole of the United King-dom? Is not that a tribute to the quality of education within them?

> **Sir Wyn Roberts**: I agree with my hon. Friend and with the comments in the article to which he referred. The Welsh-medium schools provide a first-class education . . .

Cyfeirir at her arfarnu a chymharu safonau gan Dylan Vaughan Jones (1997, 9):

> To prove that Welsh-medium education provides education of a superior quality to comparable English-medium schools is not easy and even to claim as such is clearly contentious. There is no doubt, however, that Welsh-medium schools have gained from their reputation, rightly or

177

wrongly that they provide a better standard of education . . . From a position of relative strength there is now, however, a need to subjected [*sic*] current practice to closer scrutiny.

Prin y bu'r gwaith empirig a dadansoddol ar safonau addysgu a chyflawniad disgyblion yn y sector Cymraeg. Mae ymchwil Catrin Roberts ar ymroddiad dysgu ac addysgu mewn ysgolion dwyieithog (1985) yn gyfraniad gwerthfawr i'r maes, ond newid yw hanes byd addysg, ac mae angen ymchwil empirig cyfredol ym maes safonau academaidd. Bu rhywfaint o sylwadau a dadansoddi ar gyrhaeddiad disgyblion uwchradd, ac fe gyfeirir at hyn yn y mannau priodol.

Y gwaith perthnasol mwyaf diweddar oedd *Mantais Gystadleuol* Reynolds et al. (1998). Yn ôl y rhagymadrodd, dechrau'r proses oedd y gwaith, ac fe gydnabyddir (1998, 2) yr 'angen brys am ymchwil pellach i'r sector addysg cyfrwng Cymraeg fel y gellir deall y rhesymau dros ei lwyddiant yn well, cynnal ei fomentwm, a chymhwyso'r gwersi a ddysgwyd ar draws holl faes addysg yng Nghymru'. Cywain data o adroddiadau ac arsylwi ar wersi a phrosesau ysgolion oedd ffynonellau gwybodaeth yr astudiaeth. Defnyddiwyd adroddiadau SPAEM 1993–6 fel un o'r prif ffynonellau data, chwe ysgol Gymraeg a 39 Saesneg (1998, 4) 'o'r holl adroddiadau archwiliad ysgolion uwchradd sydd ar gael o gyn siroedd Gwent, Morgannwg Ganol a De Morgannwg, ynghyd â rhai o Orllewin Morgannwg'. Cymharwyd parau o ysgolion, dwy ysgol Gymraeg a dwy Saesneg, tebyg o ran eu 'derbyniadau' a 'gyda chyfraddau prydau ysgol di-dâl tebyg iawn'. Pedair ysgol yn unig felly oedd yn y rhan hon o'r ymchwil.

'Roedd 'mwyafrif y dyfarniadau a wnaed gan yr arolygwyr yn yr adroddiadau yn llafar [*sic*] yn hytrach na rhifyddol. Felly, ar gyfer dibenion sicrhau y medrem farnu perfformiad y gwahanol systemau yn deg, troswyd y geiriau i'r un graddfeydd pum pwynt' (1998, 10). 'Geiriol' neu 'ansoddol' ('verbal' yn ôl fersiwn Saesneg y cyhoeddiad) nid 'llafar' oedd y sylwadau. 'Meintiol' yw'r gair a ddefnyddir bellach, yn hytrach na 'rhifyddol', ac 'ansoddol' yn hytrach na 'geiriol'. Ffocws y data oedd 13 o agweddau trefniadol, yn cynnwys dysgu, addysgu, cyrhaeddiad, a 22 o bynciau'r cwricwlwm, er mai 17 o bynciau oedd yn gyffreddin i'r ddau sector. Hefyd, ymddengys y cymharwyd Cymraeg fel iaith gyntaf a Chymraeg ail iaith, er bod y meysydd llafur yn bur wahanol. Dangosodd graddiadau cymedrig o'r archwiliadau i'r sector Cymraeg gael 'ei raddio yn fwy effeithiol ym mhob maes a astudiwyd gan yr archwilwyr' (1998, 15).

CANFYDDIADAU

Y FFYNONELLAU A'R SAMPLAU

Cyfwelwyd â 28 o bobl rhwng Mai ac Awst 2006, a phroseswyd data o chwe holiadur yn cynrychioli barn 524 o rieni, 45 o athrawon cynradd a 51 uwchradd, gan wneud cyfanswm o 648 o unigolion. Llenwyd yr holiaduron rhwng gwanwyn 2004 a haf 2005.

CYFWELIADAU

Canfyddiad digamsyniol y cyfweledigion oedd i'r ysgolion Cymraeg ffynnu yn ne-ddwyrain Cymru o ran nifer yr ysgolion ac o ran safonau academaidd. Deuai safonau uchel ac ymroddedig y staff a chanlyniadau arholiadau allanol ar y brig pan ofynnwyd beth oedd y rhesymau am y ffynnu. Yn aml, gwychder y staff oedd y prif reswm a roddid pan ofynnwyd tua diwedd y cyfweliad am y rheswm pwysicaf am lwyddiant yr ysgolion. Yn ôl Eirlys Pritchard Jones (26 Mehefin 2006), fedrwch chi ddim gwahaniaethu rhwng hawl rhieni am addysg Gymraeg ac ymroddiad athrawon.

Er mai un agwedd ar gymhellion plwralistig rhieni dros ddewis yr ysgol Gymraeg yw safonau academaidd, eto i gyd, oherwydd y farn ddigamsyniol, penderfynwyd rhoi cryn ofod i'r agwedd hon yn yr astudiaeth gyfan. Pwysleisir mai archwilio rhai agweddau yn unig a wnaed, gan fod astudiaeth gynhwysfawr yn hawlio adnoddau mwy sylweddol na pharamedrau'r ymchwil hwn.[1]

Cyn symud ymlaen, nodir bod cymhariaeth rhwng ysgolion Cymraeg ac ysgolion Saesneg yn ymylu ar obsesiwn cenedlaethol, er mai tenau yw'r ymchwil academaidd arno. Wrth fesur effeithiolrwydd y sector Cymraeg, rhaid wrth feincnodau cymharol, a'r sector Saesneg yng Nghymru yw un o'r cymariaethau amlycaf. Nes y bydd y Gymraeg fel cyfrwng addysgu wedi dod yn brif gyfrwng yng Nghymru, parhau i gymharu'r ddau sector a ddigwydd, mae'n debyg.

HOLIADURON PENAGORED (H1–3)

Pan ofynnwyd i rieni yn H1 am restri'u rhesymau dros ddewis yr ysgol Gymraeg, o'r 62 a ymatebodd, nododd 26 ohonynt (41.9 y cant) safon yr addysg/ethos/enw da'r ysgol, ond dim ond pump (8.1 y cant) a nododd safonau academaidd a/neu ganlyniadau arholiadau. Penderfynwyd

---

[1] Cf. Reynolds et al. (1998, 5).

ailddarllen pob holiadur, a chanfod mai dim ond un teulu a ddefnyddiodd y gair *arholiad* wrth ymateb: 'Exam results are better and higher.' Cyfeiriodd y teulu arall at raddau: 'As there are fewer Welsh Medium schools, Teachers are more aware of statistics and therefore guide children that are capable of better grades, in order to obtain higher grades (pride in their work).' Tri theulu yn unig a ddefnyddiodd y gair 'academaidd' wrth nodi safonau (uchel) yr ysgolion Cymraeg: 'Good academic records of Ysgol Gymraeg'; 'academic achievement'; 'Welsh schools have better academic and behaviour records than English schools in our area'.

Beth felly yw'r rhesymau am beidio â chyfeirio at safonau academaidd a chanlyniadau arholiadau? Gellid awgrymu bod rhieni yn cymryd yn ganiataol y bydd canlyniadau'r ysgol Gymraeg yn rhai da iawn, o leiaf. Pan fo agwedd wedi'i normaleiddio, mae tuedd i beidio â chyfeirio ati. Nododd nifer arwyddocaol o rieni (42 y cant) safonau da addysgol, ond heb ymhelaethu ar *safonau da*. Gellid cymryd bod y gair *addysgol* yn cynnwys agweddau academaidd ac arholiadau. Pwysleisir mai â'r defnydd o eiriau yr ymdrinnir yn y man hwn, nid â'r neges a ddaw o'r geiriau: mae ieithwedd addysgwyr yn wahanol i ieithwedd lai arbenigol rhieni.

Ynghlwm â safonau y mae ansawdd yr athrawon. Dau deulu yn unig a gyfeiriodd at hynny, 'open-minded and friendly' a 'teaching staff more committed and dedicated'. Nid beirniadaeth ar safon athrawon yw sail y *lacuna* hwn yn y dystiolaeth, oherwydd bydd rhieni yn canmol athrawon am eu hymroddiad, megis ar noson rieni i drafod cynnydd eu plant. Yn aml byddai rhieni yn dod yn wirfoddol ataf pan oeddwn yn bennaeth ysgol i ganmol safon uchel yr athrawon. Awgrymir mai diffyg profiad yn ysgrifennu am ysgol ac addysg yw'r rheswm am y bwlch hwn yn y dystiolaeth. Er nad awgrymwyd unrhyw reswm yn yr holiaduron penagored dros ddewis yr ysgol Gymraeg, eto i gyd, nododd 43 y cant o'r ymatebwyr mai safon yr addysg/staff/ethos/enw da'r ysgol oedd y rheswm ail uchaf. Yn ogystal, gwirfoddolwyd safon well/uwch addysg Gymraeg a/neu safon is addysg Saesneg gan 37 y cant o deuluoedd.

Beth yw ystyr yr ansoddeiriau cymharol *better* a *higher* (a ddefnyddiwyd gan 37 y cant o'r ymatebwyr)? Gwell neu uwch na beth? Rhesymol casglu mai cymharu safonau addysg Gymraeg ac addysg Saesneg a wnâi'r rhieni, wrth iddynt edrych yn feirniadol ar rinweddau a gwendidau'r ddwy gyfundrefn, neu ddwyn i gof eu profiadau personol fel disgyblion, neu gyfuniad o'r ddau. O'r 37 a nododd safonau cymharol, cyfeiriodd un o bob pump yn ddi-flewyn-ar-dafod at safonau is addysg cyfrwng Saesneg, yn eu barn hwythau. Mae'r niferoedd a ganmolant safonau'r ysgolion Cymraeg (43 y cant) yn lled agos i'r rhai a gredant fod eu safon yn uwch (37 y cant). Nododd 42 y cant o ymatebwyr H1 y naill reswm neu'r llall, a dangosodd dadansoddiad pellach fod 12 teulu (20 y cant) yn canmol ac yn cymharu.

Ffordd arall o ddehongli'r ystadegau hyn yw bod y mwyafrif (25 o'r 37) a wnaeth sylw cymharol heb nodi mai safonau uchel yr ysgol Gymraeg a olygent, dim ond nodi eu bod yn well, ac mai am resymau safonau cymharol y dewisasant addysg Gymraeg. Cyfyd y cwestiwn felly, a yw rhai rhieni yn dewis yr ysgol Gymraeg am resymau negyddol, hynny yw, er mwyn osgoi'r ysgol Saesneg leol? Ar yr un pryd, cofier mai'r iaith Gymraeg oedd y rheswm a nodwyd gan fwyafrif yr ymatebwyr (62 y cant).

Yn gryno, nid oes esboniadau syml wrth ddadansoddi sylwadau'r rhieni, gymaint yw'r haenau ymenyddol a seicolegol cymhleth ynddynt. Neges gref oedd mai canmol safonau'r ysgol a wnelent, ac mai un rhan o'r darlun holistig oedd safonau academaidd.

HOLIADURON STRWYTHUREDIG (H4–6)
Y drydedd ffordd a ddefnyddiwyd i fesur canfyddiadau oedd gofyn am farn ymatebwyr drwy holiaduron strwythuredig. Fe'u mesurwyd mewn tair ffordd: dadansoddi ymatebion i resymau dros ddewis addysg Gymraeg yn Adran B; dehongli amlder a threfn pwysigrwydd y pum rheswm pwysicaf a nodwyd ganddynt ddiwedd Adran A; a dadansoddi ymatebion i osodiadau priodol ynghylch ansawdd yr addysg yn Adran C.

CANFYDDIADAU RHIENI AC ATHRAWON AM SAFONAU
ACADEMAIDD YR YSGOLION CYMRAEG
Yn gyntaf, ymdrinnir â'r pedwar rheswm yn Adran B H4–6 sy'n ymwneud â safonau, sef:

- Enw da'r ysgol Gymraeg leol a'r ysgolion Cymraeg yn gyffredinol a safon broffesiynol uchel yr athrawon (Rh4);
- Safonau academaidd uchel yr ysgolion Cymraeg a chanlyniadau da iawn/ardderchog yr ysgol gyfun mewn arholiadau (Rh5);
- Credu bod addysg Gymraeg yn well (Rh17);
- Credu bod safon addysg Gymraeg yn uwch (Rh26).

Er mai cyfeirio, yn uniongyrchol neu yn anuniongyrchol, at ysgolion Saesneg a wnâi rhieni yn H1–3, ni thybiwyd mai gwleidyddol ddoeth fyddai defnyddio'r gymhariaeth honno yn H4–6. Am yr un rheswm, ni ddefnyddiwyd y sbardun *safon is addysg Saesneg*, a grybwyllwyd gan rai o rieni H1–3. Ni ddiffiniwyd ychwaith y cymariaethau yn rhesymau 17 a 26. Penderfynwyd hefyd hepgor y gair *ethos*, a nodwyd gan rai o rieni H1–3, gan y byddai angen esboniad ar agweddau amlhaenog y gair.

Cofnodir yr ystadegau llawn cymharol yn Nhabl R3, a sylwadau amdanynt yn y paragraffau dilynol, fesul pob un o'r pedwar rheswm.

'Enw da'r ysgol a safon yr athrawon'
Cred athrawon fod y maen prawf hwn yn bwysicach nag yr awgrymir gan ganfyddiad y rhieni. Pan agregir sgôr 'eithriadol o bwysig' a 'pwysig iawn', mae mwy na 10 pwynt canran o wahaniaeth rhwng canfyddiadau rhieni ac athrawon. Pan ystyrir mai tybied beth oedd barn rhieni oedd tasg yr athrawon, awgryma'r gwahaniaeth iddynt dybied bod disgwyliadau uchel iawn gan y rhieni. Mae'n arwyddocaol mai dyma'r dangosyddion uchaf yn ganrannol o'r pedwar dan ystyriaeth: 86.7 y cant o athrawon cynradd ac 84.3 y cant o'r athrawon uwchradd a dybiai fod enw da'r ysgol a safon yr athrawon yn eithriadol o bwysig neu yn bwysig iawn. Mae tebygrwydd barn rhieni ac athrawon uwchradd ar y raddfa 'eithriadol o bwysig' yn un enghraifft o undod gweledigaeth rhieni ac athrawon o ran pwysigrwydd ethos a phroffesiynoldeb. Adlewyrcha'r canlyniadau hefyd hunan-barch uchel athrawon ynddynt eu hunain fel pobl broffesiynol a'u balchder yn enw da eu hysgolion. Dehongliad gwahanol (sinigaidd) yw mai hunan-dyb athrawon sy'n gyfrifol am y sgôr uchel.

'Safonau academaidd a chanlyniadau arholiadau'
Y tro hwn, yn y ddwy raddfa 'eithriadol o bwysig' a 'pwysig iawn', y gwahaniaeth rhwng barn rhieni ac athrawon uwchradd yw 3.2 pwynt canran. Mae agosrwydd y canrannau hyn yn arwyddocaol, gan ddangos ymwybyddiaeth dda'r athrawon o ddisgwyliadau'r rhieni. Mae mwy na thri chwarter yr athrawon cynradd o'r farn fod canlyniadau arholiadau a safonau academaidd yn eithriadol o bwysig yng ngolwg rhieni a'r proffesiwn. Gall y fath ganfyddiad fod yn fanteisiol mewn dwy ffordd: gosod disgwyliadau uchel ar gyfer disgyblion a'u rhieni, a marchnata addysg uwchradd drwy gyfrwng y Gymraeg gan athrawon cynradd. Mae'r duedd glir i raddio'r ddau osodiad yn uchel (1 a 2) yn dangos

disgwyliadau uchel gan rieni ac athrawon, gan danlinellu pwysigrwydd sylweddol safonau academaidd uchel yr ysgolion.

'Credu bod addysg Gymraeg yn well' a 'Credu bod safon addysg Gymraeg yn uwch'

Ni ddywed y ddau reswm yn well nac yn uwch na beth y mae addysg Gymraeg. Annoeth lled awgrymu bod cwricwlwm, ethos, bugeiliaeth a bywyd cymdeithasol a diwylliannol yr ysgolion Cymraeg yn well na rhai'r ysgolion Saesneg, na 'chwaith fod eu safonau dysgu ac addysgu, cyflawniad a chyrhaeddiad yn uwch. Cydnabyddir mai gwahaniaeth semantig sydd rhwng 'gwell' ac 'uwch' i lawer. Dylid cofio hefyd mai safon is yr ysgolion Saesneg a nodwyd gan nifer o rieni H1–3. Yn seicolegol, awgryma 'is' ac 'uwch' raddfeydd fertigol, tra gellid dadlau bod graddfeydd mwy llorweddol 'gwell' a 'gwaeth' yn llai cystadleuol a bygythiol.

Gwelir canrannau is y tro hwn ym mhob ystadegyn bron, yn arbennig o ystyried canfyddiadau rhieni. Barn tua un o bob pum rhiant yw nad yw safonau gwell canfyddedig yr ysgol Gymraeg yn rheswm pwysig wrth ei dewis. Cadarnheir y farn hon gan ystadegau rheswm 26. Os rhoddir yr un arwyddocâd i sgorau 1 a 2 ar gyfer rhesymau 17 a 26 ag ar gyfer rhesymau 4 a 5, yna mae gwahaniaeth arwyddocaol rhwng canlyniadau'r ddau bâr o resymau: 44.2 y cant (agregedig) ar gyfer safonau uchel cymharol, ond 71.2 y cant (agregedig) ar gyfer safonau uchel absoliwt, heb gymhariaeth.

Nid yw'r gwahaniaethau yn y parau o resymau mor amlwg, ar y cyfan, pan ddehonglir barn athrawon: ymddengys y gwêl athrawon uwchradd gydberthynas glòs iawn rhwng safonau academaidd uchel/ canlyniadau arholiadau da iawn/ardderchog (rheswm 5) a safon uwch addysg Gymraeg (rheswm 26), gan mai'r un ganran yn union, 72.5 y cant, sydd wedi sgorio 1 neu 2 ar gyfer y pâr hwn o resymau. Gan dybied bod elfen o feirniadaeth ar addysg Saesneg yn ymhlyg yn y cwestiwn, awgryma'r ystadegau fod rhieni, a rhai athrawon, yn gyndyn o feirniadu sector arall addysgol.

CANFYDDIADAU RHIENI AC ATHRAWON, YN ÔL TREFN PWYSIGRWYDD Y RHESYMAU

Ffordd arall o fesur canfyddiad am bwysigrwydd safonau academaidd a chanlyniadau arholiadau yw ystyried safle'r rheswm hwn yn yr adran trefn pwysigrwydd ddiwedd Adran B. Gwnaed amryw ddadansoddiadau o drefn pwysigrwydd; manylir ym mhennod 2 ac yn Thomas (2007, 462–72). Mae'n ddigon nodi yma mai cyfuno sgorau pwysoledig ac agregedig a roddai'r dadansoddiad llawnaf a mwyaf cytbwys.

Yn ôl rhieni H4, safonau academaidd oedd y trydydd rheswm pwysicaf dros ddewis yr ysgol Gymraeg. Cyferbynna hyn yn ddramatig â safle'r un rheswm yn H1–3, sef yn gydradd trydydd ar ddeg. Safon yr addysg a'r athrawon yw'r pedwerydd rheswm o ran pwysigrwydd y tro hwn; 'roedd yn ail yn H1–3 y flwyddyn gynt. Ai dweud mwy o ran holiaduron nag am ganfyddiadau a wna'r gwahaniaeth arwyddocaol iawn hwn o ran barn rhieni? Rhydd holiadur penagored sialens sylweddol i'r ymatebydd, a hwyrach mai'r prif resymau cyn i'w plant ddechrau mewn cylch neu ysgol feithrin a ddaeth yn ôl i'r cof wrth iddynt ateb H1. Ysywaeth, gwendid dadl fel hon yw'r awgrym nad yw darpar rieni yn ystyried canlyniadau arholiadau'r ysgol uwchradd cyn dewis cyfrwng addysg. Anodd derbyn y ddadl honno, yn arbennig yn wyneb ymateb rhieni H4: cred 69.3 y cant ohonynt fod agweddau academaidd yn eithriadol o bwysig neu yn bwysig iawn. Pan ychwanegir y ganran 'pwysig', cwyd y ganran gronnus i 91.5 y cant.

Arwyddocâd cyntaf yr ymarfer yw i ddisgwyliadau uchel y rhieni am safonau academaidd ddod ar y brig pan ofynnwyd iddynt ddewis y rhesymau pwysicaf. Yr ail yw dangos sut y gellir defnyddio'r gwahanol dablau data mewn ymarfer triongli er mwyn mesur dilysrwydd a dibynadwyedd y data. Gellir cymhwyso triongli i'r adran nesaf hefyd, sydd yn trafod barn ymatebwyr i dri gosodiad am ansawdd yr addysg.

YMATEBION I OSODIADAU YNGHYLCH ANSAWDD YR ADDYSG

G13 Oni bai fod yr ysgolion Cymraeg yn cyrraedd safonau uchel yn eu hardal, byddai mwy o ddarpar rieni yn dewis addysg Saesneg.

Nid yw'r gosodiad yn ymhelaethu ar 'safonau uchel', ond dylid ei ystyried yng nghyd-destun gosodiadau 13–20, sydd o dan ymbarél 'Ansawdd yr Addysg'. Cytuna tua hanner yr athrawon yn gryf iawn neu yn gryf â'r gosodiad. Dengys hyn ymwybyddiaeth athrawon o'r elfen gystadleuol o ran denu disgyblion i'r sector Cymraeg, a'u cadw, ac awgryma'r canlyniad iddynt anghytuno â'r ddadl nad yw ysgolion yn gystadleuol yng Nghymru. Er bod bron dau o bob tri rhiant yn cytuno â'r gosodiad, nid ydynt yn barod i ddangos teimladau cryfion am y mater. Diddorol cymharu'r ymateb hwn â'r ymateb i'r ddau osodiad nesaf, gan fod y tri ohonynt yn ceisio mesur canfyddiad am yr un peth.

Y gwahaniaeth rhwng G13 a'r ddau arall yw bod G14 a G18 yn cyfeirio'n benodol at arholiadau (14) a safonau academaidd (18). Chwilir am batrymau tebyg o ymateb ar gyfer y pâr hwn o osodiadau, gan dybio bod hynny yn dangos dilysrwydd y symbyliadau a hefyd gysondeb barn yr ymatebwyr.

G14   Pe bai canlyniadau arholiadau'r ysgolion Cymraeg yn gwaethygu,
ni fyddai'r ysgolion mor boblogaidd.

Cytunodd 43.1 y cant o'r athrawon uwchradd yn gryf iawn neu yn gryf â'r gosodiad (33.4 y cant o'r athrawon cynradd a 28.6 y cant o'r rhieni). Yr hyn sy'n debyg yw bod mwy o athrawon yn cytuno'n gryf na'r rhieni, ond nid yw'r gwahaniaeth mor fawr ag ar gyfer y gosodiad blaenorol. Unwaith eto, canran fechan o'r rhieni (10.6 y cant) sydd yn cytuno'n gryf iawn â'r gosodiad, canran ddigon tebyg i'r gosodiad blaenorol. Mae bron 60 y cant yn cytuno, o'i gymharu ag ychydig dros 60 y cant ar gyfer G13. Dengys hyn gysondeb barn y rhieni.

G18   Dewisais yr ysgol Gymraeg gan fod ganddi enw da am gyrraedd
safonau academaidd uchel.

Y gosodiad hwn yw'r un agosaf o ran neges at G14. Cafwyd ymateb digon tebyg i ystadegau G14. Er enghraifft, yr athrawon uwchradd gytunai gryfaf â'r gosodiad (49 y cant), yna'r athrawon cynradd (31.1 y cant), a 27 y cant o'r rhieni.

Yn gryno, cafwyd patrwm ystadegol tebyg o ymatebion ar draws y tri gosodiad, sydd yn awgrymu dilysrwydd a dibynadwyedd unwaith eto yn yr holiaduron, cysondeb barn a bod yr ymatebwyr yn meddwl cyn cofnodi sgôr. Dengys yr ymatebion uchod na ellir cynnig esboniadau simplistig dros gymhellion rhieni yn dewis yr ysgol Gymraeg, ond bod safonau academaidd uchel a chanlyniadau da yn allweddol er mwyn ffyniant y sector. Hynny yw, nid yw'r iaith Gymraeg ar ei phen ei hunan yn ddigon o gymhelliant ideolegol neu genedlatholgar.

MESURIADAU GWRTHRYCHOL

Y FFYNONELLAU

Adroddiadau Estyn 2001–6 ac ystadegau Llywodraeth Cynulliad Cymru 2002–5 oedd y ffynonellau ar gyfer mesuriadau gwrthrychol a chyson ynghylch safonau. Darllenwyd 186 o adroddiadau arolygiadau Estyn a gyhoeddwyd rhwng 2001 ac Ebrill 2006 ar ysgolion de-ddwyrain Cymru a thri o adroddiadau blynyddol y prif arolygydd. Defnyddiwyd adroddiadau o'r cyfnod hwn gan eu bod ar gael yn hylaw ar y we. Dadansoddwyd graddau am addysgu a chyflawniad o 167 o adroddiadau cynradd ac 19 o rai uwchradd. Cyfanswm yr adroddiadau a ddefnyddiwyd felly oedd 189. Tanlinellir bod sgôr ysgolion cynradd bychain neu ddosbarthiadau chwech bychain yn medru cael eu sgiwio. Weithiau cofnodir hynny gan arolygwyr, megis nodi y cyfeiria 8 y cant o'r sampl mewn un ysgol at un wers.

Gwnaed dadansoddiadau mewn pedwar maes: ansawdd addysgu'r athrawon a safonau cyflawniad y disgyblion ym mhob cyfnod all-weddol, cyrhaeddiad disgyblion B11 yn eu harholiadau TGAU, a chyrhaeddiad myfyrwyr B13 yn Safon A. Wedi'r dadansoddiadau, gwneir sylwadau ynghylch gwerth-ategol. Anelwyd yn y dadansoddi at gydbwysedd rhwng tueddiadau bras a manylu er mwyn manylu. Gellir darllen y manylion llawn yn Thomas (2007, 510–24).

MEINI PRAWF MESUR SAFONAU ADDYSGU A CHYFLAWNIAD
Dyfernir graddau mewn arolygiadau yn unol â meini prawf Estyn o Gylch 2 (cyn Medi 2004) ac o Gylch 3. Barnwyd nad oedd gwahan-iaeth arwyddocaol rhwng diffiniadau'r ddau gylch ac y gellid defnyddio data o'r ddau gylch. Cytunodd Estyn â dilysrwydd y dehongliad hwn. Dyma'r pum maen prawf o Gylch 3:

1 Da gyda nodweddion rhagorol.
2 Nodweddion da a dim diffygion pwysig.
3 Nodweddion da yn gorbwyso diffygion.
4 Rhai nodweddion da, ond diffygion mewn meysydd pwysig.
5 Llawer o ddiffygion pwysig.

NATUR Y SAMPL
Defnyddiwyd gwahanol fathau o samplau ac o gymariaethau: holl ysgolion cynradd Cymraeg y de-ddwyrain mewn cymhariaeth â holl ysgolion cynradd Cymru; naw o ysgolion cynradd Cymraeg Cyngor B mewn cymhariaeth â holl ysgolion cynradd Cymru ac â 77 o ysgolion Saesneg y cyngor hwnnw; pump o ysgolion cynradd Cymraeg Cyngor C mewn cymhariaeth â holl ysgolion cynradd Cymru ac â 53 o ysgol-ion Saesneg y cyngor hwnnw; wyth o ysgolion uwchradd Cymraeg y

de-ddwyrain mewn cymhariaeth â holl ysgolion uwchradd Cymru; dwy ysgol uwchradd Gymraeg Cyngor B mewn cymhariaeth ag 11 o ysgolion Saesneg y cyngor hwnnw.

ANSAWDD YR ADDYSGU

Yn ôl Estyn (2006, 59), erbyn 2005 'roedd cyn lleied o wersi gradd 4/5 yn y sector cynradd fel nad oedd arwyddocâd iddynt yn yr ystadegau torfol. Er mwyn gwahaniaethu rhwng safonau addysgu ar y tair gradd arall, gwelwyd nad oedd canran gronnus graddau 1–3 yn gwahaniaethu ychwaith. Penderfynwyd mai'r ystadegyn gorau oedd cyfanswm cyfartalog graddau 1–2. Tebyg iawn yw'r patrwm ar gyfer ysgolion uwchradd, er bod 3 y cant o wersi yn anfoddhaol. Gwnaed dadansoddiad cychwynnol o wyth ysgol er mwyn dilysu'r fethodoleg. Cadarnhawyd bod y fethodoleg yn ddilys.

YSGOLION CYNRADD CYMRAEG DE-DDWYRAIN CYMRU

Dros y cyfnod 2001–5, 'roedd canran safonau addysgu (graddau 1–2) yr ysgolion cynradd Cymraeg yn ne-ddwyrain Cymru (sef 77 y cant) naw pwynt canran yn uwch na'r ganran genedlaethol ar gyfer holl ysgolion cynradd Cymru (sef 68 y cant) (Estyn, 2005b; 2006). Mae'r gwahaniaeth yn un arwyddocaol, gan gadarnhau'r farn a fynegwyd yn y cyfweliadau a'r holiaduron ynghylch safon uchel yr addysgu a'r athrawon. Dengys yr ystadegau fod amrediad mawr yn y graddau 1–2 (sef o 40 y cant hyd at 100 y cant). A yw'r ysgolion cynradd Cymraeg yn colli'r safonau mwy homogenaidd a welir, er enghraifft, yn achos ysgolion Cymraeg Awdurdod B (gw. isod)? A chymryd canran gyfartalog Cymru 2001–5 (sef 68 y cant) fel maen prawf, gwelir bod chwarter yr ysgolion (wyth ysgol o'r 37 a arolygwyd) â chanran is na hynny. Mae tair ohonynt â chanran rhwng 40 y cant a 47 y cant, tair rhwng 57 y cant a 62 y cant, un yn 64 y cant a'r llall yn 65 y cant. Mae canran un ysgol arall yn hafal â'r ganran genedlaethol.

Pe baech yn tynnu'r tair ysgol â chanran rhwng 40 a 47 o'r hafaliad, yna byddai canran gyfartalog yr ysgolion Cymraeg yn codi i 80 y cant, sef 12 pwynt canran yn well na 68 y cant yn genedlaethol. Ar y cyfan felly, mae bwlch arwyddocaol rhwng safonau addysgu'r ddau sector yn ne-ddwyrain Cymru. Arwyddocâd y gwahaniaeth yw bod safonau addysgu'r ysgolion Cymraeg yn fwy homogenaidd, sy'n ei gwneud hi'n haws i ddarpar rieni benderfynu a ydynt yn mynd i ddanfon eu plant i'r sector ai peidio. Pan ystyrir sefydlu rhagor o ysgolion Cymraeg, a bod pob ysgol newydd yn gorfod profi'i hun, mae'r sicrwydd hwn ar draws y sector bod safonau addysgu yn dda iawn yn elfen bwysig o ran cymhelliant y rhieni. Nid dyma'r lle i drafod canran is na'r disgwyl mewn ychydig o ysgolion, ond fe osodir hynny mewn cyd-destun sector yn nes ymlaen yn y bennod.

Ysgolion cynradd Cymraeg Awdurdod B
Yn Awdurdod B, canran y naw ysgol gynradd Gymraeg oedd 88 y cant, o'i chymharu â 75 y cant ar gyfer y 77 ysgol Saesneg a 68 y cant yn genedlaethol. Mae'r gwahaniaeth o 20 pwynt canran dros y ganran genedlaethol yn fawr iawn. Mae'r gwahaniaeth o 13 pwynt canran rhwng y ddau sector yn yr awdurdod hwn yn arwyddocaol iawn, ac yn cadarnhau'r canfyddiadau a ddisgrifiwyd eisoes.

Gwahaniaeth arwyddocaol arall yn sampl ysgolion cynradd Awdurdod B yw'r amrediadau o raddau, 73 y cant i 98 y cant (ystod o 25 pwynt canran) ar gyfer yr ysgolion Cymraeg, a 32 y cant i 100 y cant (ystod o 68 pwynt canran) ar gyfer yr ysgolion Saesneg. Wrth gwrs, mae safonau ardderchog yn y ddau sector, fel y dengys amrediad y graddau, sy'n bwrw 100 y cant yn y sector Saesneg. Anwastadrwydd y safonau sy'n gwanhau'r ysgolion Saesneg fel sector.

Ysgolion cynradd Cymraeg Awdurdod C
Yn Awdurdod C mae'r ganran ar gyfer y pum ysgol Gymraeg a arolygwyd (80 y cant) yn uwch na'r ganran genedlaethol (68 y cant), gwahaniaeth arwyddocaol o 12 pwynt canran. Sgôr y 53 o ysgolion Saesneg yw 78 y cant, gan ddangos eto fod yr ysgolion Cymraeg yn sgorio'n uwch, er nad yw'r gwahaniaeth yn arwyddocaol iawn y tro hwn. Mae amrediad graddau'r sector Saesneg, o 33 y cant i 100 y cant yn fawr iawn yn yr awdurdod hwn, o'i gymharu â 76 y cant i 90 y cant yn y sector Cymraeg.

YSGOLION CYFUN CYMRAEG DE-DDWYRAIN CYMRU
Dengys canrannau graddau 1–2 yr ysgolion Cymraeg (Tabl S4) welliant blynyddol. Maent yn uwch na'r cyfartaledd cenedlaethol ym mhob achos ond un. Mae'r bwlch hefyd rhwng y cyfartaledd cenedlaethol a'r ysgolion Cymraeg wedi cynyddu yn flynyddol. Ar y cyfan, mae'r sector Cymraeg yn sgorio 78 y cant, tri phwynt canran yn uwch na'r ganran

genedlaethol (75 y cant). Amrediad y graddau yw o 63 y cant i 89 y cant, ystod o 26 pwynt canran, tebyg i'r ystod ar gyfer ysgolion cynradd Awdurdod B. Wedi 2001–2, daw'r ystod i lawr i 12 pwynt canran – ystadegyn sy'n cadarnhau brand homogenaidd uchel y sector.

Ysgolion cyfun Cymraeg Awdurdod B
Penderfynwyd defnyddio Awdurdod B fel sampl gan fod y rhifau yn hyfyw. Canran graddau 1–2 y sector Cymraeg yw 89 y cant, a 69 y cant yn y sector Saesneg. Mae'r ysgolion cyfun Cymraeg felly 20 pwynt canran yn uwch nag ysgolion uwchradd yr awdurdod a 14 pwynt yn uwch na'r ganran genedlaethol. Yn ogystal, yn y sector Saesneg ceir amrediad o 41 y cant i 87 y cant, o'i gymharu ag amrediad o 88 y cant i 89 y cant yn y sector Cymraeg. Rhagora'r ysgolion Cymraeg o ran safonau addysgu da a da iawn o 20 pwynt canran, gwahaniaeth arwyddocaol iawn, hyd yn oed yn uwch na'r 13 pwynt o wahaniaeth positif yn y sector cynradd.

CASGLIADAU
Mae safonau addysgu, sef safon athrawon, yn y sector Cymraeg yn neddwyrain Cymru yn rhagori yn arwyddocaol iawn ar safonau ysgolion Cymru yn genedlaethol, a hynny yn y sectorau cynradd ac uwchradd. Mae'r sector Cymraeg yn rhagori hefyd ar y sector Saesneg yn y ddau AALl a ddewiswyd yn enghreifftiau, er bod y gwahaniaethau yn amrywio rhwng ardal ac ardal, a rhwng ysgol ac ysgol.

Mae'r ysgolion Cymraeg yn ymdebygu mwy i'w gilydd o ran safonau na'r ysgolion Saesneg, ac yn creu delwedd fwy homogenaidd i'r cyhoedd ac yn arbennig i'r rhieni a darpar rieni o ysgolion sydd yn meddu ar safonau addysgu uchel iawn. Gall hynny greu ymdeimlad o ymddiriedaeth ymhlith y rhieni. Mae'r data gwrthrychol yn cadarnhau canfyddiadau'r cyfweledigion yn ogystal â'r rhieni a'r athrawon a ymatebodd drwy'r holiaduron mai uchel yw'r safonau.

Cadarnheir barn Estyn am safonau addysgu athrawon yr ysgolion Cymraeg gan astudiaeth Reynolds et al., a ddefnyddiodd y system QAIT ac iddo bedwar prif ddimensiwn: ansawdd yr hyfforddiant, addasrwydd yr hyfforddiant, defnyddio cymhellion, a defnydd amser (1998, 18). Dyma eu damcaniaethau gwybodus am safonau addysgu (1998, 24–5):

Bu'r athrawon [addysg cyfrwng Cymraeg] yn fwy neilltuol [nag yn y sector Saesneg] yn y ffyrdd canlynol:

- drwy fod mewn llawer achos yn gymerwyr risg ac yn arloeswyr y system newydd, ac felly'n fwy hunan-hyderus na'r 'holl'athrawon gyda'r [*sic*] gilydd;
- drwy fod â mwy o berchnogaeth o'u hysgol, gan iddynt gynhyrchu eu deunydd cwricwlwm eu hunain yn nyddiau cynnar yr ysgolion, a'u deunydd cwricwlwm eu hunain yn achos pynciau chweched dosbarth ar hyn o bryd;
- drwy fod ag ymdeimlad cryf o 'genhadaeth' a 'hunaniaeth' gadarn mewn proffesiwn lle gall fod yn brinnach nag o'r blaen;
- drwy fod â pharch eithriadol at yr iaith Gymraeg, ac felly'n debygol o weithio'n galed iawn i sefydlu ysgolion.

Y casgliad am 'effeithlonrwydd' addysg cyfrwng Cymraeg ('effectiveness' yn y fersiwn Saesneg) yw bod yr ysgolion cyfrwng Cymraeg yn fwy effeithiol na'r ysgolion cyfrwng Saesneg 'yn eu prosesau addysgol *hyd yn oed o ystyried eu derbyniadau breintiedig*' (1998, 21). '*Advantaged intakes*' sydd yn y fersiwn Saesneg (pwyslais yn y gwreiddiol).

SAFONAU CYFLAWNIAD Y DISGYBLION

Ar y cyfan, yn ôl tystiolaeth Estyn (Ann Keane, 3 Gorffennaf 2006), byddech yn disgwyl cryn gyfatebiaeth rhwng sgorau ansawdd yr addysgu a safonau cyflawniad y disgyblion. Mae'r data yn y bennod hon yn cadarnhau hynny. Defnyddir yr un patrwm o gymariaethau ag ar gyfer ansawdd yr addysgu.

YSGOLION CYNRADD CYMRAEG DE-DDWYRAIN CYMRU
Canran gyfartalog Cymru o 2001–5 oedd 68 y cant. 'Roedd canran yr ysgolion Cymraeg yn arwyddocaol uwch ar 79 y cant, bwlch o 11 pwynt canran. Pe baech yn tynnu canrannau'r tair ysgol sydd yn arwyddocaol is na'r gweddill, yna codai'r ganran i 82 y cant, sydd yn cyd-fynd â'r ganran o 80 y cant ar gyfer ansawdd yr addysgu. Gellid ailadrodd casgliadau a wnaed o dan safonau addysgu. Yn gryno, mae canfyddiadau pobl am safonau cyflawniad yn gywir.

Ysgolion cynradd Cymraeg Awdurdod B
Mae canran yr ysgolion Cymraeg, 90 y cant, 22 pwynt canran yn uwch na'r ganran genedlaethol, gwahaniaeth eithriadol o arwyddocaol. Ni ddadansoddwyd graddau gweddill ysgolion cynradd Awdurdod B, gan fod cyfatebiaeth dorfol yn genedlaethol rhwng safonau addysgu a safonau cyflawniad, sef 68 y cant, yn y ddwy agwedd.

Ysgolion cynradd Cymraeg Awdurdod C
Mae canran yr ysgolion hyn (77 y cant) hefyd yn uwch na'r ganran genedlaethol (68 y cant), 9 pwynt canran yn well. Canu cywydd y gwcw yw nodi bod y gwahaniaeth yn un arwyddocaol iawn.

YSGOLION CYFUN CYMRAEG DE-DDWYRAIN CYMRU
Dangoswyd (Thomas, 2007, 519) bod pob ysgol, ac eithrio un, wedi cyflawni ar safon uwch na'r canrannau cenedlaethol. Mae'r gwahaniaeth rhwng canran gyfartalog yr ysgolion Cymraeg a holl ysgolion Cymru yn arwyddocaol iawn, gan fod 9 pwynt canran o wahaniaeth rhyngddynt. Pe baech yn tynnu canran yr ysgol isaf, byddai'r ganran yn codi i 78 y cant, gan greu bwlch o 12 pwynt canran. Dengys Tabl 6.1 grynodeb o'r data:

TABL 6.1: SAFONAU CYFLAWNIAD YSGOLION CYFUN CYMRAEG DE-DDWYRAIN CYMRU YNG NGHYD-DESTUN YSGOLION UWCHRADD CYMRU

Cyfnod	Cymru	Ysgolion Cymraeg	Gwahaniaeth	Nifer ysgolion Cymraeg	Amrediad sgôr % graddau 1 a 2 ysgolion Cymraeg
2001/2	64	63	-1	2	52–73
2002/3	63	72	9	1	72
2003/4	73	78	5	4	67–86
2004/5	63	89	25	1	89
2001/5	66	75	9	8	52–89

Ffynhonnell: Estyn, arolygiadau dan Adran 10 Deddf Arolygu Ysgolion 1996, 2001–6.

Y neges, yn arbennig i'r rhieni, yw bod eu plant yn cyflawni'n dda iawn, ac yn arwyddocaol uwch nag ysgolion Cymru ar gyfartaledd. Mae angen sylwadau pellach ar y gwahaniaeth o 25 pwynt ar gyfer un o'r ysgolion yn y data blaenorol. Weithiau honnir bod ysgolion Cymraeg yn gwneud yn dda oherwydd bod y disgyblion o allu cynhenid uchel. Yr ensyniad yw nad yw'r ysgol yn ychwanegu gwerth i'w cyflawniad. Mae'r ystadegau a'r dadansoddiadau blaenorol ynghylch safonau addysgu yn gwrthbrofi'r fath honiadau, a buddiol yw gosod ysgol Glantaf, fel enghraifft yn unig, mewn cyd-destun priodol. Dyfynnir o adroddiad Estyn (2005a). (Y rhif mewn cromfachau ddiwedd pob paragraff yw rhif y dudalen yn yr adroddiad.)

Mae amrywiaeth mawr yng nghefndir economaidd, cymdeithasol ac ieithyddol y disgyblion . . . Daw tua 68 y cant o'r disgyblion o gartrefi lle nad yw'r Gymraeg yn brif iaith yr aelwyd. [6]

Mae disgyblion a myfyrwyr o bob gallu, beth bynnag eu rhyw, cefndir cymdeithasol neu ieithyddol, yn cyflawni'n dda iawn. Mae'r safonau a gyflawna disgyblion ag anghenion addysgol arbennig yn dda. Cyflawna disgyblion galluog a dawnus yn dda iawn. [19]

Mae cynnydd y disgyblion a'r myfyrwyr yn eu dysgu yn dda iawn. Mae disgyblion o bob gallu yn caffael gwybodaeth a medrau newydd. Maent yn deall yr hyn sydd angen arnynt iddynt ei wneud i wella ac yn datblygu lefel uchel o annibyniaeth yn eu gwaith. Maent yn datblygu medrau creadigol, personol, cymdeithasol a dysgu da iawn. Mae hyn oll yn rhagoriaeth. [10]

Mae'r ganolfan cefnogi dysgu yn ganolfan addas iawn i nifer bychan o ddisgyblion sydd ag anawsterau addysgol arbennig cymhleth. Mae'r cynnydd a wna'r disgyblion, yn enwedig mewn perthynas â'u medrau cyfathrebu a'u datblygiad personol a chymdeithasol, yn rhagorol. [30]

Dengys dadansoddiadau 'gwerth-atodol' y Sir bod disgyblion o bob gallu yn gwneud cynnydd da iawn yng nghyfnod allweddol 3 a chyfnod allweddol 4. [9]

Mae profiadau dysgu'r disgyblion yn rhagoriaeth. [12]

CASGLIADAU

Mae safonau cyflawniad disgyblion yr ysgolion Cymraeg yn arwyddocaol uwch, ar y cyfan, na'r perfformiad cenedlaethol, weithiau yn eithriadol uwch. Cofnodir gan arolygwyr fod y disgyblion, ar y cyfan, yn datblygu sgiliau, yn magu agweddau cadarnhaol ac yn gwneud cynnydd da ym mhob agwedd ar fywyd ysgol, beth bynnag fo'u cefndir a'u galluoedd cynhenid.

SAFONAU CYRHAEDDIAD Y DISGYBLION

Gan fod cymaint o newidiadau yn digwydd yn y ffordd y cofnodir cyrhaeddiad disgyblion CA1–3 a bod y drefn ar gyfer B11–13 yn fwy sefydlog, penderfynwyd dadansoddi cyraeddiadau TGAU a Safon Uwch yn unig. Y ffynonellau data oedd ffurflenni RE2 Llywodraeth Cynulliad Cymru a dau gyhoeddiad CCC (2005a; 2006a).

CRYFDERAU A GWENDIDAU GWAHANOL DDANGOSYDDION A DDEFNYDDIR I DDISGRIFIO SAFONAU CYRHAEDDIAD Y DISGYBLION DDIWEDD BLWYDDYN 11 YN EU HAROLIADAU TGAU/GNVQ

Gellir defnyddio nifer o wahanol ddangosyddion er mwyn ysgrifennu'n feirniadol am gyraeddiadau disgyblion mewn arholiadau cenedlaethol. Yn eu plith y mae'r canlynol: canrannau 5A*–C; canrannau 5A*–G; canran a enillodd TGAU 5A*–C ym mhob un o'r pynciau craidd; pwyntiau cyfartalog; a data gwerth-ategol/gwerth-atodol. Mae'r meincnodau 5A*–C a 5A*–G yn rhai amrwd, gan nad ydynt yn dangos safon y cyrhaeddiad. Er enghraifft, ni fyddai'r dangosydd yn gwahaniaethu rhwng ysgol â 75 y cant o ddisgyblion B11 yn ennill gradd C ym mhob pwnc ac ysgol â 75 y cant yn ennill A* ym mhob pwnc. Ni ddefnyddir felly'r meincnodau hyn yn yr ymarfer hwn.

Dengys y dangosydd pynciau craidd (DPC) (Estyn, 2006, 94) ganran y disgyblion sy'n cyrraedd y lefel a ddisgwylir ganddynt mewn Mathemateg, Gwyddoniaeth a naill ai Saesneg neu Gymraeg fel mamiaith. Gan nad yw'n cwmpasu mwyafrif pynciau cwricwlwm disgyblion, penderfynwyd peidio â'i ddefnyddio wrth ddadansoddi canlyniadau crai'r ysgolion. Yn ogystal, mae'r amser a glustnodir mewn ysgol Saesneg i'r tri phwnc craidd yn fwy nag a glustnodir i'r pedwar pwnc craidd yn yr ysgol Gymraeg. Dadleuir nad yw'r gymhariaeth felly yn un deg.

Pwyntiau cyfartalog yw'r dangosydd sydd yn gwahaniaethu yn dda. Cynhwysant berfformiad pob disgybl yn y flwyddyn o dan sylw, tra bo 5A*–C yn cyfrif am ganran ohonynt yn unig. Dadl yn erbyn defnyddio pwyntiau cyfartalog yw bod y pwnc Cymraeg ac, i raddau llai, Llenyddiaeth Gymraeg, yn ychwanegu pwyntiau i sgôr yr ysgolion Cymraeg. Dadl yr astudiaeth hon yw bod yr un nifer o oriau cyswllt gan bob disgybl yn ysgolion uwchradd Cymru, sef pum awr, ac mai mesur y deilliannau y mae pwyntiau cyfartalog yn ei wneud. Yn ôl cylchlythyr Mawrth 2005 ynghlwm wrth y taflenni gwerth-ategol, dywed Adran Ystadegau ac Athrawon CCC (2005b):

Er bod gwerth i'r graddau 'traddodiadol' 5A*–C a 5A*–G ac, yng Nghymru, i'r Dangosydd Pynciau Craidd, mae wedi dod yn amlwg fod eu ffocws ar berfformiad braidd yn gul. Nid yw sgôr pwyntiau TGAU/ GNVQ, er ei fod yn ehangach, mor gynhwysol ag sydd ei angen ac nid yw'n adlewyrchu ymdrechion i hyrwyddo cydraddoldeb parch ar gyfer cymwysterau ym mhob llwybr dysgu. Rydym yn falch o fod wedi gwneud cryn gynnydd wrth fynd i'r afael â'r materion hyn drwy ddatblygiadau o ran systemau gwerth ychwanegol a phwyntiau.

Gan mai dim ond wedi'i dreialu yr oedd system sgôr pwyntiau newydd (sy'n ymgorffori pob cymhwyster allanol a gymeradwyir), ni ddefnyddiwyd y system hon yn y gwaith cyfredol. Fel y dywed y cylchlythyr (2005b): '[B]ydd yr hen system bwyntiau yn parhau nes bod gennym hyder yng nghadernid y system newydd, ac i ganiatáu i dueddiadau hirdymor barhau i gael eu dadansoddi.'

Gwerth-ategol yw'r ffordd arall i gymharu perfformiad ysgolion a sector. Yn 2006 'roedd Llywodraeth Cynulliad Cymru yn cynnal astudiaeth i nifer o wahanol ffyrdd o fesur gwerth-ategol mewn cyflawniad a chyrhaeddiad. Yn Lloegr, mae cryn waith datblygu yn digwydd (DfES, 2006, 3) a ychwanega ffactorau amgen na chyflawniad blaenorol, sef rhyw (*gender*), ethnigrwydd, oedran plentyn yn ei flwyddyn, statws AAA (ADY), p'un ai ydy'r plentyn mewn gofal neu beidio, prydau bwyd am ddim a graddiad o'r Mynegai Amddifadedd Incwm yn Effeithio ar Blant (IDACI). Tebyg iawn yw methodoleg Cymru.

Gan fod gwendidau yn ymhlyg ym mhob dangosydd cymharol am ddata crai a restrwyd eisoes, casglwyd ei bod yn anorfod troi at werthategol, gan dderbyn bod gwendidau yn y prosesau cymharol hyn yn ogystal. Mae gwerth-ategol yn faes astrus a all gyflwyno dadansoddiadau amrywiol a dadleugar (Gorard, 2005), ac megis cychwyn y mae'r ymchwil ar fodelau gwahanol yng Nghymru. Yn y bôn, nid oes yr un math o gymhariaeth yn dderbyniol i bob sylwebydd addysgol. Ystyrir yn gyntaf y dangosydd pwyntiau cyfartalog.

PWYNTIAU CYFARTALOG

Mae cyfnod o bedair blynedd (2001–5) yn sicrhau astudiaeth dros amser, ac yn cyd-fynd â'r cyfnod o ran cyflawniad disgyblion a drafodwyd ddechrau'r bennod hon. Golyga argaeledd data electronig fod y data yn hylaw. Penderfynwyd gwneud cymariaethau ar raddfa genedlaethol ac ar raddfa dalgylch/ardal yr ysgol. Mae cyfartaledd pwyntiau cyfartalog (PCau) yr ysgolion Cymraeg gyda'i gilydd fel un grŵp o ysgolion yn gyson arwyddocaol uwch na'r cyfartaleddau cenedlaethol dros bedair blynedd (Thomas, 2007, 520). Y gwahaniaethau yw: 6.1, 7.8, 7.4, 6.3.

Mae'r llun cyffredinol hwn yn cadarnhau'r ddelwedd bod cyraeddiadau'r ysgolion yn dda iawn. Yn fanylach, o gymharu'r dangosydd ar gyfer pob ysgol unigol, gwelir gwahaniaethau amlwg, a'r amrediad pwyntiau o 36 i 60. Gwelir hefyd fod clystyrau o ysgolion: tair ysgol ag amrediad o 46 i 60, un sydd yn gyson is na'r gweddill (ag amrediad o 36 i 38), a'r pum ysgol arall, ag amrediad o 39 i 48. Ar lefel genedlaethol, mae safon cyrhaeddiad yr ysgolion uwchradd Cymraeg yn yr astudiaeth yn uwch na'r pwyntiau cyfartalog cenedlaethol yn flynyddol, ag un eithriad.

Ond pan osodir cyrhaeddiad yr ysgolion Cymraeg yng nghyd-destun eu hardaloedd, gwelir bod pwyntiau cyfartalog pob ysgol yn uwch na rhai'r ardal (Tabl S6). Nid yw ardal yn gyfystyr ag AALl, gan fod rhai ysgolion yn gwasanaethu mwy nag un awdurdod (Llanhari yn gwasanaethu Rhondda Cynon Taf a Phen-y-bont ar Ogwr, a Gwynllyw yn gwasanaethu Blaenau Gwent, Torfaen, Casnewydd a Sir Fynwy). Ysgolion cyfun Bro Morgannwg a Chwm Rhymni yw'r unig ddwy ysgol yn yr astudiaeth lle y mae ardal yn gyfystyr ag AALl. Pan geir mwy nag un ysgol Gymraeg mewn AALl, sef Caerdydd (dwy ysgol) a Rhondda Cynon Taf (pedair), rhoddir cyrhaeddiad ysgolion unigol yng nghyddestun eu hardal. Yn yr ymarfer hwn, mae'r ardal yn cynnwys pob ysgol Saesneg ynghyd â'r ysgol Gymraeg.

Ar gyfer yr ymarfer hwn, defnyddir y flwyddyn 2004/5 fel sampl, gan mai hon oedd y flwyddyn gyntaf i gynnwys disgyblion B11 o'r naw ysgol Gymraeg yn yr astudiaeth. Gellid bod wedi dewis 2002–3, y flwyddyn a ddengys y gwahaniaeth positif mwyaf o blaid yr ysgolion Cymraeg. Yn Nhabl 6.2 drosodd ceir crynodeb o'r manylion llawn (Tabl S6).

Methodoleg canfod pwyntiau cyfartalog holl ysgolion y de-ddwyrain
Lluoswyd pwyntiau cyfartalog awdurdod â nifer yr ysgolion yn yr awdurdod a chael cyfanswm pwyntiau cyfartalog awdurdodau unigol. Wedyn, adiwyd cyfansymiau'r awdurdodau (3,954) a'u rhannu â chyfanswm yr ysgolion (101). Pwyntiau cyfartalog 101 o ysgolion y wladwriaeth yn ardal yr astudiaeth ar gyfartaledd oedd 39.1, o'i gymharu â 40.4 yn genedlaethol. Ar gyfer sgôr ardal, gwnaed ymarfer gyffelyb.

TABL 6.2: PWYNTIAU CYFARTALOG YSGOLION CYFUN CYMRAEG
DE-DDWYRAIN CYMRU YNG NGHYD-DESTUN YSGOLION
EU HARDALOEDD, 2004/2005

Ysgol	Pwyntiau cyfartalog yr ysgol	Pwyntiau cyfartalog ysgolion yr ardal	Cymhariaeth
1	51	46.5	4.5
2	60	39.1	20.9
3	46	37.4	8.6
4	43	36.8	6.2
5	37	33.8	3.2
6	44	40.6	3.4
7	48	39.3	8.7
8	44	35.0	9.0
9	47	38.2	8.8

Ffynhonnell: Adroddiadau RE2 ysgolion unigol.

PRIF GASGLIADAU

Ym mhob un ardal, 'roedd cyrhaeddiad TGAU yr ysgolion Cymraeg (2004/5), wedi'i fesur yn ôl pwyntiau cyfartalog (46.7), yn uwch na chyrhaeddiad holl ysgolion yr ardal, a'r amrediad sgôr uwch hwnnw yn ymestyn o +3.2 hyd at + 20.9. 'Roedd cyrhaeddiad yr ysgolion Cymraeg 7.6 pwynt yn uwch na'r pwyntiau cyfartalog ar gyfer holl ysgolion de-ddwyrain Cymru (39.1) a 6.3 pwynt cyfartalog yn uwch na holl ysgolion Cymru (40.4). Mae angen rhoi gwell cyhoeddusrwydd i'r pwyntiau cyfartalog fel dangosydd, gan fod 5A*–C yn ddangosydd amrwd. Fe'i camddefnyddir yn y wasg a chan sylwebyddion addysgol a gwleidyddol. Gellir dilyn hanes y dadlau mewn erthyglau megis rhai Blake (2006a; 2006b).

SAFONAU CYRHAEDDIAD Y DISGYBLION
DDIWEDD BLWYDDYN 13

Y GRŴP O DAN SYLW
Y grŵp o dan sylw yw'r rheini oedd yn 17 oed ddechrau'r flwyddyn academaidd 2004/5, ac a safodd ddau bwnc neu fwy Safon Uwch/Uwch Atodol neu bynciau galwedigaethol cyfatebol. Myfyrwyr chweched dosbarth yn unig sydd yn yr astudiaeth hon.

METHODOLEG

Defnyddiwyd methodolegau tebyg i'r rhai ar gyfer B11 uchod. Ychwanegwyd un datwm, sef nifer yr ymgeiswyr. Lluoswyd pwyntiau cyfartalog pob ysgol unigol â nifer yr ymgeiswyr yn yr ysgol, ac yna rhannwyd cyfanswm PCau yr ardal â chyfanswm yr ymgeiswyr er mwyn cael PCau yr ardal.

Y DATA

TABL 6.3: CYRHAEDDIAD MYFYRWYR OEDRAN 17 MLWYDD OED
YR YSGOLION CYMRAEG YNG NGHYD-DESTUN
EU HARDALOEDD AR GYFER 2004/2005

Ysgol/ardal	Ymgeiswyr (nifer)	Pwyntiau cyfartalog	Gwahaniaeth ysgol ac ardal
1	118	23	
Ardal	681	21	
			2
2	66	23	
Ardal	363	20.9	
			2.1
3	62	18	
Ardal	443	17.5	
			0.5
4	35	18	
Ardal	274	16.6	
			1.4
5	52	15	
Ardal	762	21.4	
			-6.4
6	69	17	
Ardal	230	17.2	
			-0.2
7	58	17	
Ardal	538	18	
			-1.0
8	40	21	
Ardal	1,360	19.8	
			1.2

Ffynhonnell: Adroddiadau RE2 ysgolion unigol.

Er bod pwyntiau cyfartalog yr ysgolion Cymraeg yn uwch nag ysgolion y de-ddwyrain ar gyfartaledd, nid yw'r gwahaniaeth (+0.1) yn arwyddocaol (Tabl S8). Gwelir gwahaniaeth rhwng cyrhaeddiad myfyrwyr yr ysgolion Cymraeg mewn gwahanol ardaloedd, ag amrediad o –6.4 hyd at +2.1. Yn genedlaethol, yn 2005, 'roedd ysgolion Cymraeg y de-ddwyrain ar gyfartaledd un pwynt yn is na'r sgôr cenedlaethol (19.5/ 20.5).

Cipolwg ar un flwyddyn a geir yma. Mae dwy ysgol wedi cael canlyniadau sy'n arwyddocaol is na'u cyfartaledd cronnus dros y pedair blynedd 2002–5. Yn ogystal, mae'r niferoedd ymgeiswyr yn fach mewn sawl ysgol – dim ond un sydd â dros gant o ymgeiswyr. Gall newidiadau staffio mewn amgylchiadau fel hyn effeithio'n fawr ar berfformiad grwpiau bychain. Nodir yn ogystal i nifer o ysgolion Cymraeg gwyno am eu canlyniadau mewn rhai pynciau galwedigaethol, oherwydd y dyfarnwyd cymaint o raddau is na'r disgwyl, ac yn groes i'w proffil cyrhaeddiad arferol.

Er y disgwylid canlyniadau agosach i'r norm yn y chweched dosbarth, gan fod natur dosbarthiadau chwech yn fwy homogenaidd, eto i gyd nid ymdebygai'r deilliannau i unrhyw ddadansoddiadau eraill a wnaed ar gyfer ysgrifennu'r bennod hon. O ganlyniad, penderfynwyd dadansoddi cyrhaeddiad myfyrwyr chweched dosbarth am gyfnod hwy, sef 2002–5. Cofnodir y data llawn yn Nhabl S9.

Pwynt cyfartalog yr ardaloedd ar gyfartaledd y tro hwn yw 19.2, sy'n cyferbynnu â 20.1 ar gyfer yr ysgolion Cymraeg. Mae'r bwlch yn fwy na phan gymerwyd canlyniadau 2005 yn unig. Mae sgôr yr ysgolion Cymraeg yn uwch na'r sgôr cenedlaethol sef 20.1 o'i gyferbynnu â 20.0. Nid yw'r gwahaniaeth hwn yn arwyddocaol, er bod pump o'r wyth ysgol yn sgorio'n uwch nag ysgolion eu hardaloedd ar gyfartaledd, ac un yn hafal â'r ardal.

Gwnaed astudiaeth ystadegol o natur y chweched dosbarth o ran proffil cyrhaeddiad a chyn-berfformiad (yn yr arholiadau TGAU), a gellir darllen y manylion yn Thomas (2007, 609–13). Y casgliad yw bod cryn dystiolaeth y derbynia rhai o'r ysgolion Cymraeg (dadansoddwyd data pum ysgol) ystod ehangach o fyfyrwyr o ran gallu a chyraeddiadau yn eu harholiadau TGAU nag ysgolion yr ardal, ar y cyfan. Mae ysgol 3, er enghraifft, yn nodedig gan iddi dderbyn i'r chweched dosbarth o leiaf 73 y cant o ddisgyblion a gafodd 5A*–C o'i gymharu â 53 y cant yn yr ardal. Yn ysgol 4 mae gwahaniaeth o 16 pwynt canran, sydd yn awgrymu bod natur academaidd chweched dosbarth yr ysgol hon hefyd yn lletach nag yn yr ysgolion Saesneg. Mae llai o fwlch yn achos ysgol 7, ond mae'n dal i fodoli. Mae angen chwilio am resymau amgen i esbonio perfformiad ysgol 6, ac yn arbennig ysgol 5.

Yn gyffredinol, gan mai prin yw cyrsiau galwedigaethol Cymraeg neu ddwyieithog mewn colegau AB yn y de-ddwyrain, mae'r ysgolion Cymraeg yn darparu cyrsiau priodol, ac yn aml apeliant at fyfyrwyr o allu academaidd is.

YR YSGOL GYMRAEG YN DANGOS ARWYDDION O YMNORMALEIDDIO?

At ganlyniadau TGAU y cyfeiriodd yr Athro David Reynolds yn ei feirniadaeth ar safonau'r ysgolion Cymraeg fis Ionawr 2006 (Blake, 2006a). Er mai ymateb yn benodol i'w sylwadau am arholiadau TGAU a wnaeth nifer o sylwebyddion, mae arwyddocâd traws-gyfnod yn glir yn eu geiriau:

> Increasingly, Welsh medium schools are local comprehensive schools serving a surrounding community. That is how it should be. One of the consequences of this expansion is that more and more parents now see Welsh medium education not only as a desirable option but also a practical one. (Gethin Lewis, Ysgrifennydd NUT Cymru)

> If there are good and not so good English schools, there will be good and not so good Welsh schools. Comparing one Welsh medium school with another is as difficult as comparing apples and pears. With the full spread of pupils now making up our school populations maybe just maintaining the excellent results has been a remarkable success story. (Geraint Rees, Pennaeth Ysgol Gyfun Gymraeg Plasmawr, Caerdydd)

> Although one of the arguments for Welsh medium education in the past has been its higher standards it was always likely that this would be difficult to sustain, particularly as the number of pupils attending Welsh medium schools expanded. (Peter Black, AC, De-Orllewin Cymru)

Yng nghyd-destun canlyniadau Safon Uwch, pan fo grwpiau targed yr ysgolion Cymraeg a Saesneg yn fwy homogenaidd, er y dystiolaeth bod nifer o ysgolion Cymraeg yn derbyn ystod ehangach yn ôl i'r chweched dosbarth na'r ysgolion Saesneg, tybed a ydym yn dechrau gweld yr ysgol Gymraeg yn ymnormaleiddio yn ei hardal?

CASGLIADAU

Mae mwyafrif yr ysgolion Cymraeg yn perfformio'n uwch nag ysgolion eu hardaloedd dros y pedair blynedd 2002–5, a gwahaniaeth positif o +0.8 pwynt cyfartalog hyd at +3.6. Gwelir felly fod y llun cyffredinol yn cadarnhau'r canfyddiadau am safonau uchel, ond nid yw'r darlun yn un unffurf. Gan nad oes nemor ddim cyrsiau cyfrwng Cymraeg Safon Uwch mewn colegau AB, derbynia'r ysgolion Cymraeg ystod ehangach o fyfyrwyr yn ôl i'r chweched dosbarth na nifer o ysgolion Saesneg y de-ddwyrain. Arwyddocâd hynny yw bod cymariaethau yn anos nag yn y categorïau eraill a ddadansoddwyd.

Mae maint y chweched dosbarth mewn rhai ysgolion yn creu sialensiau o ran ehangder cwricwlwm a chost-effeithlonrwydd. Ymhlith atebion i gwrdd â'r sialensiau hyn y mae ehangu'r cydweithio presennol rhwng ysgolion â'i gilydd neu â cholegau AB, a datblygu ymhellach fedrusrwydd ym maes cyfathrebu electronig, megis fideo-gynadledda. Mae cau'r chweched dosbarth mewn rhai ardaloedd yn opsiwn y dylid ei wyntyllu yn y proses o godi safonau. Priodol dyfynnu yma o un o gyhoeddiadau Estyn, *Darpariaeth ôl-16 mewn ysgolion*:

> Efallai y bydd yna achosion lle mae chweched dosbarth yn darparu rhywbeth unigryw neu ragorol o fewn maes. Gellir cyfiawnhau bod gan Ysgolion Cymraeg ddosbarthiadau chwech bach ar y sail y byddai yna golled sylweddol yn natblygiad dwyieithog dysgwyr yn y ddarpariaeth pe byddai'r ddarpariaeth ar raddfa fach yn cau . . . Fodd bynnag, dim ond pan fo safonau ac ansawdd mewn sefydliadau o'r fath yn dda y mae'r achos yn argyhoeddiadol. (2005c, 11)

> Mae dosbarthiadau chwech bach yn cynnig ystod gyfyngedig iawn yn unig o ddewisiadau ar gyfer dysgwyr ôl-16 ac maent yn aml yn defnyddio staff ac adeiladau yn aneffeithlon. Lle mae safonau ac ansawdd yn dda, a lle mae'r sefydliad yn cynnig rhywbeth unigryw mewn maes neu'n cwrdd ag angen penodol, fel darpariaeth Gymraeg neu ethos enwadol, mae'r achos ar gyfer parhau â chweched dosbarth yn gryfach. Lle nad yw hyn yn wir, mae yna nifer o ddadleuon i awgrymu y dylid ad-drefnu'r ddarpariaeth er mwyn darparu ystod fwy o ddewis a gwerth gwell am arian. (2005c, 12)

Er argymhellion Estyn, erys yr angen i ddarparwyr sicrhau safonau cyrhaeddiad o'r radd uchaf, gan nad yw gweledigaeth pob AALl yr un fath â gweledigaeth y darparwyr a'u byrddau llywodraethol.

GWERTH-ATEGOL

DIFFINIAD

Yn ôl CCC (2006b), gwerth-ategol (atodol, adwerth) yw'r gwahaniaeth rhwng canlyniadau gwirioneddol a'r amcangyfrif ar gyfer y canlyniadau hynny. Mae sgôr gwerth-ategol positif yn dynodi bod ysgol/ AALl wedi perfformio'n well na'r disgwyl ac mae sgôr gwerth-ategol negyddol yn dynodi iddynt berfformio'n waeth na'r disgwyl.

Amcan rhan hon y bennod yw mesur effeithiolrwydd safonau academaidd yr ysgolion Cymraeg yn ôl eu canlyniadau TGAU, gan ymdrin â'r gosodiad mai myth yw iddynt gyrraedd safonau uwch mewn arholiadau allanol, o'u cymharu ag ysgolion Saesneg. Honnir ar lafar gwlad a chan rai academyddion mai gallu cynhenid a chefndir cymdeithasol breintiedig y disgyblion sydd yn gyfrifol am ganlyniadau da'r ysgolion Cymraeg. Tanlinellir mai dangosyddion perfformiad ystadegol mewn maes dyrys a dadleuol yw dangosyddion gwerth-ategol, a gellir cyfeirio at adolygiad cynhwysfawr Saunders (1999) er mwyn cael trosolwg beirniadol o'r maes.

Gwir werth y data a gynhyrchir mewn ymarfer cymharol fel hwn yw agor trafodaeth ffocysedig mewn ysgolion unigol a'u hawdurdod addysg lleol er mwyn dadansoddi cryfderau a gwendidau'r ysgolion, ac yna weithredu ar sail y dadansoddiadau a'r casgliadau (ynghyd â gwybodaeth amgen am bob ysgol) er mwyn cynnal neu godi eu safonau academaidd.

TYSTIOLAETH CYNULLIAD CENEDLAETHOL CYMRU

Dyma bump o'r saith canlyniad allweddol yn arolwg ystadegol CCC (2001) i ganlyniadau arholiadau'r ysgolion Cymraeg ar lefel genedlaethol:

- A greater proportion of 15 year olds in Welsh medium schools achieved five or more GCSEs grade A*–C or vocational equivalents (59% compared to 47% in English medium schools).
- The average GCSE/GNVQ points score of 15 year old pupils in Welsh medium schools was higher than in English medium schools (45 compared to 36).
- A greater proportion of 16–18 year olds who were entered for two or more A levels or who achieved vocational equivalent achieved 2 or more A levels grade A–C or vocational equivalent

than in English medium schools (65% in Welsh medium schools compared to 58% in English medium schools).

- A smaller proportion of pupils in Welsh medium schools were entitled to free school meals (12.2% compared to 19.0% in English medium schools).
- Analysis of levels of examination performance . . . in comparison with levels of free school meal entitlement shows that most, <u>although not all</u>, of the difference can be explained by the different levels of free school meals entitlement (used as an indicator of deprivation).

Yng nghorff yr adroddiad byr hwn, cynhwysir y paragraff canlynol, sydd yn haeddu bod yn un o'r canlyniadau allweddol: '[However,] further analysis suggests that, taking into account levels of deprivation, there was still a statistically significant difference of about 3% between examination performance in Welsh medium and "similar" English medium schools.'

BARN WAHANOL

Cyferbynna hyn â sylwadau Gorard (1998, 460): '[T]here is no evidence that Welsh-medium education *per se* leads to any advantage in schooling.' Golwg ystadegol gul a geir gan Gorard, heb iddo ystyried natur ieithyddol y disgyblion. Yn wir, sôn am y rhieni Cymraeg eu mamiaith y bydd (1998, 462), heb sylweddoli, hwyrach, fod nifer o ysgolion Cymraeg heb yr un disgybl ynddynt yn dod o gartref â'r Gymraeg yn brif iaith yr aelwyd.

Nid yw, mae'n debyg, wedi ymchwilio i resymau rhieni dros ddewis yr ysgol Gymraeg, ac nid oes tystiolaeth yn ei waith iddo sylweddoli pwysigrwydd y Gymraeg fel cymhelliant. Ni ddefnyddia ddata am addysg y sector cynradd. Dengys data am brydau ysgol am ddim fod canrannau'r ysgolion Cymraeg yn is na rhai'r ysgolion Saesneg, ar y cyfan, ac ni ddadleuir yma yn erbyn y cysylltiad rhwng cyflawniad a chyrhaeddiad a nifer y disgyblion sydd â'r hawl i gael prydau ysgol am ddim. Y feirniadaeth ar Gorard yw nad yw'n cymryd gorolwg ar yr ysgol Gymraeg, yn arbennig ei rôl allweddol yn yr ymgyrch i wrthdroi'r shifft ieithyddol. Barn, neu ragfarn, sydd ganddo, fel y dengys y dyfyniad canlynol, gan ei fod yn cyfyngu ei ymchwil empirig i ychydig agweddau ar gymuned yr ysgol Gymraeg (1998, 470), pan nododd y bodolai, efallai, yn ôl un ffynhonnell (anhysbys):

at heart a community, or 'Welsh class', linking nationalism with lan-
guage, behaving as a status group in Weberian terms . . . producing
changes by agitation which 'have been of most benefit to members of
this status group', and attempting to monopolise resources through social
closure . . . By remaining vociferous on [this] issue of effectiveness,
the community may also hope to silence predictions about language
'*apartheid*' and racism . . . the difficulties of comparative assessment . . .
and lack of choice.

Priodol ceisio esbonio beth a olyga Gorard wrth 'a status group in
Weberian terms'. Gellir dyfynnu Glyn Williams (1992, 211): 'the
Weberian belief that there is a high degree of correlation between
power, wealth and status,' neu (1992, 84): 'For Weber ethnic groups
were status groups which cut across class lines, being drawn together
by a shared life style.' Boed hynny fel y bo, un o egwyddorion mawr
Weber oedd bod cymdeithasegwyr yn medru datblygu dealltwriaeth o
weithredoedd unigolion a grwpiau, a thrwy hynny o brosesau hanes-
yddol (*Sociology 250*, 1999). Ymddengys nad yw Gorard yn gweld twf
yr ysgolion Cymraeg fel rhan o broses hanesyddol.

Er agwedd gynhwysol yr ysgolion Cymraeg, mae diffygion o ran
dewis, ond diffygion ydynt a grea anawsterau i'r rhieni, megis lleoliad
anhygyrch yr ysgol Gymraeg ac anawsterau trafnidiaeth, neu'r ffaith
ei bod yn orlawn gan orfodi teuluoedd i gofrestru eu plant mewn
gwahanol ysgolion, weithiau mewn ysgol neu ysgolion y tu allan i'w
cymdogaeth. Anodd gweld unrhyw gydymdeimlad yng ngwaith Gorard
ag iaith a hunaniaeth Cymru. Nid yw wedi sylweddoli mai iaith i bawb
a'i mynno yw'r Gymraeg, ac ymddengys iddo ffurfio ei farn ar rag-
dybiaeth gwbl anghywir, sef mai plant o deuluoedd Cymraeg ddylai
fynychu'r ysgol Gymraeg (2000, 144): '[The conspirators] . . . skew
current choices, encouraging the use of Welsh-medium schools by non-
Welsh-speaking families – a policy with potentially serious equal
opportunity implications for ethnic minorities in Wales.' Defnyddir
tystiolaeth bellach o waith Gorard i awgrymu'n gryf nad yw'n derbyn
dwyieithrwydd fel y norm yng Nghymru yn y pen draw. Cyhoeddodd
'Two perspectives on parental choice of school' yn 1997, ond nid ym-
driniodd â'r hawl i ddewis addysg Gymraeg. Ffocws rhan o'i astudiaeth
oedd: 'The problems caused to this minority [families with minority
religions], among others, by the implementation of a bilingual pro-
gramme based on the principle of territoriality in a region where the
majority of Welsh speakers now live in predominantly English-

speaking areas such as Cardiff . . .' Ar y naill law, mae'n amddiffyn hawl lleiafrif crefyddol ond, ar y llall, yn dilorni'r ymgais i fod yn ieithyddol gynhwysol. Dadleuir felly fod barn (neu ragfarn) unigolyn yn medru sgiwio ymchwil empirig, gan danlinellu'r angen yn y gwaith cyfredol i fod mor wrthrychol ag y gall bod dynol fod.

FFYNHONNELL Y DATA

Daw'r data o daflenni gwybodaeth Llywodraeth Cynulliad Cymru am werth ychwanegol CA3 a 4, fesul pob ysgol uwchradd yn ne-ddwyrain Cymru. Fe'u rhyddhawyd dan y Ddeddf Rhyddhau Gwybodaeth. Defnyddir data tair blynedd (2003/4–2005/6). Ceir manylion llawn yn Thomas (2007, 436–47). Dadansoddwyd data o 307 o daflenni, yn cynrychioli 94 ysgol Saesneg ar gyfer y ddwy flynedd gyntaf (caewyd un ohonynt y flwyddyn ganlynol), wyth ysgol Gymraeg yn 2003/4, a naw ohonynt wedi hynny. Darperir tri math ar ddadansoddiad gan y taflenni:

1   Asesiadau athrawon CA3 (wedi'u cyplysu â CA2);
2   CA4 (wedi'i gyplysu â CA3);
3   CA4 (wedi'i gyplysu â CA2)

Gan mai trafod cyrhaeddiad diwedd CA4 y mae'r rhan hon o'r gyfrol, ni ddefnyddiwyd math (1) uchod.

CAFEATAU

Mae gwendidau sylfaenol yn y ddau fath arall ar ddadansoddiad. Mae math 2 (uchod) yn dibynnu ar berfformiad diwedd CA3. Pe bai'r disgyblion wedi tangyflawni ddiwedd CA3, a phe bai'r ysgol yn canolbwyntio ar godi safonau yn CA4, yna disgwyliech i'r gwerth-ategol ar gyfer CA4 fod yn uwch. Pe bai'r ysgol felly wedi goddef tangyflawniad yn CA3, dadleuid mai gwendid sylfaenol yn yr ysgol fyddai hynny, er iddi ennill clod am ei gwerth-ategol ddiwedd CA4.

Ar berfformiad diwedd CA2 y mae math 3 (uchod) yn dibynnu. Pe bai'r ysgolion cynradd yn nalgylch yr ysgol uwchradd wedi canolbwyntio, er enghraifft, ar y sgiliau craidd, medrai hynny sgiwio'r gwelliant ar draws y pum mlynedd yn yr ysgol uwchradd mewn ffordd negyddol. Hynny yw, medrai'r ysgolion cynradd fod wedi canolbwyntio ar y pynciau craidd ar draul gweddill y cwricwlwm, a thra disgwyliech i'w sgôr lefelau ddiwedd y CA fod yn uwch na'r norm cenedlaethol, ni fyddai'r disgyblion wedi derbyn addysg mor gytbwys.

Pe bai'r ysgol uwchradd yn dyrannu amser cytbwys i bynciau'r cwricwlwm, yna o'i gymharu â'r cynradd yn yr enghraifft a ddisgrifiwyd uchod, byddai llai o ganolbwyntio ar y pynciau craidd fel pynciau annibynnol. Ar y llaw arall, disgwyliech i ysgol sy'n gwau sgiliau craidd rhifedd, llythrennedd a datrys problemau mewn ffyrdd effeithiol i mewn i holl brofiadau'r disgybl fedru adeiladu'n gadarnhaol ar safonau'r pynciau craidd. Anhawster arall yw bod perfformiad gwael ddiwedd CA2 yn medru gorchwyddo (neu sgiwio) gwerth-ategol uwchradd, boed ddiwedd CA3 neu 4. Hynny yw, pe baech yn cymryd dwy ysgol â'r un safonau addysgu yn y pynciau craidd, y naill yn derbyn ei disgyblion o ysgolion a oedd wedi tangyflawni a'r llall o ysgolion a chwyddodd sgôr y pynciau craidd, byddai gwerth-ategol yr ysgol gyntaf yn uwch na'r ail ysgol. Mae goblygiadau adolygiad Daugherty (asesu'r cwricwlwm cenedlaethol CA1–3, 2004) yn newid meini prawf rywfaint, gan mai ar asesiad athro y seilir data yn gynyddol. Yn yr ymarfer cyfredol, ni wna wahaniaeth (CCC, 2006ff). Pwrpas yr enghreifftio hyn yw profi bod angen trin data gwerth-ategol yn hynod o ofalus, heb fod yn euog o dwyllresymeg.

MODELAU

Ar gyfer y flwyddyn 2003/4 defnyddiodd Llywodraeth Cynulliad Cymru ddau fodel, Model A a Model B, ac yn 2004–5 defnyddiwyd tri model, modelau A, B ac C. Wedi pwyso a mesur cryfderau a gwendidau'r gwahanol fodelau, penderfynwyd defnyddio Model B 2003/4, Model C 2004/5, a Model 3 2005/6, wedi'u cyplysu â CA3. Maent yr un peth. Diffiniad Llywodraeth Cynulliad Cymru o'r Model dan sylw yw:

> Mae'r model yn ystyried cyrhaeddiad blaenorol pob disgybl yn ogystal â'u rhyw a'r mis y'u ganwyd. Mae hefyd yn cynnwys ystod o ddangosyddion cyd-destun yr ysgol (% Prydau Ysgol am Ddim, Cymedr a Dosbarthiad y disgyblion a dderbynnir, a data demograffig er mwyn ystyried perfformiad ysgolion 'tebyg'). (Nodiadau ar waelod pob taflen gwerth-ategol)

Er bod y dangosydd prydau ysgol am ddim yn un dadleugar, 'does dim dangosydd gwell i'w gael hyd yn hyn o werth ysgol. Ond rhaid bod yn wyliadwrus wrth ei ddefnyddio, gan nad yw'n dangos amrywiaeth o flwyddyn i flwyddyn (Major, 2001), na 'chwaith effaith disgyblion yn symud rhwng ysgol ac ysgol, testun gwaith ymchwil cyfredol (Goldstein et al., 2006).

RHAI O BERYGLON PELLACH GWERTH-ATEGOL[2]
Tueddiadau yn unig y dylid chwilio amdanynt yn y data a'r dadansodd-iadau, a hynny ar raddfa led gyffredinol. Nid yw'n bosibl gosod ysgol-ion mewn trefn restrol na chreu tablau agregu sgorau ar sail y sgorau crai. O ganlyniad, ar sail sgôr positif, positif sylweddol, negyddol a negyddol sylweddol y ffurfiwyd y tablau cymharol. Sylwyd ar amryw-iaethau sylweddol, nid yn unig rhwng sector a sector, ysgol ac ysgol, neu ddangosydd a dangosydd, ond hefyd rhwng gwerth-ategol yr un ysgol mewn blynyddoedd gwahanol. Tanlinella'r amrywiaethau hyn berygl gor-ddibynnu ar unrhyw un dangosydd. Ond mae ysgol sydd â phob sgôr yn y categori 'sylweddol' am ddwy flynedd yn olynol yn debygol o fod yn un â rhinweddau neu wendidau (amlwg). Pan fo niferoedd bychain mewn astudiaeth gymharol o unrhyw fath, rhaid bod yn wyliadwrus; er enghraifft, medr dwy ysgol mewn sampl o wyth neu naw, fel yn yr astudiaeth bresennol, sgiwio canlyniadau torfol yn sylweddol.

Enghraifft o sgiwio'r gwerth-ategol
Gall ysgol sydd â chanran uchel o'i disgyblion yn sefyll arholiadau amgen na TGAU, er enghraifft, DiDA, chwyddo'i sgôr 5 A*–C yn ddramatig. Mae'r diploma yn gyfystyr â phedwar pwnc TGAU. Nid yn erbyn y diploma y dadleuir, ond yn erbyn dehongli'r gwerth-ategol, fel y'i cyflwynir, mewn modd simplistig.

TABL 6.4: ENGHRAIFFT O BERYGLON DATA GWERTH-ATEGOL

Blwyddyn	Ysgol	% 5 TGAU A*–C neu ganlyniad cyfatebol	DPC
2003/4	F	9.4% S	3.4%
2004/5	F	24.5% S	-4.8%
2003/4	G	25.2% S	1.1%
2004/5	G	21.5% S	0.5%

Ffynhonnell: Thomas (2007, 436).

[2] Trafodir gwendid arall gan Hobbs a Vignoles ac fe'i crynhoir yn y dyfyniad canlynol (2007, 23): '[R]esearchers should be cautious in drawing inferences from research reliant on the FSM measure. When used as the variable of interest, FSM status is an imperfect proxy of low income or "workless" families, or one-parenthood. In the context of estimating differences in educational attainment by family income, imperfect proxy bias is quite large.'

Dengys yr enghreifftiau yn Nhabl 6.4 yr angen am ofal wrth ddehongli safonau addysgol ysgolion yn ôl y data fel y'u cyflwynir ar hyn o bryd. Yn y ddwy flynedd dan sylw, er bod canran 5 TGAU A*–C neu ganlyniad cyfatebol Ysgol F yn gwella yn arwyddocaol iawn o 15 pwynt canran, mae ei chanran DPC yn disgyn dros 8 pwynt canran. Er bod gwahaniaeth arwyddocaol iawn rhwng 5 A*–C y ddwy ysgol yn 2003/4, nid oes unrhyw wahaniaeth arwyddocaol yn y DPC y flwyddyn honno. Yn y dyfodol, bydd y sgôr pwyntiau 'newydd' (sgôr pwyntiau cyfartalog eang) yn ymgorffori pob cymhwyster a gymeradwyir (gellir gweld manylion y pwysoli yn CCC, 2006d). Yn y cyfamser, cedwir at y pedwar dangosydd canlynol.

Y pedwar dangosydd a ddefnyddir a methodoleg cyfrifo
Trafodir y data yn ôl sgôr pwyntiau cyfartalog, pum pwnc TGAU A*– C neu ganlyniad cyfatebol, pum pwnc TGAU A*–G neu ganlyniad cyfatebol, a'r dangosydd pynciau craidd. Nodwyd sgôr pob ysgol ar grid a gynrychiolai'r pedwar dangosydd a'r pedwar math ar sgôr: positif (+1 pwynt), positif sylweddol (+2 bwynt), negyddol (-1 pwynt) a negyddol sylweddol (-2 bwynt).

Sgôr pwyntiau cyfartalog
Mae'r sgôr positif gan yr ysgolion Cymraeg yn sylweddol uwch na sgôr positif yr ysgolion Saesneg, boed o ran y ganran bositif neu'r ganran bositif sylweddol (Tabl 6.5). Nodir mai dwy ysgol oedd yn gyfrifol am

TABL 6.5: CYMHARU SGÔR PWYNTIAU CYFARTALOG
Y DDAU SECTOR

Blwyddyn	Sector ysgolion	Canran bositif	Canran bositif sylweddol	Canran negyddol	Canran negyddol sylweddol
2003/4	Saesneg	19.4%	23.4%	22.3%	35.1%
	Cymraeg	–	75.0%	12.5%	12.5%
2004/5	Saesneg	20.2%	22.3%	18.1%	39.4%
	Cymraeg	33.3%	41.7%	19.4%	5.6%
2005/6	Saesneg	17.2%	23.7%	28.0%	31.2%
	Cymraeg	11.1%	88.9%	–	–

Ffynhonnell: Thomas (2007, 442).

25 y cant yn y categori negyddol sylweddol yn 2003–4. Yn 2005–6 cafwyd 100 y cant o sgorau positif gan y sector Cymraeg, mwy na dwy-waith gymaint â'r sector Saesneg. Dadleuir na ellir priodoli'r pwyntiau cyfartalog crai uwch, a nodwyd yn gynt yn y bennod, i natur y cwricwlwm na'r nifer uwch o bynciau craidd a gynigir yn yr ysgolion Cymraeg, ond mai safon yr addysgu a gwir gyrhaeddiad y disgyblion sy'n gyfrifol am y rhagoriaeth.

Pum pwnc TGAU A*–C neu ganlyniad cyfatebol
Y dangosydd crai hwn (yn anffodus, fel y trafodwyd eisoes) a ddefnyddir amlaf gan y cyfryngau. Defnyddia rhai academyddion hefyd, megis Reynolds (Blake, 2006a; 2006b), yr un dangosydd wrth feirniadu canlyniadau'r ysgolion Cymraeg. Canlyniad clir y dadansoddiad cyfredol yw bod yr ysgolion Cymraeg yn cael canlyniadau uwch, hyd yn oed ar ôl ystyried cefndir a gallu cynhenid eu disgyblion. Yn 2003–4, 50.0 y cant oedd sgôr canran bositif sylweddol yr ysgolion Cymraeg, o'i gymharu â 14.9 y cant yr ysgolion Saesneg (Thomas, 2007, 443). Y flwyddyn ganlynol (Tabl 6.6), 'roedd llai o fwlch yn y dangosydd hwn, ond yn agregedig (positif a phositif sylweddol), tyfodd y bwlch i 42 pwynt canran ac i 57 pwynt canran y flwyddyn ganlynol.

TABL 6.6: CYMHARU SGÔR 5 A*–C Y DDAU SECTOR

Blwyddyn	Sector ysgolion	Canran bositif	Canran bositif sylweddol	Canran negyddol	Canran negyddol sylweddol
2003/4	Saesneg	33.0%	14.9%	34.0%	18.1%
	Cymraeg	–	50.0%	37.5%	12.5%
2004/5	Saesneg	29.8%	17.0%	30.9%	22.3%
	Cymraeg	55.6%	33.3%	11.1%	–
2005/6	Saesneg	28.0%	15.1%	34.3%	22.6%
	Cymraeg	33.3%	66.6%	–	–

Ffynhonnell: Thomas (2007, 443).

Pum pwnc TGAU A*–G neu ganlyniad cyfatebol
Dim ond unwaith y rhagorodd yr ysgolion Saesneg yn y dangosydd positif sylweddol (2004/5). Er bod canrannau negyddol sylweddol yr ysgolion Cymraeg yn uwch yr un flwyddyn honno na'r ysgolion Saesneg, eto i gyd ni chafodd yr un ysgol Gymraeg sgôr negyddol sylweddol y ddwy flynedd nesaf. Nid yw'r bylchau positif mor fawr ag yn y ddau ddangosydd blaenorol. Pan agregir y sgorau positif, rhagora'r sector Cymraeg bob blwyddyn (gw. Thomas, 2007, 444).

Awgryma'r dangosydd hwn fod gan y sector Cymraeg le i wella o ran cyrhaeddiad disgyblion cymedrol i is eu gallu. Byddai gwella'r sgôr yn y categori hwn yn gwneud dau beth: gwella cyrhaeddiad y disgyblion hyn a rhoi taw ar y beirniaid hynny sydd yn honni mai academïau ar gyfer plant mwy galluog yw'r ysgolion Cymraeg. Mae arwyddion calonogol yn data 2005/6, er mai dangosyddion un flwyddyn ydynt.

Dangosydd pynciau craidd
Ailadroddir bod pedwar pwnc craidd yn yr ysgolion Cymraeg, a thri yn yr ysgolion Saesneg. Nid yw'r gymhariaeth yn un deg felly, gan fod mwy o amser cyswllt yn yr ysgolion Saesneg i addysgu'r pynciau craidd. Eto i gyd, diddorol ystyried y data (Tabl 6.7), yn arbennig o ganfod bod canrannau positif sylweddol yr ysgolion Cymraeg am ddwy flynedd ychydig fwy na dwywaith yn uwch na rhai'r ysgolion Saesneg. Yn 2005/6, mae'r gwahaniaeth yn ddramatig, bron chwe gwaith yn uwch (55.6 y cant o'i gymharu â 9.7 y cant).

TABL 6.7: CYMHARU SGÔR DANGOSYDD PYNCIAU CRAIDD
Y DDAU SECTOR

Blwyddyn	Sector ysgolion	Canran bositif	Canran bositif sylweddol	Canran negyddol	Canran negyddol sylweddol
2003/4	Saesneg	30.9%	17.0%	28.7%	23.4%
	Cymraeg	–	37.5%	37.5%	25.0%
2004/5	Saesneg	29.8%	16.0%	30.9%	23.4%
	Cymraeg	22.2%	33.3%	22.2%	22.2%
2005/6	Saesneg	25.8%	9.7%	37.6%	26.9%
	Cymraeg	22.2%	55.6%	11.1%	11.1%

Ffynhonnell: Thomas (2007, 444).

TABL 6.8: AGREGU'R PEDWAR DANGOSYDD PERFFORMIAD

Blwyddyn	Sector ysgolion	Canran bositif	Canran bositif sylweddol	Canran negyddol	Canran negyddol sylweddol
2003/4	Saesneg	29.5%	19.7%	27.4%	23.4%
	Cymraeg	9.4%	46.9%	25.0%	18.8%
2004/5	Saesneg	28.2%	18.1%	27.4%	26.3%
	Cymraeg	33.3%	41.7%	19.4%	5.6%
2005/6	Saesneg	26.9%	16.4%	32.5%	24.2%
	Cymraeg	27.8%	61.1%	8.3%	2.8%

Ffynhonnell: Thomas (2007, 445).

CRYNODEB

Wrth agregu'r pedwar dangosydd perfformiad (Tabl 6.8), mae'r canrannau positif sylweddol fwy na dwywaith yn well nag yn y sector Saesneg yn 2003/5, a bron bedair gwaith yn well yn 2005/6.

Dengys Tabl 6.9 mai amrywiol, yn ôl y disgwyl, yw sgôr y gwahanol ysgolion o flwyddyn i flwyddyn, ond bod tueddiadau cadarnhaol i'w gweld: y ddwy ysgol Gymraeg a ddechreuodd â sgôr negyddol yn mynd o nerth i nerth, a sgorau'r sector Cymraeg yn gwella yn flynyddol. Dirywio bu patrwm y sector Saesneg dros yr un cyfnod (Thomas, 2007, 447).

TABL 6.9: PROFFIL GWERTH-ATEGOL TGAU YSGOLION CYFUN CYMRAEG DE-DDWYRAIN CYMRU 2004–6 FESUL YSGOL

Rhif yr ysgol	Haf 2004	Haf 2005	Haf 2006	Cyfanswm pwyntiau
1	4	4	6	14
2	1	-3	4	2
3	4	7	5	16
4	8	6	5	19
5	-7	0	3	-4
6	-6	1	8	3
7	8	6	8	22
8	1	7	8	16
9	3	3	2	8
Cyfanswm	16	31	49	–

Ffynhonnell: Thomas (2007, 446).

Crynhoir gwelliant y sector Cymraeg yn Ffigur 6.1.

FFIGUR 6.1: SGÔR BLYNYDDOL CYFARTALOG GA YSGOLION
CYFUN CYMRAEG Y DE-DDWYRAIN

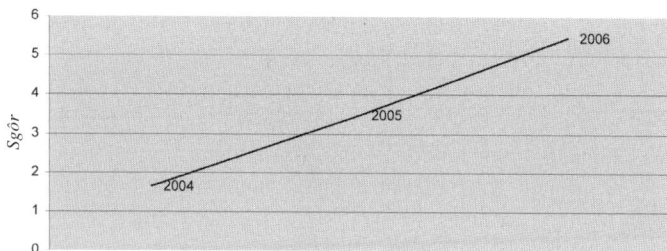

Ffynhonnell: Thomas (2007, 447).

PRIF GASGLIAD YNGHYLCH SAFONAU TGAU YR YSGOLION
CYMRAEG

Gan dderbyn y cafeatau anorfod, dadleuir bod yr astudiaeth hon wedi
defnyddio data manwl yn rhychwantu amryw feincnodau mewn dadan-
soddiad cynhwysfawr o ganlyniadau TGAU haf 2004–6. Dengys yr
astudiaeth fod yr ysgolion Cymraeg yn rhagori yn arwyddocaol ar y
sector Saesneg ar draws y cyfnod, a bod y dangosydd 5 A*–C wedi'i
gamddefnyddio gan nifer o sylwebyddion: nid yn waeth y mae'r sector
Cymraeg ond, mewn gwirionedd, rhagora, ar ei isaf ddwywaith ac, ar
ei uchaf, fwy na chwe gwaith (Thomas, 2007, 446), ar y sector Saes-
neg. Ategir y casgliad bod yr ysgolion Cymraeg yn rhoi gwerth-ategol
positif gan ymarfer mewnol Estyn nas cyhoeddwyd (2005–6), a
ddangosodd fod yr ysgolion Cymraeg yn rhoi gwerth da o ran cyflawn-
iad a chyrhaeddiad (Ann Keane, 3 Gorffennaf 2006). Drylliwyd myth
Gorard.

CRYNHOI

Canfyddiad sylwebyddion addysgol, ar y cyfan, yw bod safonau addysgu,
cyflawniad a chyrhaeddiad yr ysgolion Cymraeg yn uchel. Profodd yr
astudiaeth fod y canfyddiad hwnnw yn un cywir. Dadansoddwyd
data cynhwysfawr a ddangosodd fwy o safon uchel homogenaidd yn
y sector Cymraeg nag yn y sector Saesneg, o ran yr athrawon a'r
disgyblion. Defnyddiwyd data gwerth-ategol a ddangosodd mai nad

cefndir cymdeithasegol disgyblion sy'n gyfrifol am y rhagoriaeth honno, ond, i raddau sylweddol iawn, methodoleg, ymroddiad a disgwyliadau'r athrawon. Mae hynny i'w ddathlu.

Y DYFODOL

Mae gan yr ysgolion Cymraeg ddelwedd (*brand* yw'r gair ffasiynol ar hyn o bryd); safonau uchel (academaidd a diwylliannol) sy'n nodweddu'r brand hwnnw. Bydd yn beryglus i unrhyw ysgol Gymraeg ddibynnu ar ddelwedd y brand, a bydd angen ailymweld (pan fo angen) â gweledigaeth bragmataidd Gwilym Humphreys am ganlyniadau da a sicrwydd safonau, ac yna farchnata'r safonau uchel hynny. Nid cystadleuaeth rhwng ysgolion a'm symbylodd i gloi'r bennod â'r sylwadau hyn, ond yr argyhoeddiad na all yr holl weithgareddau a pholisïau cyfoes i achub yr iaith lwyddo ar eu pennau eu hunain, heb gyfraniad clodwiw'r ysgolion Cymraeg. Adlais yw'r geiriau hyn o frawddeg flaenorol yn y gyfrol na all yr ysgolion Cymraeg ychwaith achub yr iaith ar eu pennau eu hunain. Ys dywed Fishman (1991, 408): 'All social movements try, in their own ways, to fulfil needs and strivings. RLS efforts must be able to do so even better than others.' Yng ngeiriau Gwilym E. Humphreys (2000, 70): '[H]eb ganlyniadau da a sicrwydd safonau, a hynny drwy'r Gymraeg, fyddai dim twf wedi bod yn bosib i addysg Gymraeg yn y dalgylch arbennig hwn ym Morgannwg.'

Y Llinyn Arian yn Ymddatod

Yn y bennod gynderfynol hon fe amlinellir y theses a ddatblygodd ar hyd y gyfrol ynghylch y dylanwadau ar dwf yr ysgolion Cymraeg yn ne-ddwyrain Cymru. Medrech ystyried y bennod hon fel crynodeb o'r gwaith, a disgwyl ei gweld yn cloi'r gyfrol. Ond gan mai o'n blaenau y bydd achubiaeth yr iaith, yn arbennig drwy gyfrwng addysg, penderfynwyd cloi'r gyfrol yn edrych tua'r dyfodol. Gosodwyd yr ysgolion Cymraeg ar seiliau cadarn, ond mae angen ton arall o ddatblygu. Agweddau ar amryw bwerau yw sail pob un thesis, a'r llinyn arian cysyniadol drwy'r gyfrol yw'r prif thesis, sef mai cydadwaith a gwrthdaro rhwng pwerau amryw garfanau o bobl, sefydliadau ac agweddau fu'n gyfrifol am natur, hanes a datblygiad yr ysgolion.

Gosodiadau lled foel a wneir yn y bennod fer hon, gan yr ymdriniwyd yn fanwl yng nghorff y gyfrol â'r dystiolaeth fu'n sail i ffurfio'r gwahanol theses. Ar ôl pob thesis isod nodir ychydig bwyntiau enghreifftiol, rhai yn hanesyddol, rhai am y tro cyntaf yn y gyfrol ac eraill yn edrych tua'r dyfodol. Awgrymir bod y darllenydd yn croesgyfeirio i'r testun er mwyn cael enghreifftiau amgen.

PŴER Y RHIENI FU'R GRYM PENNAF I YRRU TWF YR YSGOLION CYMRAEG

Brwydr fu hanes sefydlu'r ysgolion Cymraeg yn ne-ddwyrain Cymru, a dangosodd twf yr ysgolion sut y medr pŵer, dyfalbarhâd a phenderfyniad rhieni drechu pŵer llywodraeth, boed yn lleol neu yn genedlaethol. Heb i'r rhieni ddewis addysg Gymraeg, byddai'r ysgolion yn cau, a phŵer y rhieni yn gwanhau. Heb amheuaeth, pŵer y rhieni fu'r grym pennaf a yrrodd y twf.

Y ffynhonnell orau sy'n tystio i ddycnwch, angerdd, penderfyniad ac argyhoeddiad y rhieni yw'r recordiadau a wnaed yn ystod cyfweliadau'r gwaith maes. Er enghraifft (19 Mehefin 2006), pender-fynodd Ann Jones (di-Gymraeg, athrawes ar y pryd, prifathrawes yn ddiweddarach) ddanfon ei phlant i'r ysgol Gymraeg leol, ac fe'i galwyd yn fradwr o'r herwydd mewn cyfarfod undeb. 'Stand up and be counted publicly,' meddai. Yn Fochriw, cynghorwyd Christine Chater (mam leol ddi-Gymraeg) gan bennaeth yr ysgol gynradd Saesneg i beidio â danfon ei merch i'r ysgol Gymraeg, neu câi ei hesgymuno o'r gym-deithas leol. Galwyd ei merch yn 'Welshy snob' a 'big-headed'. Ond trechu'r ofnau a'r rhagfarn a wnaeth y ddwy fam, fel miloedd tebyg iddynt, ymuno yn y frwydr, a magu profiad fel ymgyrchwyr. 'You have lots of ties when you've had to fight together for the same things.'

Enghraifft o ymlyniad Christine Chater yw iddi fod yn un o'r pum aelod o'r grŵp gweithredu a gyfarfu un noson yr wythnos am dair blynedd yn paratoi strategaeth a thactegau er mwyn ennill adeiladau teilwng i Ysgol Gyfun Cwm Rhymni. Astudiwyd corffiaith John Red-wood, yr Ysgrifennydd Gwladol, chwaraewyd rôl cyn iddo ymweld â'r ysgol, a gofalwyd mai mewn ystafell Dechnoleg oeraidd a llwm, Dicensaidd, yn Aberbargod y gorffennai Syr Wyn Roberts ei ymweliad yntau fin nos anghynnes ganol Tachwedd. Byddai Christine Chater yn ffonio'r Aelod Seneddol, Ron Davies, yn ei swyddfa yn Nhŷ'r Cyff-redin, ac yn ei lobïo yn rheolaidd. Ymunodd ef â'r rhieni, disgyblion a staff ar daith ymgyrchol un bore Sadwrn drwy dref Bargod.

Crea'r ysgolion Cymraeg eu hunaniaeth eu hunain, ymdeimlad o berthynas rhwng ysgolion â'i gilydd, a hyder a ddaw o lwyddiant ac ymnormaleiddio. Hwn yw'r 'mudiad'. Mae'r 'mudiad' yn ffenomen ficro-ganolog, sef y ffordd y bydd rhieni yn ymgyrchu dros sefydlu'r ysgol nesaf mewn cymdogaeth. Dylanwad o'r gwaelod i fyny yw hyn, o'r lefel ficro i'r meso. Mae hefyd yn wrth-negyddol gan fod pŵer y rhieni yn mynnu trechu negyddiaeth neu ddifaterwch awdurdodau addysg lleol, neu ddiffyg gweledigaeth llywodraeth ganolog.

Prif resymau'r rhieni dros ddewis yr ysgol Gymraeg yw eu hymlyn-iad i'r Gymraeg, yr hunaniaeth Gymreig ac ethos a safonau uchel yr ysgolion, ond mae'r cyfuniadau o resymau yn gymhleth ar y naw. Pŵer hunangymhelliol enaid y bobl yw un o'r grymoedd allweddol wrth i genedl frwydro dros ei hiaith, a'i hadfer hi. Heb y pŵer arbennig hwn, ni fydd y pŵer a ddaw o ymdrechion cynllunwyr iaith neu wleidyddion yn ddigonol i wrth-droi'r shifft ieithyddol.

PŴER YR YSGOLION YW IDDYNT GREU CYMDEITHAS A RYDD FFOCWS I DDYHEADAU'R RHIENI O RAN IAITH A HUNANIAETH, ETHOS, PERTHYNAS DEULUOL A SAFONAU A DISGWYLIADAU UCHEL

Hyrwyddwyd yr ysgolion Cymraeg gan eu safonau uchel ym mhob agwedd ar fywyd ysgol, yn ddiwylliannol, ar y meysydd chwarae, yn academaidd ac yn y gofal bugeiliol a roddant i'w disgyblion. Yn y dyddiau cynnar, bu'n rhaid i'r ysgolion eu profi eu hunain, a bod cystal (o leiaf) ag ysgolion eu hardal. Bu arweiniad penaethiaid, ymroddiad athrawon a dycnwch llywodraethwyr yn ffactorau allweddol wrth sicrhau llwyddiant y 'mudiad'.

Un enghraifft yn unig yw hanes brwydr Eirlys Pritchard Jones i sefydlu Ysgol Gyfun Cymer Rhondda. Fe'i penodwyd yn ddirprwy i Cymer Comprehensive School â chyfrifoldeb am ddatblygu Ysgol Gyfun Cymer Rhondda yn yr un adeiladau. Ymhlith ei hamryfal sialensiau oedd newid ethos yr ysgol, datblygu pedagogi a barchai'r unigolyn a lleihau tanddisgwyliadau a thangyflawni. Llwyddodd yn ysgubol, megis gweld ysgol Cymer Rhondda yn bwrw 65 y cant o raddau A*–C TGAU yn 1997, y drydedd orau yng Nghymru y flwyddyn honno. Bu'n rhaid goresgyn rhagfarn ('It's the back door to private education'), gwrthwynebiad cryf ('I don't believe in this Welsh language education nonsense') a negyddiaeth fwriadol. Er enghraifft, ni châi weld ffurflenni cais am swyddi cyn y cyfarfod penodi, er mai hyhi oedd yn gyfrifol am addysg cyfrwng Cymraeg.

Mae darlun homogenaidd o safonau uchel academaidd yr ysgolion Cymraeg yn magu hunanhyder yn y sector, a chefnogaeth a balchder ymhlith y rhieni a'r disgyblion. Ond ni fedr unrhyw sefydliad na mudiad fyw ar lwyddiannau'r brand nac ar y gorffennol. Os collir safonau uchel, gwanhau bydd pŵer yr ysgolion, gan fod angen pŵer deinamig cryf er mwyn i'r lleiafrif ddylanwadu ar y mwyafrif. Gall cynnal momentwm y ffyniant (o ran twf a safon) fod yn her, wrth i'r ysgol Gymraeg gael ei derbyn fel rhan naturiol o'r ddarpariaeth.

PŴER GWLEIDYDDOL LLEOL YW UN O'R GRYMOEDD CYNHALIOL, AC AMRYWIA YN EI DDYLANWAD O ARDAL I ARDAL AC O GYFNOD I GYFNOD

Diffyg cynllunio rhagweithiol gan yr AALlau fu'r rhwystr pennaf yn erbyn twf yr ysgolion. Adlewyrcha'r diffyg cynllunio ddiffyg gweledigaeth ac ewyllys wleidyddol mewn rhai AALlau. Ond nid oes patrwm homogenaidd o gefnogaeth nac o ddifaterwch AALlau ar draws deddwyrain Cymru, a pheryglus yw cyffredinoli am eu hymlyniad torfol. Gellid cyfeirio, er enghraifft, at arafwch cyngor Caerdydd am ddegawdau o'i gymharu â'r prysurdeb ymenyddol a gwleidyddol cyfredol wrth iddo gynllunio cyfres o ysgolion newydd, cynradd ac uwchradd. Ymddengys fod ardaloedd canol Morgannwg ar wastatir datblygol wedi degawdau o arweiniad goleuedig ac arwrol. Bu Gwent yn araf i newid unedau Cymraeg yn ysgolion, ond bellach mae ganddi ysgol Gymraeg uwchradd, ac mae Casnewydd yn sôn am sefydlu ysgol uwchradd ei hun rywbryd. Amrywia felly ymlyniad llywodraeth leol i'r ysgolion Cymraeg mewn gofod ac amser.

Gellid dadlau nad yw pŵer llywodraeth leol dros sefydlu ysgolion yn ymgryfhau nac yn gwanhau, er ymdrechion Thatcher ac er canoli pŵer yn y canol, ond mai'r penderfyniadau sut i ddosbarthu adnoddau, chwedl Giddens, sy'n amlygu'r pŵer. Mewn cyfnod o ddirwasgiad, mae prinder adnoddau yn gorfodi llywodraeth leol i ddosbarthu adnoddau yn fwy gofalus a darbodus, a medrai hynny hwyluso twf yr ysgolion Cymraeg, gan fod y galw amdanynt yn tyfu mewn cyferbyniad â'r cwymp demograffig. Amrywia hefyd ymlyniad y pleidiau gwleidyddol i'r ysgolion Cymraeg mewn gofod ac amser, fel y dengys hanes yr hen Forgannwg. Wrth gwrs mae'n rhaid ennill etholiadau er mwyn ennill pŵer gwleidyddol, ac mae hanes cynghorwyr Plaid Cymru yn etholaeth Caerffili yn enghraifft nodedig o wthio'r ffiniau ieithyddol ym myd addysg pan gânt y cyfle. Ar y cyfan bydd pŵer unigolion mewn pleidiau yn rymusach na'r pleidiau eu hunain.

PŴER Y CANOL I HYRWYDDO TWF PELLACH YW'R POTENSIAL SYLWEDDOL Y DYLID EI DDATBLYGU YN Y DYFODOL AGOS ER MWYN GWIREDDU AMCANION 'IAITH PAWB'

Yn pontio rhwng pŵer lleol a chenedlaethol y mae'r potensial sylweddol sydd yn gorwedd yng ngwleidyddiaeth Ewrop. Mae angen datblygu dealltwriaeth o rymoedd gwleidyddol Ewrop ac o'u heffeithiau ar iaith ac addysg Cymru. Er enghraifft, dylid hyrwyddo cynllunio cydlynol ar draws AALlau a chreu corff (neu system) i oruchwylio'r ddarpariaeth a'r cynnydd mewn addysg drwy gyfrwng y Gymraeg, yn unol â Siarter Ieithoedd Lleiafrifol Ewrop. Cam ymarferol fyddai cefnogi'r cynnig yn y strategaeth ddrafft addysg cyfrwng Cymraeg i weithredu drwy adran o APADGOS, ac annog y Llywodraeth i symud ar frys i sefydlu cyfundrefn i oruchwylio'r ddarpariaeth.

Bydd angen cynllunio a gweithredu yn rymusach fyth er mwyn sicrhau dilyniant ieithyddol i beuoedd eraill, yn arbennig addysg bellach ac uwch, y gweithle a bywyd teuluol a chymdeithasol. Ni all y canol weithredu heb bŵer y gyfraith, waeth beth fo'i weledigaeth. Credir bod angen hyrwyddo addysgu pob pwnc ar gwricwlwm ysgol drwy gyfrwng y Gymraeg drwy lunio deddfwriaeth briodol a di-rwystr. Gwell llunio deddfwriaeth niwtral y gellid ei dehongli yn hytrach na deddfwriaeth fanwl, os yw'r ddeddfwriaeth fanwl honno yn debygol o rwystro twf yr ysgolion Cymraeg.

Dylai'r canol rymuso'i afael ar addysg Gymraeg drwy ddatblygu dealltwriaeth gliriach ohoni, megis drwy ddiffinio darpariaeth cyfrwng Cymraeg yn glir a diamwys, fel bod ethos ysgolion, iaith eu haddysgu a'u deilliannau ieithyddol yn ddealledig ar draws Cymru. Pŵer y gwleidyddion yw'r grym mwyaf yn y canol, ond mae cryn ddylanwad gan y gweision sifil. Tanlinellwyd yn y gyfrol bŵer disgresiwn unigolion, er enghraifft wrth lunio agenda gwleidyddol, a chredir bod angen trefnu hyfforddiant ar gyfer y gwasanaeth sifil am addysg Gymraeg a'r ysgolion Cymraeg er mwyn gwella dealltwriaeth rhai o'r gweision sifil o wahaniaethau main yn y gyfundrefn, ac weithiau o natur ieithyddol, ddaearyddol a diwylliannol Cymru.

PŴER LLYWODRAETHIANT YW'R APARATWS Y DYLID EI DDEFNYDDIO ER MWYN DATBLYGU CYMDEITHAS SIFIL WYBODUS A FEDRAI HYRWYDDO CYMRU DDWYIEITHOG

Mae gan ddemocratiaeth wâr nifer o amodau a gofynion. Yng Nghymru mae angen cymell y gymdeithas ddinesig i ymwneud mwy â llywodraethiant y wlad. Er enghraifft, mae sialens gennym wrth ddatblygu strategaeth genedlaethol er hybu dealltwriaeth ehangach o gynnwys a goblygiadau adroddiadau sy'n allweddol wrth lywio agweddau ar ddyfodol y genedl, megis 'Iaith Pawb' ac 'Adroddiad Comisiwn Richard'.

Yn ymarferol, un ffordd ymlaen yw datblygu'r gymdeithas sifil drwy gyd-drafod rhwng gwahanol haenau llywodraeth a grwpiau â diddordeb mewn addysg Gymraeg, gan sicrhau trafod agored wedi'i gyfoethogi gan wybodaeth a data perthnasol. Dylid hefyd drefnu ac ariannu ymchwil priodol i bedagogi addysg Gymraeg a dwyieithog, a hybu twf pellach yr ysgolion Cymraeg drwy eu marchnata (gan ysgolion, y wasg leol, y cyfryngau, llywodraeth ganol a llywodraeth leol) yn unol â strategaeth gydlynol a chytûn.

Pŵer sydd heb ei ddatblygu rhyw lawer yw'r pŵer hwn. Mae meddu ar wybodaeth berthnasol yn rhoi grym i unigolion ddefnyddio'r wybodaeth honno er mwyn llunio agenda gwleidyddol ac ymateb â gweledigaeth i bolisïau, a chyfrannu at ddatblygu strategaethau.

PŴER YR IAITH GYMRAEG A'R HUNANIAETH GYMREIG YW'R GRYM YSBRYDOL A UNA'R GYMDEITHAS MEWN BRWYDR HIR AC ANODD I ACHUB YR IAITH

Yr ysgolion Cymraeg oedd y grym pennaf a rwystrodd yr iaith rhag edwino ymhellach yn ne-ddwyrain Cymru, gan ysbrydoli cenedlaethau o blant ac oedolion i'w dysgu a'i harfer hi. Ond ni all yr ysgol Gymraeg achub yr iaith ar ei phen ei hunan, er mai hi, yn anad yr un ffenomen arall, fu'n gyfrifol am ddechrau gwrth-droi'r shifft ieithyddol. Mae angen cymhwyso damcaniaethau Fishman i'r Gymru gyfoes, a datblygu (neu ymladd) ar sawl ffrynt ar yr un pryd. Â'r strategaeth hon yn erbyn prif dueddiadau Fishman, a dadleuwyd yn y gyfrol yn erbyn gorflaenoriaethu a chompartmentaleiddio ffwythiannau ieithyddol.

Nid yw brwydr yr iaith wedi'i hennill, er ymdrechion glew cenedlaethau o ymgyrchwyr a chefnogwyr, ac er ymagweddu a gweithredu llywodraeth ganol a lleol. Proses esblygol a hir yw proses gwrth-droi shifft ieithyddol, ac awgrymir y natur esblygol honno gan yr arddodiad yn nheitl y gyfrol.

Yr ysgolion Cymraeg sy'n cynrychioli yn bennaf yn nwyrain Cymru weledigaeth a breuddwyd genedlatholgar y Cymry, gan greu yn y dwyrain y math ar gymuned a pherthynas Gymraeg a Chymreig sydd yn rhan anhepgor o'r proses o wrth-droi'r shifft ieithyddol ac o ddiogelu diwylliant. Yn wir, yr ysgol Gymraeg yw'r gymuned ieithyddol-gymdeithasol fwyaf yn nwyrain y wlad sy'n hyrwyddo'r frwydr i achub yr iaith. Mae brwdfrydedd ac ymroddiad athrawon dros lwyddiant yr ysgolion Cymraeg a'u swyddogaeth yn gwrth-droi'r shifft ieithyddol yn dal yn amlwg mewn cyfnod cymharol gynnar o ymnormaleiddio.

Mae pŵer yr iaith a phŵer yr ysgolion Cymraeg yn gyd-ddibynnol. Mae'r cydbwysedd rhyngddynt yn dyngedfennol os ydym am weld gwir adfywiad yr iaith Gymraeg, a dylid diogelu dyfodol y math hwn ar ysgol, doed a ddelo, ar y ffordd tua'r baradwys ieithyddol.

PŴER POTENSIAL YW'R GALLU I GYNLLUNIO MEWN FFORDD GYDLYNOL AR GYFER ANGHENION IEITHYDDOL Y GENEDL

Gelwir y pŵer hwn yn bŵer potensial gan na chynlluniwyd erioed ar gyfer anghenion ieithyddol plwralistig y genedl mewn ffordd gydlynol. Er enghraifft, tyfodd yr ysgolion Cymraeg yn eu hardaloedd mewn ffordd anghydlynol, ond mae potensial aruthrol yn y strategaeth addysg cyfrwng Cymraeg i gynllunio mewn ffordd draws-ffiniol. Dyma'r tro cyntaf i'r genedl fedru dathlu'r fath gynllunio cydlynol ym maes addysg. Wrth gwrs mae anghenion ieithyddol amgen na rhai o fyd addysg, ond addysg yw canolbwynt yr astudiaeth hon.

Mae'r strategaeth addysg cyfrwng Cymraeg yn derbyn y ddadl mai gwlad o blwraliaeth ieithyddol yw Cymru, ac nad oes un ateb i ofynion pur wahanol amrywiol gymdogaethau'r wlad. Yn ymarferol, ni ellir ystyried sialensiau ieithyddol-gymdeithasol y de-ddwyrain ar wahân i weddill Cymru, gymaint y bylchu ym mhroses trosglwyddo'r iaith rhwng cenedlaethau yn yr ardaloedd Cymraeg yn y gorllewin.

Paradocs y ffynnu yw bod brwdfrydedd rhieni yn lleihau wrth i'r ddarpariaeth ymnormaleiddio, oni bai bod unigolion yn chwarae rôl y catalydd er mwyn bywiocáu'r gymdeithas a threfnu ymgyrchoedd cenhadol. Mae angen datblygu gwell dealltwriaeth o lif pŵer rhwng gwahanol haenau o strwythurau. Er enghraifft, dylid llenwi'r bwlch rhwng athrawon a rhieni ar y naill law ac academyddion a chynllunwyr iaith ar y llall. Trwy gyd-drafod y llunnir y gyd-weledigaeth genedlaethol. Hwn yw'r pŵer â'r potensial i ryddhau syniadau adeil-adol wrth ddyfnhau dealltwriaeth o'r amryfal agweddau sydd yn dylanwadu ar addysg ac ar wrth-droi'r shifft ieithyddol.

Yr ysgol Gymraeg yw'r ffordd fwyaf effeithiol o sicrhau caffael iaith, a'r model mwyaf cynaliadwy i sicrhau hynny yn y dyfodol agos yn nwyrain Cymru. Nodir hyn o dan ymbarél potensial gan fod prinder athrawon arbenigol yng Nghymru, ac ni ddylid glastwreiddio'u dylanwad drwy ddatblygu modelau o ysgolion na allwn eu hailgynhyrchu ar draws y wlad. Nid yw hyn yn feirniadaeth ar ymdrechion clodwiw unigolion o benaethiaid i gynllunio'u gweledigaeth ieithyddol unigryw yn eu hysgolion. Pŵer yr unigolyn yw hynny. Y pŵer y cyfeirir ato yn y man hwn yw'r pŵer i gynllunio strategaeth genedlaethol fydd yn amlhau nifer cyfyngedig o fodelau cynaliadwy yn ein gwlad fechan. Mae datblygu cyd-ddyheu cenedlaethol i achub yr iaith i'w feithrin a'i gyplysu â chynllunio ieithyddol er mwyn cyfuno pwerau grymusaf yr ysbryd a'r meddwl, a dileu adhociaeth a thoceniaeth.

PŴER YR UNIGOLYN YW'R GRYM A ALL YSBRYDOLI ERAILL I SYMUD MYNYDDOEDD

Dylanwad unigolion o gynghorwyr, gwleidyddion, swyddogion adrannau addysg, gweision sifil a'r arolygiaeth fu un o'r grymoedd cynhaliol pwysig dros 50 mlynedd o ddatblygu. Yn yr ysgolion bu arweiniad goleuedig a rhagweithiol penaethiaid, ymroddiad di-flino llywodraethwyr a brwdfrydedd egnïol athrawon a staff cynorthwyol yn bŵer a fynnai drechu anawsterau mawrion. Ymhlith corff y rhieni, bu unigolion yn chwarae rôl y gweledydd a'r cynlluniwr, y cenhadwr a'r codwr arian, yr ymgyrchwr a'r dadleuwr, y catalydd a'r ysbrydolwr. Credir na all pŵer strwythur na phŵer polisi ddisodli pŵer a phenderfyniad ysbrydol unigolion i sicrhau ffyniant yr ysgolion Cymraeg. Ond gellir grymuso pŵer yr unigolion drwy dapio'r pwerau eraill a amlinellwyd uchod.

PŴER AMLHAENOG YW'R PŴER FU'N GYRRU TWF YR YSGOLION CYMRAEG

Mae'r dylanwadau ar dwf yr ysgolion Cymraeg yn rhai cymhleth ac amlhaenog. Deil grym y rhieni yn bŵer aruthrol, ond bwydir y grym hwnnw gan rymoedd eraill, mewn cyfuniadau plethorig a chymhleth. Bydd pŵer ar wahanol lefelau micro, meso a macro yn newid yn ôl eu cyd-destun, ac yn cydadweithio â'i gilydd. Mae perygl gorbwysleisio asiant neu strwythur, heb ddod o hyd i'r pŵer sy'n gyrru'r trafod a'r creu.

Un o fanteision Cymru yw ei bod yn wlad fechan, sy'n hwyluso rhwydweithio, ond mae angen grymuso'r cyd-drafod a miniogi meddwl er mwyn sicrhau bod y lefelau macro, meso a micro yn esblygu drwy'r cydadwaith rhyngddynt. Pwysicach o lawer na'r dadansoddi yw defnyddio'r dadansoddiad er mwyn dylanwadu ar y camau nesaf yn hanes twf yr ysgolion Cymraeg, gan feithrin gweledigaeth a strategaeth holistig ynghylch addysg, yr iaith Gymraeg a'r cymunedau. Mae angen optimistiaeth ysbrydol, chwedl Gramsci, er mwyn llwyddo, yn ogystal â phesimistiaeth finiog-ddeallusol wrth i gynllunwyr ar bob lefel ddatblygu eu syniadau athronyddol ac ymarferol. Yn y pen draw, drwy weledigaeth bragmataidd y cymhwysir y gwahanol bwerau er mwyn gwireddu'r freuddwyd tuag at baradwys, heb ofynnod. Yn y bennod nesaf, cawn ystyried rhai camau gweithredu i hwyluso'r daith.

Pennod 8

Y Dyfodol

Yn y bennod glo, trafodir agweddau allweddol er mwyn gweld cynnydd pellach o ran yr iaith ac addysg Gymraeg. Fe'u trefnir yn ôl lefelau micro, meso a macro. Dehonglir micro fel yr actorion a'r materion sydd o bwys uniongyrchol iddynt; meso yw'r cynllunio ar gyfer normaleiddio; a macro yw'r strwythuroliaeth a'r llywodraethiant ar lefelau byd-eang neu egwyddorol.

Y LEFEL FICRO

RHIENI YSGOLION SAESNEG, 'THE GREATER PORTION'
(GWANWYN 2007)
'I believe that the greater portion [of parents] already see the immense advantage of bilingual instruction, and that the number will increase daily with the spread of information.' Yn 1887 yr ysgrifennwyd y geiriau hyn, gan Dan Isaac Davies (Hughes, 1984, 206, 134). Diddorol fydd cymhwyso'r dyfyniad i ganfyddiadau rhai o rieni'r cyfnod presennol.

Byddai mesur canfyddiadau'r holl rieni na ddewisasant addysg ddwyieithog yn ymarfer anferthol. Felly ffurfiwyd is-sampl o bum ysgol, gan ofyn i'r rhieni ymateb i ddau symbyliad. Dewiswyd y symbyliad cyntaf gan fod barn ar lawr gwlad (tystiolaeth lafar am ardal Abertawe o gyfarfod BIG, RHAG a CYDAG, Tachwedd 2006) bod camganfyddiad rhieni yn rhwystro twf yr ysgolion Cymraeg. Y symbyliad oedd ymateb i'r gosodiad 'A child will not be admitted into a Welsh-medium school unless at least one of his/her parents is a Welsh speaker.' Ar sail ymateb sampl bychan o 36 o deuluoedd (72 rhiant), dengys y data nad oedd neb yn credu hynny. Amrywia canfyddiad rhieni o ardal i ardal.

Yr ail symbyliad oedd gofyn i ymatebwyr nodi eu rheswm neu resymau dros beidio â dewis addysg Gymraeg. Methu siarad Cymraeg eu hunain a gwir gonsýrn ynghylch methu â chynnal a hybu datblygiad eu plant drwy gyd-ddarllen neu helpu â gwaith cartref ddaeth i'r brig fel y prif resymau. Nodwyd gan nifer hefyd anawsterau teithio a lleoliad cyfleus yr ysgol Saesneg leol a'i safonau ardderchog neu dda iawn. Soniwyd gan ddau ymatebydd am resymau cymdeithasol, sef sicrhau bod eu plant yn cymdeithasu â phlant lleol a fynychent yr un ysgol.

Yn arwyddocaol, drwy'r atebion cafwyd sylwadau gwirfoddol ynghylch yr iaith Gymraeg ac addysg cyfrwng Cymraeg. Gwirfoddolodd 11 o ymatebwyr (31.4 y cant) sylwadau cadarnhaol o blaid yr iaith ac ysgolion Cymraeg, megis y rhiant canlynol: 'If the local school was Welsh medium we would probably have been more inclined to take Welsh classes and sent him there regardless [that we didn't speak Welsh]. I hope that Welsh schools are more and more, especially in the south east of Wales.' Gofynnwyd i rieni nodi eu hyfedredd yn y Gymraeg, ac o'r 72 o rieni nododd tri eu bod yn rhugl iawn, pedwar yn rhugl, a saith yn lled rugl. Cynrychiola'r saith rhiant rhugl/rhugl iawn tua 10 y cant o'r ymatebwyr, gan awgrymu potensial ar gyfer twf pellach. Ar ben hyn, 'doedd dim neu nemor ddim Cymraeg ar wefusau 19 o rieni a gynrychiolwyd gan y sylwadau cadarnhaol.

Canfuwyd tueddiad yn y sampl i ymagweddu'n gadarnhaol neu yn gynnes tuag at addysg Gymraeg (36.1 y cant o'r ymatebwyr). Cadarnha'r tueddiad hwn sylw prif weithredwr BIG, Meirion Prys Jones (cyfweliad 10 Gorffennaf 2006), bod ffin o bobl sy'n barod i ddanfon eu plant i ysgolion Cymraeg ond bod trwch o'r boblogaeth 'jyst o dan y ffin', heb fod yn ddigon rhagweithiol i ddanfon eu plant bellter. Methu cefnogi eu plant â'u gwaith cartref, meddai, oedd y bwgan arall amlwg. Eto i gyd, hyd yn hyn, prin yw'r defnydd o'r llinell ffôn gymorth i blant a rhieni sydd angen help â'u gwaith cartref.

Prin hefyd oedd y sylwadau negyddol yn erbyn yr iaith a'r ysgolion Cymraeg: nodwyd amherthnasedd yr iaith y tu allan i Gymru gan dri, a dadleuwyd yn erbyn y Gymraeg fel pwnc gorfodol hyd at ddiwedd CA4 gan un. (Ni wnaed sylw bod gweddill y cwricwlwm yn orfodol.) Cred Aitchison a Carter (2003–4, 58) y bydd yr iaith, fel cysylltiad â hunaniaeth ethnig, yn sialens wrth iddi ymledu, gan godi gelyniaeth a hyd yn oed ymateb ffyrnig. Cytunir y byddai glastwreiddio mawr ar Gymreictod heb yr iaith, ond nid yw negyddiaeth wrth-Gymreig ar lawr gwlad yn ymddangos mor amlwg yn y de-ddwyrain ag y bu.

Drwy'r trwch felly, dyfodol gobeithiol a welir, gan gynnig tir ffrwythlon ar gyfer cenhadu a thrafod agweddau megis rhai'r ddau riant canlynol:

Welsh education is a complex subject and being an English woman with a Welsh family I still harbour some reservations about a totally Welsh Education for my children. However if it weren't for the English then you wouldn't even have this debate. All schools would still be Welsh and the language would be stronger than ever.

I fully support the existence of Welsh-medium schools. My only concern is that pupils' level (and knowledge) of Welsh to <u>successfully</u> cope with GCSEs and A-Levels may not be as sufficient today as it was 15–20 years ago. Should parents enrol their children into the Welsh-medium sector, I feel that they should <u>also</u> receive Welsh lessons in order to support their child both on an educational and cultural level. In my locality, the Welsh sector is seen as a means of 'escaping' a 'second-rate' 'non-Welsh' system rather than a deep-rooted desire to educate their children in the nation's language. (A shame.) (Pwyslais yn y gwreiddiol.)

CYMORTH Â GWAITH CARTREF

Diddorol na nododd rhieni'r ysgolion Cymraeg (yn H3) gyfrwng gwaith cartref fel rhwystr yn erbyn twf pellach. Er hynny, craffbrofwyd ymatebwyr H4 gan dri gosodiad priodol:

Mewn unrhyw ysgol, beth bynnag fo'r iaith, prin iawn mewn gwirionedd yw'r rhieni sy'n abl i helpu'u plant â'u gwaith cartref ym mhob pwnc ac ar bob lefel. [G27]

Mae'n fantais fod fy mhlentyn yn gorfod troi at y Geiriadur Saesneg–Cymraeg er mwyn dod o hyd i'r gair Cymraeg cywir. [G28]

Yn yr ysgol uwchradd, mae/bydd helpu fy mhlentyn â'i waith cartref ym mhob pwnc ac ar bob lefel yn anodd neu yn amhosibl i mi, a hynny oherwydd mai yn Gymraeg yr addysgir [bron] pob pwnc. [G29]

Natur cymorth a chynhaliaeth gan rieni yw dau o'r ffactorau pwysig, a 'does dim cysylltiad clir rhwng faint o gymorth a roddir a chyflawniad eu plant yn yr ysgol, yn ôl Sharp et al. (2001). Pan fo'r plant yn ifancach y rhoddir y cymorth mwyaf gan rieni.

Yr awgrym cryf yn G27 yw mai polymath yw'r model delfrydol. Cytunodd dau o bob tri ymatebydd (ond nid felly 33.4 y cant). Hwyrach bod gormod o haenau o ystyriaethau yn y gosodiad, a bod profiad (cyfyngedig) rhieni plant a oedd newydd ddechrau yn yr ysgol wedi sgiwio'r ymateb.

Er mai o H7 (rhieni ysgolion Saesneg) y daw'r dystiolaeth nesaf, mae'n rhoi ffocws da i'r trafod. Ysgrifennodd un rhiant y byddai dysgu drwy gyfrwng y Gymraeg yn orchwyl ychwanegol. Nodwyd gan fam arall fod ei gŵr yn gyn-ddisgybl ysgol uwchradd Gymraeg, a'ch bod wrthi drwy'r amser yn cyfieithu popeth. Gwybod bod cryn gydymdeimlad â'r sentiment hwn oedd y prif reswm am ysgrifennu G28. Mae bodolaeth geiriaduron a thermiaduron yn golygu bod galw amdanynt, ac mae eu defnyddio yn ddoeth yn sgil angenrheidiol. Atgyfnerthir gwaith geiriadur gan y rhestrau termau a gynhyrchir gan ysgolion unigol ar gyfer blynyddoedd cynnar yr ysgol uwchradd, cyn graddio i eiriaduron mwy cynhwysfawr.

Fel yn G27, mae gormod o ystyriaethau yn y gosodiad: datblygu sgiliau, dyfnhau dealltwriaeth drwy ddod o hyd i'r *mot juste*, rhwystredigaeth plentyn sy'n gwybod nad yw disgybl mewn ysgol Saesneg yn wynebu'r gwaith ychwanegol hwn, a rhwystredigaeth rhieni sy'n siarad Cymraeg ond sy'n methu ateb y cwestiwn 'Beth yw'r gair Cymraeg am . . .?' Calonogol er hynny yw nodi bod saith o bob 10 athro uwchradd, a dros 60 y cant o'r rhieni, yn gweld mantais 'gorfod troi at y geiriadur'.

Gwendid G29 yw iddo gynnwys tair elfen: y polymath, y cyfrwng ac (yn seicolegol) statws y Gymraeg yn nheimladau'r ymatebwyr. Nid oedd yr elfen seicolegol wedi fy nharo wrth lunio'r gosodiad, ond ymddengys mai dyna yw neges y data, gyda dros chwarter yr athrawon yn anghytuno'n gryf iawn. Mae dwy ran o dair o'r holl ymatebwyr yn dweud nad yw'r iaith yn rhwystro'r rhieni rhag helpu'u plant â'u gwaith cartref.

Yn gryno, mae cyfrwng gwaith cartref yn yr ysgol Gymraeg yn destun ymchwil er mwyn gwella pedagogi'r sector. Yn ôl bas data'r Llyfrgell Genedlaethol (ers 1985), nid oes yr un traethawd ymchwil wedi'i gofnodi o dan 'gwaith cartref' na 'homework'. Ymchwil Gareth Williams (1988) yw'r gwaith mwyaf diweddar, ond nid yw'n ymwneud â chyfrwng gan mai newydd ei sefydlu yr oedd Ysgol Gyfun Cwm Rhymni, lleoliad a ffocws yr ymchwil. Bernid bryd hynny mai annoeth fyddai lled awgrymu bod cyfrwng yn fater dadleuol.

ANAWSTERAU YN ERBYN TWF PELLACH

Dangoswyd yn y gyfrol fod twf yr ysgolion Cymraeg wedi arafu mewn rhai ardaloedd, megis Rhondda Cynon Taf. Er mwyn ceisio deall yr arafu, gofynnwyd i rieni nodi anawsterau yn erbyn twf pellach. Crynhoir ymateb y sampl o hanner cant ac un yn Nhabl 8.1. Ysgrifennodd ymatebwyr H3 yn doreithiog, ond dim ond pigion y gellir eu cynnwys, gan ddechrau ag *apologia* y rhiant hwn:

[Because] if those with prejudice and attitude were more open-minded the increase of Welsh speakers from an early educational age would increase dramatically. If only these people could see the lack of harm and instead forsee [*sic*] the benefit of their children being bilingual whilst being educated via the medium of Welsh ultimately speaking Welsh. But unfortunately the majority do not have the vision or inclination to bring about the speedy progression of the Welsh language and this represents a hindrance. It is a question of 'Dyfal donc a dyrr y garreg.'

Yr anhawster a nodwyd amlaf oedd negyddiaeth pobl eraill, gan gryfhau'r thesis mai dyhead rhieni yw un o'r gyrrwyr pwysicaf, nid yn unig yn hanes twf yr ysgolion Cymraeg, ond hefyd yn y dyfodol. Nid ticio blychau yr oedd y rhieni hyn, ond eu holi nhw eu hunain am eu profiadau a'u canfyddiadau.

TABL 8.1: ANAWSTERAU YN ERBYN TWF PELLACH (RHIENI H3)			
Trefn restrol	*Disgrifiad*	*Nifer*	*%*
1	Negyddiaeth eraill	16	31.4
2	Teithio/pellter rhwng cartref ac ysgol	13	25.5
3=	Cyllid annigonol	11	21.6
3=	Diffyg cyfle i'r rhieni ddysgu Cymraeg	11	21.6
3=	Prinder adnoddau – athrawon, adnoddau, y cyfryngau	11	21.6
6	Yr iaith ar waith yn y gymdogaeth	9	17.6
7=	Diffyg cyhoeddusrwydd/cyngor	8	15.7
7=	Safon adeiladau	8	15.7
9	Diffyg arweiniad/ewyllys llywodraeth ganol a lleol	5	9.8
10	Diffyg blaengynllunio gan yr AALl	2	3.1

Ffynhonnell: Holiadur 3.

Cyfunir yr anhawster cyntaf, negyddiaeth eraill, a'r ail, pellter teithio a lleoliad ysgol, yn sylwadau'r rhiant nesaf:

Accessibility of Welsh-medium schools, i.e. the Welsh Primary school in Newport was initially a unit and took a lot of lobbying before the school was opened and then it was located next to Llanwern steel works and many parents were concerned about the quantities of dark smoke belching out on a daily basis – a factor which may have put some people off. Likewise the school at Trevethin [Gwynllyw] is not an ideal site, located high up with access via small roads. School buses are cancelled at any sign of severe weather. So as a cynic the message seems to be – you can have your school but you may not like where it is. Some parents may be put off by the site, unless you are committed to Welsh Education and not borderline.

Cytuna rhieni ac athrawon â'r farn hon yn ôl data H4–6. Er enghraifft, yn eu hymateb i G61 'Nid yw trefniadau teithio i'r ysgol yn effeithio ar dwf yr ysgolion Cymraeg', yr athrawon uwchradd (64.7 y cant o'u cymharu â 49.1 y cant o rieni) a gytunodd fwyaf, hwyrach gan eu bod yn profi anawsterau teithio'r disgyblion wrth iddynt wirfoddoli i wneud dyletswydd bysiau, ac aros gryn amser ddiwedd dydd tan i'r bws olaf gyrraedd. Fel arfer, bydd dalgylch yr ysgol Gymraeg uwchradd yn fwy nag un yr ysgol Saesneg, fel y pellter rhwng cartref ac ysgol. Nodir y fath fanylion yng nghynlluniau addysg Gymraeg yr AALlau.

Cam ymlaen i hwyluso teithio i ysgolion Cymraeg oedd i'r Cynulliad basio'r Mesur Teithio gan Ddysgwyr (Cymru), 1 Hydref 2008. Amser a ddengys effeithiau'r Mesur, ond yn natganiad Ieuan Wyn Jones AC (Dirprwy Brif Weinidog Cymru a'r Gweinidog dros yr Economi a Thrafnidiaeth) ceir agwedd gadarnhaol tuag at ysgolion sy'n addysgu drwy gyfrwng y Gymraeg (LlCC, 2008):

Yr wyf wedi bod yn awyddus i sicrhau bod cludiant i ysgolion cyfrwng Cymraeg yn parhau i gael ei ddarparu ond yr wyf yn cydnabod ar yr un pryd, o ystyried yr amryfal batrymau o ddarpariaeth a geir mewn perthynas ag addysg drwy gyfrwng y Gymraeg ac o ystyried yr amodau gwahanol a geir ar draws Cymru, na fydd un ateb yn gallu diwallu anghenion pawb. Yr wyf yn ymwybodol hefyd fod pob awdurdod lleol, yn unol â Deddf yr Iaith Gymraeg 1993, yn paratoi, fel rhan o'u Cynlluniau Iaith Gymraeg, Gynlluniau Addysg Gymraeg sy'n nodi sut y byddant yn hyrwyddo dysgu Cymraeg yn gyffredinol, naill ai drwy ysgolion cyfrwng Cymraeg neu drwy ddysgu'r Gymraeg fel ail iaith mewn lleoliadau eraill. Yr wyf wedi penderfynu ategu'r uchod drwy osod dyletswydd newydd (adran 10 o'r Mesur) ar awdurdodau lleol a Gweinidogion Cymru, wrth arfer eu swyddogaethau, i hybu mynediad i addysg a hyfforddiant drwy gyfrwng y Gymraeg.

Mesur barn am hygyrchedd addysg feithrin oedd Gosodiad 62 yn H3–6, 'Mae peidio â chael cylch neu ysgol feithrin yn ddigon agos i chi gerdded yno yn rhwystro twf pellach addysg Gymraeg.' Anghytunodd 30.6 y cant o'r rhieni â'r gosodiad, canlyniad sydd yn debygol o adlewyrchu eu profiad personol a'u hymroddiad, yn hytrach na'u canfyddiad strategol. Wrth gynllunio addysg feithrin, ymddengys y byddai 84.5 y cant o athrawon yn anelu at sefydlu darpariaeth yn y gymdogaeth. Nid yw'n dilyn mai'r anhawster a nodwyd amlaf fyddai'r rhwystr pennaf go iawn yn erbyn twf pellach. Er enghraifft, er mai'r Gymraeg, yn ôl H1–2, oedd prif reswm rhieni dros ddewis addysg Gymraeg, nododd dau ymatebydd yn H3 ddelwedd yr iaith fel anhawster: 'Welsh language perceived by many as "elite", especially in white working class areas.'

Weithiau, cafwyd sylwadau cynnil a chraff, megis y rhiant a nododd y pum rheswm canlynol yn ôl eu trefn pwysigrwydd. Fe'u dyfynnir yn llawn, gan eu bod yn dangos ehangder canfyddiad: 'Lack of knowledge of availability of this type of education – parents have to want a Welsh education & seek it out rather than this format being the default medium; number of schools & places available; number of teachers; geography – how far to the nearest school; a potential of parliaments to cap growth.'

Y feirniadaeth fwyaf cyffredin ymhlith ymgyrchwyr ac addysgwyr ym maes addysg Gymraeg yw diffyg blaengynllunio gan yr AALl. Yn eironig, dau ymatebydd yn unig a nododd yr anhawster hwn, ond mae ymateb un rhiant, yn enedigol o Birmingham, yn crynhoi rhwystredigaeth a phenderfyniad ymgyrchwyr. Ymddiheurodd am ysgrifennu cymaint ond, meddai, yn 2005, 'I feel so passionately about it.'

> If the council showed genuine foresight & planned to develop W.M.E. in the future there would be no need for endless parental pressure groups & campaigns to set up new schools . . . The truth is there is <u>no</u> high school for my child at present – Glantaf is full and there is a danger of Porta-cabins on site while a new site is 'identified' & made ready – the same cycle repeats & it is left to parents to push the process forward & we are sick of it. Obviously if there is no choice we will campaign – but it is unfair to expect us to be the ones ensuring buildings are built or sites are identified when the council are paid to do exactly that. (Pwyslais yn y gwreiddiol.)

Gwireddwyd ei hofnau: agorwyd pedair ystafell dros dro yng Nglantaf yn 2008. Penderfyniad arall gan y cyngor lleol oedd gwario £17 miliwn ar ymestyn adeiladau Glantaf a Phlasmawr.

Cyferbynna sylwadau'r rhiant olaf â thystiolaeth rhiant o ardal wahanol – tystiolaeth bwysig, gan ei bod yn dangos bod canfyddiadau hyd yn oed ymgyrchwyr yn gwahaniaethu o ardal i ardal. Ymddengys mai llwyddiant sefydlu ysgolion ym Mro Morgannwg heb ormod o anawsterau gwleidyddol amlwg sydd yn gyfrifol am bositifrwydd y geiriau canlynol. Cyffredinola'r rhiant hwn am AALlau ar sail ei brofiad personol:

> During my time as a parent of children involved in Welsh medium education, I have seen the infant/junior school double in size, and I have been involved with the establishment of two new Welsh-medium Secondary schools. I therefore have seen the hindrances which <u>used</u> to exist, as lack of will on behalf of local authorities, change into excellent support from local authorities. (Pwyslais yn y gwreiddiol.)

Sylw cadarnhaol sy'n cloi. Yn ôl un rhiant: 'Yn fy marn i, mae'r rhwystrau llawer yn llai na'r gwobrau. Dyna pam symudon ni yn ôl i Gymru i'r plant cael addysg Cymraeg.'

CYHOEDDUSRWYDD

Diffyg cyhoeddusrwydd, meddai 15.7 y cant o ymatebwyr H3, yw un o'r rhwystrau yn erbyn twf: 'Lack of advertisement of the benefits versus disadvantages of a Welsh medium Education.' Cadarnhawyd y farn hon gan ymateb rhieni i'r cwestiwn canlynol yn H2: 'Cyn i chi benderfynu danfon eich plentyn i Gylch Ti a Fi neu i Gylch Meithrin Cymraeg neu i ysgol Gymraeg, pa gymorth neu gyngor neu arweiniad a gawsoch gan gyrff neu sefydliadau neu grwpiau neu unigolion?' Ni chynigiwyd unrhyw gymorth i 84.6 y cant o'r teuluoedd yn y sampl o 65. Gwirfoddolodd bron hanner yr ymatebwyr eu rhesymau dros ddewis addysg Gymraeg, er na ofynnwyd am hynny. Awgryma hyn elfen gref o ymroddiad ac o awydd i adrodd eu stori.

Ar gyfartaledd, rhoddwyd 2.5 o gynghorion i'r 10 teulu a gafodd gyngor neu arweiniad neu gymorth. Neges gadarnhaol y rhestr (Tabl CY1) yw nifer y ffynonellau gwybodaeth. Gellid ychwanegu atynt: gwefan BIG (2003b, 2003c), llenyddiaeth Twf, neu lawlyfr Baker (1995). Bydd gan bob ffynhonnell ei chynulleidfa. Cyfeirio pobl at y ffynonellau priodol yw un o'r sialensiau nesaf. Gwelir o'r data (Tabl 8.2) mai'r ysgolion (a phobl yn gysylltiedig â nhw) oedd y brif ffynhonnell gwybodaeth o bell ffordd.

TABL 8.2: PRIF FFYNONELLAU GWYBODAETH

Natur y cymorth ac ati	*Nifer ymatebion*	*Canran*
Ysgolion/MYM/rhieni	15	60%
Pobl eraill	5	20%
Cyhoeddiadau	4	16%
Arall (cyngor sir)	1	4%

Ffynhonnell: Holiadur 2.

Mae'n amlwg bod pobl ac ysgolion yn elfen bwysig wrth genhadu a lledu'r gair. O'r 25 enghraifft o gyngor, pedwar yn unig sydd yn seiliedig ar dystiolaeth bapur, a dim ond un gan gyngor sir; mewn gwirionedd, y sylw a nodwyd oedd: 'Cawsom hysbysrwydd oddi wrth y cyngor sir ynglyn a symud ein merch o ysgol saesneg i ysgol gymraeg.' Hynny yw, ymateb 'roedd y cyngor sir, nid bod yn rhagweithiol.

Yn H4–6, caed cytundeb sylweddol (83.1 y cant) i'r gosodiad (G15) bod 'cael arolwg campus [Estyn] yn denu darpar rieni'. Hwyrach mai lledu'r gair yn hytrach na darllen yr adroddiad yw'r neges o gyfuno ymatebion i'r gosodiad a data Tabl 8.2. Un o ragoriaethau'r ysgolion Cymraeg, yn ôl canfyddiadau ymatebwyr, yw datblygu holl ddoniau'r disgybl, sef darparu addysg gyflawn. Dyma un o'r gweddau y dylai'r 'mudiad' ei farchnata, yn arbennig gan fod bron pedwar o bob pum rhiant yn nodi iddynt ddewis yr ysgol Gymraeg am y rheswm hwn. Mae'n amlwg bod athrawon yn credu'r un fath â'r rhieni, a bron hanner yr athrawon uwchradd yn credu hynny yn gryf neu yn gryf iawn.

Gwedd arall ar farchnata y medrid ei phwysleisio yw'r sylw arbennig a roddir gan yr ysgolion Cymraeg i fugeiliaeth – y gofal am unigolion a'r sylw personol. Nododd dros ddau o bob tri ymatebydd iddynt ddewis yr ysgol Gymraeg am y rheswm hwn. Awgryma cytundeb cryf neu gryf iawn yr athrawon fod sylw personol yn bwysig iddynt hwythau hefyd fel pobl broffesiynol. Nododd un fam bum ffynhonnell neu reswm a ystyriodd cyn dewis addysg Gymraeg, ac mae'n enghraifft o dystiolaeth gynhwysfawr (yn ôl trefn pwysigrwydd):

230

1 On a personal level my husband and I have always regretted not being able to converse fluently in Welsh and if given the choice we would both have wished to have Welsh medium education.
2 Documentation from the school itself was very compelling particularly regarding external exam results in a league table against other primary schools.
3 I read articles published in the press regarding Welsh medium education and its advantages.
4 I spoke with mothers of other children already in the school and asked them about various aspects of the school.
5 Personal experience of teaching and the experience of other teachers in Welsh medium schools.

Un o'r cynghorion mwyaf cofiadwy yw'r canlynol: 'We were informed by another parent just because you can't play the piano or swim are you going to stop your child doing it.' Mesurwyd barn am roi cyngor i rieni drwy ddau osodiad (G25–6) yn H4–6. Ar draws y tair carfan o ymatebwyr, 'roedd unfrydedd y dylai darpar rieni dderbyn cyngor neu arweiniad cyn iddynt ddewis addysg Gymraeg, gyda 27 y cant yn cytuno'n gryf neu yn gryf iawn. Er cryfder y farn, credai ychydig dros hanner y rhieni mai cyfrifoldeb y darpar rieni oedd dod o hyd i wybodaeth trostynt hwy eu hunain. Gellid dehongli'r data mewn o leiaf ddwy ffordd: adlewyrchu profiad personol y rhieni, gan iddynt dderbyn nemor ddim cyngor nac arweiniad gan neb; a diffyg ysbryd cenhadu ac ymgyrchu ymhlith hanner y rhieni a ymatebodd. Barn bur wahanol a ddaw drwy ymateb yr athrawon, gyda bron 80 y cant yn credu na ddylai'r darpar rieni orfod dod o hyd i'r wybodaeth angenrheidiol trostynt eu hunain. Mae teimladau cryfion athrawon dros faterion ymgyrchu o'u cymharu â brwdfrydedd rhieni yn gyson â thueddiadau a amlygwyd mewn penawdau eraill yn y gyfrol.

IAITH Y RHIENI
Ymdriniwyd yn fanwl â'r pwnc hwn ym mhennod 1. Y neges yw bod potensial aruthrol i gynyddu nifer y siaradwyr.

Y LEFEL FESO

ARGYMHELLION MARCHNATA
Nid cyngor i ddarpar rieni sydd yn ddiffygiol, ond y lledaenu a'r marchnata. Awgrymir bod angen i rieni unigol, ysgolion unigol, cyrff

gwirfoddol, AALlau, llywodraeth ganol a BIG lunio strategaeth farchnata fanwl er mwyn cynnal momentwm twf yr ysgolion Cymraeg ac adferiad cysylltiedig y Gymraeg. Mae cynnig tebyg yn y strategaeth addysg cyfrwng Cymraeg ddrafft (LlCC 2009a, 23), ac mae i'w groesawu. Yn 1999 argymhellodd BIG (Baker a Jones, 1999, 27), 'Marchnata darpariaeth Gymraeg ar adegau strategol yn ystod taith unigolyn drwy'r system addysg, er enghraifft, ar ddiwedd y cyfnod cynradd, dechrau'r cyfnod uwchradd, ym mlynyddoedd 9, 11 ac 13, a hefyd mewn AB ac AU.' Da fyddai gweithredu felly.

Dylid defnyddio data o'r ymchwil yn y gyfrol er mwyn rhoi cyfeiriad clir i gynnwys y rhaglen farchnata. Byddai cymhellion rhieni yn fan cychwyn da. Bydd angen ystyried addysg ddwyieithog fel pedagogi, megis yn amlinelliad Baker (2000, 112–16), ond bydd angen cryn ddoethineb wrth drafod y neges ganlynol (2000, 115): 'Bilingual schools need to emphasize specifics in the value-addedness of bilingual education. If these value-added attributes are clearly articulated and monitored with qualitative and quantitative evidence, it can be shown whether the extra aims and objectives of bilingual education are being delivered.' Wrth 'cryn ddoethineb' golygir tri pheth: y cyd-destun gwleidyddol cymysglyd (sef, ar y naill law, peidio â chymharu ysgolion â'i gilydd a dileu'r tablau cynghrair, ac, ar y llall, adroddiad blynyddol Estyn, sydd bellach (2007) yn cynnwys sgôr pob ysgol a arolygwyd, ac yn eu henwi); y sensitifrwydd a'r seicoleg y bydd eu hangen er mwyn osgoi creu hollt rhwng y sector Cymraeg a'r sector Saesneg; a mynd i'r afael â'r cyfuniad cymhleth o resymau pam y mae'r ysgolion Cymraeg wedi ffynnu. Yn ôl Baker (1990, 79): 'The development is likely to be the result of complex educational, political, economic and social factors.'

Bydd angen seilio'r marchnata ar ymchwil pellach, yn ddelfrydol gan sefydliad y perchir ei safonau academaidd. Bydd angen ystyried ymhellach negeseuon cadarn Jones a Dafis yn 1993 am natur a dulliau marchnata (2000, 163–73). Bydd angen diffinio'n glir gategorïau o ysgolion yn ôl eu darpariaeth a'u deilliannau ieithyddol. Bydd angen cydbwysedd rhwng impetws o'r gwaelod i fyny, sef y werin yn ei hamryfal *personae*, grwpiau â diddordebau arbennig megis athrawon, y proffesiynau, sefydliadau chwaraeon neu unigolion, a chynllunio bwriadus, strwythurol a swyddogol. Bydd angen ystyriaeth ofalus o'r gydberthynas a'r cydadwaith rhwng actorion a strwythuroliaeth, a datblygu dealltwriaeth a chynllunio holistig. Ni all adhociaeth ac ymateb i'r galw ac i'r argyfwng nesaf, fwy na chynllunio strategol, achub iaith. Bydd yn rhaid wrth gynllunio yn y dyfodol, ond heb golli awydd y bobl i arfer yr iaith. Argymhellir gwasgu am gynllunio cydlynol rhwng addysgwyr, cynllunwyr iaith a gwleidyddion – yr hyn sydd, yn ôl Baker (2000, 120), yn 'idealistic conclusion'. Yna bydd yn bosibl cael 'a mature, logical, rational and smooth evolution in bilingual education' (2000, 120), yn hytrach na'r 'gentle revolution' (Baker, 1990, 79) a ddigwyddodd ers 1950.

GRYM TELEDU

Cytunai'r mwyafrif llethol (dros 80 y cant o'r athrawon uwchradd a dros 70 y cant o'r athrawon cynradd) y medrai hysbysebion ar y teledu gymell rhieni i ddewis addysg Gymraeg fod yn effeithiol. Bwriad geirio rhai gosodiadau, megis G55, yn negyddol, oedd er mwyn gwirio bod yr ymatebwyr yn darllen y symbyliadau yn ofalus. Canu cywydd y gwcw yw nodi bod gwahaniaeth arwyddocaol rhwng ymateb yr athrawon a'r rhieni. Y tro hwn, 53.5 y cant o'r rhieni a gredai y medrai strategaeth deledu fod yn effeithiol. Argymhellir cynnal peilot bychan yn y math hwn ar farchnata addysg Gymraeg.

CYNLLUNIO STATWS

Bydd angen diogelu'r statws a enillwyd eisoes i'r iaith, yn arbennig, yn ôl Baker (2003, 108), drwy gynnal sefydliadau allweddol, a thrwy sicrhau bod ganddi statws modern, er enghraifft Technoleg Gwybod-aeth a Chyfathrebu. Bydd monitro cynlluniau iaith, cynnal momentwm a bod yn rhagweithiol mewn amryw feysydd (sef rhaglen gydlynol BIG) yn allweddol mewn proses digon sigledig o wrth-droi'r shifft ieithyddol. Amlinellir dylanwad statws y Gymraeg ar y defnydd ohoni gan Baker (2003, 107–8), a dyfynnir paragraff o'i ysgrif a gyfanna'r dylanwadau amlweddog:

> An argument can be made for preserving (and increasing) everything that affects the status of the Welsh language. Nothing becomes unimportant. Such components of language status exist in delicate interactions and combinations and not as separate, isolatable influences. Remove a few bricks and the public may believe that the castle is beginning to crumble.

Cyferbynna hyn â barn Fishman bod cenhadon achub iaith yn eu lladd eu hunain drwy geisio gweithredu ar bob ffrynt, ac y dylid osgoi hynny.

Mae agwedd holistig Baker yn agosach at realiti'r frwydr yng Nghymru nag yw damcaniaethu Fishman ar lwyfan byd-eang.

CYNLLUNIO CORPWS

Yn hanesyddol, creu'r angen am derminoleg drwy arfer yr iaith mewn peuoedd anghyfarwydd oedd y norm. Er enghraifft, bu brwydro chwyrn a chyson am greu termau ac am eu safoni ar draws disgyblaethau. Yn y dyfodol, bydd angen parhau i ofalu bod y Gymraeg yn esblygu wrth i wybodaeth a meysydd pynciol a phrofiad ddatblygu. Cyfeiria Baker (2003, 109) at yr un angen am ddatblygiadau a chynlluniau blaengar, neu farw bydd yr iaith: 'A language that sticks rigidly to past usage becomes a moribund language.'

Amlinellir hanes datblygu terminoleg Gymraeg mewn darlith a draddodwyd gennyf yn Eisteddfod Genedlaethol Abertawe (Thomas, 2006). Ynddi, nodwyd bod *Y Termiadur* wedi'i gyhoeddi gan ACCAC a'i noddi gan Lywodraeth Cenedlaethol Cymru, heb fod ymarferwyr yn yr ysgolion wedi gorfod brwydro. Un o asiantaethau'r Llywodraeth adeg cyhoeddi'r gyfrol, ACCAC, a ddangosodd flaengaredd. Dehonglwyd hynny fel arwydd pellach o normaleiddio. Drwy arfer yr iaith mewn peuoedd newydd tyfodd y 'galw am safoni'r termau a ddefnyddir yn y pynciau galwedigaethol ac mewn pynciau Safon Uwch' (Prys et al., 2006, v). Diau y byddai C. P. Snow wedi ymfalchïo o ddarllen englyn Iolo Wyn Williams ar dudalen deitl *Y Termiadur*:

> Yn ddiáu, o ddydd i ddydd – y mae'r hen
>   Iaith Gymraeg ar gynnydd;
>   Cadarnhau holl dermau'r dydd
>   A wna'r Termiadur newydd.

CYNLLUNIO CAFFAELIAD IAITH

Oni ddefnyddir iaith, bydd yn marw. Heb os, er ymdrechion glew ymgyrchwyr y gorffennol mewn meysydd allweddol, arfer yr iaith yw'r sialens fwyaf sy'n wynebu'r Gymraeg, sef trosglwyddo iaith o genhedlaeth i genhedlaeth, cryfhau Cymraeg i oedolion, grymuso rhuglder a hyder ieithyddol a datblygu addysg Gymraeg a dwyieithog.

Gan mai addysg yw ffocws y gyfrol hon, ni ddatblygir syniadau yn y bennod hon am y meysydd eraill a nodwyd yn y paragraff blaenorol. Ar yr un pryd, ailadroddir na all addysg ar ei phen ei hun achub iaith, a bod yn rhaid ymwneud yn ymarferol â natur blwralistig ac amlhaenog y dylanwadau ar addysg. Mae angen dod â'r cynllunwyr a'r ymarferwyr yn agosach at ei gilydd. Er enghraifft, yn ôl Fishman (2000, 130): '[L]anguage planning is conducted by élites that are governed by their own self-interest.' Yn y gynhadledd yng Nghaerdydd lle y traddododd y geiriau hyn, cyfansoddiad y cynadleddwyr oedd: addysg uwch Cymru – 32; sefydliadau Cymreig – 24; unigolion eraill – 9; gweddill y byd – 7 (Thomas a Mathias, 2000, 759–63). Nid oedd yr un cynrychiolydd o ysgolion Cymraeg yr ardal ar restr y cynadleddwyr. Syr Wyn Roberts a draddododd y ddarlith agoriadol, ac yn ei chanol fe ddywedodd (Thomas a Mathias, 2000, 2): 'The mainstay of the Government's Welsh-language policy has . . . been driven by education.'

CYNLLUNIO DARPARIAETH

Diffyg blaengynllunio darpariaeth ddigonol a phriodol fu un o'r rhwystrau pennaf yn hanes datblygu ysgolion Cymraeg. Disgwylir bellach i'r AALlau ddefnyddio methodoleg rymusach er mwyn canfod y galw. Erys y gwendid nad oes grym gan gorff canolog megis BIG neu APADGOS drwy'r Ddeddf Iaith bresennol i wneud mwy na monitro'r cynllunio a'r gweithredu. Mae angen grymuso'r gyfundrefn drwy roddi statws cyfreithiol mewn deddf iaith newydd i swyddogaeth corff canolog a'i galluogai i wir ddylanwadu ar y gweithredu. Yn egwyddorol, y ddadl yw bod caniatáu pŵer llywodraeth leol ar lefel feso i danseilio polisi iaith ganolog ar lefel facro yn annerbyniol.

Un o'r gosodiadau a sgoriodd ymhlith yr uchaf o ran cytundeb oedd G56: 'Dylai'r cynghorau sir flaengynllunio mewn da bryd i agor ysgolion Cymraeg ychwanegol.' Dim ond saith ymatebydd o 285 yn H4–6 a anghytunodd, pob un ohonynt yn rhieni. Cytunodd ychydig dros hanner yr athrawon yn gryf iawn â'r gosodiad. Dadleuir yr amlygai hynny rwystredigaeth y proffesiwn wrth i athrawon a phrifathrawon ymdopi ag anawsterau a gyfyd o ddiffyg blaengynllunio.

Dadansoddodd Owen John Thomas (2008, 51–62) effeithiau arolygon (neu eu diffyg) ar y galw am addysg Gymraeg yn y 14 sir sydd â llai nag 20 y cant o siaradwyr Cymraeg, a nodi twf neu botensial Casnewydd, Wrecsam ac Abertawe. Mae arwyddion clir mewn rhai o'r cynlluniau addysg Gymraeg diweddaraf a gyhoeddwyd yr efelychir yr awdurdodau a gynhaliodd arolygon trwyadl.

CYNLLUNIO DARPARIAETH ANGHENION ADDYSGOL ARBENNIG
(ANGHENION DYSGU YCHWANEGOL)
Mae'r maes hwn yn enghraifft dda o'r tensiwn a all fodoli rhwng
strwythur ac actorion. Mae Deddf AAA ac Anabledd 2001, y Cod
Ymarfer 2002, polisïau awdurdodau ac ysgolion, tribiwnlys (SENTW)
ar gyfer Cymru, i gyd yn eu lle. Ond, yn ôl adolygiad polisi o AAA
(CCC, 2004b), mae prinder affwysol o bobl a hyfforddwyd ar gyfer
gwahanol agweddau ar anghenion arbennig. Ymddengys nad oedd
plant disglair a dawnus, sydd hefyd ag anghenion arbennig, yn rhan o
gylch gorchwyl yr adolygiad. Defnyddir ymadroddion 'yn y radd
eithaf' wrth adrodd ar y ddarpariaeth cyfrwng Cymraeg. (Ychwaneg-
wyd y print tywyll gennyf i):

> Mae'r Pwyllgor yn ymwybodol bod yna brinder **dybryd** o therapyddion
> arbenigol, ac ar gyfer y rheini sydd ag anawsterau lleferydd, iaith a
> chyfathrebu yn arbennig. Mae'r prinder hwn yn **arbennig o ddifrifol** ar
> gyfer siaradwyr Cymraeg. [2004b, vi]

> Ystyriwyd bod y sefyllfa o ran y ddarpariaeth arbenigol cyfrwng Cym-
> raeg . . . yn **enbyd**. [2004b, 19]

> Teimlwyd bod y prinder staff arbenigol yn **arbennig o ddifrifol** yng
> nghyd-destun gwasanaethau iaith Gymraeg, a bod hynny'n gwneud yr
> anawsterau ar gyfer plant a phobl ifanc Cymraeg eu hiaith (iaith gyntaf),
> a'u rhieni, yn **fwy difrifol fyth**. [2004b, 21]

Nodir y twf cyson mewn addysg cyfrwng Cymraeg, ond nad oes
'tystiolaeth o dwf cyffelyb mewn gwasanaethau ac addysg ddwyieithog
ar gyfer plant a phobl ifanc sydd ag AAA' (2004, 45). Yn 2002,
cyhoeddodd BIG adroddiad cynhwysfawr 'Cydnabod Angen'; ynddo
gwnaed 'rhestr gynhwysfawr o argymhellion . . . ar roi cyfle ieithyddol
mwy cyfartal i blant'. Yn 2004, argymhellodd yr adolygiad polisi y
dylai 'Llywodraeth y Cynulliad gyhoeddi amserlen ar gyfer' gweith-
redu'r argymhellion (LLCC, 2004b, 46). Ni chrybwyllir y Gymraeg
yng nghytundeb y blaid Lafur (icnetwork, 2007, 20–1), *Legislative
Competence Order Additional Learning Needs (SEN)*, bwlch a awgrymai
ddiffyg prif-ffrydio'r iaith.
Cefnoga rhieni ysgolion Cymraeg de-ddwyrain Cymru'r farn fod
'cael gwasanaethau cynnal yn Gymraeg (er enghraifft therapi llefaru a
gwasanaeth seicolegol) yn hanfodol er mwyn sicrhau twf yr ysgolion
Cymraeg' (G19). Adleisia'r gosodiad hwn y gair 'twf' sydd yn yr

adolygiad polisi uchod. Gosodiad cyfochrog oedd G20: 'Nid yw datblygu AAA yn Gymraeg mor bwysig â hynny o ran cynllunio twf pellach addysg Gymraeg.' Anghytunodd dros 80 y cant o'r rhieni a dros 90 y cant o'r athrawon â'r gosodiad, canlyniad sydd yn arwydd clir o bwysigrwydd cynllunio holistig ar gyfer pob agwedd ar addysg Gymraeg. Nid prif-ffrydio neu ysgolion arbennig oedd y cwestiwn a ofynnwyd, ond gwneud AAA yn rhan integredig o gynllunio ar gyfer twf pellach y sector.

CYNALIADWYEDD Y DDARPARIAETH GYMRAEG
Yn gyntaf, ymdrinir â chyflenwad athrawon, gan mai cyflenwad o athrawon cymwys yw un o'r ffactorau tyngedfennol wrth gynllunio twf addysg Gymraeg. Yn ail, trafodir modelau amgen o ddarpariaeth Gymraeg mewn ysgolion. Mae nifer y swyddi gwag yn y sector Cymraeg ar raddfa genedlaethol yn uwch nag yn y sector Saesneg *pro rata* i nifer y dosbarthiadau yn y ddau sector. Yn bras felly, yn 2005 hysbysebwyd tair swydd yn y sector cynradd Cymraeg am bob dwy yn y sector cynradd Saesneg. Yn y sector uwchradd, 'doedd y gwahaniaeth ddim mor drawiadol: 12.5 swydd ar raddfa yn y sector Cymraeg a 10.8 yn y sector Saesneg. Dengys yr ystadegau yn Thomas (2007, 354–5) fod bron deirgwaith gymaint o gynigion am swyddi cyfrwng Saesneg nag yn y sector Cymraeg. Mae hyn yn wir am yr ysgolion cynradd ac uwchradd fel ei gilydd. Mae 4.3 cais am bob swydd uwchradd yn y sector Cymraeg. Dadleuir isod fod y ffigur yn is na hynny ar gyfer pynciau cyfrwng Cymraeg (sef tua 3.5) o'i gymharu â'r ffigur cyfansawdd sydd yn yr ystadegau (4.3).

Ar gyfer y sector uwchradd, mae angen dadansoddi Tabl 19 o SDR 100/2006 (CCC, 2006ch) yn ofalus, gan fod yr ystadegau cyfansawdd yn cuddio tueddiadau. Yn gyntaf, nid oes tystiolaeth am gymhwyster academaidd ymgeiswyr. Er mwyn llenwi swyddi, weithiau fe benodir athrawon heb y cymhwyster priodol yn y pwnc neu faes academaidd. Er bod y data am nifer y penodiadau yn nodi bod 94.2 y cant o'r swyddi a hysbysebwyd wedi'u llenwi, mae'n amhosibl casglu ai athrawon yn meddu ar y cymhwyster priodol a benodwyd bob tro. Yn ail, bydd nifer o athrawon yn cynnig am ddyrchafiad (mewn ysgol arall neu yn eu hysgol bresennol) neu yn symud ardal. Dadleuir bod ailgylchu athrawon yn yr ystadegau yn chwyddo'r nifer go iawn sydd ar gael. Enghraifft dda o hyn yw rhyw 120 o ymgeiswyr am ryw saith o swyddi mewn ysgol gyfun Gymraeg newydd (Gruffudd, 2005, 1). Yn drydydd, pan fo nifer yr ymgeiswyr yn gymharol isel, yn nhreigl amser, o Ionawr hyd at fis Gorffennaf, bydd llai a llai o ymgeiswyr ar gyfer unrhyw swydd. Prin yw'r dewis gan ysgolion erbyn tymor yr haf.

Dangoswyd mewn dadansoddiad manwl (Thomas, 2007, 282) y gellid dadlau mai tua thri ymgeisydd oedd yn 2005 ar gyfer pob swydd cyfrwng Cymraeg, ac eithrio Addysg Gorfforol. Y ffigur cymharol cyfrwng Saesneg yw tua 11 ymgeisydd. Fel y nodwyd uchod, mae cryn gyfrifo dwbl/driphlyg yn yr ystadegau, fel bod y nifer go iawn o ddarpar athrawon/ymgeiswyr hyd yn oed yn llai.

Yn flynyddol cyhoeddir ystadegau (Tablau 8.3 a 8.4) gan Lywodraeth Cynulliad Cymru a ddengys gronfa botensial o athrawon i addysgu Cymraeg neu drwy gyfrwng y Gymraeg. Er mai union eiriad y categori hwn yw 'Athrawon yr ystyrir eu bod yn abl/gymwys i addysgu'r Gymraeg ond nad ydynt yn gwneud hynny', tebygol y cynhwysir athrawon sydd eisoes yn addysgu pwnc prinder, megis Saesneg mewn ysgol Gymraeg. Diddorol nodi bod 659 o athrawon yn y sector cynradd yr ystyrir eu bod yn abl/gymwys i addysgu'r Gymraeg ond nad ydynt yn gwneud hynny. Yn y sector uwchradd, y ffigur cyfatebol yw 440. Wrth gwrs, yn y glo mân y mae'r gwirionedd: tybed faint o athrawon gafodd eu cynnwys o dan y llinyn mesur 'He/She speaks Welsh, so I'll include them in the reply'? Heb y glòs hwn, mae dros fil o athrawon y gellid eu hyfforddi/hannog. Sut i ddod o hyd i'r gwirionedd am eu sgiliau ieithyddol? Efallai bod y data go iawn ar gael, neu hwyrach y dylid creu atodiad i'r holiadur yn cynnwys cwestiynau penodol, megis agwedd, parodrwydd, hyder a rhuglder.

TABL 8.3: ATHRAWON CYNRADD A FEDR SIARAD CYMRAEG
SY'N DYSGU DRWY GYFRWNG Y SAESNEG

Disgrifiad	*2000–1*	*2001–2*	*2002–3*	*2003–4*	*2004–5*
Amser-llawn	230	304	428	523	368
Rhan-amser	97	109	186	302	291
Cyfanswm	327	413	614	825	659

Ffynhonnell: CCC (2006c, Tablau 7.7 a 7.12).

Nid yw prinder athrawon cyfrwng Cymraeg yn tarfu ar ddymuniad rhieni i agor rhagor o ysgolion Cymraeg (G58). Awgryma agwedd gadarnhaol y rhieni (74.1 y cant) fod tân yn dal yn y bol, fel yr athrawon:

TABL 8.4: ATHRAWON UWCHRADD A FEDR SIARAD CYMRAEG
SY'N DYSGU DRWY GYFRWNG Y SAESNEG

Disgrifiad	*2000–1*	*2001–2*	*2002–3*	*2003–4*	*2004–5*
Amser-llawn	392	417	280	315	412
Rhan-amser	45	38	25	16	28
Cyfanswm	437	455	305	331	440

Ffynhonnell: CCC (2006c, Tablau 7.7 a 7.12).

86.7 y cant o athrawon cynradd yn gwrthod bod yn negyddol ynghylch sialens cyflenwad athrawon, a 90.3 y cant o'r athrawon uwchradd.

Un o'r atebion yw buddsoddi rhagor o gyllid, fel y gwnaeth y Gweinidog Addysg fis Mawrth 2007 (gweler y drafodaeth isod). Y gosodiad yn H3–6 oedd: 'Ni ddylai Llywodraeth y Cynulliad fuddsoddi rhagor o gyllid er mwyn cynyddu'r nifer o athrawon cyfrwng Cymraeg.' Dengys yr ystadegau mai dyma un o'r enghreifftiau prin yn yr ymchwil i'r rhieni sgorio'n uwch na'r athrawon uwchradd: 94.1 y cant o'i gymharu â 92.2 y cant. Trechwyd y rhieni gan sgôr aruchel yr athrawon cynradd, sef 95.5 y cant. Mae'r rhieni yn gwybod yn iawn y byddai'r gyfundrefn yn syrthio heb athrawon, a'r rheini o'r radd flaenaf. Cofier mai safon yr athrawon oedd un o'r rhesymau amlycaf am lwyddiant y 'mudiad', yn ôl tystiolaeth y cyfweliadau ag unigolion.

O ble y daw athrawon y de-ddwyrain (Tabl 8.5)? Er bod cyn-ddisgyblion y de-ddwyrain yn dychwelyd i addysgu yn y sector, nid oes

TABL 8.5: MAN GENI ATHRAWON YR YSGOLION CYMRAEG
(YN Y SAMPL O 92) YN ÔL ARDALOEDD

Man geni	*Athrawon cynradd*	*Athrawon uwchradd*	*Nifer*	*Canran*
De-ddwyrain Cymru	19	11	30	32.6%
Gorllewin a de-orllewin Cymru	9	19	28	30.4%
Canolbarth Cymru	4	0	4	4.3%
Gogledd Cymru	11	12	23	25.0%
Y tu allan i Gymru	2	5	7	7.6%
Y Fro Gymraeg	21	25	46	50.0%

Tuedd yn unig a ddangosir, gan ddehongli'r 'Fro Gymraeg' o'r sampl uchod fel Ynys Môn, Gwynedd, Conwy, Dinbych, Powys, Cerdigion a Chaerfyrddin.

digon ohonynt. Barn Lilian Jones, cyn-bennaeth ysgol Gwynllyw (2 Awst 2006) oedd 'ein bod wedi godro gorllewin Cymru yn hesb erbyn hyn'. Yn ôl ymatebion athrawon i holiaduron 5 a 6, daw hanner athrawon ysgolion Cymraeg y de-ddwyrain o'r Fro Gymraeg, ac uchod trafodwyd goblygiadau cadw màs critigol o siaradwyr. Daw traean o'r de-ddwyrain ei hun, ystadegyn gobeithiol a gyfyd gwr y llen ar normal-eiddio a hunangynhaliaeth ieithyddol. Yn Ysgol Gyfun Cwm Rhymni, er enghraifft, mae 20 o athrawon a staff cynorthwyol yn gyn-ddisgyblion yr ysgol. Cyn trafod modelau amgen o ysgolion, crybwyllir dau ddat-blygiad perthnasol a chalonogol.

> Mae Cynllun Cyfnod Sabothol y Gymraeg ar gyfer athrawon sydd â chaffael da ar y Gymraeg yn rhan o strategaeth genedlaethol Llywod-raeth Cynulliad Cymru er mwyn dileu'r prinder athrawon, gan gynnwys swyddi Pennaeth. Ymddengys bod rhai ymgeiswyr posib yn amharod i ofyn am dymor sabothol er mwyn mynychu'r cyrsiau, a dylid ystyried trefniadau amgen ar eu cyfer.[1]

Hyfforddiant cychwynnol athrawon yw'r ail ddatblygiad. Mae dewis rhesymol o staff gan yr ysgolion cynradd Cymraeg, ond mae'r dewis yn gyfyng iawn yn y sector uwchradd. Cadarnhawyd y farn hon gan aelodau a fynychodd seminar ar hyfforddiant cychwynnol athrawon a gynhaliwyd gan BIG, 25 Ionawr 2007. Cyhoeddwyd adroddiad ar y mater gan London Economics Wales (2007), ac un o'i brif argymhell-ion ynghylch modelu'r galw am athrawon cyfrwng Cymraeg oedd rhagamcanu (2007, 37) 'i ba raddau y gall mesurau polisi neu newid-iadau eraill yn yr amgylchedd addysg ysgogi rhagor i dderbyn addysg cyfrwng Cymraeg, neu leihau'r rhwystrau i ragor dderbyn addysg cyf-rwng Cymraeg'. Mae'r argymhelliad rhagweithiol hwn yn un i'w feithrin yn ofalus, heb ei adael i ddiflannu ynghanol yr adroddiad.

[1] Yn ôl Llywodraeth Cynulliad Cymru (2007a):

'Diben y Cynllun yw targedu ymarferwyr mewn ysgolion, colegau addysg bellach a darparwyr hyfforddiant seiliedig ar waith sydd eisoes yn siarad Cymraeg yn weddol rugl, ond sydd heb yr hyder neu'r derminoleg arbenigol yn y Gymraeg i ddefnyddio'r sgiliau hyn mewn cyd-destun proffesiynol neu addysgol. Mae'r cwrs yn galluogi ymarferwyr o'r fath i addysgu drwy gyfrwng y Gymraeg neu'n ddwyieithog pan fyddant yn dychwelyd i'w gweithleoedd.

Mae wyth cwrs wedi cael eu cynnal ym Mangor a Chaerdydd. 'Roedd un o'r rhain yn gwrs dysgu o bell. Hyd yn hyn, mae 53 o ymarferwyr wedi cymryd rhan yn y cynllun peilot. Mae'r recriwtio ar gyfer mis Ebrill 2007 yn dangos bod 11 wedi cofrestru ar gyfer Caerdydd a 7 ar gyfer Bangor.'

Dadleuir bod goblygiadau sylweddol yn codi o'r ystadegau uwch-radd ynghylch cynaliadwyedd addysg cyfrwng Cymraeg, a bod angen ymgyrch farchnata er mwyn denu rhagor o ymgeiswyr ar draws bron pob pwnc ar y cwricwlwm i mewn i'r proffesiwn. Gwnaed dechrau addawol gan *Mantais*.

Mae'r ddau ddatblygiad y cyfeirir atynt uchod yn enghreifftiau o ymrwymiad Llywodraeth y Cynulliad i hybu addysg cyfrwng Cymraeg. Ar 21 Mawrth 2007, cyhoeddodd y Gweinidog dros Addysg Dysgu Gydol Oes a Sgiliau benderfyniad i ymestyn cynlluniau peilot cych-wynnol cyfnod sabothol y Gymraeg am ddwy flynedd arall (Llywodraeth Cynulliad Cymru, 2007a), gan ddatgan:

- dyma'r unig fenter sy'n gwireddu'r ymrwymiad yn Iaith Pawb i fuddsoddi yn sgiliau ymarferwyr iaith Gymraeg;
- mae wedi sefydlu seilwaith effeithiol ac mae wedi datblygu deunyddiau i'w defnyddio yn y dyfodol;
- mae wedi bod yn effeithiol o ran datblygu sgiliau Cymraeg yr ymarferwyr sy'n cymryd rhan ac mae wedi cael effaith syl-weddol ar hyder y cyfranogwyr yn eu gallu a'u cymhelliant i ddefnyddio'u sgiliau yn yr iaith;
- mae wedi arwain at gynnydd amlwg yn lefel y Gymraeg a ddefnyddir mewn lleoliadau gwaith; ac
- mae 100% o'r cyfranogwyr wedi'i chwblhau hyd yn hyn.

Ar 28 Mawrth 2007, cyhoeddodd y Gweinidog fwy o gyllid ar gyfer hyfforddiant cychwynnol athrawon cyfrwng Cymraeg (Llywodraeth Cynulliad Cymru, 2007b). Yn bwysicach na chynyddu nifer o wahanol grantiau, megis codi'r grant ar gyfer hyfforddeion o £1,200 i £1,500 (£1,800 ar gyfer y rheini ar gyrsiau Mathemateg a Gwyddoniaeth) yw'r 'nod o ymgynghori ar y cynigion am gynllun deddfwriaethol ffurfiol'. Dadleuir mai symbol o aeddfedu a normaleiddio addysg Gymraeg yw deddfwriaethu o'r math, a bod hynny i'w groesawu a'i ddatblygu.

Trown nesaf at yr ail gysyniad o dan bennawd cynaliadwyaeth, sef modelau gwahanol o ddarpariaeth. Y peilot cyfredol ar fodelau amgen na'r ysgol Gymraeg oedd un rheswm dros gynnwys cyfres o bedwar gosodiad yn H3–6. Nodwyd eisoes mai'r ysgol Gymraeg yw'r ffordd orau o gynhyrchu siaradwyr rhugl, ar y cyfan. Syndod felly oedd canfod bod 42.8 y cant o rieni yn credu mai datblygu'r Gymraeg fel cyfrwng mewn ysgolion Saesneg oedd y ffordd orau o gynhyrchu siaradwyr Cymraeg rhugl (G51). Anghytunai 48.8 y cant ohonynt â'r gosodiad ac, nid yn annisgwyl, 'roedd anghytundeb yr athrawon yn sylweddol uwch: 67.8 y cant o athrawon cynradd, a 74.6 y cant o athrawon uwchradd. P'un ai gweledigaeth bellgyrhaeddol, neu ddaliadau o blaid cynhwysiant ieithyddol, neu brofiad personol, neu sinigiaeth, neu ddylanwad label 'dwyieithrwydd', neu gyfuniad o'r rhesymau hyn ac o rai amgen yw'r esboniad am ymatebion oedd yn annisgwyl, erys y data. Mae hi'n anorfod bod gan ymchwilydd rai disgwyliadau, ond nid oedd unrhyw ymgais yn yr ymchwil i sgiwio'r atebion.

Ni ddaeth unrhyw duedd glir i'r amlwg wrth ddadansoddi ymateb rhieni i'r gosodiad nesaf: 'Peth da fyddai rhoi'r hawl i blant di-Gymraeg drosglwyddo o ysgol Saesneg i ysgol Gymraeg, beth bynnag fo'u hoedran.' Egwyddor hawl trosglwyddo, heb sôn am sialensiau, oedd bwrdwn y gosodiad (G52), a chael a chael oedd ymateb y rhieni. Anghytunai mwyafrif llethol yr athrawon – tri chwarter yr athrawon uwchradd, er enghraifft. Cytunai dros hanner yr holl ymatebwyr (52 y cant) mai 'Peth da fyddai rhoi'r hawl i blant di-Gymraeg drosglwyddo o ysgol Saesneg i ysgol Gymraeg, hyd at 11 neu 12 mlwydd oed' (G53). Cododd cefnogaeth ymatebwyr i'r egwyddor o drosglwyddo 10 pwynt canran y tro hwn, mwy na thebyg gan fod manylu ar oedran trosglwyddo.

Gosodiad 54 oedd yr un yn y gyfres a awgrymodd realiti ieithyddol y sialens: 'Ni ddylai plant di-Gymraeg drosglwyddo i'r ysgol Gymraeg tan iddynt ddysgu Cymraeg mewn cwrs dwys yn gyntaf.' Athrawon uwchradd sgoriodd uchaf am gytuno (84.3 y cant), yna'r athrawon cynradd (73.4 y cant), a 64.6 y cant o'r rhieni. Awgryma'r ystadegau fod ychydig dros dri o bob 10 rhiant yn credu mewn mynediad agored.

Yn gryno, mae dyfodol y ddarpariaeth Gymraeg mewn cyflwr ansicr ac ansefydlog (*fluid*) mewn rhai parthau, ac ni ddylid cymryd yn ganiataol mai'r ysgol Gymraeg yw'r unig fodel. Cyplysir yr anwadalwch hwn â'r pwyslais canolog a fu ar ddwyieithrwydd. Bydd adroddiad terfynol ar y peilot a'r trafodaethau a'r penderfyniadau addysgol a gwleidyddol sy'n deillio yn faes y bydd angen rhoi cryn sylw iddo.

Mae model yr ysgol Gymraeg yn fodel hynod o lwyddiannus yn ne-ddwyrain a gogledd-ddwyrain Cymru, ac ni ddylid ei ddisodli na'i gwanhau. Nid dadl yw hon yn erbyn yr ysgol Gymraeg ar gyfer parthau eraill y wlad, beth bynnag fo'u natur ieithyddol, ac nid dadl ydyw dros beidio ag arbrofi. Dadl yw hi dros feithrin yr hyn sydd yn llwyddo yn rhyfeddol o ffyniannus yn erbyn y llif ieithyddol. Ategir y dadleuon gan sylw yn y strategaeth addysg cyfrwng Cymraeg (drafft, 2009a, par. 5.20) mai addysg benodedig drwy gyfrwng y Gymraeg (nid yw'r adroddiad yn arfer y term ysgol Gymraeg) yw'r ffordd fwyaf effeithiol yn neddwyrain Cymru o gynhyrchu siaradwyr rhugl ddwyieithog, ac y dylid ei chynnal a'i chryfhau.

ADDYSG BELLACH AC UWCH – Y DYFODOL

Beth bynnag fydd datblygiadau pellach o ran cynyddu nifer cyrsiau a myfyrwyr cyfrwng Cymraeg, dadleuir y dylid harneisio brwdfrydedd rhieni ac athrawon dros yr ymgyrch, gan eu gwneud nhw yn rhan fwy gweithredol yn y prosesau democrataidd a gwleidyddol sy'n penderfynu polisi a strategaeth yn y sector hwn. Atgyfnerthir y ddadl hon gan y data canlynol o H4. Cytunai 9 o bob 10 ymatebydd (90.5 y cant) y dylai prifysgolion a cholegau Cymru ehangu'n sylweddol nifer y cyrsiau sydd ar gael yn Gymraeg (G38). 'Nid oes lle i'r Gymraeg mewn addysg coleg a phrifysgol' oedd y gosodiad a ddilynai, ac 'roedd 93.9 y cant yn anghytuno ag ef.

Yn genedlaethol, brawychus yw neges ystadegau gweithgareddau cyfrwng Cymraeg ôl-16 y tu allan i sector yr ysgolion, fel y dengys Tabl CG, â dim ond 0.3 y cant o'r gweithgareddau dysgu yn Gymraeg (2002/3–2004/5) yn y sector AB. Rhwng 2003/4 a 2004/5 bu cynnydd o 30.4 y cant yng ngweithgareddau dysgu cyfrwng Cymraeg yn nosbarthiadau chwech y wlad. Cadarnha'r ymateb hwn y weledigaeth ddigamsyniol am ddyfodol iachus yr iaith a dreiddiodd drwy ddata'r ymchwil. Dylid cysylltu'r dyheadau â'r ddadl am foderniaeth iaith a meddwl grymus a heriol, fel y dywed Richard Wyn Jones et al. (2002, 15): 'Without a vibrant intellectual culture the Welsh language will wither. To be a language in the modern world, Welsh must continue to develop so that individuals and communities can express their experiences of that world in its idiom.' Gweithredu pellach yw'r cam nesaf yn hanes (araf iawn) addysg bellach ac uwch yn Gymraeg. Cyflwynodd bwrdd cynllunio'r coleg ffederal adroddiad i'r Gweinidog dros Blant, Addysg, Dysgu Gydol Oes a Sgiliau fis Mehefin 2009, ac fe roddodd y Gweinidog sêl ei bendith ar yr argymhellion i'w sefydlu fel corff cyfreithiol annibynnol yn cynnig cyrsiau mewn amryw golegau'r wlad. Yn ôl yr adroddiad, dylid sefydlu'r coleg ffederal Cymraeg erbyn Medi 2010, a'i wneud yn gwbl weithredol flwyddyn yn ddiweddarach.

Mae amserlen dynn y datblygiad hwn yn arwydd o arghyhoeddiad Llywodraeth Cynulliad Cymru bod hybu addysg Gymraeg yn flaenoriaeth.

ARGYMHELLION YNGHYLCH YMCHWIL

Bydd adroddiadau blynyddol BIG yn amlinellu rhaglenni ymchwil cyfredol neu arfaethedig, ac nid y'u hailadroddir yma. Yn gryno, awgrymir pum prif faes ymchwil: hanesyddol, cymdeithasol-ieithyddol, pedagogaidd, marchnata a chyllido, â themâu trosfwaol trostynt – sef iaith gymdeithasol, trosglwyddo iaith ac ymchwil ansoddol yn seiliedig ar waith yn yr ystafell ddosbarth.[2] Dadleuir eu bod i gyd yn rhan o ddealltwriaeth holistig o ddylanwadau plwralistig, nid yn unig ar y Gymraeg ond ar GSI byd-eang, ac yn arbennig o berthnasol yn y dyfodol yn Ewrop. Priodol ailofyn cwestiwn Colin Williams (2004b): '[I] ba raddau mae rhai o'n plith yn dylanwadu ar lwyfan rhyngwladol o ran theori ac o ran datblygu'r maes yn greadigol?'

Y LEFEL FESO/FACRO

Dangoswyd drwy'r gyfrol rymoedd lefelau micro, meso a macro, sut bynnag y'u diffinnid, yn dylanwadu ar ei gilydd. Medrid ystyried yr Undeb Ewropeaidd fel pŵer macro, ond ni ellir tanbrisio pŵer gwleidyddol y meso Ewropeaidd, fel y trafodir gan Keating et al. (2004), er ei fod yn ffenomen heterogenaidd iawn (2004, xiv) 'to the point that some have doubted whether it constitutes a style category at all'. Yng nghyfrol Keating diffinia Sharpe y meso Ewropeaidd yn haniaethol fel 'gofod penderfynu' yn hytrach na haen o lywodraethu. Ei brif gasgliad yw bod datblygu'r meso yn golygu un o'r newidiadau sefydliadol mwyaf yn y wladwriaeth fodern ers 20 mlynedd (2004, 529), a hyd yn oed, hwyrach, un o'r rhai mwyaf radical erioed, yn ôl Mény (1986, 1).

GLOBALEIDDIO, EWROP A SAESNEG

Daw goblygiadau gwleidyddol, economaidd a diwylliannol globaleiddio ac ymestyn ac integreiddio'r Undeb Ewropeaidd yn fwyfwy amlwg o hyn ymlaen wrth ffurfio polisïau ieithyddol gwledydd neu

---

[2] Awgrymwyd yng nghorff y gyfrol nifer o feysydd datblygu a chyfleoedd i ymestyn yr ymchwil empirig cyfredol. Fe'u cesglir ynghyd yn Thomas (2007, 544–8). Yno hefyd trafodir meysydd ymchwil eraill sy'n berthnasol i dwf addysg Gymraeg a dwyieithog.

ranbarthau'r Undeb. Un o'r agweddau sylfaenol ar y pair ieithyddol a grëir yn Ewrop fydd llunio (neu beidio) bolisïau iaith er mwyn diogelu ieithoedd a hawliau ieithyddol lleiafrifol. Dadleua Crystal (1997, 21), er enghraifft, mai hanes gwleidyddol gwledydd fydd yn penderfynu llewyrch neu dranc ieithoedd llai eu defnydd (megis Galiseg yn Sbaen) ac os Saesneg, er enghraifft, fydd iaith globaleiddio, dim ond yn y parthau hynny lle mae Saesneg eisoes yn iaith ddominyddol (megis UDA neu Brydain) y bydd effaith ar yr ieithoedd llai eu defnydd. Mae ei agwedd yn optimistaidd, gan iddo gredu bod hunaniaeth, cenedligrwydd ac ymgyrchu dros ieithoedd llai eu defnydd ers tua chanol yr ugeinfed ganrif wedi cryfhau statws a dyfodol y fath ieithoedd. Priodol dyfynnu ei olwg gadarnhaol ar y Gymraeg (1997, 129):

> [T]he typical scenario is one where a language has come to be threatened by the emergence of a more dominant language. It may take a long time for people who speak the threatened language to respond: in the case of Welsh, the reversal of several hundred years of English domination has begun to show real results only recently, starting with the Welsh Language Act of 1967. Similar movements can be seen in Ireland, Hawaii, New Zealand and Quebec. Inevitably, in such cases, there is a secondary reaction, with English-users finding themselves – often for the first time – on the defensive.

Goblygiadau amlieithrwydd yn Ewrop a'r posibilrwydd y medrai Saesneg ddatblygu yn iaith ddominyddol ar y cyfandir yw bwrdwn neges Phillipson (2003). Dadleua y dylid datblygu polisïau iaith mwy gweithredol er mwyn diogelu Ewrop amlieithog. Mae'r manylion yn ei ymdriniaeth â ffactorau strwythurol ac ideolegol sy'n cyfrannu at ddefnydd helaethach o Saesneg yn Ewrop (2003, 64–7) yn gyfeirbwynt cychwynnol pwysig ar gyfer astudio'r effeithiau posibl ar agweddau tuag at y Gymraeg yn y Gymru ddwyieithog. Wrth lunio'r geiriau hyn fe'n hatgoffir am drai a llanw ieithoedd ar hyd y canrifoedd, ac am hegemonïau ieithyddol. Er enghraifft, ysgrifennodd Voltaire at Catrin Fawr, 26 Mai 1767: 'Je ne suis pas comme une dame de la cour de Versailles, qui disait: c'est bien dommage que l'aventure de la tour de Babel ait produit la confusion des langues; sans cela tout le monde aurait toujours parlé français.'

O ran addysg drwy gyfrwng y Gymraeg a thwf yr ysgolion Cymraeg, un o theses gwaelodol y gyfrol yw rôl golynnol yr ysgolion Cymraeg ac addysg Gymraeg ym mhrosesau a chynlluniau a pholisïau

GSI. Yn y dyfodol, wrth gynllunio ar gyfer Cymru amlieithog fel rhan o Ewrop, bydd angen bod yn sensitif i'r dominyddu cyson o ran defnyddio Saesneg mewn gwledydd tramor. Tra bo tramorwyr yn ychwanegu Saesneg at eu portffolio ieithyddol, medrai hynny ddwysáu'r ddadl nad oes angen y Gymraeg gan fod 'pawb' yn deall neu yn siarad Saesneg. Fwyfwy mae Saesneg yn rhan annatod o'r prosesau global-eiddio mewn masnach, gwleidyddiaeth, materion milwrol, gwyddon-iaeth, addysg a'r cyfryngau (Phillipson, 2003, 64).

Golwg fyd-eang ar gynllunio ieithyddol a geir gan Mackey (2003, 78) er enghraifft, a ddadleua nad adlewyrcha'r rhan fwyaf o fodelau sy'n dangos newidiadau ieithyddol natur amlddimensiynol ac aml-ffwythiannol deinameg iaith. Yn y gorffennol, yn ôl Tonkin (2003, 324), ffenomen leol a rhanbarthol oedd trai a llanw ieithoedd a chyd-berthynas economi, gwleidyddiaeth a militariaeth. Bellach mae shifft i gyd-destun mwy byd-eang. Cydnabyddir yn gyffredinol mai dymunol yw amrywiaeth ddiwylliannol, a bod *lingua orbis terrarum* yn dat-blygu, â Saesneg ar y blaen ar hyn o bryd. Mae angen (2003, 326) cynllunio ar gyfer amrywiaeth ieithyddol.

Bydd angen i'r cynllunio ieithyddol fod yn gydlynol a chytbwys, gan ystyried effaith posibl pob polisi unigol, megis y gwasanaethau cyhoeddus neu'r gwasanaethau preifat, ac (yng nghyd-destun y gwaith cyfredol) y gwasanaethau addysg a'r pwyslais ar ddysgu ieithoedd tramor, ar y polisi holistig gwaelodol. Mewn gwlad fel Cymru sy'n efelychu'r traddodiad Prydeinig o dwf cynyddrannol, bydd angen cryn ddoethineb a chydgordio er mwyn cadw'r ddysgl yn wastad rhwng gwahanol garfanau.[3] Nid dadl mohoni yn erbyn dysgu ieithoedd tramor yn ysgolion cynradd ac uwchradd Cymru. Dadl yw hi am fod yn effro i beryglon agweddau oriog ac arwynebol, yn arbennig y rheini nad oes ganddynt ddealltwriaeth na chydymdeimlad tuag at y Gymraeg. Mae achub iaith yn broses hir ac anodd, ac angen amynedd a cherrig milltir clir – rhai i'w cyrraedd yn lled fuan, rhai dros gryn amser, a'r gweddill wrth ddrws paradwys.

Bydd angen paratoi dadleuon cryf er mwyn osgoi'r cyferbyniad arwynebol bod datblygu amlieithrwydd yn eangfrydig, ond mai culni

---

[3] Crynhoir y neges hon gan Phillipson, pan ddywed (2003, 65): 'Responsibility for language policy in each country tends to be shared between ministries of foreign affairs, education, culture, research, and commerce. They each tend to have a little experience in language policy, and between them there is inadequate coordination, if any. In countries with a federal structure, responsibility is even more diffuse.'

yw datblygu'r Gymraeg. Medrai mantra dwyieithrwydd (Cymraeg a Saesneg) droi yn fantra gwahanol (iaith gyfandirol a Saesneg). Wrth i Saesneg ennill poblogrwydd pellach ar gwricwlwm ysgolion Ewrop, lle bu cryn fuddsoddiad eisoes mewn dysgu Saesneg yn ei sefydliadau addysgol, bydd angen i'r Cymry ddeall yn ddyfnach ac yn aeddfetach y newidiadau ym mhatrymau siarad ieithoedd ar lwyfan Ewrop a'r byd.

Noda Phillipson (2003, 65) nifer o resymau ideolegol yn y maes, a byddai'n werth eu gwyntyllu yng Nghymru. Yn gyntaf, am wahanol resymau strwythurol, gwelir patrwm o shifft ieithyddol tuag at ieithoedd dominyddol, yn arbennig Saesneg, ar draws Ewrop. Yn ail, mae gwahaniaethau ideolegol sylweddol rhwng gwledydd yr Undeb parthed eu hymwybyddiaeth a'u dealltwriaeth o bolisïau iaith a materion ieithyddol, a'u cymhelliant i ddysgu ieithoedd ychwanegol. Yn drydydd, mae'r cyhoedd yn chwennych Saesneg fel iaith gyfryngol 'as connoting success, influence, consumerism, and hedonism'. Yn bedwerydd: 'Ranking languages for their purported qualities or limitations, through processes of glorification and stigmatization, correlates with hierarchies and their hegemonic rationalization.'

Bydd angen osgoi cymysgu rhyddfrydiaeth a moderniaeth â realaeth, gan fod, mewn gwirionedd, 'a pecking order of languages' yn y Comisiwn Ewropeaidd, y Cyngor Gweinidogion a'r Senedd, 'with English at the top and French near the top' (Phillipson, 2000, 270), er gwaetha'r cytundeb bod pob iaith 'swyddogol' â statws cyfartal. (Gwahaniaethir rhwng ieithoedd swyddogol ac ieithoedd gwaith bob dydd.) Yn olaf, mae'n arwyddocaol i Philip Blair danlinellu ym Mhwyllgor Llywio Iawnderau Dynol Cyngor Ewrop (CE, 2005b, par. 13) ddiffyg ymwybyddiaeth o ieithoedd lleiafrifol a rhanbarthol, a diffyg eu dysgu. Mae angen datblygu cydweithio a chroesffrwythlonni Ewropeaidd mewn sawl maes yn ymwneud ag ieithoedd llai eu defnydd, fel y crybwyllwyd gan Colin Williams (2000b, 353–4). Dadleuir bod yn rhaid gweld y coed dan brennau cyn impio syniadau addysgol o wledydd tramor ar gyfundrefn addysg Cymru. Defnyddir dwy wlad enghreifftiol wrth ddatblygu'r syniad hwn, sef Latfia a Gwlad y Basg.

YSGOLION CYMRU, LATFIA A GWLAD Y BASG (EUSKADI)

Nid oes cyfle i ystyried cyd-destunau gwleidyddol, economaidd a hanesyddol y tair gwlad, dim ond nodi mai cam seithug yn aml yw efelychu agweddau dethol ac anghofio am y cyd-destun gwreiddiol. Addasu syniadau, yn ôl amgylchiadau'r wlad newydd, yw'r ffordd orau ymlaen. Dadleua Martin-Jones (2003) yn gryf dros osod ymchwil mewn cyd-destun priodol, yn arbennig yn yr ystafell ddosbarth.

Gwahaniaeth amlwg yw'r ffordd y defnyddia llywodraethau eu pŵer ar lefel facro er mwyn gweithredu polisïau iaith drwy'r gyfundrefn addysg. Yn Latfia, er enghraifft, ers Medi 2004, rhaid i bob ysgol ddarparu o leiaf 60 y cant o'r cwricwlwm drwy gyfrwng Latfeg. Ar yr olwg gyntaf, rhwydd uniaethu â pholisi llywodraeth gwlad sydd ag un iaith swyddogol, Latfeg. Ond Rwsieg yw mamiaith hanner poblogaeth y brifddinas, Riga, a mamiaith dros 80 y cant o boblogaeth cymunedau sy'n ffinio â Rwsia, lle mae cryn wrthwynebiad i bolisi'r llywodraeth. Ymddengys na pherchir hawliau dynol ieithyddol yr unigolyn gan Lywodraeth Latfia. Yn ôl Gabrielle Hogan-Brun (2004):

> [T]he process of the implementation of the . . . educational reform is framed in different ways by the (Latvian and Russian) press at macro level . . . The transmission of their values impacts on the polarised social groups (the Latvians and Russians), who are framed in the background . . . The picture that emerges highlights the discrepancy in present-day Latvia between language policy (as laid down by law) and actual beliefs, needs and practices.

Mae bri yn Latfia ar ddysgu ieithoedd tramor, yn arbennig Saesneg: mae angen Saesneg er mwyn 'dod ymlaen yn y byd', sydd yn adleisio barn llawer o Gymry yn hanner cyntaf yr ugeinfed ganrif. Mae llai o ddeuluoedd yn magu eu plant i siarad Rwsieg, er y clywir y ddadl yn aml fod angen Rwsieg ar gyfer swyddi rheolaeth ganol – enghraifft o bŵer gwlad ac iaith ddominyddol yn parhau wedi cwymp wal Berlin. Y neges yw y medrid impio pwyslais Latfia ar ddysgu ieithoedd estron i gyfundrefn addysg Cymru, heb sylweddoli mai newid ystyr dwyieithrwydd y mae Latfia yn dawel bach. Medrai dwyieithrwydd cyfredol y wlad (Latfeg a Rwsieg) droi yn ddwyieithrwydd gwahanol (Latfeg a Saesneg, yn bennaf), fel y medrai dwyieithrwydd Cymru newid ei ystyr.

Dyma broffil ieithyddol Euskadi. Yng Ngwlad y Basg (yn fras), chwarter y boblogaeth sy'n weithredol ddwyieithog, sef medru siarad Basgeg yn dda neu yn eithaf da. Ar ben hyn mae 11 y cant pellach yn oddefol ddwyieithog, sef siarad yr iaith ag anhawster neu ddim yn ei siarad hi o gwbl, er eu bod yn ei deall neu yn ei darllen hi yn dda. Daw'r diffiniadau a'r data hyn o'r trydydd map cymdeithasol-ieithyddol 2001 (2005) ac maent yn seiliedig ar y boblogaeth 16 oed neu hŷn (gw. Tabl 8.6).

TABL 8.6: PROFFIL IEITHYDDOL EUSKADI

Disgrifiad	Nifer	Canran
Poblogaeth	2,496,836	–
Siaradwr dwyieithog cytbwys, â'r Fasgeg yn gryfaf	177,790	7%
Siaradwr dwyieithog cytbwys	177,009	7%
Siaradwr dwyieithog â'r Sbaeneg neu Ffrangeg yn gryfaf	278,955	11%
Goddefol ddwyieithog	263,498	11%
Siaradwr unieithog Sbaeneg neu Ffrangeg	1,599,584	64%

Ffynhonnell: Eusko Jaurlaritzaren Argitalpen Zerbitsu Nagusia (2005, passim).

Un o nodweddion patrwm ieithyddol Euskadi yw'r amrywiaethau arwyddocaol rhwng gwahanol rannau o'r wlad: Comunidad Autónoma Vasca (CAV) neu Gymuned Ymreolaethol Gwlad y Basg (Basque Autonomous Community) (BAC); Iparralde, sef y rhan i'r gogledd o'r ffin rhwng Sbaen a Ffrainc (Gogledd Gwlad y Basg); a Nafarroako Foru Komunitatea (Navarre). Dengys Tablau E1–2 ddosbarthiad daearyddol y siaradwyr. Gan mai yn y CAV y trig 84 y cant o siaradwyr Basgeg, canolbwyntir ar bolisïau yn y rhan honno yn unig o Wlad y Basg.

Ddechrau pob blwyddyn galendr, bydd teuluoedd plant dwyflwydd oed yn derbyn llythyr oddi wrth Lywodraeth ganolog y CAV yn eu hatgoffa y bydd angen iddynt gofrestru eu plentyn mewn ysgol feithrin ar gyfer cychwyn yno'r Medi canlynol. Anoga'r Llywodraeth y rhieni i ddewis Model D, cyfrwng Basgeg. Dyma'r model o ddarpariaeth ieithyddol sy'n tyfu fwyaf ac yn fwyaf cyson, tra bo model yr iaith fwyafrifol, Sbaeneg (Model A) yn gwanhau. Mae'n anorfod bod cwymp yn nifer y plant ysgol oherwydd y cwymp demograffig sylweddol ers degawdau. Mae hi hefyd yn anorfod bod niferoedd sylweddol llai o blant a arferai fynychu dosbarthiadau/ysgolion Model A yn gorfod derbyn addysg yn un o'r ddau fodel arall (B neu D). Ymwrthoda'r rhieni â'r model dwyieithog, a ffafrio, i raddau arwyddocaol, y model uniaith cyfrwng Basgeg.

Yng Nghymru, pan drafodir modelau darpariaeth Fasgeg, ni chlywir llawer am gefnogaeth y Llywodraeth i Fodel D na 'chwaith ddymuniad y rhieni i ddewis y model hwnnw. Yng Nghymru, ymateb i'r galw bu patrwm llywodraeth leol/feso wrth ddarparu addysg yn yr iaith leiafrifol. Mae'r gwahaniaeth rhwng y ffordd y defnyddia'r llywodraethau canol eu pŵer macro yn amlwg. Dadleuir felly mai gwan bu dylanwad llywodraeth ganol ar ddatblygiad yr ysgolion Cymraeg, ac y dylai polisïau'r dyfodol ystyried datblygiadau ieithyddol mewn modd holistig, yn hytrach na phigo ambell i syniad fan hyn fan draw.

Ar lefel fyd-eang, datblygir fframweithiau trawsgenedlaethol gan, er enghraifft, Risager (2007), er mwyn datblygu pedagogi iaith a diwylliant a fydd yn addas ar gyfer addysgu dinasyddion y byd. Bydd hon yn her arall wrth i academyddion ac ymgynghorwyr i lywodraethau gynnig eu syniadau ar gyfer newid polisïau. Dal gafael ar y weledigaeth fydd y sialens fwyaf i Gymru yn y dyfodol, ac ymaddasu yn ôl y galw.[4]

HAWLIAU IEITHYDDOL AC ADDYSGOL
Nid oes traddodiad yng Nghymru o ddefnyddio deddfau hawliau dynol wrth ymgyrchu dros addysg Gymraeg, er bod brwydr yn air poblogaidd wrth drafod hanes y 'mudiad'. Er enghraifft, crybwyllir y gair *hawl* unwaith yn unig yn y strategaeth ddrafft addysg cyfrwng Cymraeg (2009a, 28), 'Rhoddodd Deddf Addysg 1944 am y tro cyntaf yr hawl i ddisgyblion gael eu haddysgu yn unol â dymuniadau eu rhieni,' a *hawliau* deirgwaith.[5] Hoffwn nodi'r gwrthgyferbyniad rhwng, ar y naill law, bragmatiaeth ac esblygiad araf ond cyson deddfwriaeth a pholisïau yng Nghymru ac, ar y llall, y damcaniaethu sylweddol gan feddylwyr niferus ar draws y byd ym maes hawliau lleiafrifoedd. Yn ôl Skutnabb-Kangas (1999, 58): 'Linguistic human rights in education are a pre-requisite for the maintenance of the diversity in the world that we are all responsible for.'

Perygl gor-ddibynnu ar hawliau mewn statud yw lluosogi achosion yn y llysoedd barn; perygl peidio â chael hawliau statudol yw cynyddu'r ymgyrchu a diegnïo'r ymgyrchwyr hyd at lesgedd. Pan fo pob dadl a strategaeth dros gyfiawnder yn methu, mae gwybod y medrwch ddadlau ar dir hawlogaeth yn gefn i ymgyrchwyr. Y ffordd ganol berffaith, *aurea mediocritas*, yw'r ffordd orau ymlaen.

Gobeithir bod gwersi i'w dysgu gan unigolion, grwpiau a gwledydd oddi wrth ei gilydd yn eu hymdrechion i ddiogelu ieithoedd a

---

[4] Tebyg yw neges Gardner (2008, 50): 'Peth peryglus o hyd yw trawsblannu'r datrysiadau a fabwysiadwyd mewn un cyd-destun draw i'r llall heb werthusiad mesuredig o'r union amgylchiadau sydd dan ystyriaeth.'

[5] 'Plant a Phobl Ifanc: Gweithredu'r Hawliau – Partneriaethau Cryfach i Wella Canlyniadau' (2006), a 'Confensiwn y Cenhedloedd Unedig ar Hawliau'r Plentyn' (2 gyfeiriad).

diwylliannau lleiafrifol, er iddynt roi gwahanol bwyslais ar yr un ymdrech. Trwy lwyddo yn y meysydd hyn fe ddiogelir yr amrywiaeth yn hunaniaeth gwledydd a chenhedloedd y byd; yr amrywiaeth yw'r gogoniant. Wrth i bolisïau Ewro-ganolog ddwysáu, dadleuir y medrai dealltwriaeth genedlaethol rymusach o hawliau ieithyddol hwyluso twf yr ysgolion Cymraeg. Cred rhai fod datganoli pŵer o San Steffan yn hwyluso datblygu polisïau iaith ac addysg a fedrai gryfhau hunaniaeth y Cymry, er bod elfen gref o gydgyfeiredd Prydeinig yn llywio'r agenda gwleidyddol. Ni fedrir gor-ddibynnu ar gytundebau rhyngwladol er mwyn cefnogi lleiafrifoedd, ond fe ddylid sefydliadoli a chyfreithloni iaith fel rhan o'r proses o normaleiddio iaith a hunaniaeth.

Gwendid sylfaenol Deddf yr Iaith Gymraeg 1993 yw na chydnebydd hawliau'r unigolyn, a dadleuir felly dros Ddeddf newydd. Ymddengys fod Cymru wedi symud o'r gogwydd goddef tuag at y gogwydd hyrwyddo[6] (Thomas 2007, 139–41). Yn hanesyddol, er y cydnebydd Llywodraeth y Cynulliad gyfraniad yr ysgolion Cymraeg i achub yr iaith, bu'n gymharol niwtral yn ei hymdrechion hithau i hybu addysg cyfrwng Cymraeg, pan ystyriwch ddeinameg Catalonia i sicrhau normaleiddio. Eto i gyd, dangosodd dogfen ymgynghorol y Llywodraeth ar strategaeth addysg cyfrwng Cymraeg genedlaethol (2009a) gryn weledigaeth sut i gamu ymlaen, er nad oes ganddi bwerau digonol i weithredu ar bob agwedd ar ei gweledigaeth. Ennill y pwerau angenrheidiol fydd

---

[6] Wrth ymdrin â hawliau ieithoedd lleiafrifol ac addysgol a chyfraith rhyngwladol, cydnebydd May (2001, 184–93) waith seminal Kloss (1971, 1977), a chanfod dau brif ogwydd. Hawliau yn gogwyddo tuag at oddef yw'r cyntaf, megis goddef hawl yr unigolyn i arfer ei iaith yn ei fywyd personol ac yn gyhoeddus, hawl i ymgynnull a threfnu sefydliadau diwylliannol, economaidd a chymdeithasol preifat lle y ceir arfer yr iaith gyntaf, a'r hawl i feithrin yr iaith gyntaf mewn ysgolion preifat. Yn ôl Kloss (1977, 2), nid ymyrra'r wladwriaeth yn hawl lleiafrifoedd i ddefnyddio'u hiaith yn y peuoedd preifat.

Hawliau yn gogwyddo tuag at hyrwyddo yw'r ail. Cynnwys hyn awdurdodau cyhoeddus yn ceisio hyrwyddo iaith leiafrifol drwy gyfundrefnu ei defnyddio mewn sefydliadau cyhoeddus – deddfwriaethol, gweinyddol ac addysgol – gan gynnwys ysgolion y wladwriaeth (Kloss, 1977, 2). Gellir cael toceniaeth, megis dim byd mwy na chyhoeddi dogfennau swyddogol mewn ieithoedd lleiafrifol, neu, ben arall y raddfa, hyrwyddo hawliau'r unigolyn i arfer ei iaith ym mhob pau swyddogol yn y genedl-wladwriaeth.

Yng Nghymru, byddai rhai beirniaid yn honni mai dim ond ymateb i bwyso gan y lleiafrif a berodd i lywodraethau weithredu o blaid yr iaith, ac mai hyrwyddo ymddangosiadol a gafwyd. Medrid rhestru'r brwydro dros arwyddion ffyrdd yn Gymraeg, sefydlu ysgolion Cymraeg, darparu ffurflenni swyddogol yn Gymraeg, neu sefydlu S4C, ac enwi dim ond rhai o ymgyrchoedd ail hanner yr ugeinfed ganrif. Cytunir â'r garfan a ddadleua mai gogwydd dioddef dan gochl hyrwyddo a gafwyd yn hanesyddol.

felly un o'r camau allweddol nesaf yn y frwydr dros hawliau lleiafrifol o ran addysg a'r iaith yng Nghymru'r dyfodol.

STRATEGAETH GENEDLAETHOL ADDYSG CYFRWNG CYMRAEG – BREUDDWYD BERSONOL

Fy ngweledigaeth yw ein bod yn adeiladu ar gyfraniad sylfaenol addysg cyfrwng Cymraeg, yn arbennig yr ysgolion Cymraeg, i wireddu amcanion 'Iaith Pawb' mewn byd tra chyfnewidiol, gan ddarparu profiadau heriol yn Gymraeg ar gyfer dysgwyr o bob oedran a chefndir, a chynyddu'r defnydd o'r iaith mewn modd cynaliadwy, ar y ffordd tuag at Gymru ddwyieithog. Hoffwn weld nifer o ddeilliannau (effeithiau) yn rhychwantu'r tymor byr, canol a hir.

Effeithiau tymor byr (o fewn tair blynedd)

Cynyddu fesul un pwynt canran yn flynyddol y disgyblion cynradd ac uwchradd a addysgir yn gyfan gwbl neu yn bennaf drwy gyfrwng y Gymraeg.

Cynyddu nifer yr ysgolion sy'n addysgu yn gyfan gwbl neu yn bennaf drwy gyfrwng y Gymraeg drwy sefydlu o leiaf un ysgol newydd bob blwyddyn.

Cynyddu fesul un pwynt canran yn flynyddol nifer a chanran y disgyblion a myfyrwyr ysgol a asesir yn gyfan gwbl neu yn bennaf drwy gyfrwng y Gymraeg.

Cynyddu yn unol â thargedau addysg cyfrwng Cymraeg ôl-16 nifer a chanrannau'r myfyrwyr a addysgir ac a asesir yn gyfan gwbl neu yn bennaf drwy gyfrwng y Gymraeg.

Peilota canolfan ragoriaeth i hyrwyddo datblygiadau cyfrwng Cymraeg 14–19 (addysgu a hyfforddiant) ar gyfer rhanbarth eang.

Arfarnu datblygiad y ganolfan a phenderfynu a ddylid sefydlu canolfannau tebyg ar gyfer gweddill Cymru.

Sefydlu corff (neu gyfundrefn) i oruchwylio'r ddarpariaeth addysg cyfrwng Cymraeg yn unol â siarter ieithoedd lleiafrifol Ewrop.

Sicrhau gweithredu egwyddorion cyfle cyfartal a hawlogaeth o ran darpariaeth, adnoddau, technoleg addysgu ac asesu, a hynny wedi'i ymgorffori mewn deddf.

Ymchwilio i bedagogi addysgu cyfrwng Cymraeg a dwyieithog, a Chymraeg fel ail iaith.

Dechrau hyfforddiant yn y gwasanaeth sifil ar amcanion, ethos a darpariaeth addysg cyfrwng Cymraeg a'r ysgolion Cymraeg.

Ail-lunio deddfwriaeth a chanllawiau sy'n diffinio darpariaeth addysgol cyfrwng Cymraeg gan sicrhau bod y cyfrwng asesu a'r deilliannau ieithyddol yn gwbl glir a diamwys.

Cryfhau cynllunio rhagweithiol a darparu adeiladau addas gan yr awdurdodau addysg lleol.

Sicrhau cyllid priodol ar gyfer gwireddu'r weledigaeth a sicrhau'r effeithiau.

Effeithiau tymor canol (o fewn pum mlynedd)
(Dylid dechrau gwyntyllu'r egwyddorion a mapio'r camau gweithredu gynted â phosibl. Yr effeithiau y mae angen eu gweld o fewn pum mlynedd.)

Marchnata manteision addysg cyfrwng Cymraeg drwy amrywiol ddulliau yn unol â pholisi a chanllawiau a gytunwyd gan y prif randdeiliaid.

Parhau i hyrwyddo dilyniant ieithyddol rhwng pob cyfnod allweddol statudol ac anstatudol (addysg bellach, addysg uwch a'r gweithle).

Cynllunio a darparu cyrsiau hyfforddiant cychwynnol a hyfforddiant-mewn-swydd mewn pedagogi addysgu yn Gymraeg neu yn ddwy-ieithog

Sefydlu canolfannau rhagoriaeth (14–19) ar sail yr arfarniad uchod.

Codi safon dysgu ac addysgu'r Gymraeg fel ail iaith.

Defnyddio'r Gymraeg fel cyfrwng mewn nifer cynyddol o bynciau mewn ffordd gynaliadwy.

Ymchwilio i gymhlethdodau a sialensiau defnyddio'r iaith fel iaith gymdeithasol, yn y cartref ac yn y gymuned, gan gofio bod gan Gymru broffil ieithyddol plwralistig.

Effeithiau tymor hir (o fewn deng mlynedd)
(Yr effeithiau y mae angen eu gweld o fewn wyth mlynedd.)

Datblygu addysg, y Gymraeg a'r cymunedau ar draws y wlad mewn ffordd strategol a chydlynol.

Datblygu gweledigaeth genedlaethol ynghylch amcanion sylfaenol addysg, torri cwys Gymreig a dewis arferion gorau o wledydd y byd a fydd yn gydnaws â'r weledigaeth honno.

Cau'r bwlch rhwng lefelau micro, meso a macro y byd gwleidyddol a llywodraethol, y gymdeithas sifil a'r maes addysg, er mwyn cynyddu dealltwriaeth o addysg Gymraeg ac o fodelau gwahanol o ysgolion.

Cynyddu nifer a chanran y siaradwyr Cymraeg ar draws yr ystodau oedran.

Credaf fod y strategaeth genedlaethol yn uchelgeisiol, ond mae anelu'n uchel i'w gymeradwyo bob amser. Ymhen y rhawd, gobeithiaf gael y cyfle i arfarnu llwyddiant ymdrech hanesyddol y strategaeth i hybu addysg Gymraeg, ein hiaith a'n diwylliant.

CLOI

'[N]ecessity is supposed to be the mother of invention and we can suppose that over the next decade we shall learn to find breathing space for . . . reflection and proposals. It certainly behoves us to: those who wish for a comfortable modus vivendi (not morendi) [*sic*] for our weakened little native tongue (as for thousands of others worldwide) have a lot at stake.'

Geiriau Mikel Zalbide (2005, 27) yn cloi papur ar weledigaeth y Basgiaid ynghylch dyfodol ieithoedd llai eu defnydd mewn addysg. Ynghanol bwrlwm cynnal a chodi safonau, ymaddasu i gwricwlwm newydd, datblygu partneriaethau, ymdopi â chyllid annigonol, datblygu'r iaith gymdeithasol, gwella adeiladau, ymgyrchu dros ysgolion ychwanegol ac yn y blaen, yn ddiddiwedd, amser i feddwl bydd un o angenrheidiau mawr cynllunwyr ac ymgyrchwyr a charedigion addysg Gymraeg.

Yng Nghymru'r unfed ganrif ar hugain, pan yw dogmatiaeth y chwith a'r dde wedi diflannu, cyfnod o eclectigiaeth dameidiog, chwedl Carter (2002, 46), materion unigol, heb fod o anghenraid yn perthyn i safiad gwleidyddol unedig, a arweiniodd at bragmatiaeth ganolog. Cyfuno pragmatiaeth a gweledigaeth fu hanes twf yr ysgolion Cymraeg mewn brwydr ddi-ildio a chynhyrfus er mewn ffrwythlonni'r *winllan wen a roed i'n gofal ni.*

Ymddengys fod Cymru wedi ennill un frwydr fawr, sef bod y Gymraeg yn y genedl-wladwriaeth yn adlewyrchiad symbolaidd o'r bobl sy'n ei siarad. Mae'r cefnogaeth i'r Gymraeg yn groes i'r drefn fawr a wêl Fishman (1995, 60) ar draws y byd: 'It is unfortunately true that very few people (including most of their own speakers) care about the impending demise of small languages.' Yn y rhyfel mawr, sydd heb ei ennill, tanlinellir pwysigrwydd defnyddio 'Iaith Pawb' fel ffocws ymenyddol yng nghyd-destun ehangach Ewrop a'r llwyfan rhyngwladol ehangach er mwyn ennill rhagor o hawliau go iawn.

Sialens fwyaf y dyfodol fydd cyfuno tair elfen allweddol: gweithredu gweledigaeth bragmataidd y strategaeth addysg cyfrwng Cymraeg; sicrhau cefnogaeth ymarferol gwleidyddion, yn lleol, yn genedlaethol ac yn rhyngwladol, beth bynnag fo'u pleidiau; a chynyddu brwdfrydedd rhieni dros addysg cyfrwng Cymraeg. Dyna'r proses. Pwysicach o lawer yw'r canlyniadau, sef magu cenedlaethau o Gymry fydd yn gwireddu'u potensial drwy gyfrwng y Gymraeg, gan gyrraedd y safonau uchaf posibl. Byddant yn arfer yr iaith fwyfwy yn eu bywyd beunyddiol, gan ddatblygu yn ddinasyddion dwyieithog ac amlieithog, a chyfoethogi llywodraethiant Cymru. Mae gan Gymru seiliau cadarn i adeiladu ymhellach arnynt er mwyn gwireddu'r freuddwyd addysgol, ieithyddol a dinesig.

Amcan y gyfrol hon oedd cyfannu'r amryfal ddylanwadau a phwerau cymhleth ar dwf y 'mudiad', a chyflwyno dadansoddiad cytbwys ohonynt drwy ddatod cymaint o glymau cysyniadol â phosibl. Prif gasgliad y gyfrol yw mai pobl, yn fwy na pholisi, fu'r dylanwad pennaf ar dwf ysgolion Cymraeg y de-ddwyrain. Ar lefelau micro lleol yr amlygwyd eu pŵer ar y daith hir a blinderus, ond hwyluswyd eu hymdrechion gan unigolion a weithredent ar lefelau meso a macro. Yr athrawon, ac yn arbennig y rhieni, â chefnogaeth cynghorwyr, swyddogion addysg, gwleidyddion ac arolygwyr fu'r actorion mwyaf dylanwadol yn hanes esblygol y daith tuag at baradwys ieithyddol.

Mae angen optimistiaeth ysbrydol, chwedl Gramsci, er mwyn llwyddo, yn ogystal â phesimistiaeth finiog-ddeallusol wrth i gynllun-wyr ar bob lefel ddatblygu eu syniadau athronyddol ac ymarferol. Yn y pen draw, drwy weledigaeth bragmataidd y cymhwysir y gwahanol bwerau er mwyn gwireddu'r freuddwyd tuag at baradwys, heb ofynnod.

Geiriau Soffocles sydd yn cloi'r gyfrol, a tharo nodyn o ryddhad wrth rag-weld y gobaith o gyrraedd y nod, heb orfod brwydro cymaint ag yn y gorffennol:

> *anodd â'i laweroedd o ddoluriau;*
> *ond drych gwych o'r trechu yw gweld*
> *hen boenau'n dibennu.*[7]

---

[7] Soffocles, *Electra*, 1508–10 (cyf. Euros Bowen, 1984, 74).

Atodiadau

TABLAU DATA

B – BARN PWY A GOFNODWYD YN YR HOLIADURON

TABL B1: BARN PWY A GOFNODWYD YN YR HOLIADURON – NIFEROEDD

Barn pwy	H1–3	H4
Mam	52	114
Tad	3	17
Mam a thad	114	55
Heb ateb	9	3
Cyfanswm	178	189

TABL B2: BARN PWY A GOFNODWYD YN YR HOLIADURON – CANRANNAU

Barn pwy	H1–3	H4
Mam	30.8	61.3
Tad	1.8	9.1
Mam a thad	67.5	29.6

TABL B3: BARN SAWL RHIANT A GYNRYCHIOLWYD YN YR HOLIADURON – NIFEROEDD RHIENI

Barn pwy	Mamau	Tadau
H1–3 mam yn unig	52	–
H1–3 tad yn unig	–	3
H1–3 mam a thad	114	114
H4 mam yn unig	114	–
H4 tad yn unig	–	17
H4 mam a thad	55	55
Cyfanswm	335	189

258

TABL B4: BARN SAWL ATHRO/ATHRAWES
A GYNRYCHIOLWYD YN YR HOLIADURON

Sector	Nifer
Cynradd	45
Uwchradd	51

C – CYMWYSTERAU UCHAF Y RHIENI

Ffynhonnell: Holiaduron 1–4

TABL C1: CYMWYSTERAU UCHAF RHIENI – NIFEROEDD

Cymhwyster	Mamau	Tadau	Rhieni
Dim	3	22	25
Lefel 1	16	16	32
Lefel 2	70	67	137
Lefel 3	62	26	88
Lefel 4	28	16	44
Lefel 5	43	36	79
Lefel 6	92	78	170
Lefel 7	34	33	67
Lefel 8	1	9	10
Cyfanswm	349	303	652
Dim manylion	18	66	84

TABL C2: CYMWYSTERAU UCHAF RHIENI – CANRANNAU

Cymhwyster	Mamau	Tadau	Rhieni
Dim	0.9	7.3	3.8
Lefel 1	4.6	5.3	4.9
Lefel 2	20.1	22.1	21.0
Lefel 3	17.8	8.6	13.5
Lefel 4	12.3	5.3	6.7
Lefel 5	26.4	11.9	12.1
Lefel 6	9.7	25.7	26.1
Lefel 7	8.9	10.9	10.3
Lefel 8	0.3	3.0	1.5

TABL C3: CYMWYSTERAU UCHAF RHIENI
(O 'DIM CYMHWYSTER' HYD AT LEFEL 4+) – NIFEROEDD

Cymhwyster	Mamau	Tadau	Rhieni
Dim	3	22	25
Lefel 1	16	16	32
Lefel 2	70	67	137
Lefel 3	62	26	88
Lefel 4+	198	172	370

TABL C4: CYMWYSTERAU UCHAF RHIENI
(O 'DIM CYMHWYSTER' HYD AT LEFEL 4+) – CANRANNAU

Cymhwyster	Mamau	Tadau	Rhieni
Dim	0.9	7.3	3.8
Lefel 1	4.6	5.3	4.9
Lefel 2	20.1	22.1	21.0
Lefel 3	17.8	8.6	13.5
Lefel 4+	56.7	56.8	56.7

TABL C5: CYMWYSTERAU UCHAF RHIENI (O 'DIM CYMHWYSTER' HYD AT LEFEL 4+) – CYMARIAETHAU CENEDLAETHOL

Cymhwyster	Rhieni Cymru	Rhieni'r sampl
Dim	19%	4.0%
Lefel 1	18%	5.0%
Lefel 2	22%	21.0%
Lefel 3	18%	13.5%
Lefel 4+	23%	56.5%

TABL C6: CYMHARU CYMWYSTERAU MAMAU H1–3 A MAMAU H4

Cymhwyster	H1–3 n	H4 n	H1–3 %	H4 %
Dim	1	2	0.6	1.1
Lefel 1	13	3	8.0	1.6
Lefel 2	30	40	18.5	21.4
Lefel 3	28	34	17.3	18.2
Lefel 4	17	11	10.5	5.9
Lefel 5	25	18	15.4	9.6
Lefel 6	41	51	25.3	27.3
Lefel 7	7	27	4.3	14.4
Lefel 8	–	1	0.6	0.5

TABL C7: CYMHARU CYMWYSTERAU MAMAU H1–3 A MAMAU H4 (O 'DIM CYMHWYSTER' HYD AT LEFEL 4+)

Cymhwyster	H1–3 %	H4 %
Dim	0.6	1.1
Lefel 1	8.0	1.6
Lefel 2	18.5	21.4
Lefel 3	17.3	18.2
Lefel 4+	55.6	57.8

CB – YSTADEGAU ARHOLIADAU ALLANOL CYFRWNG CYMRAEG

Ffynhonnell: Adran Ystadegau CBAC
(Paratowyd yr ystadegau ar gais yr ymchwilydd.)

TABL CB1: NIFER YMGEISWYR YN DERBYN FERSIYNAU CYMRAEG O BAPURAU ARHOLIAD CBAC (NI CHYNHWYSIR PAPURAU A DDARPERIR GAN FYRDDAU ARHOLI LLOEGR)

Disgrifiad	*1976*	*1986*	*1996*	*2006*
Lefel O/TAU/TGAU	2,553	7,356	1,4607	2,2684
AS	–	–	121	2,709
A	179	623	1,343	2,484
Cyfanswm	2,732	7,979	16,071	27,877

TABL CB2: NIFER YMGEISWYR YN DERBYN FERSIYNAU CYMRAEG O BAPURAU ARHOLIAD CBAC – CYNNYDD RHIFOL FESUL DEGAWD

Disgrifiad	*1976–86*	*1986–96*	*1996–2006*
Lefel O/TAU/TGAU	4,803	7,251	8,077
AS	–	–	2,588
A	444	720	1,141
Cyfanswm	5,247	7,971	11,806

TABL CB3: CYNNYDD CANRANNOL YN NIFER YR YMGEISWYR CYFRWNG CYMRAEG FESUL DEGAWD

Disgrifiad	*1976–86*	*1986–96*	*1996–2006*
Lefel O/TAU/TGAU	188.1%	98.6%	55.3%
AS	–	–	213.9%
A	248.0%	115.6%	85.0%
Cyfanswm	192.1%	101.4%	73.5%

TABL CB4: AMREDIAD CANOLFANNAU ARHOLI CYFRWNG
CYMRAEG (MEDRAI NIFER Y CANOLFANNAU
FOD YN UWCH NA'R UCHAFRIF)

Disgrifiad	*1976*	*1986*	*1996*	*2006*
Lefel O/TAU/TGAU	1–20	1–42	1–47	1–53
AS	–	–	1–16	1–34
A	1–14	1–33	1–34	3–40

TABL CB5: AMREDIAD NIFER YMGEISWYR LEFEL O/TAU/TGAU

Disgrifiad	*1976*	*1986*	*1996*	*2006*
Isafrif o 10 ymgeisydd	10 (Gwyddoniaeth Gyffredinol)	10 (Sbaeneg)	10 (Gwybodaeth Technoleg a Drama)	25 (Busnes Cymhwysol; Gwybodaeth a Thechnoleg Cyfathrebu Cymhwysol)
Rhif nesaf at y canolrif	171 (Gwybodaeth Ysgrythurol)	530 (Celf a Chynllunio)	1,241 (Daearyddiaeth)	1,416 (Hanes) 1,610 (Gwyddoniaeth Ddwbl)
Uchafrif	496 (Hanes)	962 (Mathemateg)	2,597 (Mathemateg)	3,049 (Mathemateg)

TABL CB6: AMREDIAD NIFER YMGEISWYR LEFEL A

Disgrifiad	*1976*	*1986*	*1996*	*2006*
Isafrif o 10 ymgeisydd	11 (Cerdd; Ffrangeg)	10 (Cyfansoddiad Prydeinig)	10 (Addysg Gorfforol)	10 (Economeg)
Rhif nesaf at y canolrif	17 (Gwyddor Cartref)	84 (Daearyddiaeth)	101 (Astudiaethau Crefydd)	207 (Celf a Chynllunio)
Uchafrif	62 (Hanes)	141 (Hanes)	227 (Hanes)	406 (Hanes)

TABL CB7: NIFEROEDD YMGEISWYR PYNCIAU GWYDDONOL
A MATHEMATEG LEFEL O/TAU/TGAU

Disgrifiad	*1976*	*1986*	*1996*	*2006*
Gwyddoniaeth	69	902	2,642	3,991
Mathemateg	23	962	2,597	3,049

TABL CB8: CYNNYDD RHIFOL YN NIFER YR YMGEISWYR
CYFRWNG CYMRAEG MEWN PYNCIAU GWYDDONOL
A MATHEMATEG FESUL CYFNODAU DENG MLYNEDD

Disgrifiad	*1976–86*	*1986–96*	*1996–2006*
Gwyddoniaeth	833	1,740	1,349
Mathemateg	939	1,605	812

CG – Y GYMRAEG YN Y SECTOR DYSGU ÔL-16

- O'r 616,535 o weithgareddau dysgu mewn *AB*:

  ○ addysgwyd 0.3 y cant drwy gyfrwng y Gymraeg;
  ○ addysgwyd 1.4 y cant yn ddwyieithog;
  ○ cyrsiau Cymraeg i oedolion oedd 2.8 y cant;
  ○ addysgwyd 95.5 y cant drwy gyfrwng y Saesneg.

- O'r 215,330 o weithgareddau dysgu *wedi'u lleoli yn y gweithle*:

  ○ addysgwyd 0.2 y cant drwy gyfrwng y Gymraeg;
  ○ addysgwyd 1.0 y cant yn ddwyieithog;
  ○ cyrsiau Cymraeg i oedolion oedd 0.01 y cant;
  ○ addysgwyd 98.8 y cant drwy gyfrwng y Saesneg.

- O'r 129,059 o weithgareddau dysgu yn *nosbarthiadau chwech ysgolion*:

  ○ addysgwyd 10 y cant drwy gyfrwng y Gymraeg;
  ○ addysgwyd 7 y cant yn ddwyieithog;
  ○ addysgwyd 83 y cant drwy gyfrwng y Saesneg.

- Gostyngodd nifer y gweithgareddau dysgu mewn AB a addysgwyd yn ddwyieithog neu drwy gyfrwng y Gymraeg rhwng 2002/3 a 2004/5.

- Bu cynnydd bychan mewn gweithgareddau dysgu wedi'u lleoli yn y gweithle a addysgwyd drwy gyfrwng y Gymraeg rhwng 2003/4 a 2004/5.

- Bu cynnydd mewn gweithgareddau dysgu a addysgwyd drwy gyfrwng y Gymraeg yn nosbarthiadau chwech ysgolion Cymru rhwng 2003/4 a 2004/5.

Ffynhonnell: Llywodraeth Cynulliad Cymru
(2007ch, Adran 1, Gorolwg, t. 5).

CY – CYNGOR, ARWEINIAD NEU GYMORTH
I RIENI H2, GWANWYN 2004

TABL CY1: Y CYNGOR, ARWEINIAD NEU GYMORTH A RODDWYD
I RIENI GAN GYRFF, SEFYDLIADAU NEU UNIGOLION CYN
IDDYNT DDEWIS YR YSGOL GYMRAEG (65 O YMATEBWYR)

Natur y cymorth ac ati	*Nifer ymatebion*
Ysgolion	15
Pennaeth ysgol gynradd	6
Ymweld â'r ysgol	3
Mudiad Ysgolion Meithrin	2
Rhieni'r ysgol feithrin	2
Rhieni di-Gymraeg – 'nid yw hynny'n anfantais'	2
Pobl eraill	5
Llafar gwlad	1
Cymdogion	1
Ffrindiau	2
Pobl leol	1
Tystiolaeth gyhoeddedig	4
Adroddiad Estyn	1
Erthyglau yn y wasg	2
Dogfennaeth yr ysgol	1
Arall	1
Cyngor sir	1
Cyfanswm y cynghorion	25

TABL CY2: DADANSODDIAD O'R GWAHANOL FATHAU AR YMATEBION YNGHYLCH CYMORTH AC ATI

Gwahanol fathau ar ymatebion	*Nifer*	*%*
Nifer o deuluoedd a ymatebodd	65	–
Cynigiwyd cymorth	3	4.6
Cynigiwyd cymorth ac fe restrwyd rhesymau dros ddewis yr ysgol Gymraeg	5	7.7
Cynigiwyd cymorth ac fe ddangosodd y teuluoedd flaengaredd pellach	2	3.1
Cyfanswm y teuluoedd y cynigiwyd cymorth iddynt	10	14.4
Ni chynigiwyd dim cymorth	16	24.6
Ni chynigiwyd cymorth, ond rhestrwyd rhesymau dros ddewis yr ysgol Gymraeg	32	49.2
Ni chynigiwyd cymorth, ond dangoswyd blaengaredd	3	4.6
Ni chynigiwyd cymorth, ond rhestrwyd rhesymau a dangos blaengaredd	3	4.6
Atebwyd yr adrannau cefndir teuluol yn unig	1	1.5
Cyfanswm y teuluoedd na chynigiwyd dim cymorth iddynt	55	84.6

Oherwydd y niferoedd isel yn y data yn yr adran hon, ni chynhwysir trefn restrol.

D – Y DYFODOL

TABL D1: YMATEB RHIENI NA DDEWISASANT ADDYSG GYMRAEG I'R GOSODIAD 'A CHILD WILL NOT BE ADMITTED INTO A WELSH-MEDIUM SCHOOL UNLESS AT LEAST ONE OF HIS/HER PARENTS IS A WELSH SPEAKER' [SAMPL O 36] GWANWYN 2007

True	*Probably true*	*Probably false*	*False*	*Don't know*
0.0%	0.0%	11.1%	80.6%	8.3%

TABL D2: SWYDDI GWEIGION YN YSGOLION CYNRADD CYMRU
A'R CYNIGION AMDANYNT 2005

Sector ac amrywiadau y tu mewn iddo	*Nifer dosbarthiadau 2005*	*Nifer swyddi gwag*	*Nifer swyddi gwag fel canran o'r dosbarthiadau*	*Cynigion am bob swydd fel canran*
Cynradd Cymraeg	2,341[1]	223	9.5	10.3
Cynradd Cymraeg + yn rhannol yn Gymraeg	2,419[2]	223	9.2	10.3
Cynradd Saesneg	8,803	566	6.4	27.9
Cynradd Saesneg llai y rhif 'yn rhannol yn Gymraeg'	8,725	566	6.5	27.9

TABL D3: SWYDDI GWEIGION YN YSGOLION UWCHRADD CYMRU
A'R CYNIGION AMDANYNT 2005

Sector ac amrywiadau y tu mewn iddo	*Nifer dosbarthiadau 2005 blynyddoedd 7–11[5]*	*Nifer swyddi gwag*	*Nifer swyddi gwag fel canran o'r dosbarthiadau blynyddoedd 7–11*	*Nifer cynigion*	*Cynigion am bob swydd fel canran*
Uwchradd Cymraeg[3]	1,240[6]	155	12.5	666	4.3
Uwchradd Saesneg[4]	6,935[7]	752	10.8	15,774	10.7

TABL D4: SWYDDI GWEIGION YN YR YSGOLION CYMRAEG A'R CYNIGION AMDANYNT 2005

Sector Cymraeg ac amrywiadau y tu mewn iddo	*Nifer swyddi gwag*	*Nifer cynigion*	*Cynigion am bob swydd fel canran*
Uwchradd Cymraeg[3]	155	666	4.3
Uwchradd Cymraeg llai ail iaith	135	538	4.0
Uwchradd Cymraeg llai Cymraeg	118	420	3.6
Uwchradd Cymraeg llai Saesneg a Chymraeg	105	390	3.7
Uwchradd Cymraeg llai Saesneg, Cymraeg ac Addysg Gorfforol	97	333	3.4
Uwchradd Saesneg[4]	752	15,774	10.7

Ffynhonnell: Cynulliad Cenedlaethol Cymru (2006ch, Tablau 18–19),

[1] Defnyddir y categori 'Dosbarthiadau a'r Gymraeg yn unig neu'n brif gyfrwng addysgu'.

[2] Mae'r ffigur yn cynnwys 78 dosbarth ychwanegol 'lle y defnyddir y Gymraeg fel cyfrwng addysgu am ran o'r cwricwlwm'.

[3] Defnyddir y categori 'yn dysgu'r Gymraeg fel iaith gyntaf'.

[4] Defnyddir y categori 'yn dysgu'r Gymraeg fel ail iaith'.

[5] Nid oedd ystadegau ar gael am y nifer dosbarthiadau uwchradd yn ôl sector. Felly rhannwyd cyfansymiau disgyblion ar raddfa genedlaethol yn y ddau gategori (3 a 4 uchod) gan nifer y disgyblion mewn dosbarthiadau ar gyfartaledd. (Ysgolion yng Nghymru: Ystadegau Cyffredinol 2005, 39.)

[6] Cyfanswm disgyblion categori (3) uchod: 27,895. Maint dosbarthiadau ar gyfartaledd: 22.5

[7] Cyfanswm nifer y dosbarthiadau cyfrwng Cymraeg a Saesneg: 8,175. Tynnir 1,240 o ddosbarthiadau cyfrwng Cymraeg o'r cyfanswm hwn.

Er mwyn cael darlun mor gywir â phosibl ynghylch llenwi swyddi, penderfynwyd cyfuno dwy set o ddata. Defnyddiwyd data nifer dosbarthiadau o ystadegau 2004/5, a data nifer swyddi gwag o ystadegau 2006, sy'n cyfeirio at y flwyddyn galendr 2005. (Hysbysebir mwyafrif llethol swyddi yn ystod tymhorau'r gwanwyn a'r haf.)

DC – DOSBARTHIAD CYMDEITHASOL-ECONOMAIDD Y RHIENI 2004–5

Defnyddiwyd y dosbarthiad SEG gan ei fod yn rhoi darlun llawnach na 6 grŵp RGSC. Trafodir rhagoriaethau a gwendidau gwahanol systemau yn Rose (1995) a Rose a Pevalin (2001).

Ffynhonnell y 4 tabl isod: Holiaduron 1–4

TABL DC1: DOSBARTHIAD SEG – NIFEROEDD

Rhif SEG	*Disgrifiad*	*Mamau*	*Tadau*
1	Cyflogwyr a rheolwyr – sefydliadau mawr	1	4
2	Cyflogwyr a rheolwyr – sefydliadau bach	14	43
3	Gweithwyr proffesiynol hunangyflogedig	5	1
4	Gweithwyr proffesiynol a gyflogir	135	97
5	Gweithwyr dwylo glân canolradd	69	54
6	Gweithwyr dwylo glân ieuaf	30	8
7	Gweithwyr gwasanaethau personol	70	27
8	Fformyn a goruchwylwyr – gwaith llaw	–	10
9	Gweithwyr llaw crefftus	5	51
10	Gweithwyr llaw lled grefftus	4	17
11	Gweithwyr llaw di-grefft	3	4
12	Gweithwyr hunangyflogedig [nid proffesiynol]	–	10
13	Ffermwyr – cyflogwyr a rheolwyr	–	–
14	Ffermwyr hunangyflogedig	–	3
15	Gweithwyr amaethyddol	–	–
16	Aelodau o'r lluoedd arfog	–	–
17	Disgrifiad annigonol neu heb ei gynnig	29	38

TABL DC2: DOSBARTHIAD SEG – CANRANNAU

Rhif SEG	Disgrifiad	Mamau	Tadau
1	Cyflogwyr a rheolwyr – sefydliadau mawr	0.3	1.1
2	Cyflogwyr a rheolwyr – sefydliadau bach	3.8	11.7
3	Gweithwyr proffesiynol hunangyflogedig	1.4	0.3
4	Gweithwyr proffesiynol a gyflogir	37.0	26.4
5	Gweithwyr dwylo glân canolradd	18.9	14.7
6	Gweithwyr dwylo glân ieuaf	8.2	2.2
7	Gweithwyr gwasanaethau personol	19.2	7.4
8	Fformyn a goruchwylwyr – gwaith llaw	–	2.7
9	Gweithwyr llaw crefftus	1.4	13.9
10	Gweithwyr llaw lled grefftus	1.1	4.6
11	Gweithwyr llaw di-grefft	0.8	1.1
12	Gweithwyr hunangyflogedig [nid proffesiynol]	–	2.7
13	Ffermwyr – cyflogwyr a rheolwyr	–	–
14	Ffermwyr hunangyflogedig	–	0.8
15	Gweithwyr amaethyddol	–	–
16	Aelodau o'r lluoedd arfog	–	–
17	Disgrifiad annigonol neu heb ei gynnig	7.9	10.4

TABL DC3: DOSBARTHIAD RGSC – NIFEROEDD

Dosbarthiadau	Disgrifiad	Mamau	Tadau
I	Proffesiynol	140	98
II	Rheolaethol a thechnegol	15	59
III(N)	Swyddi crefftus dwylo glân	169	89
III(M)	Swyddi crefftus gwaith llaw	5	72
IV	Swyddi lled grefftus	4	17
V	Swyddi di-grefft	3	4

TABL DC4: DOSBARTHIAD RGSC – CANRANNAU

Dosbarthiadau	*Disgrifiad*	*Mamau*	*Tadau*
I	Proffesiynol	41.7	28.9
II	Rheolaethol a thechnegol	4.5	17.4
III(N)	Swyddi crefftus dwylo glân	50.3	26.3
III(M)	Swyddi crefftus gwaith llaw	1.5	21.2
IV	Swyddi lled grefftus	1.2	5.0
V	Swyddi di-grefft	0.9	1.2

Ni chynhwysir 'disgrifiad annigonol neu heb ei gynnig' yn ffigurau RGSC, sy'n esbonio rhai gwahaniaethau rhwng canrannau tablau DC2 a DC4.

E – EUSKARA (BASGEG)

Ffynhonnell pob tabl: Eusko Jaurlaritzaren Argitalpen Zerbitsu Nagusia (2005), passim

TABL E1: CRYNODEB FESUL CATEGORI IEITHYDDOL
A RHANBARTH – RHIFAU A CHANRANNAU

Categori ieithyddol	*CAV*	*Iparralde*	*Navarre*	*Cyfanswm*
Siaradwr dwyieithog â'r Fasgeg yn gryfaf	149,715 (84.1%)	11.821 (6.6%)	16,434 (9.2%)	177,790 (100%)
Siaradwr dwyieithog cytbwys	142,169 (80.3%)	20,481 (11.6)	14,359 (8.1%)	177,009 (100%)
Siaradwr dwyieithog â'r Sbaeneg neu Ffrangeg yn gryfaf	239,062 (85.7%)	22,346 (8.0%)	17,548 (6.3%)	278,955 (100%)
Goddefol ddwyieithog	206,133 (78.2%)	26,370 (10.0%)	30,994 (11.8%)	263,498 (100%)
Siaradwr unieithog Sbaeneg neu Ffrangeg	1,069,611 (66.9%)	140,562 (8.8%)	389,411 (24.3%)	1,599,584 (100%)

TABL E2: SIARADWYR BASGEG FESUL RHANBARTH
A CHATEGORÏAU FEL CANRAN O HOLL SIARADWYR
GWLAD Y BASG, SEF 633,754 (SIARADWYR DA NEU EITHAF DA)

Categori ieithyddol	*CAV*	*Iparralde*	*Navarre*	*Cyfanswm y tri rhanbarth*
Siaradwr dwyieithog â'r Fasgeg yn gryfaf	23.6%	1.9%	2.6%	28.1%
Siaradwr dwyieithog cytbwys	22.4%	3.2%	2.3%	27.9%
Siaradwr dwyieithog â'r Sbaeneg neu Ffrangeg yn gryfaf	37.8%	3.5%	2.8%	43.1%
Cyfanswm yn cynnwys y tri chategori	83.8%	8.6%	8.6%	7.7%

Dyma'r math ar ffigur (633,754) a ddefnyddir yn arferol mewn sylwebaeth ar nifer y siaradwyr. Pe baech yn cynnwys y siaradwyr dwyieithog goddefol, 897,252 fyddai'r ffigur.

GW – GWAITH Y RHIENI – CYFLOGAETH

TABL GW1: GWAITH Y RHIENI – CYFLOGAETH – NIFEROEDD

Disgrifiad	*Mamau*	*Tadau*
Yn gweithio	305	319
Gweithio rhan-amser	3	–
Gofalu am y cartref	30	9
Di-waith	24	13
Wedi ymddeol	–	6
Dim ateb	5	20

Ffynhonnell: Holiaduron 1–4.

273

TABL GW2: GWAITH Y RHIENI – CYFLOGAETH – CANRANNAU

Disgrifiad	Mamau	Tadau
Yn gweithio	83.1	86.9
Gweithio rhan-amser	0.8	–
Gofalu am y cartref	8.2	2.5
Di-waith	6.5	3.5
Wedi ymddeol	–	1.6
Diffyg gwybodaeth	1.4	5.4

Ffynhonnell: Holiaduron 1–4.

TABL GW3: CYFLOGAETH – RHIENI'R ASTUDIAETH YNG NGHYD-DESTUN CYMRU

Disgrifiad	Mamau'r astudiaeth	Menywod Cymru	Tadau'r astudiaeth	Gwrywod Cymru	Pobl Cymru
Yn gweithio	83.1	70.7	86.9	79.3	75.1
Di-waith	6.5	–	3.5	–	5.0

Ffynonellau: Holiaduron 1–4; Cynulliad Cenedlaethol Cymru (2007b, 5, 'Economic Activity rate'; 4, 'Unemployment rates'). Cyfnod yr ystadegau cenedlaethol yw Rhagfyr 2005–Chwefror 2006, wedi'u haddasu yn ôl amser y flwyddyn.

I – Y GYMRAEG YN NE-DDWYRAIN CYMRU

TABL I 1: SIARADWYR CYMRAEG YNG NGHYMRU (GAN GYNNWYS MYNWY) – NIFEROEDD

1901	1911	1921	1931	1951
939,830	1,043,421	922,100	811,329	714,700

1961	1971	1981	1991	2001
656,002	542,425	508,207	508,098	575,640

Ffynonellau: 1901, 1911, 1921, 1931, 1951: *Report on 1901/11/21/31/51 Census*, gwefan BIG; 1961, 1971: Aitchison a Carter (1994, 55); 1981: Aitchison a Carter (1994, 58); 1991, 2001: Aitchison a Carter (2004, 50).

Amcan yw ffigurau 1901, 1911 a 1921: e.e. ar gyfer 1901, gellir nodi 929,824 (o *Report on 1901 Census*), neu 939,839 (o gyfrif dynion a menywod, siaradwyr Cymraeg a siaradwyr dwyieithog yn *Report on 1901 Census*). Trafodir anawsterau cysondeb cyfrif gan Aitchison a Carter (1994, 14–15). Nid oes yr un cyfrifiad yn gyflawn, am wahanol resymau, megis newid meini prawf, anllythrennedd dinasyddion, neu eu hamharodrwydd i lenwi'r ffurflen am resymau cydwybod neu wleidyddol. Nid oedd cyfrifiad yn 1941, adeg yr Ail Ryfel Byd.

TABL I 2: NIFEROEDD 3 OED A HŶN Â'R GALLU I SIARAD CYMRAEG, 1999

Ardal	Poblogaeth	Niferoedd	Canrannau
Cymru	2,723,623	508,098	18.6
De-ddwyrain	1,311,307	78,143	5.96

Ffynhonnell: addaswyd o Aitchison a Carter (1994, 89).

TABL I 3: NIFEROEDD 3 OED A HŶN Â'R GALLU I SIARAD CYMRAEG, FESUL ARDAL AWDURDODAU LLEOL DE-DDWYRAIN CYMRU, 2001

Ardal awdurdod lleol	Poblogaeth yr ardal	Niferoedd	Canran o ardal yr awdurdod lleol
Blaenau Gwent	67,795	6,141	9.1
Bro Morgannwg	115,116	12,734	11.1
Caerdydd	294,208	31,944	10.9
Caerffili	163,297	17,825	10.9
Casnewydd	131,820	12,608	9.6
Merthyr Tudful	54,115	5,428	10.0
Pen-y-bont ar Ogwr	124,284	13,155	10.6
Rhondda Cynon Taf	223,924	27,505	12.3
Sir Fynwy	82,351	7,428	9.0
Torfaen	88,062	9,425	10.7

Ffynhonnell: Niferoedd o Aitchison a Carter (2004, 50).

TABL I 4: NIFEROEDD 3 OED A HŶN Â'R GALLU I SIARAD,
DARLLEN AC YSGRIFENNU CYMRAEG, FESUL ARDAL
AWDURDODAU LLEOL DE-DDWYRAIN CYMRU, 2001

Ardal awdurdod lleol	Niferoedd	Canran o ardal yr awdurdod lleol
Blaenau Gwent	4,447	6.6
Bro Morgannwg	10,138	8.8
Caerdydd	25,753	8.8
Caerffili	13,916	8.5
Casnewydd	9,469	7.2
Merthyr Tudful	3,976	7.4
Pen-y-bont ar Ogwr	10,059	8.1
Rhondda Cynon Taf	21,913	9.8
Sir Fynwy	5,619	6.8
Torfaen	7,117	8.1

Ffynhonnell: Niferoedd a chanrannau o Aitchison a Carter (2004, 38–9).

TABL I 5: SIARADWYR 3 OED A HŶN Y DE-DDWYRAIN
A CHYMRU, 1991 A 2001 – CANRANNAU

Ardal	Nifer 1991	Nifer 2001	% 1991	% 2001	Gwahaniaeth pwyntiau canran	Gwahaniaeth canran
Blaenau Gwent	1,523	6,141	2.2	9.1	+6.9	+303.2%
Bro Morgannwg	7,755	12,734	6.9	11.1	+4.2	+64.2%
Caerdydd	18,080	31,944	6.6	10.9	+4.3	+76.7%
Caerffili	9,714	17,825	6.0	10.9	+4.9	+83.5%
Casnewydd	2,874	12,608	2.3	9.6	+7.3	+338.7%
Merthyr Tudful	4,237	5,428	7.5	10.0	+2.5	+28.1%
Pen-y-bont ar Ogwr	10,159	13,155	8.2	10.6	+2.4	+29.5%
Rhondda Cynon Taf	20,042	27,505	9.0	12.3	+3.3	+37.2%
Sir Fynwy	1,631	7,428	2.1	9.0	+6.9	+355.4%
Torfaen	2,128	9,425	2.5	10.7	+8.2	+342.9%
De-ddwyrain Cymru	78,143	144,193	5.7	10.7	+5.0	+84.5%
Cymru	508,098	575,640	18.7	20.5	+1.8	+13.3%

Ffynhonnell: Addaswyd o Aitchison a Carter (2004, 50; 2003/4, 56). (Nid yw'r ardaloedd yn cyfateb yn union wedi ad-drefnu llywodraeth leol 1996).

276

TABL I 6: SIARADWYR Â'R GALLU I SIARAD, DARLLEN
AC YSGRIFENNU CYMRAEG 2001

Ardal	Nifer 2001	Canran 2001
Blaenau Gwent	4,447	6.6
Bro Morgannwg	10,138	8.8
Caerdydd	25,753	8.8
Islwyn a Chwm Rhymni	13,916	8.5
Casnewydd	9,469	7.2
Merthyr Tudful	3,976	7.4
Ogwr	10,059	8.1
Rhondda, Cwm Cynon, Taf Elái	21,913	9.8
Sir Fynwy	5,619	6.8
Torfaen	7,117	8.1
De-ddwyrain Cymru	112,407	8.6
Cymru	457,946	16.3

Ffynhonnell: Aitchison a Carter (2004, 38–9).

TABL I 7: MANYLION AM SIARADWYR CYMRAEG
YNG NGHASNEWYDD, YN ÔL CYFRIFIAD 2001

Oedran	Poblogaeth	Canran yn siarad Cymraeg	Canran yn siarad, darllen ac ysgrifennu Cymraeg	Niferoedd yn siarad, darllen ac ysgrifennu Cymraeg
Pawb	131,809	9.6	7.2	9,467
3–4	3,863	8.9	1.9	74
5–9	9,553	34.2	22.5	2,146
10–14	10,178	43.7	37.9	3,859
15	1,999	39.3	35.4	708
16–19	6,821	15.3	13.1	893
20–24	7,212	3.7	3.0	217
25–34	17,891	3.0	2.0	353
35–49	28,293	2.7	1.8	496
50–59	17,148	2.6	1.7	288
60–64	6,754	2.1	1.3	88
65–74	11,789	2.6	1.7	196
75+	10,308	2.3	1.4	149

Ffynhonnell: BIG (2003ch).

TABL I 8: CARTREFI AG OEDOLION YN MEDRU
SIARAD CYMRAEG, 2001

Cartrefi – Disgrifiad	Cartrefi – nifer	Plentyn ieuaf 0–4	Plentyn ieuaf 5–11	Plentyn ieuaf 12–15	Plentyn ieuaf 16–18
Parau: un ohonynt yn siarad Cymraeg	34,593	13,784	11,710	5,861	3,238
Parau: y ddau yn siarad Cymraeg	21,798	8,838	7,509	3,532	1,919
Teulu un rhiant	11,294	3,804	4,341	2,054	1,095
Eraill: pob oedolyn yn siarad Cymraeg	1,790	685	607	357	141
Cyfanswm	69,475	27,111	24,167	11,804	6,393

Ffynhonnell: BIG (2003ch).

TABL I 9: DISGYBLION 11–15 OED YN NE-DDWYRAIN CYMRU
SY'N SIARAD CYMRAEG GARTREF, YN ÔL EU RHIENI, 2005

Awdurdod Addysg Lleol	Niferoedd yr holl ysgolion uwchradd	Niferoedd yn siarad Cymraeg gartref	Canrannau yn siarad Cymraeg gartref
Blaenau Gwent	4,488	3	0.1
Bro Morgannwg	8,257	333	4.0
Caerdydd	18,857	549	2.9
Caerffili	12,055	94	0.8
Casnewydd	9,202	6	0.1
Merthyr Tudful	3,794	11	0.3
Pen-y-bont ar Ogwr	8,313	15	0.2
Rhondda Cynon Taf	16,243	573	3.5
Sir Fynwy	4,781	10	0.2
Torfaen	7,166	19	0.3
De-ddwyrain Cymru	93,156	1,613	1.7
Cymru	187,646	14,731	7.9

Ffynhonnell: Cynulliad Cenedlaethol Cymru (2006e).

TABL I 10: TEULUOEDD Â'R GYMRAEG YN UNIG YN IAITH YR AELWYD, 2006

Rhif y teulu yn yr holiaduron	Mamiaith y fam	Sir enedigol y fam	Mamiaith y tad	Sir enedigol y tad
32	Cymraeg	Caerdydd	Cymraeg	Merthyr Tudful
46	Cymraeg	Gwynedd	Cymraeg	Caerdydd
63	Cymraeg	Ceredigion	Saesneg	Lerpwl
82	Saesneg	Caerdydd	Saesneg	Caerdydd
98	Cymraeg	Caerfyrddin	Saesneg	Dyfnaint
113	Cymraeg	Ceredigion	Cymraeg	Llundain
115	Cymraeg	Penfro	Cymraeg	Caerfyrddin
146	Cymraeg	Fflint	Saesneg	Rhondda Cynon Taf
178	Cymraeg	Caerfyrddin	Saesneg	Rhondda Cynon Taf
183	Saesneg	Rhondda Cynon Taf	Saesneg	Rhondda Cynon Taf

Ffynhonnell: Holiadur 4.

TABL I 11: TEULUOEDD Â'R GYMRAEG YN FAMIAITH I'R TAD A'R FAM, 2006

Rhif y teulu	Iaith yr aelwyd	Sir enedigol y fam	Sir enedigol y tad
7	Cymraeg yn bennaf	Penfro	Caerdydd
13	Cymraeg yn bennaf	Caerffili	Caerffili
20	Saesneg yn bennaf	Dyfed	Dyfed
23	Cymraeg yn bennaf	Gwynedd	Dinbych
32	Cymraeg yn unig	Caerdydd	Merthyr Tudful
46	Cymraeg yn unig	Gwynedd	Caerdydd
57	Saesneg yn bennaf	Heb ddweud	Heb ddweud
84	Cymraeg yn bennaf	Ceredigion	Gwynedd
108	Cymraeg yn bennaf	Rhondda Cynon Taf	Ceredigion
113	Cymraeg yn unig	Ceredigion	Llundain
115	Cymraeg yn unig	Penfro	Caerfyrddin
131	Cymraeg yn bennaf	Caerlŷr	Bro Morgannwg
167	Cymraeg yn bennaf	Caerfyrddin	Rhondda Cynon Taf
170	Cymraeg yn bennaf	Caerfyrddin	Penfro
174	Cymraeg yn bennaf	Abertawe	Castell-nedd Port Talbot
177	Cymraeg yn bennaf	Ceredigion	Caerfyrddin

Ffynhonnell: Holiadur 4.

TABL I 12: MAMIAITH Y RHIENI – NIFEROEDD MEWN SAMPL
O 734 YN H1–4, 2005–6

Mamiaith	Mamau	Tadau	Rhieni
Cymraeg	65	40	105
Saesneg	288	299	587
Cymraeg a Saesneg	3	0	3
Arall	3	5	8
Dim ateb	8	23	31

TABL I 13: MAMIAITH Y RHIENI – CANRANNAU MEWN SAMPL
O 703 A YMATEBODD YN H1–4, 2005–6

Mamiaith	Mamau (359)	Tadau (344)	Rhieni
Cymraeg	18.1	11.6	14.9
Saesneg	80.2	86.9	83.5
Cymraeg a Saesneg	0.8	0.0	0.4
Arall	0.8	1.5	1.1

TABL I 14: RHUGLDER RHIENI YN Y GYMRAEG – NIFEROEDD
MEWN SAMPL O 734 YN H1–4, 2005–6

[Yn H1–3, casglwyd data rhuglder mewn ffordd wahanol i H4; cymerwyd yn
ganiatol bod rhieni â'r Gymraeg yn famiaith yn rhugl iawn, ac fe'u cynhwyswyd
yn y data hyn.]

Rhuglder	Mamau	Tadau	Cyfanswm y rhieni
Rhugl iawn	91	63	154
Rhugl	26	20	46
Lled rugl	25	23	48
Ddim yn rhugl	84	44	128
Gwan	85	58	143
Ddim yn siarad Cymraeg	49	137	186
Heb ymateb	7	22	29

TABL I 15: RHUGLDER RHIENI YN Y GYMRAEG – CANRANNAU
MEWN SAMPL O 705 A YMATEBODD YN H1–4, 2005–6

Rhuglder	Mamau (360)	Tadau (345)	Mamau a thadau (705)
Rhugl iawn	25.3	18.3	21.8
Rhugl	7.2	5.8	6.5
Lled rugl	6.9	6.7	6.8
Ddim yn rhugl	23.3	12.8	18.2
Gwan	23.6	16.8	20.3
Ddim yn siarad Cymraeg	13.6	39.7	26.4

TABL I 16: RHIENI: PROFFIL DYSGU CYMRAEG YN H1–3
– NIFEROEDD MEWN SAMPL O 318 YN 2005

Cyfnod	Mamau (157)	Tadau (161)	Mamau a thadau
Blwyddyn	3	4	7
2–4 blynedd	16	8	24
5–10 mlynedd	18	12	30
10 mlynedd a mwy	57	27	84
Heb fanylu ar y cyfnod	9	6	15
Heb ddysgu	49	90	139
Heb ymateb	5	14	19
Cyfanswm wedi dysgu	103	57	160

TABL I 17: RHIENI: PROFFIL DYSGU CYMRAEG YN H1–3
– CANRANNAU MEWN SAMPL O 299 YN 2005

Cyfnod	Mamau (152)	Tadau (147)	Mamau a thadau
Blwyddyn	2.0	2.7	2.3
2–4 blynedd	10.5	5.4	8.0
5–10 mlynedd	11.8	8.2	10.0
10 mlynedd a mwy	37.5	18.4	28.1
Heb fanylu ar y cyfnod	5.9	4.1	5.2
Heb ddysgu	32.2	61.2	46.5
Cyfanswm wedi dysgu	67.8	38.8	53.5

TABL I 18: AWYDD RHIENI I DDECHRAU DYSGU'R GYMRAEG NEU
I LOYWI IAITH – NIFEROEDD MEWN SAMPL O 378 YN H4, 2006

Maen prawf	Mamau	Tadau	Mamau a thadau
Awyddus i wneud	107	80	187
Dim diddordeb	19	53	72
Eisoes yn rhugl	56	38	94
Ddim yn siarad Cymraeg	2	2	4
Heb ymateb	5	16	21

TABL I 19: AWYDD RHIENI I DDECHRAU DYSGU'R GYMRAEG
NEU I LOYWI IAITH – CANRANNAU MEWN SAMPL
O 357 A YMATEBODD YN H4, 2006

Maen prawf	Mamau (184)	Tadau (173)	Mamau a thadau (357)
Awyddus i wneud	58.2	46.2	52.4
Dim diddordeb	10.3	30.6	20.2
Eisoes yn rhugl	30.4	22.0	26.3
Ddim yn siarad Cymraeg	1.1	1.2	1.1

TABL I 20: IAITH YMATEB

Holiaduron	C (Cymraeg)	S (Saesneg)	C a S	% C	% S	% C a S
H1–3	31	144	3	17.4%	80.9%	1.8%
H4	56	133	0	29.6%	70.4%	0.0%
H5–6	96	0	0	100.0%	0.0%	0.0%
H7	0	38	0	0.0%	100.0%	0.0%

M – MAN GENI'R RHIENI A'R ATHRAWON

TABL M1: GWLAD ENEDIGOL Y RHIENI YN Y SAMPL (HOLIADUR 4 YN UNIG)

Gwlad enedigol	Nifer y mamau	Canran y mamau	Nifer y tadau	Canran y tadau
Cymru	154	81.5	155	82.0
Lloegr	27	14.3	19	10.1
Yr Alban	2	1.1	2	1.1
Iwerddon	1	0.5	2	1.1
Ffrainc	0	0.0	1	0.5
Yr Almaen	1	0.5	0	0.0
Gwlad Ewropeaidd arall	0	0.0	1	0.5
Asia	1	0.5	0	0.0
Y Deyrnas Unedig	2	1.1	2	1.1
Dim ateb	1	0.5	7	3.7
Cyfanswm	189	100.0	189	100.0

TABL M2: MAN GENI'R ATHRAWON YN Y SAMPL YN ÔL ARDALOEDD

Man geni	Athrawon cynradd	Athrawon uwchradd	Nifer	Canran
De-ddwyrain Cymru	19	11	30	32.6%
Gorllewin a de-orllewin Cymru	9	19	28	30.4%
Canolbarth Cymru	4	0	4	4.3%
Gogledd Cymru	11	12	23	25.0%
Y tu allan i Gymru	2	5	7	7.6%
Y Fro Gymraeg	21	25	46	50.0%

Tuedd yn unig a ddangosir, gan ddehongli'r 'Fro Gymraeg' o'r sampl uchod fel Ynys Môn, Gwynedd, Conwy, Dinbych, Powys, Ceredigion a Chaerfyrddin.

TABL M3: MAN GENI'R ATHRAWON YN Y SAMPL YN ÔL
ARDALOEDD, GAN FANYLU AR SIROEDD CYMRU

Sir enedigol	*Cynradd*	*Uwchradd*	*Cyfanswm*
Ynys Môn	1	1	2
Gwynedd	6	8	14
Conwy	1	2	3
Dinbych	1	–	1
Fflint	2	1	3
Wrecsam	–	–	0
Powys	4	–	4
Ceredigion	1	9	10
Penfro	–	–	0
Caerfyrddin	7	5	12
Abertawe	–	1	1
Castell-nedd Port Talbot	1	4	5
Pen-y-bont ar Ogwr	2	–	2
Bro Morgannwg	2	1	3
Caerdydd	5	2	7
Rhondda Cynon Taf	6	5	11
Merthyr Tudful	–	1	1
Caerffili	1	1	2
Blaenau Gwent	–	1	1
Torfaen	–	–	0
Sir Fynwy	–	–	0
Casnewydd	1	–	1
Gwent	2	–	2
Lloegr	2	4	6
Tramor	–	1	1
Cyfanswm	45	47	92

Mae'r nifer athrawon uwchradd yn llai na chyfanswm yr athrawon a ddychwelodd
H5 gan i bedwar beidio â chofnodi eu sir enedigol.

P – TREFN PWYSIGRWYDD RHESYMAU DROS DDEWIS YR YSGOL GYMRAEG

TABL P1: CYMHARU TREFN RESTROL Y RHESYMAU: AMLDER YN HOLIADURON 1–3, TREFN PWYSIGRWYDD YN HOLIADURON 4–6

Rhif	Rheswm – disgrifiad byr	Trefn restrol H1–3	Trefn restrol H4	Trefn restrol H5	Trefn restrol H6
1	Y Gymraeg	1	2	8	6
2	Dwyieithrwydd	6	1	2	2
3	Hunaniaeth	5	6	13	7=
4	Safon addysg/staff/ethos/enw da'r ysgol	2	4	1	1
5	Canlyniadau arholiadau/safonau academaidd	13=	3	4	3
6	Maint dosbarthiadau	13=	18	20=	13
7	Magu personoliaeth	17=	5	9	15
8	Haws dysgu ieithoedd eraill	9	15	22=	21
9	Economaidd/gwell swyddi	3	11=	6	5
10	Plant yn y teulu/perthnasau yn siarad Cymraeg	7	20	20=	10
11	Agwedd rhieni'r ysgolion Cymraeg	19=	21	16	17
12	Disgyblaeth	10=	8	11	11
13	Ailadrodd profiad rhieni	10=	19	–	22=
14	Gweithgareddau allgyrsiol	17=	16	10	7=
15	Bwlch ieithyddol rhwng cenedlaethau	8	9	7	9
16	Natur gymdeithasol-economaidd y disgyblion	19=	26	15	22=
17	Safon well addysg Gymraeg/ safon waeth addysg Saesneg	4	13	5	12
18	Dewis naturiol, anorfod	12	7	17	20
19	Lleoliad cyfleus	15=	22=	18=	16
20	Ysgolion cymysg eu rhyw	22=	25	22=	–
21	Cyfle i'r rhieni ddysgu Cymraeg	15=	22=	24	18=
22	Agwedd at foesoldeb ac ati	21	17	–	–
23	Manteision pedagogaidd	22=	11=	12	–
24	Cyfleoedd a roddir i'r plentyn	22=	14	14	14
25	Adeilad newydd	22=	24	3	24
26	Safon uwch addysg Gymraeg/ safon is addysg Saesneg (cyfystyr â rheswm 17 o ran yr ymarfer hwn)	4	10	18=	4

Dynoda = safle cyfartal.

TABL P2: CYMHARU CANRAN YR YMATEBWYR I WAHANOL
RESYMAU YN ÔL EU PWYSIGRWYDD: AMLDER YN
HOLIADURON 1–3, TREFN PWYSIGRWYDD YN HOLIADURON 4–6

Rhif	Rheswm – disgrifiad byr	% H1–3	% H4	% H5	% H6
1	Y Gymraeg	62.0	58.6	20.4	19.0
2	Dwyieithrwydd	29.0	67.0	55.1	52.5
3	Hunaniaeth	34.0	32.2	16.3	21.4
4	Safon addysg/staff/ethos/enw da'r ysgol	43.0	26.2	59.2	71.4
5	Canlyniadau arholiadau/safonau academaidd	7.0	36.8	49.0	52.3
6	Maint dosbarthiadau	7.0	8.6	4.1	11.9
7	Magu personoliaeth	4.0	28.2	20.4	9.5
8	Haws dysgu ieithoedd eraill	13.0	14.9	2.0	2.4
9	Economaidd/gwell swyddi	42.0	19.5	46.9	33.3
10	Plant yn y teulu/perthnasau yn siarad Cymraeg	20.0	5.2	6.1	23.8
11	Agwedd rhieni'r ysgolion Cymraeg	3.0	5.2	6.1	4.8
12	Disgyblaeth	11.0	28.7	22.4	23.8
13	Ailadrodd profiad rhieni	11.0	4.0	–	4.8
14	Gweithgareddau allgyrsiol	4.0	17.8	24.5	28.6
15	Bwlch ieithyddol rhwng cenedlaethau	14.0	20.7	36.7	28.6
16	Natur gymdeithasol-economaidd y disgyblion	3.0	1.1	6.1	4.8
17	Safon well addysg Gymraeg/ safon waeth addysg Saesneg	37.0	15.6	40.8	28.6
18	Dewis naturiol, anorfod	8.0	17.2	4.1	2.4
19	Lleoliad cyfleus	5.0	2.3	4.1	7.1
20	Ysgolion cymysg eu rhyw	1.0	1.7	–	–
21	Cyfle i'r rhieni ddysgu Cymraeg	5.0	4.6	4.1	4.8
22	Agwedd at foesoldeb ac ati	2.0	8.0	4.1	–
23	Manteision pedagogaidd	1.0	16.7	–	–
24	Cyfleoedd a roddir i'r plentyn	1.0	16.1	24.5	19.0
25	Adeilad newydd	1.0	2.3	6.1	40.5
26	Safon uwch addysg Gymraeg/ safon is addysg Saesneg (cyfystyr â rheswm 17 o ran yr ymarfer hwn)	37.0	20.1	42.9	2.4

TABL P3: CYFUNO SGORAU PWYSOLEDIG H4–6, ER MWYN
DARGANFOD TREFN PWYSIGRWYDD RHESYMAU'R RHIENI
AR DRAWS YR HOLIADURON STRWYTHUREDIG (H4–6)

Rhif	Rheswm – disgrifiad byr	Sgôr H4	Sgôr H5	Sgôr H6	Cyfanswm H4–6	Cyf. fel % o'r sgôr llawn	Trefn restrol H4–6
1	Y Gymraeg	398	38	33	469	12.0	2
2	Dwyieithrwydd	487	88	82	657	16.8	1
3	Hunaniaeth	153	17	30	200	5.1	6
4	Safon addysg/staff/ethos/ enw da'r ysgol	170	97	112	379	9.7	3
5	Canlyniadau arholiadau/ safonau academaidd	196	83	70	349	8.9	4
6	Maint dosbarthiadau	36	3	15	54	1.4	17
7	Magu personoliaeth	135	31	10	176	4.5	9
8	Haws dysgu ieithoedd eraill	60	2	3	65	1.7	16
9	Economaidd/gwell swyddi	98	60	40	198	5.1	7
10	Plant yn y teulu/perthnasau yn siarad Cymraeg	20	3	25	48	1.2	18
11	Agwedd rhieni'r ysgolion Cymraeg	19	6	6	31	0.8	20
12	Disgyblaeth	113	25	24	162	4.1	10
13	Ailadrodd profiad rhieni	19		2	21	0.5	22=
14	Gweithgareddau allgyrsiol	68	30	30	128	3.3	12
15	Bwlch ieithyddol rhwng cenedlaethau	110	51	28	189	4.8	8
16	Natur gymdeithasol- economaidd y disgyblion	2	9	2	13	0.3	25
17	Safon well addysg Gymraeg/ safon waeth addysg Saesneg	72	65	23	160	4.1	11
18	Dewis naturiol, anorfod	112	5	4	121	3.1	13
19	Lleoliad cyfleus	9	4	7	20	0.5	24
20	Ysgolion cymysg eu rhyw	6			6		26
21	Cyfle i'r rhieni ddysgu Cymraeg	14	2	5	21	0.5	22=
22	Agwedd at foesoldeb ac ati	37	1		38	1.0	19
23	Manteision pedagogaidd	79			79	2.0	15
24	Cyfleoedd a roddir i'r plentyn	60	24	12	86	2.2	14
25	Adeilad newydd	13	10	1	24	0.6	21
26	Safon uwch addysg Gymraeg/safon is addysg Saesneg (cyfystyr â rheswm 17 o ran yr ymarfer hwn)	80	85	57	222	5.7	5
	Cyfanswm				3916	100.0	

Dynoda = safle cyfartal.

R – RHESYMAU RHIENI H1–3 DROS DDEWIS YR YSGOL GYMRAEG

TABL R1: RHESYMAU A NODWYD GAN RIENI H1 DROS DDEWIS YR YSGOL GYMRAEG – 62 O YMATEBWYR

Trefn restrol	*Y Rheswm*	*Nifer a ddewisodd y rheswm hwn*	*% a ddewisodd y rheswm hwn*
1	Y Gymraeg	39	62.9
2	Economaidd/gwell swyddi	30	48.4
3=	Safon uwch addysg Gymraeg/ safon is addysg Saesneg	26	41.9
3=	Safon addysg/staff/ethos/enw da'r ysgol	26	41.9
5	Hunaniaeth	24	39.7
6	Dwyieithrwydd	20	32.3
7	Plant yn y teulu/perthnasau yn siarad Cymraeg	14	22.6
8	Haws dysgu ieithoedd eraill	11	17.7
9	Bwlch ieithyddol rhwng cenedlaethau	9	14.5
10	Disgyblaeth	8	12.9
11=	Ailadrodd profiadau rhieni	6	9.7
11=	Maint dosbarthiadau	6	9.7
13=	Lleoliad cyfleus	5	8.1
13=	Canlyniadau arholiadau/safonau academaidd	5	8.1
15=	Cyfle i'r rhieni ddysgu Cymraeg	4	6.5
15=	Dewis naturiol, anorfod	4	6.5
15=	Gweithgareddau allgyrsiol	4	6.5
18	Natur gymdeithasol-economaidd y disgyblion	3	4.8
19=	Agwedd at foesoldeb ac ati	2	3.2
19=	Agwedd rhieni'r ysgolion Cymraeg	2	3.2
19=	Magu personoliaeth	2	3.2
22=	Adeilad newydd	1	1.6
22=	Cyfleoedd a roddir i'r plant	1	1.6
22=	Manteision pedagogaidd	1	1.6
22=	Ysgolion cymysg eu rhyw	1	1.6

Dynoda = safle cyfartal.

TABL R2: RHESYMAU A NODWYD GAN RIENI H1–3 DROS DDEWIS YR
YSGOL GYMRAEG. TREFN RESTROL GYMHAROL
100 O YMATEBWYR (62 O H1, 37 O H2 AC 1 O H3)

Rheswm	Nifer yn H1 a nododd y rheswm hwn	Nifer o ymatebion yn H2 a H3, er na ofynnwyd am resymau	Cyfanswm a chanran ymatebion H1, H2 a H3	Trefn retrol H1	Trefn restrol H1, H2 a H3
Y Gymraeg	39	23	62	1	1
Dwyieithrwydd	20	9	29	6	6
Hunaniaeth	24	10	34	5	5
Safon addysg/staff/ethos/ enw da'r ysgol	22	17	43	3=	2
Canlyniadau arholiadau/ safonau academaidd	5	2	7	13=	13=
Maint dosbarthiadau	6	1	7	11=	13=
Magu personoliaeth	2	2	4	19=	17=
Haws dysgu ieithoedd eraill	11	2	13	8	9
Economaidd/gwell swyddi	30	12	42	2	3
Plant yn y teulu/perthnasau yn siarad Cymraeg	14	6	20	7	7
Agwedd rhieni'r ysgolion Cymraeg	2	1	3	19=	19=
Disgyblaeth	8	3	11	10	10=
Ailadrodd profiad rhieni	6	5	11	11=	10=
Gweithgareddau allgyrsiol	4		4	15=	17=
Bwlch ieithyddol rhwng cenedlaethau	9	5	14	9	8
Natur gymdeithasol-economaidd y disgyblion	3		3	18	19=
Safon uwch addysg Gymraeg/ safon is addysg Saesneg	26	11	37	3=	4
Dewis naturiol, anorfod	4	4	8	15=	12
Lleoliad cyfleus	5		5	13=	15=
Ysgolion cymysg eu rhyw	1		1	22=	22=
Cyfle i'r rhieni ddysgu Cymraeg	4	1	5	15=	15=
Agwedd at foesoldeb ac ati	2		2	19=	21
Manteision pedagogaidd	1		1	22=	22=
Cyfleoedd a roddir i'r plentyn	1		1	22=	22=
Adeilad newydd	1		1	22=	22=

Dynoda = safle cyfartal.

TABL R3: CANFYDDIADAU H4–6 AM SAFONAU ACADEMAIDD
YR YSGOLION CYMRAEG

Y pedwar rheswm a'u rhif yn yr holiadur	*Ymatebwyr*	*Eithriadol o bwysig* (1)	*Pwysig iawn* (2)	*Pwysig* (3)	*Eithaf pwysig* (4)	*% o sgôr 1 a 2*	*% o sgôr 1, 2 a 3*
Enw da'r ysgol/safon yr athrawon (rhif 4)	Rhieni	42.3	30.7	20.6	4.2	73.0	93.6
	Athrawon cynradd	55.6	31.1	11.1	2.2	86.7	97.8
	Athrawon uwchradd	45.1	39.2	13.7	2.0	84.3	98.0
Safonau academaidd/ canlyniadau arholiadau (rhif 5)	Rhieni	38.1	31.2	22.2	4.2	69.3	91.5
	Athrawon cynradd	42.2	35.6	17.8	2.2	77.8	95.6
	Athrawon uwchradd	33.3	39.2	21.6	3.9	72.5	94.1
Addysg Gymraeg yn well (rhif 17)	Rhieni	20.6	21.2	21.2	15.3	41.8	63.0
	Athrawon cynradd	28.9	35.6	17.8	11.1	64.4	82.3
	Athrawon uwchradd	21.6	56.9	13.7	3.9	78.4	92.2
Safon addysg Gymraeg yn uwch (rhif 26)	Rhieni	22.8	23.8	22.2	13.2	46.6	68.8
	Athrawon cynradd	33.3	40.0	15.6	4.4	73.3	88.9
	Athrawon uwchradd	27.5	45.1	17.6	5.9	72.5	90.2

S – SAFONAU ACADEMAIDD

Ceir data llawn yn Thomas (2007, 510–24).

TABL S1: SAFONAU ADDYSGU YSGOLION CYNRADD CYMRAEG Y DE-DDWYRAIN A AROLYGWYD 2001–EBRILL 2006

Rhif yr ysgol	*Awdurdod addysg*	*Dyddiad cyhoeddi'r adroddiad*	*% graddau 1 a 2*
1	A	07/04	76
2	B	11/04	84
3		11/04	96
4		09/03	80
5		11/03	84
6		05/05	73
7		02/04	93
8		05/05	98
9		12/03	86
10		06/04	94
11	C	01/06	78
12		03/04	76
13		03/06	90
14		10/01	78
15		06/04	76
16	CH	11/03	94
17		03/03	74
18		05/05	85
19		03/02	78
20	D	03/04	71
21	DD	06/06	100
22	E	11/04	65
23		06/05	84
24		05/04	40
25		12/05	Gwelliant
26		11/05	68
27	F	01/04	62
28		10/03	78
29		02/02	64
30		06/03	90

(parhad ar dudalen 292)

Rhif yr ysgol	Awdurdod addysg	Dyddiad cyhoeddi'r adroddiad	% graddau 1 a 2
31		01/04	85
32		11/05	44
33		09/02	47
34		04/06	75
35	FF	06/04	70
36		03/05	57
37	G	05/04	62
38		10/05	93
Cyfartaledd ysgolion Cymraeg y de-ddwyrain			77

Ffynhonnell: Estyn, arolygiadau dan Adran 10 Deddf Arolygu Ysgolion 1996.

TABL S2: SAFONAU ADDYSGU YSGOLION CYNRADD AWDURDOD B A AROLYGWYD 2001–EBRILL 2006

Rhif yr ysgol	Dyddiad cyhoeddi'r adroddiad	% graddau 1 a 2
YSGOLION CYMRAEG		
1	11/04	84
2	11/04	96
3	09/03	80
4	11/03	84
5	05/05	73
6	02/04	93
7	05/05	98
8	12/03	86
9	06/04	94
Nifer ysgolion		9
% cyfartalog		88
Amrediad graddau 1–2		73–98
YSGOLION SAESNEG (YN CYNNWYS UNEDAU MEITHRIN)		
Nifer ysgolion		77
% cyfartalog		75
Amrediad graddau 1–2		32–100

Ffynhonnell: Estyn, arolygiadau dan Adran 10 Deddf Arolygu Ysgolion 1996.

TABL S3: SAFONAU ADDYSGU YSGOLION CYNRADD AWDURDOD C
A AROLYGWYD 2001–EBRILL 2006

Rhif yr ysgol	Dyddiad cyhoeddi'r adroddiad	% graddau 1 a 2
YSGOLION CYMRAEG		
1	01/06	78
2	03/04	76
3	03/06	90
4	10/01	78
5	06/04	76
Nifer ysgolion		5
% cyfartalog		80
Amrediad graddau 1–2		76–90
YSGOLION SAESNEG		
Nifer ysgolion		53
% cyfartalog		78
Amrediad graddau 1–2		33–100

Ffynhonnell: Estyn, arolygiadau dan Adran 10 Deddf Arolygu Ysgolion 1996.

TABL S4: SAFONAU ADDYSGU YSGOLION CYMRAEG UWCHRADD
Y DE-DDWYRAIN A AROLYGWYD 2001–EBRILL 2006

Rhif yr ysgol	Dyddiad cyhoeddi'r adroddiad	% graddau 1 a 2
1	11/02	77
2	11/03	88
3	04/05	89
4	04/04	77
5	03/02	63
6	04/04 [CA3/4]	78*
	[CA5]	90*
ar sail 78x2+90=246÷3		82
7	02/04	77
8	01/02	73
* Heb ddefnyddio'r canrannau hyn	626 rhannu ag 8 = 78	

(parhad ar dudalen 294)

Canrannau Cenedlaethol

	Cymru	YC	Gwahaniaeth YC	Nifer YC	Amrediad % graddau 1 a 2 YC
2001–2	69	68	-1	2	63–73
2002–3	74	77	+3	1	–
2003–4	75	81	+6	4	77–89
2004–5	81	89	+8	1	–
2001–5	75	78	+3	8	63–89

Ffynhonnell: Estyn, arolygiadau dan Adran 10 Deddf Arolygu Ysgolion 1996.

TABL S5: SAFONAU ADDYSGU YSGOLION CYFUN AWDURDOD B
A AROLYGWYD 2001–EBRILL 2006

Rhif yr ysgol	Dyddiad arolygu	% graddau 1 a 2
Ysgolion Cymraeg		
1	11/03	88
2	04/05	89
Ysgolion Saesneg		
3	10/05	73
4	01/05	64
5	02/03	77
6	10/04	69
7	10/05	63
8	03/03	74
9	03/03	41
10	01/06	77
11	11/02	63
12	02/02	70
13	03/03	87
Sgôr cyfartalog yr ysgolion Cymraeg		89
Sgôr cyfartalog yr ysgolion Saesneg		69
Sgôr cyfartalog ysgolion uwchradd Cymru		75

Ffynhonnell: Estyn, arolygiadau dan Adran 10 Deddf Arolygu Ysgolion 1996.

TABL S6: PWYNTIAU CYFARTALOG YR YSGOLION CYMRAEG
YNG NGHYD-DESTUN YSGOLION EU HARDALOEDD
– DISGYBLION 15 MLWYDD OED 2004–5

Disgrifiad	*Nifer o ysgolion uwchradd yn yr ardal*	*Pwyntiau cyfartalog*
Ysgol 1		51.0
Ardal	8	46.5
Cymhariaeth		+4.5
Ysgol 2		60.0
Ardal	12	39.1
Cymhariaeth		+20.9
Ysgol 3		46.0
Ardal	8	37.4
Cymhariaeth		+8.6
Ysgol 4		43.0
Ardal	16	36.8
Cymhariaeth		+6.2
Ysgol 5		37.0
Ardal	6	33.8
Cymhariaeth		+3.2
Ysgol 6		44.0
Ardal	12	40.6
Cymhariaeth		+3.4
Ysgol 7		48.0
Ardal	4	39.3
Cymhariaeth		+8.7
Ysgol 8		44.0
Ardal	11	35.0
Cymhariaeth		+9.0
Ysgol 9		47.0
Ardal	26	38.2
Cymhariaeth		+8.8

Golyga + bod pwyntiau cyfartalog yr ysgol Gymraeg yn uwch na'r dangosydd ardal.

Ffynhonnell: Adroddiadau RE2 ysgolion unigol.

TABL S7: MANYLION CYRHAEDDIAD MYFYRWYR 17 MLWYDD OED YN YSGOLION CYMRAEG DE-DDWYRAIN CYMRU YNG NGHYD-DESTUN EU HARDALOEDD YN YSTOD 2004–5

Disgrifiad	Nifer ysgolion â chweched dosbarth	Nifer ymgeiswyr	Cyfanswm pwyntiau	Pwyntiau cyfartalog	Cymhariaeth
Ysgol 1		118 (17.3%)	2,714	23	
Ardal	6	681	14,309	21	
Cymhariaeth					+2
Ysgol 2		66 (18.2%)	1,518	23	
Ardal	5	363	7,586	20.9	
Cymhariaeth					+2.1
Ysgol 3		62 (14%)	1,116	18	
Ardal	10	443	6,798	17.5	
Cymhariaeth					+0.5
Ysgol 4		35 (12.8%)	630	18	
Ardal	6	274	4,548	16.6	
Cymhariaeth					+1.4
Ysgol 5		52 (6.8%)	780	15	
Ardal	12	762	16,318	21.4	
Cymhariaeth					-6.4
Ysgol 6		69 (30%)	1,173	17	
Ardal	4	230	3,947	17.2	
Cymhariaeth					-0.2
Ysgol 7		58 (10.8%)	986	17	
Ardal	12	538	9,667	18	
Cymhariaeth					-1.0
Ysgol 8		40 (3%)	840	21	
Ardal	21	1,360	26,975	19.8	
Cymhariaeth					+1.2

Dynoda'r canran mewn cromfachau nifer ymgeiswyr yr ysgolion Cymraeg fel canran o holl ymgeiswyr yr ardal.

Ffynhonnell: Adroddiadau RE2 ysgolion unigol.

TABL S8 (CRYNODEB O TABL S7)

Ymgeiswyr ysgolion Cymraeg fel canran o'r holl ymgeiswyr	10.8
Nifer chweched dosbarth yn yr ardaloedd	76
Nifer ymgeiswyr	4,651
Cyfanswm y pwyntiau	90,148
Pwyntiau cyfartalog yr ardal	19.4
Nifer ysgolion Cymraeg	8
Nifer ymgesiwyr	500
Pwyntiau	9,757
Pwyntiau cyfartalog	19.5
Gwahaniaeth	+0.1 pwynt canran

Ffynhonnell: Adroddiadau RE2 ysgolion unigol.

TABL S9: CYRHAEDDIAD MYFYRWYR OEDRAN 17 MLWYDD OED YR YSGOLION CYMRAEG YNG NGHYD-DESTUN EU HARDALOEDD AR GYFER 2002–5

Ysgol/ardal	Ymgeiswyr	Cyfanswm pwyntiau	Pwyntiau cyfartalog	Gwahaniaeth
1	436	10,474	24	
Ardal	2,859	58,344	20.4	
Cymhariaeth				+3.6
2	164	3,586	21.9	
Ardal	1,121	22,818	20.4	
Cymhariaeth				+1.5
3	177	3,392	19.2	
Ardal	1,646	28,801	17.5	
Cymhariaeth				+1.7

(parhad ar dudalen 298)

Ysgol/ardal	Ymgeiswyr	Cyfanswm pwyntiau	Pwyntiau cyfartalog	Gwahaniaeth
4	161	2,464	15.3	
Ardal	1,072	17,888	16.9	
Cymhariaeth				-1.6
5	255	4,799	18.8	
Ardal	2,944	59,174	20.1	
Cymhariaeth				-1.3
6	243	4,674	19.2	
Ardal	816	14,391	17.6	
Cymhariaeth				+1.6
7	205	3,620	17.7	
Ardal	1,854	32,859	17.7	
Cymhariaeth				0.0
8	131	2,656	20.3	
Ardal	5,267	102,798	19.5	
Cymhariaeth				+0.8

Ffynhonnell: Adroddiadau RE2 ysgolion unigol.

SP – STATWS PRIODASOL Y RHIENI

TABL SP1: STATWS PRIODASOL Y RHIENI – NIFEROEDD

Statws	Mamau H1–3	Mamau H4	Tadau H1–3	Tadau H4	Mamau	Tadau
Sengl	7	11	4	5	18	9
Priod	137	150	138	151	287	289
Byw gyda phartner	16	18	14	23	34	37
Gweddw	1	0	0	0	1	0
Wedi marw	0	1	0	0	1	0
Wedi gwahanu	6	1	2	1	7	3
Wedi ysgaru	7	7	8	2	14	10
Heb ateb	4	1	12	7	5	19
Cyfanswm	178	189	178	189	367	367

TABL SP2: STATWS PRIODASOL Y RHIENI – CANRANNAU

Statws	*Mamau H1–3*	*Mamau H4*	*Tadau H1–3*	*Tadau H4*	*Mamau*	*Tadau*
Sengl	4.0	5.9	2.4	2.7	5.0	2.6
Priod	78.7	79.9	83.1	83.0	79.3	83.0
Byw gyda phartner	9.2	9.6	8.4	12.6	9.4	10.6
Gweddw	0.6	0.0	0.0	0.0	0.3	0.0
Wedi marw	0.0	0.5	0.0	0.0	0.3	0.0
Wedi gwahanu	3.4	0.5	1.2	0.5	1.8	0.9
Wedi ysgaru	4.0	3.7	4.8	1.1	3.9	2.9

T – TWF YR YSGOLION CYMRAEG
YN NE-DDWYRAIN CYMRU

TABL T1: YSGOLION CYNRADD AC UNEDAU YN ADDYSGU DRWY GYFRWNG Y GYMRAEG – NIFER YSGOLION 1975–2010

Blwyddyn	*Gwent*	*Morgannwg Ganol*	*De Morgannwg*	*De-ddwyrain Cymru*
1975	4	16	5	25
1980	4	21	6	31
1985	6	25	8	39
1990	6	29	10	45
1995	7	29	11	47
2000	7	29	14	50
2005	8	30	15	53
2010	10	31	19	60

Ffynonellau: 1975–2000: Gorau Arf (2000, 341–3); 2005: CCC (2006dd); 2010: RHAG.

TABL T2: NIFEROEDD DISGYBLION YN YR YSGOLION CYNRADD CYMRAEG DROS AMRYWIOL GYFNODAU

Blwyddyn	Gwent	Morgannwg Ganol	De Morgannwg	De-ddwyrain Cymru
1975	858	3,018	1,382	5,258
1990	784	6,153	1,978	8,915
Cymharu 1975 â 1990	-74	3,135	596	3,657
Cynnydd 1975–1990				
fel canran	-8.6%	103.9%	43.1%	69.6%
1995	1,179	6,970	2,707	10,856
2005	1,393	8,038	3,942	13,373
Cymharu 1995 â 2005	214	1,068	1,235	2,517
Cynnydd 1995–2005				
fel canran	18.2%	15.3%	45.6%	23.2%

Ffynonellau: 1975: Y Swyddfa Gymreig (1998, 214); 1990: Y Swyddfa Gymreig, (1990, Adran 7.08); 1995: Y Swyddfa Gymreig (1998, 214); 2005: CCC (2006dd).

TABL T3: POBLOGAETH YSGOLION UWCHRADD CYMRAEG DE-DDWYRAIN CYMRU, 2000–6

Blwyddyn	Gwent	Morgannwg Ganol	De Morgannwg	Cyfanswm y de-ddwyrain
2000	685	4,422	1,794	6,901
2001	731	4,667	1,940	7,388
2002	757	4,772	2,048	7,577
2003	768	4,841	2,162	7,771
2004	791	4,867	2,362	8,020
2005	780	4,977	2,492	8,249
2006	785	4,979	2,644	8,408
Cynnydd 2000–6	100	557	850	1,507
Cynnydd 2000–6				
fel canran	14.6%	12.6%	47.4%	21.8%

Ffynonellau: 2000–2: CCC, Ffurflenni RE2; 2003–6: CCC (2006dd).

TABL T4: POBLOGAETH YSGOLION CYFUN CYMRAEG DE-DDWYRAIN CYMRU, 2000–6

Ysgol	*2000*	*2001*	*2002*	*2003*	*2004*	*2005*	*2006*
Glantaf, Caerdydd	1,303	1,239	1,147	1,106	1,098	1,075	1,083
Plasmawr	491	578	653	688	735	743	781
Bro Morgannwg	–	123	248	368	533	674	781
Cwm Rhymni, Caerffili	916	945	973	1,021	1,064	1,135	1,140
Gwynllyw, Torfaen/Gwent	685	731	758	768	791	779	785
Cymer, Rhondda Cynon Taf	799	855	907	919	935	921	945
Llanhari	1,117	1,132	1,107	1,115	1,062	1,091	1,081
Rhydfelen	944	986	938	923	924	938	910
Rhydywaun	646	749	847	863	882	893	903
Cyfanswm	6,901	7,338	7,578	7,771	8,024	8,249	8,409

Ffynonellau: 2000–2: CCC, Ffurflenni RE2; 2003–6: CCC (2006dd).

TABL T5: DYSGU DRWY GYFRWNG Y GYMRAEG YN YSGOLION DE-DDWYRAIN CYMRU, 2005 – CANRANNAU DOSBARTHIADAU A DISGYBLION

AALl	*% Dosbarthiadau*	*% Disgyblion*
Blaenau Gwent	4.2	4.4
Bro Morgannwg	10.3	10.2
Caerdydd	10.6	10.8
Caerffili	11.2	11.4
Casnewydd	2.9	2.8
Merthyr Tudful	10.1	10.6
Pen-y-bont ar Ogwr	8.7	8.5
Rhondda Cynon Taf	17.0	18.1
Sir Fynwy	2.8	2.1
Torfaen	6.6	6.3
Cymru	21.0	19.6

Ffynhonnell: CCC (2006e, Tabl 8).

TABL T6: DYSGU DRWY GYFRWNG Y GYMRAEG YN YSGOLION
DE-DDWYRAIN CYMRU, 2006 – CANRANNAU DOSBARTHIADAU
A DISGYBLION

AALl	*% Dosbarthiadau*	*% Disgyblion*
Blaenau Gwent	4.3	4.8
Bro Morgannwg	10.5	10.2
Caerdydd	10.8	11.2
Caerffili	11.8	11.7
Casnewydd	2.9	2.9
Merthyr Tudful	10.3	10.6
Pen-y-bont ar Ogwr	8.6	8.4
Rhondda Cynon Taf	17.0	18.3
Sir Fynwy	2.8	2.4
Torfaen	6.2	6.6
Cymru	21.5	20.1

Ffynhonnell: CCC (2007c, Tabl 8).

TABL T7: YSTADEGAU CENEDLAETHOL YN ÔL YSGOLION A
DOSBARTHIADAU CYNRADD LLE YR ADDYSGIR Y DISGYBLION
YN LLWYR NEU YN BENNAF DRWY GYFRWNG Y GYMRAEG

Disgrifiad	*1999/2000*	*2000/01*	*01/02*	*02/03*	*03/04*	*04/05*	*05/06*
Nifer ysgolion	444	440	442	448	448	455	458
Canran genedlaethol	27.0%	27.0%	27.2%	28.0%	28.2%	28.9%	29.5%
Nifer dosbarthiadau	2,237	2,243	2,291	2,319	2,322	2,341	2,355
Canran genedlaethol	19.6%	19.6%	19.9%	20.4%	20.7%	21.0%	21.5%
Nifer disgyblion	51,336	51,087	51,344	51,977	52,064	52,857	53,251
Canran genedlaethol	17.8%	17.9%	18.2%	18.7%	19.1%	19.6%	20.1%

Ffynonellau: 1999/2000: Ysgolion yng Nghymru: Ystadegau Cyffredinol 2000,
7.1, Caerdydd: CCC; 2000/1–2004/5: CCC (2006e); 2005/6: CCC (2007c).

302

Y – YSGOLION A GYMERODD RAN
YN YR YMCHWIL (H1–3)

TABL Y1: Y SAMPLU A'R YMATEB, H1–3

HOLIADUR 1 (Rhesymau dros ddewis yr ysgol Gymraeg)

Rhif yr ysgol	Blwyddyn	Nifer a ddychwelwyd	% a ddychwelwyd
1	Meithrin	8	27%
2	B2	6	20%
3	B5	14	47%
4	B8	14	47%
5	B11	12	40%
6	B13	8	27%
Cyfanswm		62	34.4%

HOLIADUR 2 (Cyngor cyn penderfynu danfon plentyn i'r ysgol Gymraeg)

7	Meithrin	11	37%
8	B2	11	37%
9	B5	6	20%
10	B8	19	63%
11	B11	9	30%
12	B13	9	30%
Cyfanswm		65	36.1%

HOLIADUR 3 (Anawsterau yn erbyn twf pellach)

13	Meithrin	13	47%
14	B2	4	13%
15	B5	7	23%
16	B8	9	30%
17	B11	10	33%
18	B13	8	27%
Cyfanswm		51	28.3%
Cyfanswm y tri holiadur		178	33.0%

YC – YSGOLION CYMRAEG DE-DDWYRAIN CYMRU

YC1: NIFER DISGYBLION COFRESTREDIG FESUL YSGOL
AC AWDURDOD ADDYSG 2003–8
(Dynodir yr ysgolion uwchradd gan *lythrennau italig*)

AALl	Ysgol	Dyddiad sefydlu	Nifer disgyblion			
			2003	2004	2005	2006
BLAENAU GWENT	Brynmawr	1971	..	303	304	301
BRO MORGANNWG	Pen y Garth	1971	345	333	326	310
	Sant Baruc	1974	232	233	227	230
	Iolo Morganwg	1978	139	148	144	152
	Sant Curig	1992	400	401	406	382
	Gwaun y Nant	1996	118	116	128	134
	Bro Morgannwg	*2000*	*368*	*533*	*674*	*781*
CAERDYDD	Gwaelod-y-Garth++*	1968	108	106	128	116
	Creigiau++*	1977	137	148	149	150
	Glantaf	*1978*	*1,106*	*1,098*	*1,075*	*1,082*
	Melin Gruffydd	1980	344	347	339	334
	Coed y Gof	1981	350	343	321	303
	Y Wern	1981	..	462	451	442
	Bro Eirwg	1981	..	434	436	449
	Treganna	1987	..	172	161	170
	Pencae	1990	..	195	195	200
	Mynydd Bychan	1994	..	246	254	244
	Pwllcoch	1996	..	313	338	364
	Y Berllan Deg	1999	..	203	260	319
	Plasmawr	*1998*	*688*	*735*	*743*	*781*
	Glan Morfa	2005	..	..	..	14
	Y Dderwen**	2007	..	..	..	..
	Cefn Coed**	2007	..	..	..	..
	Tan yr Eos	2007	..	..	..	..
	Pen-y-groes	2007	..	..	..	..
CAERFFILI	Y Lawnt, Rhymni	1955	..	168	168	161
	Ifor Bach	1961	..	213	199	187
	Gilfach Fargoed	1963	..	247	227	197
	Caerffili	1970	287	314	318	310

(parhad ar dudalen 305)

AALl	Ysgol	Dyddiad agor	Nifer disgyblion			
			2003	2004	2005	2006
	Cwm Rhymni	*1981*	*1,021*	*1,064*	*1,135*	*1,140*
	Cwm Gwyddon	1985	..	182	186	193
	Bro Allta	1993	289	287	290	315
	Y Castell, Caerffili	1994	..	357	369	358
	Trelyn	1967	..	220	209	213
	Bro Sannan	2004	..	21	32	95
	Cwm Derwen	2008	..	..	..	..
CASNEWYDD	Casnewydd	1969	..	387	392	397
	Ifor Hael	2008	..	..	..	..
MERTHYR	Santes Tudful	1972	401	380	389	380
	Rhyd-y-grug	1976	..	218	188	183
PEN-Y-BONT AR OGWR						
	Cynwyd Sant	1949	292	306	321	315
	Bro Ogwr	1962	390	402	396	382
	Y Ferch o'r Sgêr	1982	..	179	192	198
	Cwm Garw	1988	..	145	149	145
	Llangynwyd	*2008*	..	..	..	..
RHONDDA CYNON TAF						
	Aberdâr	1949	..	356	364	388
	Ynyswen	1950	..	398	372	351
	Llwyncelyn	1950	..	306	299	298
	Pont Siôn Norton	1951	264	267	263	259
	Tonyrefail	1955	..	197	199	191
	Garth Olwg	1960	234	247	268	281
	*Rhydfelen***	*1962*	*923*	*924*	*938*	*910*
	Dolau++*	1971	195	191	197	183
	Heolycelyn+*	1971	113	110	108	107
	Llanhari	*1974*	*1,115*	*1,062*	*1,091*	*1,081*
	Penderyn+*	1976	104	105	104	96
	Llantrisant	1976	..	225	212	219
	Bodringallt	1979	..	216	218	209
	Llyn y Forwyn	1985	238	235	246	221
	Evan James	1985	..	425	434	429
	Castellau, Beddau	1985	..	167	165	167

(parhad ar dudalen 306)

AALl	Ysgol	Dyddiad agor	Nifer disgyblion			
			2003	2004	2005	2006
	Cymer Rhondda	*1988*	*919*	*935*	*921*	*945*
	Abercynon	1989	..	306	323	327
	Bronllwyn	1990	255	251	262	266
	Rhydywaun	*1995*	*863*	*882*	*893*	*903*
TORFAEN	Cwmbrân	1971	..	298	311	319
	Bryn Onnen	1985	..	230	230	231
	Gwynllyw	*1988*	*768*	*791*	*779*	*785*
SIR FYNWY	Y Fenni	1994	97	104	111	109
	Y Ffin, Cil-y-coed	2001	..	36	45	61

Ffynhonnell: CCC (2006dd).

Golyga .. na chofnodwyd y niferoedd, neu nad oedd yr ysgol wedi agor ar gyfer cyfnod yr astudiaeth.

Golyga * mai'r uned/ysgol neu'r AALl a ddarparodd y niferoedd.

** Nid oes statws swyddogol i'r enwau Cymraeg hyn (Mawrth 2010). Y Gymuned addysg Gymraeg sydd wedi eu bedyddio â'r enwau hyn. Mae Glan Caerau yn enw amgen am ysgol Cefn Coed.

*** Yn swyddogol, Ysgol Gyfun Garth Olwg yw enw Rhydfelen bellach.

+ Uned.

++ Ysgol ddwy ffrwd.

YC2: CRYNODEB POBLOGAETH YR YSGOLION A'R UNEDAU
CYMRAEG YN NE-DDWYRAIN CYMRU, 2003–7

Sector	2003	2004	2005	2006	2007
Cynradd	–	13,199	13,323	13,355	13,512
Uwchradd	7,771	8,024	8,249	8,408	8,477
Cyfanswm	–	21,223	21,572	21,763	21,989

Ffynhonnell: Cyfrifwyd y rhifau o niferoedd yr ysgolion/unedau unigol o CCC (2007d).

YCM – MAP: LLEOLIAD YSGOLION CYMRAEG DE-DDWYRAIN CYMRU

(Mae cylch am rif pob ysgol uwchradd.)

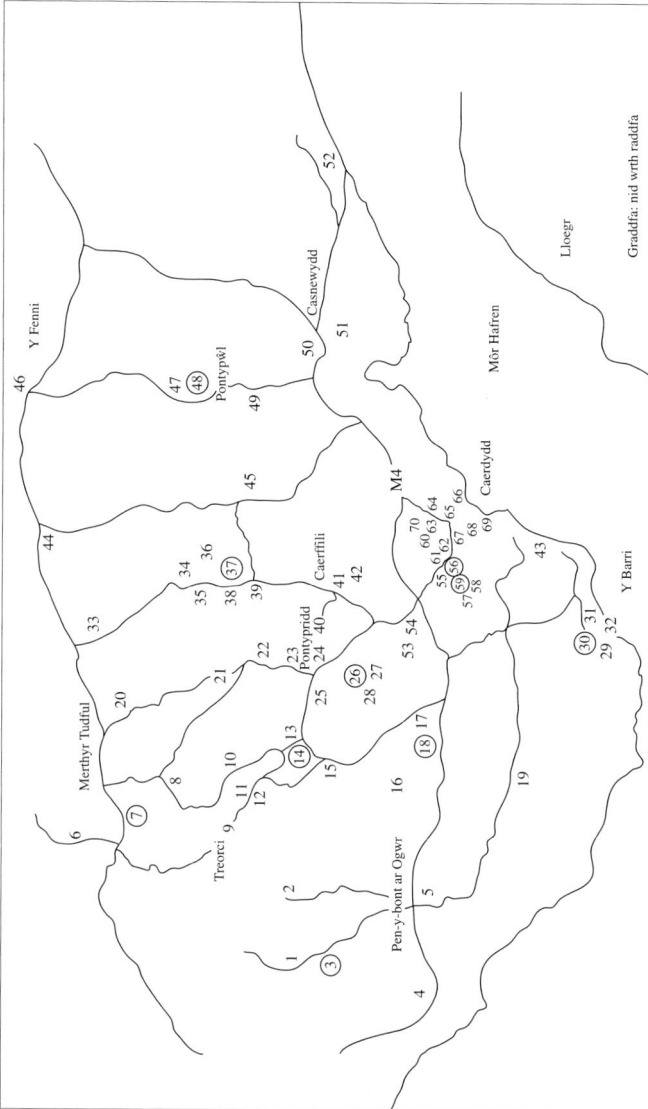

Y Fenni

Casnewydd

Pontypŵl

Caerdydd

Caerffili

Pontypridd

Merthyr Tudful

Treorci

Pen-y-bont ar Ogwr

Y Barri

Môr Hafren

Lloegr

Graddfa: nid wrth raddfa

YSGOLION CYMRAEG (YN CYNNWYS UNEDAU+
AC YSGOLION DWY FFRWD++)
DE-DDWYRAIN CYMRU, 2008 – MYNEGAI I'R MAP

Argreffir enwau'r ysgolion uwchradd mewn *llythrennau italig*.

1 Cynwyd Sant, Maesteg	2 Cwm Garw, Pontycymer
3 *Llangynwyd*	4 Y Ferch o'r Sgêr, Gogledd Corneli
5 Bro Ogwr, Bracla	6 Penderyn+
7 *Rhydywaun, Penywaun, Hirwaun*	8 Aberdâr
9 Ynyswen, Treorci	10 Llyn y Forwyn, Ferndale
11 Bodringallt, Ystrad	12 Bronllwyn, Gelli
13 Llwynycelyn, Porth	14 *Cymer Rhondda*
15 Tonyrefail	16 Dolau++, Llanharan, Pontyclun
17 Llantrisant, Meisgyn	18 *Llanhari, Pontyclun*
19 Iolo Morganwg, Y Bont-faen	20 Santes Tudful, Merthyr Tudful
21 Rhyd-y-grug	22 Abercynon
23 Pont Siôn Norton, Cilfynydd	24 Heolycelyn, Rhydyfelin+
25 Evan James, Pontypridd	26 *Rhydfelen/Garth Olwg*
27 Garth Olwg, Pentre'r Eglwys	28 Castellau, Beddau
29 Sant Baruc, Y Barri	30 *Bro Morgannwg, Y Barri*
31 Gwaun y Nant, Gibbonsdown, Y Barri	32 Sant Curig, Y Barri
33 Y Lawnt, Rhymni	34 Bro Sannan, Aberbargod
35 Gilfach Fargoed	36 Cwm Derwen, Oakdale
37 *Cwm Rhymni, Fleur de Lys*	38 Trelyn, Pengam
39 Bro Allta, Ystrad Mynach	40 Ifor Bach, Abertridwr
41 Caerffili	42 Y Castell, Caerffili
43 Pen y Garth, Penarth	44 Brynmawr
45 Cwm Gwyddon, Abercarn	46 Y Fenni
47 Bryn Onnen, Pontypŵl	48 *Gwynllyw, Trefddyn, Pontypŵl*
49 Cwmbrân	50 Ifor Hael, Casnewydd
51 Casnewydd	52 Y Ffin, Cil-y-Coed
53 Creigiau++	54 Gwaelod-y-Garth++
55 Pencae, Llandaf	56 *Glantaf, Ystum Taf*
57 Cefn Coed, Y Tyllgoed	58 Coed y Gof, Y Tyllgoed
59 *Plasmawr, Y Tyllgoed*	60 Y Wern, Llanisien
61 Melin Gruffydd, Yr Eglwys Newydd	62 Mynydd Bychan, Cathays
63 Bro Eirwg, Tredelerch	64 Y Dderwen, Llaneirwg
65 Y Berllan Deg, Llanedeyrn	66 Glan Morfa, Sblot
67 Treganna	68 Tan yr Eos, Trelluest (Grangetown)
69 Pwllcoch, Lecwydd	70 Pen-y-groes, Pentwyn

CYF – CYFWELEDIGION 2006

Swyddogion a chyn-swyddogion awdurdodau addysg lleol

Keith P. Davies	14 Mehefin	Morgannwg Ganol
Ken Hopkins	27 Mehefin	Morgannwg Ganol
John Albert Evans	30 Mehefin	Morgannwg Ganol
Hugh Knight	12 Gorffennaf	Caerdydd

Gweision sifil

Keith Davies (AADGOS)	14 Mehefin	Cynulliad Cenedlaethol Cymru
Meirion Prys Jones	10 Gorffennaf	Bwrdd yr Iaith Gymraeg

Gwleidyddion llywodraeth leol

Phil Bevan	30 Mai	Caerffili, Plaid
Derek Rees	1 Mehefin	Caerdydd, Llafur
Emyr Currie-Jones	29 Awst	Caerdydd, Llafur

Gwleidyddion cenedlaethol

Yr Arglwydd Roberts o Gonwy	31 Mai	Ceidwadwyr
Owen J, Thomas AC	8 Mehefin	Plaid
Yr Arglwydd Gwilym Prys Davies	Mai [ysg.]	Llafur
Jenny Randerson AC	18 Awst	Democratiaid Rhyddfrydol

Yr arolygiaeth ysgolion

Illtyd R. Lloyd	6 Mehefin	Prif Arolygwr
Owen E. Jones	31 Gorffennaf	AEM
Ann Keane	4 Gorffennaf	Pennaeth Cyfarwyddiaeth Arolygu Darparwyr yn Estyn; Prif Arolygydd Ei Mawrhydi dros addysg a hyfforddiant yng Nghymru (ers 2010)

Rhieni a llywodraethwyr

Ann Jones a Christine Chater	19 Mehefin	Cwm Rhymni
Geraint a Carys Evans	22 Mehefin	Bro Morgannwg

[Y ddau gyfweliad hyn ar y cyd: haearn yn hogi haearn, a'r ffaith mai gŵr a gwraig oedd yr ail bâr].

Penaethiaid a chyn-benaethiaid ysgol

Lilian Jones	2 Awst	Ysgol Gyfun Gwynllyw
Ben Jones	26 Mai	Ysgol Gynradd Gymraeg Caerffili
Jean Davies	12 Mehefin	Y Ferch o'r Sgêr
Alun Davies	21 Awst	Ysgol Gyfun Rhydywaun
Eirlys Pritchard Jones	26 Mehefin	Ysgol Gyfun Cymer Rhondda

Grwpiau gwirfoddol

Michael Jones	20 Mehefin	RHAG
Iorwerth Morgan	22 Mai	UCAC

Unigryw – cyfuniad o nifer o'r categorïau

Gwilym Humphreys	29 Mehefin	Rhiant, pennaeth ysgol, AEM, prif swyddog addysg

ES – ESBONIADAU

CONFENSIYNAU

Dyma ddiffiniadau o rai o gonfensiynau damcaniaeth Fishman:

X neu Xeg	iaith o dan fygythiad, er enghraifft, y Gymraeg
Y neu Yeg	iaith fygythiol sy'n gryfach nag Xeg yn yr un wlad neu ardal, er enghraifft Saesneg
Xwyr	siaradwyr Xeg
Ywyr	siaradwyr Yeg
Xaidd	ansoddair yr enw Xeg
Yaidd	ansoddair yr enw Yeg
XAI	Xeg fel ail iaith
Xigrwydd	ymdeimlad o berthyn i hunaniaeth Xeg
Yigrwydd	ymdeimlad o berthyn i hunaniaeth Yeg

CYFLAWNIAD

Mae arolygwyr yn barnu cyflawniad yn ôl pa mor dda mae dysgwyr yn gwneud mewn perthynas â'u gallu, a'r cynnydd y maen nhw'n ei wneud. (Estyn, 2006, 92)

CYRHAEDDIAD

Mae hyn yn golygu pa mor dda mae dysgwyr yn gwneud, o fesur hynny mewn profion cenedlaethol ac yn y cymwysterau neu'r credydau y maen nhw'n eu hennill. (Estyn, 2006, 94)

GWERTH-ATEGOL

Ystyr gwerth-ategol, yn ôl Yr Adran Addysg a Sgiliau (DfES, 2004), yw:

> Some children will always find it difficult to do well in tests and examinations. But all children are capable of making progress and it is important that schools are given recognition for the work that they do with these children.

> The progress that schools help individuals to make relative to their different starting points is usually referred to as value added. Value added measures are intended to allow comparisons between schools with different pupil intakes. For example, school A might show high percentages of pupils achieving five or more GCSE/GNVQs at grades A*–C, while school B shows lower percentages. But in value added terms, the pupils at school B may have made more progress than other pupils who were performing at the same level at KS2, and therefore have a higher value added 'score' than school A.

PWYNT CANRAN

Er enghraifft, mae cynnydd o 30 y cant i 33 y cant yn gynnydd o 3 phwynt canran, nid cynnydd o 3 y cant (mae'n gynnydd o 10 y cant mewn gwirionedd). (Estyn, 2006, 98)

PWYNTIAU CYFARTALOG

Ar gyfer TGAU, er enghraifft, lluosir pob gradd A* â 8, pob A â 7, hyd at bob G ag 1. Rhennir cyfanswm y pwyntiau gan nifer y disgyblion blwyddyn 11 oedd wedi'u cofrestru yn yr ysgol fis Medi'r flwyddyn academaidd. Yr ateb i'r cyfrifiad hwn yw'r hyn a elwir yn sgôr pwyntiau cyfartalog TGAU/GNVQ yr ysgol.

H – GOSODIADAU HOLIADUR 4

IAITH A DIWYLLIANT

1 'Does dim pwynt dysgu Cymraeg, gan fod pawb yng Nghymru yn medru siarad Saesneg.

2 'Rwy'n gobeithio y bydd ein plant ni, pan fyddan nhw'n rhieni eu hunain, yn siarad Cymraeg â'u plant nhw.

3 Heb y cyfle i arfer y Gymraeg y tu allan i'r ystafell ddosbarth, marw bydd yr iaith.

4 Ffolineb yw credu y medr yr ysgol Gymraeg achub yr iaith ar ei phen ei hunan.

5 Y mentrau iaith yw'r ffordd ymlaen i hybu plant, ieuenctid ac oedolion i ddefnyddio'r Gymraeg yn y gymuned.

6 O ran ein plant ni yn ein teulu ni, mae'r addoldy Cymraeg lleol wedi rhoi cyfle i'n plant ni i siarad Cymraeg, neu bydd yn rhoi. [Os nad oes eglwys neu gapel Cymraeg yn eich ardal, rhowch '9' yn y golofn ar y dde.]

7 O ran ein plant ni yn ein teulu ni, mae gweithgareddau allgyrsiol yr ysgol wedi rhoi cyfle i'n plant ni i siarad Cymraeg, neu byddant yn rhoi.

8 O ran ein plant ni yn ein teulu ni, mae'r Urdd wedi rhoi cyfle i'n plant ni i siarad Cymraeg, neu bydd yn rhoi.

9 Heb ystod eang o adnoddau dysgu ac addysgu, nofelau a rhaglenni teledu a radio, yn Gymraeg, cyfyngedig fydd llwyddiant addysg Gymraeg.

10 Addysg Gymraeg fu'n bennaf gyfrifol am gynyddu nifer y siaradwyr dros y deng mlynedd diwethaf.

11 Dewisais addysg Gymraeg er mwyn trwytho fy mhlentyn yn yr iaith Gymraeg a diwylliant Cymru, nid o angenrheidrwydd er mwyn iddo/iddi gyrraedd safonau uchel yn ei waith/gwaith ysgol.

12 Cynhyrchu Cymry gwladgarol, rhugl yn y Gymraeg, yw prif rôl yr ysgol Gymraeg.

ANSAWDD YR ADDYSG

13 Oni bai fod yr ysgolion Cymraeg yn cyrraedd safonau uchel yn eu hardal, byddai mwy o ddarpar rieni yn dewis addysg Saesneg.

14 Pe bai canlyniadau arholiadau'r ysgolion Cymraeg yn gwaethygu, ni fyddai'r ysgolion mor boblogaidd.

15 Mae cael arolwg campus [Estyn] yn denu darpar rieni.

16 Dewisais yr ysgol Gymraeg gan fod ganddi enw da am roi sylw personol i'r unigolyn.

17 Dewisais yr ysgol Gymraeg gan fod ganddi enw da am ddatblygu holl ddoniau'r plentyn.

18 Dewisais yr ysgol Gymraeg gan fod ganddi enw da am gyrraedd safonau academaidd uchel.

19 Mae cael gwasanaethau cynnal yn Gymraeg (e.e. therapi llefaru a gwasanaeth seicolegol) yn hanfodol er mwyn sicrhau twf yr ysgolion Cymraeg.

20 Nid yw datblygu addysg anghenion arbennig yn Gymraeg mor bwysig â hynny o ran cynllunio twf pellach addysg Gymraeg.

Y RHIENI A'R GYMRAEG

21 Dylai fod ymgyrch i berswadio rhieni di-Gymraeg i ddysgu'r iaith ac i wella rhuglder y dysgwyr yn eu plith.

22 Nid yw'n anfantais i'r plant fod trwch rhieni'r ysgolion Cymraeg yn methu/peidio â siarad Cymraeg.

23 Peth da fyddai darparu gwersi Cymraeg i oedolion yn rhad ac am ddim.

24 Dylai oedolion sydd am ddysgu Cymraeg neu wella eu rhuglder dalu am eu gwersi yn union fel dysgwyr Sbaeneg neu Rwsieg neu unrhyw iaith arall.

25 Dylai darpar rieni'r ysgolion Cymraeg dderbyn cyngor ac arweiniad cyn iddynt ddewis addysg Gymraeg.

26 Mae digonedd o wybodaeth ar gael am addysg Gymraeg ar gyfer darpar rieni. Eu cyfrifoldeb nhw yw dod o hyd i'r wybodaeth honno.

27 Mewn unrhyw ysgol, beth bynnag fo'r iaith, prin iawn mewn gwirionedd yw'r rhieni sy'n abl i helpu'u plant â'u gwaith cartref ym mhob pwnc ac ar bob lefel.

28 Mae'n fantais fod fy mhlentyn yn gorfod troi at y geiriadur Saesneg–Cymraeg er mwyn dod o hyd i'r gair Cymraeg cywir.

29 Yn yr ysgol uwchradd, mae/bydd helpu fy mhlentyn â'i waith cartref ym mhob pwnc ac ar bob lefel yn anodd neu yn amhosibl i mi, a hynny oherwydd mai yn Gymraeg yr addysgir [bron] pob pwnc.

HUNANIAETH

30 Os yw'r Gymraeg yn mynd i oroesi (*survive*), mae angen i bobl deimlo'n angerddol dros hybu'r iaith.

31 Cymru yw fy mamwlad. [Os gwlad arall ar wahân i'r DU, yn eich barn chi, yw eich mamwlad, cofnodwch '9' yn y golofn ar y dde.]

32 Y Deyrnas Unedig yw fy mamwlad.

33 'Rwy'n teimlo i'r byw fy mod yn Gymro twymgalon/yn Gymraes dwymgalon.

34 'Rwy'n teimlo i'r byw fy mod yn Brydeiniwr twymgalon/yn Brydeinwraig dwymgalon.

EHANGU'R DEFNYDD O'R GYMRAEG

35 Gwastraff amser ac egni yw cael pob dim yng Nghymru yn ddwyieithog.

36 Mae angen i'r Gymraeg esblygu ym mhob agwedd ar fywyd er mwyn goroesi fel iaith fyw.

37 Nid yw'n deg disgwyl i drethdalwyr dalu am gost ychwanegol arholi pob pwnc mewn arholiad allanol drwy gyfrwng y Gymraeg.

38 Dylai'r prifysgolion a cholegau Cymru ehangu'n sylweddol nifer y cyrsiau sydd ar gael yn Gymraeg.

39 Nid oes lle i'r Gymraeg mewn addysg coleg a phrifysgol.

STRATEGAETHAU AC YMGYRCHU DROS Y GYMRAEG
AC ADDYSG GYMRAEG

40 'A minority language always depends on popular will.' Mark Abley, *Spoken Here, Travels among Threatened Languages*. ['popular' = y bobl]

41 Mudiadau gwirfoddol, megis Rhieni Dros Addysg Gymraeg, ddylai arwain unrhyw ymgyrchu dros sefydlu rhagor o ysgolion Cymraeg.

42 Y rhieni ddylai ymgyrchu dros ysgolion Cymraeg, nid cyrff megis llywodraethwyr ysgol, llywodraeth y Cynulliad, cynghorau sir, Bwrdd yr Iaith Gymraeg neu'r Mudiad Ysgolion Meithrin.

43 Nid yw'n iawn disgwyl i rieni a mudiadau gwirfoddol orfod brwydro dros sefydlu rhagor o ysgolion Cymraeg.

44 Dylai cynghorau sir fod yn ddiduedd ac ymwrthod ag unrhyw bolisi i hybu ysgolion Cymraeg.

45 Cynlluniau addysg Gymraeg y cynghorau sir yw'r ffordd ymlaen i gynyddu nifer yr ysgolion Cymraeg.

46 Dylai Llywodraeth y Cynulliad osod targedau i bob awdurdod addysg lleol i gynyddu canran y plant sydd yn cael addysg mewn ysgolion Cymraeg.

47 Mae Llywodraeth y Cynulliad wedi dangos llawer o ewyllys gwleidyddol o blaid hybu ysgolion Cymraeg.

48 Tenau iawn yw'r cyhoeddusrwydd gan Lywodraeth y Cynulliad o blaid ysgolion Cymraeg.

49 Mae 'Iaith Pawb', sef dogfen bolisi Llywodraeth y Cynulliad ar gynyddu'r nifer siaradwyr Cymraeg, yn hanfodol yn y broses o ledaenu rhwydwaith o ysgolion Cymraeg.

50 Mae dogfennau megis 'Iaith Pawb' yn iawn hyd at ryw bwynt; grym rhieni yw'r dylanwad mawr ar gynyddu nifer yr ysgolion Cymraeg.

51 Datblygu'r Gymraeg fel cyfrwng mewn ysgolion Saesneg yw'r ffordd orau o gynhyrchu siaradwyr Cymraeg rhugl.

52 Peth da fyddai rhoi'r hawl i blant di-Gymraeg drosglwyddo o ysgol Saesneg i ysgol Gymraeg, beth bynnag fo'u hoedran.

53 Peth da fyddai rhoi'r hawl i blant di-Gymraeg drosglwyddo o ysgol Saesneg i ysgol Gymraeg, hyd at 11 neu 12 mlwydd oed.

54 Ni ddylai plant di-Gymraeg drosglwyddo i'r ysgol Gymraeg tan iddynt ddysgu Cymraeg mewn cwrs dwys yn gyntaf.

55 Strategaeth aneffeithiol fyddai hysbysebion teledu yn cymell rhieni i ddewis addysg Gymraeg.

56 Dylai'r cynghorau sir flaengynllunio mewn da bryd i agor ysgolion Cymraeg ychwanegol.

57 Dylai'r cynghorau sir greu'r galw am ragor o ysgolion Cymraeg.

58 Gan fod prinder athrawon cyfrwng Cymraeg, gwell cadw'r nifer ysgolion Cymraeg fel y maent ar hyn o bryd.

59 Ni ddylai Llywodraeth y Cynulliad fuddsoddi rhagor o gyllid er mwyn cynyddu'r nifer o athrawon cyfrwng Cymraeg.

60 Mae'r awdurdod addysg lleol yn gweithredu polisi cyfle cyfartal wrth ddarparu addysg Gymraeg.

61 Nid yw trefniadau teithio i'r ysgol yn effeithio ar dwf yr ysgolion Cymraeg.

62 Mae peidio â chael cylch neu ysgol feithrin yn ddigon agos i chi gerdded yno yn rhwystro twf pellach addysg Gymraeg.

63 Mae ein plant yn haeddu'r adeiladau gorau posibl.

64 Heb adeiladau da, methu bydd addysg Gymraeg.

65 Eithafwyr yw'r rhieni sy'n credu nad yw'r ysgolion Cymraeg yn cael eu trin yn deg gan y cyngor sir.

Y GYFRAITH

66 Nid oes angen deddf iaith newydd.

67 Dylai cwmnïau preifat yng Nghymru gael eu gorfodi drwy ddeddf iaith i arfer y Gymraeg.

68 Dylai lleiafrifoedd ieithyddol sy'n dioddef o ddiffyg cyfle cyfartal ddefnyddio cyfraith Ewrop er mwyn ennill cyfiawnder.

AGWEDDAU

69 Mae angen defnyddio strategaethau eithafol er mwyn cynyddu yn arwyddocaol nifer yr ysgolion Cymraeg.

70 Emosiynau a theimladau, yn fwy na syniadau, sy'n gyrru pobl i gefnogi addysg Gymraeg.

71 Emosiynau a theimladau, yn fwy na syniadau, sy'n gyrru pobl i frwydro dros addysg Gymraeg.

72 Mae cefnogaeth mwyafrif y rhieni i weithgareddau'r gymdeithas rhieni [neu gymdeithas rhieni ac athrawon] yn siomedig.

73 Mae barn, agwedd a dylanwad y cynghorwr sirol lleol yn ffactor pwysig yn y proses o agor a chau ysgolion.

74 Mae barn, agwedd a dylanwad y swyddogion sy'n gweithio yn yr awdurdod addysg lleol yn ffactor pwysig yn y proses o agor a chau ysgolion.

CYD – DIFFINIO YSGOLION YN ÔL Y DDARPARIAETH CYFRWNG CYMRAEG
(tystiolaeth CYDAG i Lywodraeth Cynulliad Cymru, 12 Ebrill 2006)

YMGYNGHORIAD AR DDIFFINIO YSGOLION YN ÔL Y DDARPARIAETH CYFRWNG CYMRAEG

EGWYDDORION

Er bod rhinweddau yn y ddau fodel a gynigir, barn CYDAG yw bod angen cyfuno'r gorau o'r ddau fodel, ac felly cynigir sylwadau *ynghylch y posibilrwydd o ddefnyddio dulliau gwahanol o ddiffinio'r ddarpariaeth ar gyfer ysgolion cynradd ac uwchradd.* (Dogfen ymgynghorol, t. 2)

Credwn yn gryf fod yn rhaid datblygu meddalwedd PLASC er mwyn casglu'r data angenrheidiol ar gyfer y diffiniadau.

Cytunwn mai diffiniadau bras yw'r nod ond bod yn rhaid i'r categorïau fod *yn gywir, yn annibynnol ar ei gilydd, ac yn gallu cael eu cymhwyso mewn ffordd gyson ledled Cymru.*

Cytunwn hefyd â'r egwyddor na ddylai'r categorïau *greu baich diangen o ran yr angen i adolygu categori ysgolion unigol fel y bydd eu hamgylchiadau'n newid.* Credwn fod yr egwyddor hon yn allweddol, gan ei bod yn ymgorffori chwe gwedd bwysig:

- Bod yn gydnaws ag ysbryd a manylion a disgwyliadau polisi iaith cenedlaethol Llywodraeth y Cynulliad, fel y'u hymgorfforir yn *Iaith Pawb*, yn arbennig o ran cynyddu nifer y siaradwyr Cymraeg.

- Cydnabod bod addysg Gymraeg wedi esblygu dros yr hanner can mlynedd diwethaf, a bod angen adolygu diffiniadau a rheoliadau a oedd ynghlwm â'r mathau gwahanol o ddarpariaeth.
- Gofalu mai anghenion a gweledigaeth yr ysgol sy'n gyrru datblygiad y cwricwlwm, yn hytrach na rheoliadau.
- Hybu dilyniant ieithyddol o'r cynradd i'r uwchradd [heb ei ddatblygu yn y ddogfen hon].
- Cynnig fframwaith o ddatblygiad cynyddrannol [incremental] a ddylai hwyluso nodi anghenion a chynllunio gan Awdurdodau Addysg Lleol a Llywodraeth ganolog.
- Lleihau biwrocratiaeth o ran casglu data ac, o bosibl, drwy hwyluso patrymau cyllido.

Gan hynny, ceisiwyd osgoi peryglon sy'n deillio o fod, ar y naill law, yn orgynhwysfawr ac, ar y llall, yn arwynebol. Gwelwn beryglon hefyd o gael gormod o gategorïau ac o gael rhy ychydig ohonynt, gan fod y diffinio yn fater cymhleth.

Dylid hefyd ystyried cysoni'r diffiniadau a'r modelau a gyhoeddwyd yn ddiweddar gan ELWa o ran diffinio methodolegau a chyllido darpariaeth Gymraeg a/neu ddwyieithog. Nodwn mai cysoni dau ddiffiniad y dylid ei wneud, nid o anghenraid gysoni'r cynigion yn y llythyr hwn â modelau ELWa.

MODELAU
Cynnig CYDAG felly yw cynnwys *holl* ysgolion Cymru yn y categorïo ar sail iaith.

Cynigiwn dri model, a dau gategori i bob un o'r tri model.

Credwn hefyd y dylid cael fframwaith diffinio clir a chyson o dan y pedwar pennawd a ganlyn:

- Darpariaeth o ran y disgybl unigol; hynny yw, beth y gall y disgybl ei ddisgwyl o ran pynciau drwy gyfrwng y Gymraeg.
- Darpariaeth gwricwlaidd; hynny yw, canran y gwersi yn y Gymraeg fel canran o holl ddarpariaeth/wersi'r ysgol.
- Y deilliannau ieithyddol o ran dwyieithrwydd holl ddisgyblion yr ysgol.
- Diwylliant/ethos/iaith yr ysgol, tebyg i'r hyn a gynigir yn y ddogfen ymgynghorol o dan y pennawd *Iaith yr Ysgol*.

Yn gryno, rhown y disgybl yn y canol, gan geisio canfod y ddarpariaeth o safbwynt y disgybl a'i rieni. Unwaith y llwyddir i wneud hynny, credwn y dylai'r cynulleidfaoedd eraill yng Nghymru ei chael hi'n rhwydd deall y ddarpariaeth.

Yn y diffiniadau a ganlyn, ni chynhwysir Saesneg na Chymraeg fel pynciau mewn unrhyw ddisgrifiad neu ystadegau. Er enghraifft, pe bai 45 gwers wythnosol ar yr amserlen, a 5 ohonynt ar gyfer Cymraeg a 5 arall ar gyfer Saesneg, 35 fyddai cyfanswm y gwersi ar gyfer gweddill y cwricwlwm ar gyfer yr ymarfer hwn.

Nid yw *pob pwnc* a *holl wersi'r ysgol* yn y diffiniadau yn cyfeirio felly at Gymraeg a Saesneg fel pynciau.

Dylid ystyried goblygiadau dilyniant a pharhad o ran Cymraeg mamiaith, gan gyhoeddi data priodol wedi'u casglu drwy PLASC. Nid oes cyfle ar hyn o bryd i fynd i'r afael â'r mater cwbl allweddol hwn, ond dylid ei ymgorffori yn y diffiniadau. Gellid cyhoeddi'r data ar yr RE2.

Yn olaf, mae angen gwaith pellach ar ganllawiau ar gyfer Llawlyfrau ysgol, gan y dylent adlewyrchu'n llawn fanylion ynghylch darpariaeth ieithyddol yr ysgol.

Model 1 Ysgol Gymraeg

CATEGORI 1

DARPARIAETH I'R DISGYBL
Addysgir ac asesir pob pwnc yn Gymraeg, ym mhob Cyfnod Allweddol.

DARPARIAETH GWRICWLAIDD
Mae holl wersi'r ysgol drwy gyfrwng y Gymraeg.

Deilliannau
Mae pob disgybl yn hyfedr wrth gyfathrebu yn y Gymraeg a'r Saesneg mewn amrywiol gyd-destunau.

Diwylliant
Gweler y diffiniad yr y ddogfen ymgynghorol fel sail. Bydd angen mireinio ychydig arno.

CATEGORI 2

DARPARIAETH I'R DISGYBL
Addysgir ac asesir pob pwnc, ar wahân i un neu ddau, yn Gymraeg, ym mhob Cyfnod Allweddol.

DARPARIAETH GWRICWLAIDD
Mae o leiaf 70 y cant o holl wersi'r ysgol drwy gyfrwng y Gymraeg.

Deilliannau
Mae pob disgybl yn hyfedr wrth gyfathrebu yn y Gymraeg a'r Saesneg mewn amrywiol gyd-destunau.

Diwylliant
Gweler y diffiniad yr y ddogfen ymgynghorol fel sail. Bydd angen mireinio ychydig arno.

Model 2 Ysgol Ddwyieithog

CATEGORI 1

DARPARIAETH I'R DISGYBL
Addysgir ac asesir o leiaf hanner y pynciau yn Gymraeg, ym mhob Cyfnod Allweddol.

DARPARIAETH GWRICWLAIDD
Mae o leiaf 50 y cant o holl wersi'r ysgol drwy gyfrwng y Gymraeg.

Deilliannau
Mae rhwng 40 y cant a 60 y cant o'r disgyblion yn hyfedr wrth gyfathrebu yn y Gymraeg a'r Saesneg mewn amrywiol gyd-destunau.

Diwylliant
Gweler y diffiniad yn y ddogfen ymgynghorol fel sail. Bydd angen mireinio ychydig arnynt.

CATEGORI 2

DARPARIAETH I'R DISGYBL
Addysgir ac asesir o leiaf hanner y pynciau yn Gymraeg, ym mhob Cyfnod Allweddol.

DARPARIAETH GWRICWLAIDD
Mae o leiaf 30 y cant o holl wersi'r ysgol drwy gyfrwng y Gymraeg.

Deilliannau

Mae rhwng 20 y cant a 40 y cant o'r disgyblion yn hyfedr wrth gyfathrebu yn y Gymraeg a'r Saesneg mewn amrywiol gyd-destunau.

Diwylliant

Gweler y diffiniadau yn y ddogfen ymgynghorol fel sail. Bydd angen mireinio ychydig arnynt.

Model 3 Ysgol Saesneg yn bennaf

CATEGORI 1

DARPARIAETH I'R DISGYBL

Addysgir ac asesir llai na hanner y pynciau yn y Gymraeg.

DARPARIAETH GWRICWLAIDD

Mae rhywfaint o holl wersi'r ysgol trwy gyfrwng y Gymraeg, ond llai na 30 y cant.

Deilliannau

Mae rhywfaint o'r disgyblion yn hyfedr wrth gyfathrebu yn y Gymraeg a'r Saesneg mewn amrywiol gyd-destunau, ond llai na 30 y cant.

Diwylliant

Gweler y diffiniadau yr y ddogfen ymgynghorol fel sail. Bydd angen mireinio ychydig arnynt.

CATEGORI 2

DARPARIAETH I'R DISGYBL

Addysgir ac asesir pob pwnc yn y Saesneg, ym mhob Cyfnod Allweddol.

DARPARIAETH GWRICWLAIDD

Mae holl wersi'r ysgol drwy gyfrwng y Saesneg.

Deilliannau

Mae pob disgybl yn hyfedr wrth gyfathrebu yn y Saesneg mewn amrywiol gyd-destunau. Medrai rhai disgyblion fod yn hyfedr yn y ddwy iaith.

Diwylliant

Gweler y diffiniadau yn y ddogfen ymgynghorol fel sail. Bydd angen mireinio ychydig arnynt.

Llyfryddiaeth

Abley, Mark (2005). *Spoken Here: Travels among Threatened Languages*, London, Arrow Books.

ACCAC (Awdurdod Cymwysterau Cwricwlwm ac Asesu Cymru) (2003). *Datblygu'r Cwricwlwm Cymreig*, Caerdydd, ACCAC.

Adams, Karen L. a Brink, Daniel T. (goln) (1990). *Perspectives on Official English: The Campaign for English as the Official Language of the USA*, Berlin, Mouton de Gruyter.

Adler, J. (2001). *Teaching Mathematics in Multilingual Classrooms*, Dordrecht, Kluwer.

Aitchison, John a Carter, Harold (1985). *The Welsh Language 1961–1981, An Interpretative Atlas*, Cardiff, University of Wales Press.

— (1987). 'The Welsh language in Cardiff, A quiet revolution', *Transactions of the Institute of British Geographers*, new series, vol. 12, no. 4, 482–92.

— (1988). *Yr Iaith Gymraeg yn ardal Caerdydd, Arolwg o blant ysgol a'u rhieni*: *Adroddiad a baratowyd ar gyfer* Y Byd ar Bedwar *(HTV Cymru)*, Monograff RSRU, Rhif 1, Aberystwyth, Yr Adran Ddaearyddiaeth, Coleg Prifysgol Cymru.

— (1994). *A Geography of the Welsh Language 1961–1991*, Cardiff, University of Wales Press.

— (2000). *Language, Economy and Society: The Changing Fortunes of the Welsh Language in the Twentieth Century*, Cardiff, University of Wales Press.

— (2003/04). 'Turning the tide?', *Agenda*, Winter, 55–8.

— (2004). *Spreading the Word: The Welsh Language 2001*, Talybont, Y Lolfa.

Aldekoa, Jasone a Gardner, Nicholas (2002). 'Turning knowledge of Basque into use: Normalisation plans for schools', *International Journal of Bilingual Education and Bilingualism*, vol. 5, no. 6, 339–54.

Ambrose, John a Williams, Colin H. (1980). 'On the spatial definition of "minority": Scale as an influence in the geolinguistic analysis of Welsh', yn Haugen et al., *Minority Languages Today*, tt. 53–71.

Archer, Margaret Scotford (1995). *Realist Social Theory: The Morphogenetic Approach*, Cambridge, Cambridge University Press.

Arias, M. Beatriz a Casanova, Ursula (goln) (1993). *Bilingual Education: Politics, Practice, and Research, Part II*, Chicago, The National Society for the Study of Education, University of Chicago Press.

Auer, Peter (gol.) (1998). *Code-switching in Conversation: Language, Interaction and Identity*, London, Routledge.

Baker, Colin (1985). *Aspects of Bilingualism in Wales*, Clevedon, Multilingual Matters.

— (1988). *Dwyieithrwydd: Darluniau, Dychmygion a Dyfaliadau (Trosiad gan yr Athro Iolo Wyn Williams o'r ddarlith Saesneg wreiddiol)*, Bangor, Canolfan Astudiaethau Iaith.

— (1990). 'The growth of bilingual education in the secondary schools of Wales', yn W. G. Evans, tt. 77–96.

— (1995). *A Parents' and Teachers' Guide to Bilingualism*, Clevedon: Multilingual Matters.

— (2000). 'Bilingual education: Three perspectives on bilingual education policy in Wales: Bilingual education as language planning, as pedagogy and as politics', yn Daugherty, Phillips a Rees (goln), tt. 102–13.

— (2001). *Foundations of Bilingual Education and Bilingualism*, 3rd edn, Clevedon, Multilingual Matters.

— (2003). 'Language planning: A grounded approach', yn Dewaele, Housen a Wei (goln), tt. 88–111.

— a Jones, Meirion Prys (1999). *Dilyniant mewn Addysg Gymraeg*, Caerdydd, Bwrdd yr Iaith Gymraeg.

— (2000). 'Welsh language education: A strategy for revitalization', yn C. H. Williams (gol.), tt. 116–37.

— a Jones, Twm Prys (2003). 'Addysg cyfrwng Cymraeg fel system', yn Roberts a Williams (goln), tt. 66–84.

— a Prys Jones, Sylvia (goln) (1998). *Encyclopedia of Bilingualism and Bilingual Education*, Clevedon: Multilingual Matters.

Balsom, D. (1985). 'The three-Wales model', yn J. Osmond (gol.), tt. 1–17.

Barnes, Julia (2006). Cyfweliad â'r awdur yn Deba, Gwlad y Basg, Tachwedd 2006.

BBC (2005). 'Deddf iaith: "baich ar fusnesau"', *BBC Arlein, Newyddion, Cymru'r Byd*, diweddarwyd dydd Sul, 2 Hydref 2005, 11:54 GMT 12:54 UK, *http://news.bbc.co.uk/welsh/hi/newsid_4300000/newsid_4302200/4302250.stm* (cyrchwyd 10 Chwefror 2007).

— (2006a). 'Mesur Cymru'n troi'n ddeddf', *BBC Arlein, Newyddion, Cymru'r Byd*, dydd Mawrth, 25 Gorffennaf 2006, 18:15 GMT 9.15, *http://news.bbc.co.uk/welsh/hi/newsid_5210000/newsid_5212300/5212340.stm* (cyrchwyd 14 Tachwedd 2006).

— (2006b). 'Angen arfer iaith tu allan ysgol' [*sic*], *BBC Arlein, Newyddion, Cymru'r Byd*, 8 Awst 2006, *news.bbc.co.uk/welsh/hinewsid_5250000/newsid_5254400/5254454.stm - 48k* (cyrchwyd 3 Ionawr 2007).

Bentley, Tom (2001). 'It's Democracy, Stupid – an agenda for self-government, Demos'.*http://www.demos.co.uk/catalogue/itsdemocracystupid/* (cyrchwyd 25 Hydref 2005).

Bernstein, Basil et al. (1971). *Class, Codes and Control*, vol. 1, London, Routledge & Kegan Paul.

Llyfryddiaeth

— (1990). *Class, Codes and Control*, vol. 4: *The Structuring of Pedagogic Discourse*, London, Routledge.

— (1996). *Pedagogy, Symbolic Control and Identity: Theory, Research, Critique*, London, Taylor & Francis.

Blair, Philip (2003). 'The Council of Europe and Decentralisation: Trend, perspectives and issues at the threshold of EU enlargement'. Version 1.0, March 2003, Denmark, Ministry of the Interior and Health, *http://ism.dk/publikationer/decentralisation/kap02.htm* (cyrchwyd 26 Ebrill 2007).

Blake, Aled (2006a). 'Welsh medium education is a victim of its own success', icwales, *http://icwales.icnetwork.co.uk/.../tm_objectid=16583107&method=full&siteid=50082-name_page.html - 82k* (cyrchwyd 29 Awst 2006).

— (2006b). 'Welsh Medium Schools Storm', *Questia Online Library, http://www.questia.com/PM.qst;jsessionid=G25BJ0yVQTN7ZpHFfJKTnr6xZM5h1v1s9zmbT2yYwskSgtpzHC2N!161906379?a=o&...* (cyrchwyd 29 Awst 2006).

Blommaert, Jan (gol.) (1999). *Language Ideological Debates*, Berlin, Mouton de Gruyter.

Bourdieu, P. (1991). *Language and Symbolic Power*, Cambridge, Polity Press.

Bourhis, Richard (gol.) (1984). *Conflict and Language Planning in Quebec*, Clevedon, Multilingual Matters.

Bowen, Euros (1984). *Electra*, cyfieithiad o ddrama Soffocles, Caerdydd, Gwasg Prifysgol Cymru.

Bowie, F. (1993). 'Wales from within: Conflicting interpretations of Welsh identity', yn Macdonald (gol.), tt. 167–93.

Brace, John (1982). 'The educational state of Wales: The debate reviewed', *Education for Development*, vol. 7, no. 2, 63–72.

Brenzinger, Matthias (1997). 'Language contact and language displacement', yn Coulmas (gol.), tt. 273–84.

Brown, Mary E. (1999). 'Action Research/Techniques of Action Research/Critical-Reflective and Evaluative Research Methods', *http://www/southernct.edu/~brownm/act3.html* (cyrchwyd 16 Gorffennaf 2004).

Bush, Eluned (1979). 'Bilingual education in Gwent: Parental attitudes and aspirations' (traethawd MEd anghyhoeddedig, Caerdydd, Prifysgol Cymru).

— Atkinson, Paul, a Read, Martin (1981a). 'Addysg trwy gyfrwng y Gymraeg mewn ardal Seisnig: Nodweddion ac ymagweddau'r rhieni', *Education for Development*, vol. 6, no. 3, 42–50.

— (1981b). *A Minority Choice: Welsh Medium Education in an Anglicised Area – Parents' Characteristics and Motives*, Cardiff, Sociological Research Unit, Department of Sociology, University College, Cardiff.

Bwrdd yr Iaith Gymraeg (2001). 'Dewis dwy iaith yn hwb i ddyfodol eich plentyn', *http://www.bwrdd-yr-iaith.org.uk/cynnwys.php?cID=1&pID=247&nID=64&langID=1* (cyrchwyd 11 Mehefin 2007).

— (2002). 'Cydnabod angen: arolwg o ddarpariaeth cyfrwng Cymraeg a dwy-ieithog ar gyfer disgyblion ag anghenion addysgol arbennig yng Nghymru', Caerdydd, Bwrdd yr Iaith Gymraeg.

— (2003a). 'Cyfrifiad 2001, nifer siaradwyr Cymraeg yn cynyddu am y tro cyntaf ers bron i ganrif', *http://www.bwrdd-yr-iaith.org.uk/cynnwys.php? pID=241&langID=1&nID=151* (cyrchwyd 27 Tachwedd 2003).

— (2003b). 'Y Gymraeg a'r teulu', *http://www.bwrdd-yr-iaith.org.uk* (cyrch-wyd 27 Tachwedd 2003).

— (2003c). 'Addysg cyfrwng Cymraeg neu ddwyieithog – o'r ysgol gynradd i'r ysgol uwchradd. Be nesa? Y dewis naturiol', Caerdydd, Bwrdd yr Iaith Gymraeg.

— (2003ch). 'Welsh speakers by age group: 2001 census', Table S133, *http:// www.bwrdd-yr-iaith.org.uk/cynnwys.php?pID=109&nID=149&langID=2* (cyrchwyd 20 Rhagfyr 2006).

— (2003d). 'Trosglwyddo'r iaith o fewn y teulu: Dadansoddiad ystadegol', Caerdydd, rhyddhawyd (ar wefan Bwrdd yr Iaith Gymraeg) ar 15 Rhagfyr, *http://hywelm.jones@bwrdd-yr-iaith.org.uk* (cyrchwyd 3 Ionawr 2007).

— (2004a). 'Strategaeth addysg a hyfforddiant cyfrwng Cymraeg a dwy-ieithog', strategaeth ddrafft i'w chyflwyno a'i thrafod yng nghyfarfod y bwrdd, Mai, Caerdydd, Bwrdd yr Iaith Gymraeg.

— (2004b). 'Adroddiad ar gyfrifiad 1901', *http://www.bwrdd-yr- iaith.org.uk/ cynnwys.php?cID=&pID=109&nID=339&langID-1* (cyrchwyd 4 Mehefin 2007).

— (2004c). 'Adroddiad ar gyfrifiad 1911, *http://www.bwrdd-yr-iaith.org.uk/ cynnwys.php?cID=&pID=109&nID=337&langID=1* (cyrchwyd 4 Mai 2007).

— (2004ch). 'Adroddiad ar gyfrifiad 1921',*http://www.bwrdd-yr-iaith.org.uk/ cynnwys.php?cID=&pID=109&nID=336&langID=1* (cyrchwyd 4 Mai 2007).

— (2005a). 'Dyfodol y Gymraeg – cynllun strategol', Caerdydd, Bwrdd yr Iaith Gymraeg.

— (2005b). 'Seren aur i lansio llinell gwaith cartref', *http://www.bwrdd-yr-iaith.rg.uk/cynnwys.php?pID=241&langID=1&nID=553* (cyrchwyd 2 Ebrill 2007).

— (2007a). 'Amdanom ni – Bwrdd yr Iaith Gymraeg', *http://www.bwrdd-yr-iaith.org.uk/cynnwys.php?pID=1&langID=1* (cyrchwyd 7 Mai 2007).

— (2007b). 'Trosglwyddo iaith mewn teuluoedd dwyieithog yng Nghymru', Caerdydd, Bwrdd yr Iaith Gymraeg.

Campbell, Cefin (2000). 'Menter Cwm Gwendraeth: A case-study in com-munity language planning', yn C. H. Williams (gol.), tt. 247–91.

— a Packer, Anthony (1992). 'Cymhellion rhieni di-Gymraeg dros ddewis addysg Gymraeg i'w plant', *Welsh Journal of Education*, vol. 3, no. 1, 27–33.

Cardiff County Council (2004). 'Education scheme – consultation draft', Cardiff, Cardiff County Council.

Carter, H. (1992). 'Yr iaith Gymraeg mewn oes ôl-fodern', Darlith Eisteddfod y Brifysgol, Eisteddfod Genedlaethol Cymru Ceredigion, Aberystwyth, Caerdydd, Cofrestrfa Prifysgol Cymru.

— (2002). 'The future of the Welsh language', *Planet*, 152, April/May, 44–51.

Central Advisory Council for Education (Wales) (1953). *The Place of Welsh and English in the Schools of Wales*, London, HMSO.

Census (1901). *Report on 1901 Census*, Crown copyright, reproduced with the permission of HMSO Controller. Gellir ei gyrchu o wefan BIG: *http://www.byig-wlb.org.uk/english/publications/Pages/PublicationItem.aspx?puburl=/English/publications/Publications/642.pdf.*

Census (1911). *Report on 1901 Census*, Crown copyright, reproduced with the permission of HMSO Controller. Gellir ei gyrchu o wefan BIG: *http://www.byig-wlb.org.uk/english/publications/Pages/PublicationItem.aspx?puburl=/English/publications/Publications/638.pdf.*

Census (1931). *Report on 1901 Census*, Crown copyright, reproduced with the permission of HMSO Controller. Gellir ei gyrchu o wefan BIG: *http://www.byig-wlb.org.uk/english/publications/Pages/PublicationItem.aspx?puburl=/English/publications/Publications/634.pdf.*

Census (1951). *Report on 1901 Census*, Crown copyright, reproduced with the permission of HMSO Controller. Gellir ei gyrchu o wefan BIG: *http://www.byig-wlb.org.uk/English/publications/Publications/1951%20Census%20Report%20on%20Welsh%20Speaking%20Population%20.pdf.*

Chessa, Enrico (1996). 'The bilingual educational system and the inter-generational language transmission in Wales. A case study: Carmarthen town' (traethawd MA anghyhoeddedig, Coleg y Drindod, Caerfyrddin, Prifysgol Cymru).

Chomsky, Noam (1979). *Language and Responsibility*, Sussex, Harvester Press.

Churchill, Stacy (1986). *The Education of Linguistic and Cultural Minorities in the OECD Countries*, Clevedon, Multilingual Matters.

CILAR (Committee on Irish Language Attitudes Research) (1975). *Report*, Dublin, Stationery Office.

Clyne, M. (gol.) (1985). *Australia, Meeting Place of Languages*, Canberra, Australian National University, Pacific Linguisitics.

Cohen, Ira J. (1989). *Structuration Theory: Anthony Giddens and the Constitution of Social Life*, London, Macmillan.

Colloquy on European Law (1997). *Administrative Discretion and Problems of Accountability, Proceedings of the 25th Colloquy on European Law*, Oxford, 27–9 September 1995, Strasbourg, Council of Europe Publishing.

Corson, David, (1998). *Changing Education for Diversity*, Buckingham, Open University Press.

— (1999). 'Community-based education for indigenous cultures', yn May (gol.), tt. 8–19.

Costa, J. a Wynants, S. (1999). 'Catalan Linguistic Policy Act: External protection or internal restriction?', paper presented to the Nationalism, Identity and Minority Rights Conference, University of Bristol, September.

Coulmas, Florian (1992). *Language and Economy*, Oxford, Blackwell.

— (gol.) (1997). *The Handbook of Sociolinguistics*, Oxford, Blackwell.

Coulombe, Pierre A. (1995). *Language Rights in French Canada*, New York, Peter Lang.

Council of Europe (1992). 'European charter for regional or minority languages, Strasbourg', 5.XI.1992, ETS no. 148, Strasbourg, Council of Europe, *http://conventions.coe.int/treaty/en/Treaties/Html/148.htm* (cyrchwyd 30 Tachwedd 2005).

— (2004). 'European charter for regional or minority languages – application of the charter in the United Kingdom', ECRML (2004) 1, Strasbourg, Council of Europe.

— (2005a). 'European charter for regional or minority languages – second periodical report presented to the Secretary General of the Council of Europe in accordance with Article 15 of the charter, supplement to second periodical report from the United Kingdom correcting, updating and supplementing the information already provided on the Welsh language', MIN-LANG/PR (2005) 5 Addendum 1, Strasbourg, Council of Europe.

— (2005b). 'Meeting report, 10–12 May, 2005, Steering Committee for Human Rights', DH-MIN(2005)008rev, Strasbourg, Council of Europe. *www.coe.int/ .../2._documents/1PDF_DH-MIN(2005)008_1st_Mtg_Report_rev_ang.pdf* (cyrchwyd 4 Ionawr 2007).

— (2007). 'European charter for regional or minority languages – application of the charter in the United Kingdom', ECRML (2007) 2, Strasbourg: Council of Europe. *www.coe.int/.../2_Monitoring/2.3_Committee_of_Experts'_Reports/UK_2nd_report.pdf* (cyrchwyd 8 Ebrill 2007).

Coupland, N. (gol.), in association with Thomas, Alan R. (1990). *English in Wales: Diversity, Conflict and Change*, Clevedon, Multilingual Matters.

Coupland, N., Bishop, Hywel a Garett, Peter (2006). 'One Wales? Reassessing diversity in Welsh ethnolinguistic identification', *Contemporary Wales*, vol. 18, no. 1, 1–27.

Craib, Ian (1992). *Anthony Giddens*, London, Routledge.

Craith, Máiréad Nic (gol.) (1996). *Watching One's Tongue: Issues in Language Planning*, Liverpool, Liverpool University Press.

Crystal, D. (1997). *English as a Global Language*, Cambridge, Cambridge University Press.

— (1999a). 'The death of language', *Prospect*, November, 56–8.

— (1999b). 'Death sentence', *Guardian*, 25 October, G2, 2–3.

— (2000). *Language Death*, Cambridge, Cambridge University Press.

Cummins, Jim (1996). *Negotiating Identities: Education for Empowerment in a Diverse Society*, Los Angeles, California Association for Bilingual Education.

— (2000). *Language, Power and Pedagogy: Bilingual Children in the Crossfire*, Clevedon, Multilingual Matters.

Currie-Jones, Emyr (1988). Cyfarchiad yn *Glantaf, Y Degawd Cyntaf, 1978–88*, 4–5, Bethan Roberts (gol.), Caerdydd, Ysgol Gyfun Gymraeg Glantaf.

CYDAG (2006). 'Ymgynghoriad ar ddiffinio ysgolion yn ôl y ddarpariaeth cyfrwng Cymraeg', tystiolaeth ysgrifenedig anghyhoeddedig, i Lywodraeth Cynulliad Cymru, 12 Ebrill.

Cyngor yr Iaith Gymraeg (1978). *Dyfodol i'r Iaith Gymraeg,* Caerdydd, HMSO.

Cymdeithas yr Iaith Gymraeg (1985/6). 'Yr unfed awr ar ddeg: Y Gymraeg mewn addysg yn Ne Morgannwg', Caerdydd, adroddiad cell Caerdydd Cymdeithas yr Iaith Gymraeg, Caerdydd, CNAP.

Cynulliad Cenedlaethol Cymru (1998). *Deddf Safonau a Fframwaith Ysgolion 1998 Adran 28.*

— (1999a). *Rheoliadau Addysg (Cynigion Trefniadaeth Ysgolion) (Cymru) 1999 (OS Rhif 1999/1671).*

— (1999b). *Cylchlythyr 9/99 Trefniadaeth Lleoedd Ysgol*, Medi.

— (2001). *Welsh Medium Secondary Education: Examination and Attendance Data*, 2000, SDB 30/2001, Caerdydd, Y Gyfarwyddiaeth Ystadegol.

— (2004a). *Offerynnau Stadudol 2004 Rhif 908 (Cy. 91).*

— (2004b). 'Adolygiad polisi o anghenion addysgol arbennig. Rhan I: Adnabod ac ymyrryd yn gynnar', adroddiad y Pwyllgor Addysg a Dysgu Gydol Oes, Caerdydd, Y Goron.

— (2005a). *Key Statistical Indicators at School Level, 2000–05, Cyhoeddiadau Allweddol Ystadegau Cymru*, Caerdydd, Y Gyfarwyddiaeth Ystadegol, *http://www.wales.gov.uk/keypubstatisticsforwalesheadline/content/schoolsteach/2005/scind-2005-e.htm* (cyrchwyd 5 Tachwedd 2005).

— (2005b). *Cylchlythyr Mawrth 2005*, arwyddwyd gan Luned Jones, Caerdydd, Yr Adran Ystadegau ac Athrawon.

— (2006a). *Arholiadau Cyhoeddus: Gwybodaeth AALl*, Caerdydd, Y Gyfarwyddiaeth Ystadegol, *http://new.wales.gov.uk/docrepos/40382/40382313/403824/schools-2006/40382110141/swep2005-ch4.pdf?lang=cy* (cyrchwyd 16 Awst 2006).

— (2006b). *Canllawiau ar gyfer gwerth ychwanegol, Cyhoeddiadau Allweddol Ystadegau Cymru*, Caerdydd, Y Gyfarwyddiaeth Ystadegol, *http://www.ysgolion.cymru.gov.uk/index.asp* (cyrchwyd 7 Rhagfyr 2006).

— (2006c). *Schools in Wales: General Statistics 2005, SDR7/2006*, Caerdydd, Y Gyfarwyddiaeth Ystadegol, *http://new.wales.gov.uk/topics/statistics/publications/swgs2005/?lang=en* (cyrchwyd 16 Awst 2006).

— (2006ch). *Schools' Census 2006: Provisional Results*, SDR100/2006, Caerdydd, Y Gyfarwyddiaeth Ystadegol, *http://new.wales.gov.uk/topics/ statistics/headlines/schools-2006/hdw200608312/?lang=en* (cyrchwyd 5 Tachwedd 2006).

— (2006d). *Sgôr Pwyntiau Newydd: Atodiad Technegol, Cyhoeddiadau All-weddol Ystadegau Cymru*, Caerdydd, Y Gyfarwyddiaeth Ystadegol, *http:// www.ysgolion.cymru.gov.uk/newpointsscore-w.htm* (cyrchwyd 9 Rhagfyr 2006).

— (2006dd). 'Adroddiad cryno ar ysgol, cronfa ddata disgyblion Cymru', Caerdydd, Uned Ddata Disgyblion Cymru, *http://www.npd-wales.gov.uk/ index.cfm#thisreport* (cyrchwyd 10 Rhagfyr 2006).

— (2006e). *Y Gymraeg yn yr Ysgol 2004 a 2005*, Bwletin Ystadegol SB4/2006, Caerdydd, Y Gyfarwyddiaeth Ystadegol, *http://new.wales.gov.uk/topics/ statistics/headlines/schools-2006/hdw200601264/?lang=cy* (cyrchwyd 22 Rhagfyr 2006).

— (2006f). *Offerynnau Stadudol 2006 Rhif 877 (Cy. 82).*

— (2006ff). *National Curriculum Assessments of 7, 11 and 14 year olds: Wales*, 2006, SDR 130/2006, Caerdydd, Y Gyfarwyddiaeth Ystadegol.

— (2007a). Llythyr at yr awdur oddi wrth Ann MacGregor, 19 Chwefror 2007.

— (2007b). *Economic Statistics Monthly – April 2007*, Bwletin Ystadegol SB 20/2007, Caerdydd, Y Gyfarwyddiaeth Ystadegol, *http://new.wales.gov.uk/ topics/statistics/headlines/econ-2007/hdw20070420/?lang=en* (cyrchwyd 23 Ebrill 2007).

— (2007c). *Welsh in Schools 2006*, statistical bulletin SB 2/2007, Caerdydd, Y Gyfarwyddiaeth Ystadegol, *http://new.wales.gov.uk/topics/statistics/ headlines/schools-2007/hdw200701181/?lang=en* (cyrchwyd 1 Chwefror 2007).

— (2007ch). *Bilingual Statistics for the Post-16 Learning Sector in Wales*, Caerdydd, Yr Adran Addysg, Dysgu Gydol Oes a Sgiliau.

— (2007d). 'Adroddiad cryno ar ysgol, cronfa ddata disgyblion Cymru', Caer-dydd, Uned Ddata Disgyblion Cymru, *http://www.npd-wales.gov.uk/index. cfm#thisreport* (cyrchwyd 10 Mawrth 2008).

— (2008). 'Adroddiad cryno ar ysgol, cronfa ddata disgyblion Cymru', Caer-dydd, Uned Ddata Disgyblion Cymru, *http://www.npd-wales.gov.uk/index. cfm#thisreport* (cyrchwyd 10 Mawrth 2008).

Daugherty, R., Phillips, R. a Rees, G. (goln) (2000). *Education Policy-Making in Wales: Explorations in Devolved Governance*, Cardiff, University of Wales Press.

— et al., (2004). *Learning Pathways through Statutory Assessment: Key Stages 2 and 3. Final Report of the Daugherty Assessment Review Group*, Cardiff, Welsh Assembly Government.

Daugbjerg, Carsten a Marsh, David, (1998). 'Explaining policy outcomes: integrating the policy network approach with macro-level and micro-level analysis', yn Marsh (gol.), tt. 52–71.

Davies, Aneirin Talfan (1962). Trawsysgrif 'Dylanwadau', sgwrs rhwng Aneirin Talfan Davies a James Griffiths, AS, Mawrth 1962, Papurau Aneirin Talfan Davies, Aberystwyth, Llyfrgell Genedlaethol Cymru.

Davies, Charlotte A. (1989). *Welsh Nationalism in the Twentieth Century: The Ethnic Option and the Modern State*, London, Praeger.

Davies, Christie (1997). 'Minority language and social division: linguistic dead-ends, linguistic time-bombs and the policies of subversion', yn Frost (gol.), tt. 39–47.

Davies, Gwilym Prys, yr Arglwydd (2001). 'Darlith Goffa Gwyneth Morgan', Caerdydd, Cronfa Glyndŵr yr Ysgolion Cymraeg.

— (2006). Llythyr personol at yr awdur, 14 Mai 2006.

— (2008). *Cynhaeaf Hanner Canrif: Gwleidyddiaeth Gymreig 1945–2005*, Llandysul, Gwasg Gomer.

Davies, John (1990). *Hanes Cymru*, argraffiad cyntaf, London, The Penguin Press.

— (2007). *Hanes Cymru*, argraffiad diwygiedig, London, The Penguin Press.

Davies, Ronald (1983). 'Attitudes to bilingual education with specific reference to the teaching of languages through the medium of Welsh' (traethawd MEd anghyhoeddedig, Caerdydd, Prifysgol Cymru).

Denters, Bas a Rose, Lawrence E. (goln) (2005). *Comparing Local Governance: Trends and Developments*, Basingstoke, Palgrave Macmillan.

Department for Education and Skills (2004). *2003 KS2 to GCSE Value Added Pilot*, London, Department for Education and Skills, *http://www.dfes.gov.uk/performancetables/va1_03/docB.shtml* (cyrchwyd 7 Rhagfyr 2006).

— (2006). *Publication of 2006 Test and Examination Results in the School and Colleges Achievement and Attainment Tables*, London, Department for Education and Skills.

Dewaele, Jean-Marc, Housen, Alex, a Wei, Li (goln) (2003). *Bilingualism: Beyond Basic Principles, Festschrift in Honour of Hugo Baetens Beardsmore*, Clevedon, Multilingual Matters.

Donagh, Vincent (1986). 'The use of public examination results as an indicator of school and teacher effectiveness' (traethawd MEd anghyhoeddedig, Caerdydd, Prifysgol Cymru).

Durkheim, Émile (1956). *Education and Sociology*, New York, The Free Press.

Dwyer, Denis J. a Drakakis-Smith, David, goln, (1996). *Ethnicity and Development: Geographical Perspectives*, Chichester: Wiley.

Eastman, Carol (1984). 'Language, ethnic identity and change', yn J. Edwards (gol.) (1984b), tt. 259–76.

329

Edwards, John (1984a). 'Language, diversity and identity', yn J. Edwards (gol.), tt. 277–310.

— (gol.) (1984b). *Linguistic Minorities, Policies and Pluralism*, London, Academic Press.

— (1985). *Language, Society and Identity*, Oxford, Basil Blackwell.

— (1994). *Multilingualism*, London, Routledge.

Edwards, James Haydn Keri (1989). 'Culture, language and education in the upper Rhymney valley: A study in sociolinguistic attitudes and their effects (traethawd PhD anghyhoeddedig, Caerdydd, Prifysgol Cymru).

Edwards, T. Raymond (1954). 'Cwrs y Byd', *Y Faner*, 27 Ionawr.

Edwards, Viv K. a Newcombe, Lynda Pritchard (2003). 'Gwerthuso effeith-lonrwydd ac effeithiolrwydd Cynllun Twf, sy'n annog rhieni i drosglwyddo'r iaith Gymraeg i'w plant', adroddiad terfynol, Rhagfyr, Caerdydd, BIG.

Elis, Islwyn Ffowc (1957). *Wythnos yng Nghymru Fydd*, Caerdydd, Plaid Cymru.

Erize, Xabier (1999). 'Interview with Professor Joshua Fishman, Thursday, August 5, 1999, 11.30 am, at New York University', *erizefra@hotmail.com>* (cyrchwyd 24 Tachwedd 2003).

Estyn (2003a). 'Adroddiad blynyddol Prif Arolygydd Ei Mawrhydi dros Addysg a Hyfforddiant yng Nghymru 2001–2002', Caerdydd, Y Goron.

— (2003b). 'Cynllun Iaith Gymraeg', Caerdydd, Y Goron.

— (2005a). 'Adroddiad gan Gareth Wyn Roberts, Ysgol Gyfun Gymraeg Glan-taf – Ebrill 2005', Caerdydd, Y Goron.

— (2005b). 'Adroddiad blynyddol Prif Arolygydd Ei Mawrhydi dros Addysg a Hyfforddiant yng Nghymru, 2003–2004', Caerdydd, Y Goron.

—(2005c). 'Darpariaeth ôl-16 mewn ysgolion – ffactorau sy'n dylanwadu ar allu dosbarthiadau chweched dosbarth ysgolion i gwrdd ag anghenion a dyheadau dysgwyr', Caerdydd, Y Goron.

— (2005ch). 'Y Cwricwlwm Cymreig: Y cynnydd a wnaed gan ysgolion wrth weithredu arweiniad ACCAC a gyhoeddwyd yn 2003', Caerdydd, Y Goron.

— (2006). 'Adroddiad blynyddol Prif Arolygydd Ei Mawrhydi dros Addysg a Hyfforddiant yng Nghymru, 2004–2005', Caerdydd, Y Goron.

— (2001–6). 'Adroddiadau dan Adran 10 Deddf Arolygiadau Ysgolion 1996' (186 ohonynt), Caerdydd, Y Goron.

— (2007a). 'An evaluation of performance of schools before and after moving into new buildings or significantly refurbished premises', Caerdydd, Y Goron.

— (2007b). 'Adroddiad blynyddol Prif Arolygydd Ei Mawrhydi dros Addysg a Hyfforddiant yng Nghymru, 2005–2006', Caerdydd, Y Goron.

Europa (2007a). 'Rapid – Press Releases', *http://europa.eu/rapid/press Releases Action.do?reference=MEMO/06/173&format=HTML&aged=0&language= EN&guiLanguage=en* (cyrchwyd 14 Gorffennaf 2007).

— (2007b). 'Annex Parta 2 – Financing of the General Budget', *http://eur-lex.europa.eu/budget/data/D2007_VOL1/EN/nmc-grseq42960935830-3/index.html* (cyrchwyd 14 Gorffennaf 2007).

Eusko Jaurlaritzaren Argitalpen Zerbitsu Nagusia (2005). *lll Carte Socio-linguistique 2001*, Donostia-San Sebastián, Servicio Central de Publicaciones del Gobierno Vasco.

Eustatistics (2007). *Pupils taught through Welsh, by area 1975–1999 . . .* 'Digest of Welsh Historical Statistics', *https://www.eustatistics.gov.uk/STATBASE/DatasetType.asp?vlnk=3863 - 17k* (cyrchwyd 22 Mawrth 2007).

Evans, Alan David (1994). 'Parental attitudes to Welsh-medium nursery and primary schools in a northern district of Gwent' (traethawd MEd anghyhoeddedig, Caerdydd, Prifysgol Cymru).

Evans, D. Peter Rees (1988). 'An investigation into some of the factors that influenced the development of a purpose built bilingual primary school during its first decade' (traethawd MEd anghyhoeddedig, Caerdydd, Prifysgol Cymru).

Evans, Siôn Wyn (2007). 'Differential performance of items in Mathematics assessment materials for 7-year-old pupils in English-medium and Welsh-medium versions', *Educational Studies in Mathematics*, vol. 64, no. 2, February, 145–68.

Evans, W. Gareth (gol.) (1990). *Perspectives on a Century of Secondary Education in Wales, 1889–1989*, Aberystwyth, Y Ganolfan Astudiaethau Addysg, Y Gyfadran Addysg, Coleg Prifysgol Cymru.

Evas, Jeremy (1999). 'Rhwystrau ar lwybr dwyieithrwydd' (traethawd PhD anghyhoeddedig, Caerdydd, Prifysgol Cymru).

Farrell, Shaun (1997). 'A study of social values and language loyalty in con-trasting locations in south east Wales' (traethawd PhD anghyhoeddedig, Caerdydd, Prifysgol Cymru).

Fishman, Joshua A. (1989). *Language and Ethnicity in Minority Sociolinguistic Perspective*, Clevedon, Multilingual Matters.

— (1991). *Reversing Language Shift: Theoretical and Empirical Foundations of Assistance to Threatened Languages*, Clevedon, Multilingual Matters.

— (1995). 'On the limits of ethnolinguistic democracy', yn Skutnabb-Kangas a Phillipson (goln), tt. 49–61.

— (gol.) (1999). *Handbook of Language and Ethnic Identity*, Oxford, Oxford University Press.

— (2000). 'Critiques of language planning: A minority languages perspective', yn Thomas a Mathias (goln), tt. 130–7.

— (2001). *Can Threatened Languages be Saved?* Clevedon, Multilingual Matters.

— (2006). *Language Loyalty, Language Planning and Language Revitaliza-tion, Recent Writings and Reflections from Joshua A. Fishman*, gol. gan N. H. Hornberger a Martin Pütz, Clevedon, Multilingual Matters.

Fitz, John (2000). 'Governance and Identity', yn Daugherty, Phillips a Rees (goln), tt. 24–6.

Frankfort-Nachmias, Chava a Nachmias, David, (1996). *Research Methods in the Social Sciences*, London, Edward Arnold.

Frost, Gerald (gol.) (1997). *Loyalty Misplaced: Misdirected Virtue and Social Disintegration*, London, The Social Affairs Unit.

Galligan, Denis J. (1995). 'Discretionary Powers and the Principle of Legality', yn Colloquy on European Law (1997), tt. 11–35.

Gardner, Nicholas, Puigdevall i Serralvo, Maite a Williams, Colin H. (2000). 'Language revitalization in comparative context: Ireland, the Basque Country and Catalonia', yn C. H. Williams (gol.), tt. 311–61.

— (2008). 'Profiad Gwlad y Basg', yn *Creu Cymru Ddwyieithog*, Caerdydd, Sefydliad Materion Cymreig, tt. 38–50.

Gareth, Ellen Lloyd (2003). 'Yr iaith Gymraeg a Mudiad Ysgolion Meithrin' (traethawd PhD anghyhoeddedig, Bangor, Prifysgol Cymru).

Gauntlett, David (2002). *Media, Gender and Identity: An Introduction*, London, Routledge.

Gellner, E. (1983). *Nations and Nationalism*, Oxford, Blackwell.

Giddens, Anthony (1979). *Central Problems in Social Theory: Action, Structure and Contradiction in Social Analysis*, London, Macmillan.

— (1984). *The Constitution of Society: Outline of the Theory of Structuration*, Cambridge, Polity Press.

— (1985). *Contemporary Critique of Historical Materialism, Vol. 2: The Nation-state and Violence*, Cambridge, Polity.

— (1986). *Sociology: A Brief but Critical Introduction*, Basingstoke, Macmillan.

— (1989). 'A reply to my critics', yn Held a Thompson (goln), tt. 249–301.

Giles, Howard (gol.) (1977). *Language, Ethnicity and Intergroup Relations*, London, Academic Press.

— Bourhis, R. a Taylor, D. (1977). 'Towards a theory of language in ethnic group relations', yn Giles (gol.), tt. 307–48.

Gingrich, Paul (2000). *Structuration Theory*, http://uregina.ca/~gingrich/f300.htm (cyrchwyd 7 Mawrth 2006).

Goldsmith, Edward (1996). 'Global trade and the environment', yn Mander a Goldsmith (goln), tt. 78–91.

— a Mander, Jerry (2001). *The Case against the Global Economy and for a Turn Towards Localisation*, London, Earthscan.

Goldsmith, Michael (1997). 'The changing patterns of local government', *ECPR News*, vol. 9, no. 1, Autumn, 6–7.

Goldstein, Harvey, Burgess Simon, McConnell, Brendon (2006). 'Modelling the impact of pupil mobility on school differences in educational achievement', working paper 06/156, Bristol, University of Bristol, *http://*

www.bris.ac.uk/cmpo/workingpapers/wp156.pdf (cyrchwyd 11 Rhagfyr 2006).

Gorard, Stephen (1997). 'Two perspectives on parental choice of school', working paper 25, Cardiff, School of Education, Cardiff, University of Wales.

— (1998) 'Four errors . . . and a conspiracy? The effectiveness of schools in Wales', *Oxford Review of Education*, vol. 24, no. 4, 459–72.

—(2000). 'A re-examination of the effectiveness of schools in Wales', yn Daugherty, Phillips a Rees (goln), tt. 127–48.

— (2005). 'Value-added is of little value', paper presented at the British Educational Research Association Annual Conference, University of Glamorgan, 14–17 September, 2005, *http://www.leeds.ac.uk/educol/documetns/143649.htm* (cyrchwyd 17 Awst 2006).

Gregory, Derek (1982). *Regional Transformation and Industrial Revolution*, London, Macmillan.

Grenoble, Lenore A. a Whaley, Lindsay J. (1996). 'Endangered languages: current issues and future prospects', *International Journal of the Sociology of Language*, 118, tt. 209–23.

— (1998). *Endangered Languages: Language Loss and Community Response*, Cambridge, Cambridge University Press.

— (2006). *Saving Languages: An Introduction to Language Revitalization*, Cambridge, Cambridge University Press.

Griffiths, Merfyn (gol.) (1986). *Addysg Gymraeg: Casgliad o Ysgrifau a olygwyd gan Merfyn Griffiths*, Caerdydd, CBAC.

Grillo, Ralph (1989). *Dominant Languages: Languages and Hierarchy in Britain and France*, Cambridge, Cambridge University Press.

Grin, François. (1995). 'Combining immigrant and autochthonous language rights: a territorial approach to multilingualism', yn Skutnabb-Kangas a Phillipson (goln), tt. 31–48.

— (2003). *Language Policy Evaluation and the European Charter for Regional or Minority Languages*, Basingstoke, Palgrave Macmillan.

— (2005). 'Linguistic human rights as a source of policy guidelines: A critical assessement', *Journal of Sociolinguistics*, vol. 9, issue 3, 448–60.

— a Vaillancourt, François (2000). 'On the financing of language policies and distributive justice', yn Phillipson (gol.), tt. 102–10.

Gruffydd, Eirlys Margaret (1994). 'Dwyieithrwydd ac anawsterau dysgu: astudiaeth o effaith addysg ddwyieithog ar waith ysgrifenedig plant llai galluog mewn ysgol uwchradd cyfrwng Cymraeg' (traethawd MEd anghyhoeddedig, Aberystwyth, Prifysgol Cymru).

Gruffudd, Heini (2005). 'Anghenion hyfforddi ar gyfer athrawon yng Nghymru: Darpariaeth cyfrwng Cymraeg', sylwadau RHAG i adolygiad Llywodraeth Cynulliad Cymru o'r ddarpariaeth ar gyfer hyfforddiant cychwynnol athrawon, *www.rhag.net/hyfforddiathrawon.doc* (cyrchwyd 13 Mai 2007).

— , Meek, Elin a Stevens, Catrin (2004). *The Movement of Pupils between Welsh and Second-language Welsh*, Swansea, Llais y Lli.

Guiberneau, Montserrat (1997). 'Images of Catalonia', *Nations and Nationalism*, vol. 3, issue 1, 89–111.

Gutstein, Eric (2007). 'Multiple language use and mathematics: Politicizing the discussion', *Educational Studies in Mathematics*, vol. 64, no. 2, February, 243–6.

Halle, David (1992). 'Review of Huber (1991)', *Contemporary Sociology*, vol. 21, no. 3, May, 402–4.

Hambleton, Robin (2005). 'New leadership for democratic urban space', presentation to the Life in the Urban Conference, Gothenburg, Sweden, 1 June, *http://www.urbanlife2005.com/proceedings/keynotes/Robin_Hambleton.pdf* (cyrchwyd 29 Hydref 2005).

Hansard (1992). 'House of Commons Hansard Debates for 20 January', Sixth Series, Fifth Volume of Session 1991–2, vol. 202, *http://www.publications. parliament.uk/pa/cm199192/cmhansrd/1992-01-20/Orals-1.html* (cyrchwyd 27 Medi 2006).

Hastings, W. (1988). *The Right to an Education in Maori: The Case from International Law*, Wellington, Victoria University Press.

Haugen, Einar, McClure, J. Derrick a Thomson, Derick (1980). *Minority Languages Today*, Edinburgh, Edinburgh University Press.

HDS (History Data Service) (2007). *A Place in History: A Guide to Using GIS in Historical Research*, Chapter 10: Glossary and Bibliography, *http://hds. essex.ac.uk/g2gp/gis/sect101.asp* (cyrchwyd 2 Mehefin 2007).

Heath, Shirley B. (1976). 'A National Language Academy?', *International Journal of the Sociology of Language*, 11, 9–43.

Hederman, Miriam a Kearney, Richard (goln) (1982). *The Crane Bag Book of Irish Studies 1977–81*, Dublin, Blackwater Press.

Held, David a Thompson, John B. (goln) (1989). *Social Theory of Modern Societies: Anthony Giddens and His Critics*, Cambridge, Cambridge University Press.

Heller, Monica (gol.) (1988). *Codeswitching: Anthropological and Sociolinguistic Perspectives*, Berlin, Mouton de Gruyter.

— et al. (1999). *Linguistic Minorities and Modernity: A Sociolinguistic Ethnography*, Harlow, Addison Wesley Longman.

Hicks, Davyth A. (2004a). 'Warm words on diversity from Mr Prodi but no provision or rights for the use of minoritised languages at the European level', *<http://www.eurolang.net/news.asp?id=4478* (cyrchwyd 4 Ebrill 2004).

— (2004b). 'Council of Europe criticises UK over its implementation of the European Charter for Regional and Minority Languages', <*http://www. eurolang.net/news.asp?id=4490* (cyrchwyd 4 Ebrill 2004).

Higgs, Gary, Williams, Colin a Dorling, Danny (2004). 'Use of the census of population to discern trends in the Welsh language: an aggregate result', *Area*, 36.2, 187–201.

Hobbs, Graham a Vignoles, Anna (2007). 'Is free school meal status a valid proxy for socio-economic status (in schools research)?', paper no. CEEDP0084, London, Centre for the Economics of Education.

Hoffmann, C. (1999). 'Language autonomy and national identity in Catalonia', yn Smith a Wright (goln), tt. 82–78.

Hogan-Brun, Gabrielle (2004). 'Framing educational debates in Latvia; language and the future of Europe: Ideologies, policies and practices', 8–10 July, Southampton, Centre for Transnational Studies, University of Southampton, *http://www.lang.soton.ac.uk/lipp/abstracts/hogan.rtf* (cyrchwyd 6 Ebrill 2007).

Holson, David a Holt, Dan (1994). 'Joshua Fishman interview on preserving cultural and linguistic resources conducted by California Department of Education', *http://www.cde.ca.gov/iasa/fishman.html*, updated 27 December 2001 (cyrchwyd 3 Ionawr 2005).

Hopkins, Ken (2006a). *Achub Ein Hiaith/Saving our Language*, Caerdydd, Sefydliad Materion Cymreig.

— (2006b). Llythyr personol at yr awdur, 14 Gorffennaf 2006.

House of Commons (2001). 'UK Election Statistics: 1945–2000, Research paper 01/37, 29 March', London, House of Commons, *http://www.parliament.uk/ commons/lib/research/rp2001/rp01-037.pdf* (cyrchwyd 4 Chwefror 2007).

Huber, Joan (gol.) (1991). *Macro-Micro Linkages in Sociology*, Newbury Park, CA, Sage.

Huber, John D. a Shipan, Charles R. (2002). *Deliberate Discretion? The Institutional Foundations of Bureaucratic Autonomy*, Cambridge, Cambridge University Press.

Hughes, J. Elwyn (1984). *Arloeswr Dwyieithedd: Dan Isaac Davies, 1839–1887*, Caerdydd, Gwasg Prifysgol Cymru.

Humphreys, Gwilym E. (gol.) (1973). *Rhydfelen: Y Deng Mlynedd Cyntaf*, Llandysul, Gwasg Gomer.

— (1988). 'Addysg ddwyieithog yng Nghymru: camu 'mlaen yn hyderus/ Bilingual education in Wales: facing the future with confidence', darlith goffa a draddodwyd yn y Babell Lên yn Eisteddfod Genedlaethol Cymru, Casnewydd 1988 er cof am Orleana Jones.

— (2000). *Heyrn yn Y Tân: Atgofion Addysgwr*, Caernarfon, Gwasg Pantycelyn.

— (2001). 'Dysg Rhwng Dwy Steddfod', Darlith Prifysgol Cymru, Eisteddfod Genedlaethol Cymru Sir Ddinbych a'r Cyffuniau, Caerdydd, Cofrestrfa Prifysgol Cymru.

Huxley, Norman Llewellyn (1990). 'Cymraeg/dwyieithrwydd fel cyfrwng dysgu yn y sector addysg bellach' (traethawd MEd anghyhoeddedig, Bangor, Prifysgol Cymru).

icNetwork (2007). *Labour Minority Government Stability Management with Plaid Cymru, http://icnetwork.co.ul/docs/icWales/B9B3297D–E958–C2F2–75CB77CICIBOC6FA.doc* (cyrchwyd 27 Mai 2005).

Institute for Public Policy Research (2004). Adolygiad o *Decline of the Public, the Hollowing out of Citizenship*, Marquand, *http://www.ippr.org.uk/articles/index.asp?id=391* (cyrchwyd 23 Mai 2006).

James, Bronwen (1997). *House with Two Windows/Tŷ â Dwy Ffenestr*, cyhoeddwyd gan y Teulu James, Sgiwen, Castell-nedd, Gwasg Morgannwg.

Jenkins, Rhiannon Wyn (1984). 'Datblygiad ysgolion cynradd Cymraeg yng Nghaerdydd a'r Cylch' (traethawd MEd anghyhoeddedig, Caerdydd, Prifysgol Cymru).

John, Peter (2001). *Local Governance in Western Europe*, London, Sage.

Jones, Alan Wynne a Dafis, Llinos, (2000). 'Why should the devil have all the good tunes? Marketing: a valuable discipline in language planning,' yn Thomas a Mathias (goln), tt. 163–73.

Jones, Bob Morris a Ghuman, Paul A. Singh (goln) (1995). *Bilingualism, Education and Identity: Essays in honour of Jac L. Williams*, Cardiff, University of Wales Press.

Jones, Delyth (1997). 'Arolwg o gymhwyster cyfathrebol plant o gartrefi di-Gymraeg sy'n mynychu ysgolion Cymraeg' (traethawd PhD anghyhoeddedig, Caerdydd, Prifysgol Cymru.

Jones, Dylan V. (1997). 'The assessment of bilingual pupils: observations from recent Welsh experiences', paper presented at The British Educational Research Association Annual Conference, 11–14 September 1997, *http://www.leeds.ac.uk/educol/documents/000000387.htm* (cyrchwyd 27 Medi 2006).

— a Martin-Jones, Marilyn (2004). 'Bilingual education and language revitalization in Wales: Past achievements and current issues', yn Tollefson a Tsui (goln), tt. 43–70.

Jones, Eiddwen (1988). 'A study of some aspects of Welsh medium nursery provision', (traethawd MA anghyhoeddedig, Bangor, Prifysgol Cymru).

Jones, Evan J. (1933). *Llyfr Dysgu Lladin*, Caerdydd, Gwasg Prifysgol Cymru.

Jones, Gareth (2005). *Y Ffordd Ymlaen i Addysg Ddwyieithog yng Nghymru*, Aberystwyth, UCAC.

Jones, Gareth Elwyn (1990a). 'Y cwricwlwm yng Nghymru: Dirnadaeth o "Gymreigrwydd" addysg', yn Owen E. Jones (gol.), tt. 149–66.

— (1990b). *Which Nation's Schools?: Direction and Devolution in Welsh Education in the Twentieth Century*, Cardiff, University of Wales Press.

— (1997). *The Education of a Nation*, Cardiff, University of Wales Press.

— (2002). 'Policy and power: One hundred years of local education authorities in Wales', *Oxford Review of Education*, vol. 28, 343–58.

— a Roderick, Gordon Wynne (2003). *A History of Education in Wales*, Cardiff, University of Wales Press.

Jones, Glyn E. a Williams, Colin H. (2000). 'Reactive policy and piecemeal planning: Welsh-medium education in Cardiff', yn C. H. Williams (2000b), tt. 138–72.

Jones, Meirion Prys (2001). 'Language planning and the work of the Welsh Language Board', *http://www.scilt.stir.ac.uk/Archive/EYL/January%20 Conference/Conference%20papers/...* (cyrchwyd 6 Ebrill 2004).

— (2003). 'Gwaith Bwrdd yr Iaith Gymraeg ym maes addysg Gymraeg', yn Roberts a Williams (goln), tt. 116–28.

Jones, Michael (2002). 'Ysgolion De Morgannwg a Chaerdydd', yn I. W. Williams (gol.), tt. 150–61.

— (2007). 'Ehangu addysg Gymraeg yng Nghaerdydd', *Y Dinesydd*, Rhif 318, Mai.

Jones, Owen E. (gol.) (1990). *Deddf Addysg Ganolraddol Cymru 1889: Cloriannu Can Mlynedd*, Caerdydd, Y Swyddfa Gymreig.

Jones, Richard W., Morris, Delyth, Roberts-Young, Dilwyn, Popkins, Gareth, a Young, Einir (2002). 'Keeping Up Appearances', *Planet*, 154, August/ September, 7–15.

Jones, Robert Owen (1997). *'Hir Oes i'r Iaith': Agweddau ar Hanes y Gymraeg a'r Gymdeithas*, Llandysul, Gwasg Gomer.

Keating, Michael (gol.) (2004). *Regions and Regionalism in Europe*, Cheltenham, Edward Elgar.

Khisty, Lena L. (1995). 'Making inequality: Issues of language and meanings in mathematics teaching with Hispanic students', yn Secada et al. (goln), tt. 279–97.

Khleif, Bud B. (1980). *Language, Ethnicity and Education in Wales*, The Hague, Mouton Publishers

Kingdon, John W. (2003). *Agendas, Alternatives and Public Policies*, New York, Longmans.

Klee, C. (gol.) (1991). *Sociolinguistics of the Spanish-speaking World: Iberia, Latin America, United States*, Tempe, AZ, Bilingual Press.

Kloss, Heinz (1971). 'The language rights of immigrant groups', *International Migration Review*, 5, 250–68.

— (1977). *The American Bilingual Tradition*, Rowley, Mass, Newbury House.

Kocakulah, Sabri, Ustunluoglu, Evrim a Kocakulah, Aysel (2005). 'The effect of teaching in native and foreign language on students' conceptual understanding in science courses', *Asia-Pacific Forum on Science Learning and*

Teaching, vol. 6, issue 2, article 2, *http://www.ied.edu.hk/apfslt/v6_issue2/ kocakulah/index.htm* (cyrchwyd 9 Chwefror 2007).

Kontra, Miklós et al. (goln) (1999). *Language: A Right and a Resource: Approaches to Linguistic Human Rights*, Budapest, Central European University Press.

Krauss, Michael (1992). 'The world's languages in crisis', *Language*, vol. 68, no. 1, 4–10.

Kymlicka, Will (1995). *Multicultural Citizenship: A Liberal Theory of Minority Rights*, Oxford, Clarendon Press.

— a Patten, Alan (goln) (2003). *Language Rights and Political Theory*, Oxford, Oxford University Press.

Labour & Plaid Cymru Groups in the National Assembly (2007). *Cymru'n Un: Rhaglen flaengar ar gyfer Llywodraethu Cymru/One Wales: A progressive agenda for the Government of Wales*, Caerdydd, Llywodraeth Cynulliad Cymru.

Landweer, M. Lynn (1998). 'Indicators of ethnolinguistic vitality: case study of two languages – Labu and Vanimo', yn Ostler (gol.), tt. 64–72.

Laponce, Jean A. (1987). *Languages and their Territories*, Toronto, University of Toronto Press.

— (2003). 'Babel and the market: Geostrategy for minority languages', yn Maurais a Morris, tt. 58–63.

Lewis, Edwin Courtney (1986). 'A study of the provision of bilingual education in Wales since 1927' (traethawd PhD anghyhoeddedig, Caerdydd, Prifysgol Cymru).

Lewis, E. Glyn (1981). *Bilingualism and Bilingual Education*, Oxford, Pergamon Press.

Lewis, Hywel G. (1999). 'Astudiaeth o dwf addysg Gymraeg yng Nghymru hyd at 1988 gyda sylw arbennig i dair ysgol uwchradd ddwyieithog benod-edig' (traethawd PhD anghyhoeddedig, Aberystwyth, Prifysgol Cymru).

Lewis, Saunders (1962). *Tynged yr Iaith*, darlith flynyddol y BBC yng Nghymru, BBC, Llundain.

London Economics Wales ar y cyd â'r Athro Peter Dolton a'r Athro Geraint Johnes (2007). 'Adolygiad o'r materion ystadegol sy'n sail i gynllunio'r nifer a dderbynnir i hyfforddiant cychwynnol athrawon cyfrwng Cymraeg', adroddiad terfynol ar gyfer yr Adran Addysg, Dysgu Gydol Oes a Sgiliau, Llywodraeth Cynulliad Cymru.

Loyal, Steven (2003). *The Sociology of Anthony Giddens*, London, Pluto Press.

Lynch, J., Modgil, C. a Modgil, S. (goln) (1997). *Education and Development: Tradition and Innovation, Vol. 1: Concepts, Approaches and Assumptions*, London, Cassell.

Lyon, Jean ac Ellis, Nick (1991). 'Parental attitudes towards the Welsh language', *Journal of Multilingual and Multicultural Development*, 12: 4, 239–51.

Llywodraeth Cynulliad Cymru (2003). 'Iaith Pawb: Cynllun gweithredu cenedlaethol ar gyfer Cymru ddwyieithog', Caerdydd, Llywodraeth Cynulliad Cymru.

— (2005). 'Llywodraethu a gwella ysgolion yng Nghymru: Crynodeb gweithredol', Rhif Dogfen Wybodaeth yr AHA: 057-05, Caerdydd, Adran Hyfforddiant ac Addysg.

— (2007a). 'Ymestyn cynlluniau peilot cyfnod sabothol y Gymraeg', Caerdydd, Llywodraeth Cynulliad Cymru, *http://new.wales.gov.uk/news/press releasearchive/210307sabbaticals/?lang=cy* (cyrchwyd 3 Ebrill 2007).

— (2007b). 'Llywodraeth yn cyhoeddi mwy o gyllid ar gyfer hyfforddiant cychwynnol athrawon cyfrwng Cymraeg', Caerdydd, Llywodraeth Cynulliad Cymru, *http://new.wales.gov.uk/news/presreleasearchive/280307welsh/ ?lang=cy* (cyrchwyd 2 Ebrill 2007).

— (2007c). 'Bilingual statistics for the post-16 learning sector in Wales', Caerdydd, Llywodraeth Cynulliad Cymru, Yr Adran Addysg, Dysgu Gydol Oes a Sgiliau.

— (2007ch). 'Diffinio ysgolion yn ôl y ddarpariaeth cyfrwng Cymraeg', Caerdydd, Llywodraeth Cynulliad Cymru, Yr Adran Plant, Addysg, Dysgu Gydol Oes a Sgiliau.

— (2008). 'Mesur Teithio gan Ddysgwyr (Cymru) 2008, Datganiad Ysgrifenedig gan y Cabinet (Ieuan Wyn Jones AC, Dirprwy Brif Weinidog Cymru a'r Gweinidog dros yr Economi a Thrafnidiaeth)', *http://new.wales.gov.uk/ caec/report/cabinetstatements/2008/080415learnertravel/w.doc?lang=cy* (cyrchwyd 16 Hydref 2008).

— (2009a). 'Strategaeth addysg cyfrwng Cymraeg: Drafft ymgynghorol', dogfen ymgynghori rhif 067/2009, Caerdydd, Llywodraeth Cynulliad Cymru, Yr Adran Addysg, Dysgu Gydol Oes a Sgiliau.

— (2009b). 'The Welsh-medium education strategy: analysis of the responses', *http://wales.gov.uk/docs/dcells/consultation/091120wmesanalysisen.pdf* (cyrchwyd 6 Mawrth 2010).

— (2010). 'Strategaeth addysg cyfrwng-Cymraeg', Caerdydd, Llywodraeth Cynulliad Cymru.

Llywodraeth y Deyrnas Unedig (1997). 'Papur Gwyn: llais dros Gymru – cynigion y Llywodraeth ar gyfer Cynulliad Cymreig', Llundain, The Stationery Office.

Mac Giolla Chríost, D. (2003). *Language, Identity and Conflict: A Comparative Study of Language in Ethnic Conflict in Europe and Eurasia*, London, Routledge.

— ac Aitchison, J. W. (1998). 'Ethnic identities and language in Northern Ireland', *Area*, 30.4, 301–9.

McAllister, Laura (2004). 'The Richard Commission – Wales's alternative constitutional convention?', *Contemporary Wales*, vol. 17, no. 1, 128–39.

Macdonald, S. (gol.) (1993). *Inside European Identities: Ethnography in Western Europe*, Oxford, Berg Publishers.

Mackey, William F. (2003). 'Forecasting the fate of languages', yn Maurais a Morris, tt. 64–81.

McRae, K. D. (1975). 'The principle of territoriality and the principle of personality', *International Journal of the Sociology of Language*, 4, 33–54.

Major, Lee Elliott (2001). 'About the social background score', *Guardian Unlimited*, 20 Tachwedd 2001, *http://education.guardian.co.uk/secondary schoolsguide/story/0,11228,602666,00.html* (cyrchwyd 11 Hydref 2006).

Mander, Jerry a Goldsmith, Edward (goln) (1996). *The Case against the Global Economy and for a Turn toward the Local*, San Francisco, Sierra Club.

Mar-Molinero, Clare a Smith, Angel (goln) (1996). *Nationalism and the Nation in the Iberian Peninsula: Competing and Conflicting Identities*, Oxford, Berg Publishers.

Marquand, David (2004). *Decline of the Public: The Hollowing-out of Citizenship*, Cambridge, Polity Press.

Marsh, David (gol.) (1998). *Comparing Policy Networks*, Buckingham, Open University Press.

Martin-Jones, Marilyn (2003). 'Teaching and learning bilingually: Towards an agenda for qualitative, classroom-based research', paper delivered at the European Minority Languages and Research First Mercator International Symposium, University of Wales, Abersytwyth, 8–9 April, *http://www.aber. ac.uk/cgi-bin/user/merwww/index.pl?rm=content;content=20;lang=1* (cyrchwyd 10 Mai 2007).

Mathias, Jayne (1996). 'Cymhwysedd a pherfformiad ieithyddol plant ysgolion uwchradd Cymraeg de-ddwyrain Cymru' (traethawd PhD anghyhoeddedig, Caerdydd, Prifysgol Cymru).

Maurais, Jacques a Morris, Michael A. (goln) (2003). *Languages in a Globalising World*, Cambridge, Cambridge University Press.

May, Stephen (1994). *Making Multicultural Education Work*, Clevedon, England, Multilingual Matters.

— (1997a). 'Reimagining the nation-state: Language, education and minority rights' (traethawd PhD anghyhoeddedig, Department of Sociology, Bristol University).

— (1997b). 'Indigenous language rights and education', yn Lynch, Modgil a Modgil (goln), tt. 149–71.

— (gol.) (1999). *Indigenous Community-based Education*, Clevedon, Multilingual Matters.

— (2001). *Language and Minority Rights, Ethnicity, Nationalism and the Politics of Language*, Harlow, Longman.

— (2003). 'Misconceiving minority language rights: Implications for liberal political theory', yn Kymlicka a Patten, tt. 123–52.

— (2005). 'Language rights: Moving the debate forward', *Journal of Sociolinguistics*, vol. 9, issue 3, 319–47.

Mény, Yves (1986). 'The political dynamics of regionalism: Italy, France, Spain', yn R. Morgan (gol.), tt. 1–28.

Mercator-Education (2006). 'Facts and figures', *www.mercator-education.org/minority-languages/facts-figures* (cyrchwyd 4 Hydref 2006).

Miller, Henry a Miller, Kate (1996). 'Language policy and identity: the case of Catalonia', *International Studies in Sociology of Education*, vol. 6, no. 1, 113–28.

Mitchell, Lisa (2009). *Language, Emotion, and Politics in South India: The Making of a Mother Tongue,* Bloomington, Indiana, Indiana University Press.

Montaña, Benjamin Tejerina (1996). 'Language and Basque nationalism: Collective identity, social conflict and institutionalisation', yn Mar-Molinero a Smith (goln), tt. 221–36.

Moore, Danièle (2002). 'Code-switching and learning in the classroom', *International Journal of Bilingual Education and Bilingualism*, vol. 5, no. 5, 279– 93.

Morgan, Iorwerth W. (1969). 'A study of parental motivations and home interaction in the social milieu of a Welsh-medium school' (traethawd MEd anghyhoeddedig, Prifysgol Caerlŷr).

— (2002). 'Dechreuadau'r ysgolion Cymraeg', yn I. W. Williams (gol.), tt. 17–37.

Morgan, Kenneth (1995). *Modern Wales: Politics, Places and People*, Cardiff, University of Wales Press.

— (1999). 'Welsh devolution: the past and the the future', yn Taylor a Thomson (goln), tt. 199–219.

Morgan, Roger (gol.) (1986). *Regionalism in European Politics*, London, Policy Studies Institute.

Moschkovich, J. N. (2002). 'A situated and sociocultural perspective on bilingual mathematics learners', *Mathematical Thinking and Learning*, vol. 4, nos. 2 a 3, 189–212.

Mougeon, Raymond a Nadasi, Terry (1998). 'Sociolinguistic discontinuity in minority language communities', *Language*, vol. 74, no. 1 (March), 40–55.

Muller, Alexandra a Baetens Beardsmore, Hugo (2004). 'Multilingual interaction in plurilingual classes – European school practice', *International Journal of Bilingual Education and Bilingualism*, vol. 7, no. 1, 24–42.

Myers-Scotton, Carol (1993). *Duelling Languages: Grammatical Structure in Codeswitching*, Oxford, Oxford University Press.

— (gol.) (1998). *Codes and Consequences: Choosing Linguistic Variables*, Oxford, Oxford University Press.

— (2002). *Contact Linguistics: Bilingual Encounters and Grammatical Outcomes (Oxford Linguistics)*, Oxford, Oxford University Press.

Myhill, J. (1999). 'Identity, territoriality, and minority language survival', *Journal of Multilingual and Multicultural Development*, vol. 20, no. 1, 34–50.

Nelde, Peter H., Labrie, N., Williams, Colin H. (1992). 'The principles of territoriality and personality in the solution of linguistic conflicts', *Journal of Multilingual and Multicultural Development*, vol. 13, no. 5, 387–406.

— , Strubell, Miquel a Williams, Glyn (1996). *Euromosaic: The Production and Reproduction of the Minority Language Groups in the European Union*, Luxembourg, Office for Official Publications of the European Communities.

Ninoyles, Rafael (1972). *Idioma y Poder Social*, Madrid, Editorial Tecnos.

Northover, Mehroo a Donnelly, Stephen (1996). 'A future for English/Irish bilingualism in Northern Ireland?', *Journal of Multilingual and Multicultural Development*, vol. 17, no. 1, 33–48.

Ó Murchú, Máirtín (1982). 'Whorf and Irish language politics', yn Miriam Hederman a Richard Kearney (goln), *The Crane Bag Book of Irish Studies 1977–81*, Dublin: Blackwater Press, tt. 326–30.

Ó Néill, Diarmuid (gol.) (2005). *Rebuilding the Celtic Languages: Reversing Language Shift in the Celtic Countries*, Talybont, Y Lolfa.

Ó Riagáin, Pádraig (1996). 'Reviving the Irish language 1893–1993: The first hundred years', yn Craith (gol.), tt. 33–56.

— ac Ó Gliasáin, Mícheál (1984). 'The Irish language in the Republic of Ireland 1983: Preliminary report of a national survey', Dublin, Institiúid Teangeolaíochta Éireann.

— (1994). 'National survey on languages 1993: preliminary report', Tuarascail Taighde 18, Dublin, Institiúid Teangeolaíochta Éireann.

Olabuénaga, José Ignacio Ruiz (1984). *Atlas lingüístico vasco*, Vitoria-Gasteiz, Servicio Central de Publicaciones, Gobierno Vasco.

Oppenheim, Abraham N. (1966). *Questionnaire Design and Attitude Measurement*, London, Heinneman.

Osborne, David a Gaebler, Ted (1992). *Reinventing Government: How the Entrepreneurial Spirit is Transforming the Public Sector*, New York, Plume.

Osmond, John (gol.) (1985). *The National Question Again: Political Identity in the 1980s*, Llandysul, Gomer Press.

Ostler, Nicholas (gol.) (1998). 'Endangered languages: what role for the specialist?', proceedings of the Second FEL Conference, University of Edinburgh, 25–7 September 1998, Bath, Foundation for Endangered Languages.

Packer, Anthony a Campbell, Cefin (1993). 'The reasons for parental choice of Welsh-medium education', paper presented to the Fifth International Conference on Minority Languages, University of Wales, Cardiff, July.

— (1997). 'Pam fod rhieni yn dewis addysg Gymraeg i'w plant? Astudiaeth ansoddol o agweddau rhieni, wedi ei chynnal o fewn dalgylch ysgol Gymraeg ei chyfrwng, mewn ardal Seisnigedig', Aberystwyth, Undeb Cenedlaethol Athrawon Cymru.

— (2000). 'Parental choice in the selection of Welsh-medium education', yn Thomas a Mathias (goln), tt. 578–95.

Packer, Rhiannon (1998). 'Welsh-medium education in south-east Wales, 1949–1962: A critical analysis of development' (traethawd PhD anghyhoeddedig, Pontypridd, Prifysgol Morgannwg).

Pattanayak, Debi P. (1988). 'Monolingual myopia and the petals of the Indian lotus: do many languages divide or unite a nation?', yn Skutnabb-Kangas a Cummins (goln), tt. 379–89.

Peterson, L. (2000). *Education and the Scottish Parliament*, Edinburgh, Dunedin Academic Press.

Pen-y-bont ar Ogwr, Cyngor Bwrdreistref Sirol (2006a). 'Cynllun Addysg Gymraeg 2006–2011', drafft terfynol ar gyfer ymgynghori, Pen-y-bont ar Ogwr, Cyngor Bwrdeistref Sirol Pen-y-bont ar Ogwr.

— (2006b). 'Minutes of a meeting of the Bridgend County Borough Council, 11 October, 2006', *www.bridgend.gov.uk/Web1/groups/public/documents/minutes/017569.doc* (cyrchwyd 16 Mai 2007).

Phillips, Dylan (1998). *Trwy ddulliau chwyldro . . .? Hanes Cymdeithas yr Iaith Gymraeg, 1962–92*. Llandysul, Gwasg Gomer.

Phillipson, Robert (gol.) (2000). *Rights to Language: Equity, Power and Education*, London, Lawrence Erlbaum Associates.

— (2003). *English-Only Europe? Challenging Language Policy*, London, Routledge.

Prys, Delyth, Jones, J. P. M., Davies, Owain a Prys, Gruffudd (2006). *Y Termiadur: Termau wedi'u Safoni*, Caerdydd, ACCAC.

Pufahl, Ingrid, Rhodes, Nancy C. a Christian, Donna (2001). *What We Can Learn from Foreign Language Teaching in Other Countries*, CAL Digest, EDO-FL-01–06, *http://www.cal.org/resources/digest/0106pufahl.html* (cyrchwyd 11 Mai 2007).

Pye, Elaine (1989). Llythyr oddi wrth Elaine Pye, swyddog datblygu MYM ar gyfer Caerdydd, y derbynnydd yn anhysbys, mwy na thebyg awdurdod Addysg De Morgannwg, 24 Chwefror.

Quinn, Brid (2005). 'Governance and democracy – vacillation and vicariousness: paper to be presented at the EGPA Annual Conference Bern, 31 August – 3 September', *http://www.egpa2005.com/workshops/abstracts_sg4/Paper_quinn.pdf* (cyrchwyd, 29 Hydref 2005).

Quinn, Eileen Moore (2007). *Can This Language be Saved?*, *http://www.cs.org/ publications/csq/csq-article.cfm?id=1288* (cyrchwyd 7 Mai 2007).

Rawkins, Phillip M. (1979). *The Implementation of Language Policy in the Schools of Wales*, Strathclyde, Centre for the Study of Public Policy, University of Strathclyde.

— (1987). 'The politics of benign neglect: education, public policy, and the mediation of linguistic conflict in Wales', *International Journal of the Sociology of Language*, Amsterdam, Mouton de Gruyter, 66 (1987), 27–48.

Rees, Ann Elizabeth (1989). 'An assessment of the provision for Welsh-medium education' (traethawd MEd anghyhoeddedig, Caerdydd, Prifysgol Cymru).

Rees, Gareth (2004). 'Democratic devolution and educational policy in Wales', *Contemporary Wales*, vol. 17, no. 1, 28–43.

Reynolds, David, Bellin, Wynford ac ab Ieuan, Ruth (1998). *Mantais Gystadleuol: Pam fod Ysgolion Cyfrwng Cymraeg yn Perfformio'n Well*, Caerdydd, Y Sefydliad Materion Cymreig.

RHAG (2008). 'Rhagolwg, rhifyn arbennig y brifwyl – adroddiad ar sefyllfa gyfredol y siroedd hyd at Hydref 2008'.

Rhodes, R. A. W. (1997). *Understanding Governance: Policy Networks, Governance, Reflexity and Accountability*, Buckingham, Open University Press.

Rhondda Cynon Taf, Cyngor Bwrdeistref Sirol (2006). 'Cynllun Addysg Sengl, Medi 2006–2008', Abercynon, Adran Addysg a Dysgu Gydol Oes.

— (2008). 'Cynllun Addysg Gymraeg 2008–13', drafft ymgynghorol, Medi 2008, Abercynon, Adran Addysg a Dysgu Gydol Oes.

Risager, Karen (2007). *Language and Culture Pedagogy: From a National to a Transnational Paradigm* (Languages for Intercultural Communication and Education), Clevedon, Multilingual Matters.

Roberts, Catrin (1985). 'Teaching and learning commitment in bilingual schools' (traethawd PhD, anghyhoeddedig, Bangor, Prifysgol Cymru).

Roberts, Elen Lloyd (2003). 'Mudiad Ysgolion Meithrin', yn Roberts a Williams (goln), tt. 129–56.

Roberts, Wyn (1986). 'Addysg yng Nghymru: Edrych ymlaen', araith gan Mr Wyn Roberts, AS, Is-Ysgrifennydd Seneddol Cymru yng Nghynhadledd Flynyddol Rhieni dros Addysg Gymraeg, Pontypridd, 19 Ebrill 1986, Caerdydd, Y Swyddfa Gymreig.

Roberts, Syr Wyn (1995). 'Pymtheng mlynedd yn y Swyddfa Gymreig', darlith yr Archif Wleidyddol Gymreig 1995, Aberystwyth, Llyfrgell Genedlaethol Cymru.

— (2006). *Right from the Start: The Memoirs of Sir Wyn Roberts, The Rt. Hon. Lord Roberts of Conwy*, Cardiff, University of Wales Press.

Roberts, Gareth a Williams, Cen (goln) (2003). *Addysg Gymraeg – Addysg Gymreig*, Bangor, Prifysgol Cymru, Bangor.

Romaine, Suzanne (1995). *Bilingualism*, 2nd edn, Oxford, Blackwell.

Rose, David (1995). 'Official social classifications in the UK', Social Research Update 9, Guildford, Department of Sociology, University of Surrey, *http:// sru.soc.surrey.ac.uk/SRU9.html* (cyrchwyd 24 Ionawr 2005).

— a Pevalin, David J. (2001). 'The National Statistics Socio-economic Classification: Unifying official and sociological approaches to the conceptualisation and measurement of social class', ISER working papers, paper 2001-4, Colchester, University of Essex, *www.iser.essex.ac.uk/pubs/ workpaps/pdf/2001-04.pdf* (cyrchwyd 23 Awst 2005).

— a — (goln) (2003). *A Researcher's Guide to the National Statistics Socio-economic Classification*, London, Sage.

Ryan, James (1999). *Race and Ethnicity in Multi-ethnic Schools: A Critical Case Study*, Clevedon, Multilingual Matters.

Sapsford, Roger (1999). *Survey Research*, London, Sage Publications.

Saunders, Lesley (1999). '"Value added" measurement of school effectiveness: a critical review', Slough, NFER.

SCYA (Sefydliad Cenedlaethol er Ymchwil i Addysg) (2007). 'Gwerthusiad o agweddau ar waith Mudiad Ysgolion Meithrin', Abertawe, SCYA.

Secada, W. a Lightfoot, T. (1993). 'Symbols and the political content of bilingual education in the United States', yn Arias a Casanova (goln), tt. 36–64.

— , Fennema, Elizabeth ac Adajian, Lisa B. (goln) (1995). *New Directions for Equity in Mathematics Education*, New York, Cambridge University Press.

Setati, M. (2005). 'Learning and teaching mathematics in the primary multilingual classroom', *Journal for Research in Mathematics Education*, vol. 36, no. 5, 447–66.

Sharp, Caroline, Keys, W. a Benefield, P. (2001). 'Homework: a review of recent research', Slough, NFER, crynodeb ar-lein: *http://nfer.ac.uk/research-areas/ pims-data/summaries/hwk-review-of-studies-on-homework.cfm* (cyrchwyd 13 Ebrill 2007).

Sharpe, L. J. (1993). 'The European meso: An appraisal', yn Michael Keating (gol.), *Regions and Regionalism in Europe*, Cheltenham, Edward Elgar.

Skutnabb-Kangas, Tove (1998). 'Human rights and language wrongs – a future for diversity?', *Language Sciences*, 20, no. 1, 5–27.

— (1999). 'Education of minorities', yn Fishman (gol.), tt. 42–59.

— (2000). *Linguistic Genocide in Education – or Worldwide Diversity and Human Rights?*, Mahwah, New Jersey, Lawrence Erlbaum.

— (2003). 'Book review on May (2001), 30.04.2002, Editor's Proof, Language Policy 00: 1–4, 2003', The Netherlands, Kluwer Academic Publishers,

http://edlinked.soe.waikato.ac.nz/users/stephenm/profile_docs/5117363.pdf (cyrchwyd 12 Chwefror 2004).
— a Cummins, Jim (goln) (1988). *Minority Education: From Shame to Struggle*, Clevedon, Multilingual Matters.
— a Phillipson, Robert (goln), in collaboration with Rannut, Mart (1995). *Linguistic Human Rights – Overcoming Linguistic Discrimination*, Berlin, Mouton de Gruyter.
Smith. D. a Wright, S. (goln) (1999). *Whose Europe? The Turn Towards Democracy*, Oxford, Blackwell/Sociological Review.
Smolicz, Jerzy J. (1979). *Culture and Education in a Plural Society*, Canberra, Curriculum Development Centre.
— (1993). 'The monolingual myopia and minority rights: Australia's language policies from an international perspective', *Muslim Education Quarterly*, 10, 44–61.
— (1995). 'Australia's language policies and minority rights: a core value perspective', yn Skutnabb-Kangas et al., tt. 235–52.
— a Secombe, Margaret (1985). 'Community languages, core values and cultural maintenance: the Australian experience with special reference to Greek, Latvian and Polish groups', yn Clyne (gol.), tt. 11–38.
Sociology 250 (1999). 'Notes on Max Weber', *http://uregina.ca/~gingrich/s 30f99.htm* (cyrchwyd 15 Mehefin 2006).
Stevens, Catrin (1996). *Meithrin: Hanes Mudiad Ysgolion Meithrin 1971–1996*, Llandysul, Gwasg Gomer.
Stoker, Gerry (2004). *Transforming Local Governance: From Thatcherism to New Labour*, Basingstoke, Palgrave Macmillan.
Stone, Clarence (1989). *Regime Politics: Governing Atlanta 1946–1988*, Lawrence, University Press of Kansas.
Stones, Rob (2005). *Structuration Theory*, Basingstoke and New York, Palgrave Macmillan.
Strubell, M. (1998). 'Language, democracy and devolution in Catalonia', *Current Issues in Language and Society*, vol. 5, no. 3, 146–80.

Taylor, Bridget a Thomson, Katarina (goln) (1999). *Scotland and Wales: Nations Again?*, Cardiff, University of Wales Press.
Texier, Marcel ac O Néill, Diarmuid Ciará (2000). *The Nominoë Study of the Breton Language*, compiled from Field Research, internet document: *http://www.breizh.net/icdbl/saozg/nominoe.htm* (cyrchwyd 1 Chwefror 2007).
Thomas, Gerran a Egan, David (2000). 'Policies on schools' inspection in Wales and England', yn Daugherty, Phillips a Rees (goln), tt. 149–68.
Thomas, Huw S. (gol.) (1978). *Geiriadur Lladin–Cymraeg*, Caerdydd, Gwasg Prifysgol Cymru.
— (2005a). 'Submission by CYDAG to the Delegation of the Committee of Experts, Cardiff, 6 December'. Papur anghyhoeddedig.

— (2005b). 'Some thoughts inspired by Ken Hopkins' draft paper, "Saving the Language"', llythyr a ddanfonwyd gan yr awdur at Ken Hopkins, Hydref.

— (2006). *Terminoleg – Y Weledigaeth Esblygol*: Papur a luniwyd gan Huw Thomas i ddathlu cyhoeddi'r *Termiadur*, ac a draddodwyd yn Eisteddfod Genedlaethol Cymru, Abertawe a'r Cylch, 8 Awst.

— (2007). 'Brwydr i baradwys? Y dylanwadau ar dwf ysgolion Cymraeg deddwyrain Cymru' (traethawd PhD, anghyhoeddedig, Prifysgol Caerdydd).

Thomas, Owen John (2008). 'Gweithredu strategol i greu Cymru ddwyieithog', *Creu Cymru Ddwyieithog*, 51–63, Caerdydd, Y Sefydliad Materion Cymreig.

Thomas, Peter Wynn a Mathias, Jayne (goln) (2000). 'Developing minority languages', The Proceedings of the Fifth International Conference on Minority Languages, July 1993, Cardiff, Wales, Llandysul, Gwasg Gomer.

Thornberry, Patrick (1991). *International Law and the Rights of Minorities*, Oxford, Clarendon Press.

— (1997). *'Minority Rights', Academy of European Law (ed.), Collected Courses of the Academy of European Law*, Vol. VI, Book 2, 307–390, The Hague, Martinus Nijhoff.

Thurber, James A. (2003). 'Foreword', in John W. Kingdon, *Agendas, Alternatives and Public Policies*, New York, Longmans.

Tollefson, James W. (gol.) (2002). *Language Policies in Education – Critical Issues*, Mahwah, NJ, Lawrence Erlbaum.

— a Tsui, Amy, B. M. (goln) (2004). *Which Agenda? Whose Agenda?*, Mahwah, NJ, Lawrence Erlbaum.

Tonkin, Humphrey (2003). 'The search for a global linguistic strategy', yn Maurais a Morris (goln), tt. 319–33.

Tua'r Goleuni (2007), papur bro Cwm Rhymni, rhifyn 96, Chwefror.

Urla, Jacqueline (1993). 'Cultural politics in an age of statistics: Numbers, nations, and the making of Basque identity', *American Ethnologist*, vol. 20, no. 4 (November), 818–43.

Vallverdú, Francesc (1991). 'Los estudios sociolingüísticos en España, especialmente en Cataluña', yn C. Klee (gol.), tt. 15–40.

Vilaró, Sergi (2003). 'Regional and minority languages in the constitutions of EU member states', unpublished paper presented in a Seminar on Regional and Minority Languages, 3 October 2003, organized by TAIEX of the Directorate General Enlargement, European Commission (EU), and held in Brussels, Mercator–Linguistic Rights & Legislation, *http://www.ciemen. org/mercator-index.gb.htm* (cyrchwyd 8 Mai 2007).

Watts, Richard a Smolicz, Jerzy J. (goln) (1997). *Cultural Democracy and Ethnic Pluralism: Multicultural and Multilingual Policies in Education*, Frankfurt, Peter Lang.

Webster, J. R. (1990). 'Deddf addysg ganolraddol Cymru 1889', yn Owen E. Jones (gol.), tt. 11–25.

Williams, Cen (1994). 'Arfarniad o ddulliau dysgu ac addysgu yng nghyd-destun addysg uwchradd ddwyieithog' (traethawd PhD anghyhoeddedig, Bangor, Prifysgol Cymru).

— (2002). 'Ennill iaith, astudiaeth o sefyllfa addysg drochi yn 11–16 oed', Bangor, Ysgol Addysg Prifysgol Cymru Bangor.

— (2003a). *Cyfrwng Cymraeg Mewn Addysg Uwch – Tueddiadau a Dyheadau*, Caerdydd, Prifysgol Cymru.

— (2003b). 'Defnyddio trawsieithu i ddatblygu llythrennedd deuol', yn Roberts a Williams (goln), tt. 288–311.

Williams, Charlotte (1995). '"Race" and racism: Some reflections on the Welsh context', *Contemporary Wales*, vol. 8, 113–31.

— (1997). 'Colour in the pictures', *Planet*, 125, 25–30.

Williams, Colin H. (1982). 'Separatism and the mobilisation of Welsh national identity', yn C. Williams (gol.), tt. 145–201.

— (gol.) (1982). *National Separatism*, Cardiff, University of Wales Press.

— (1990). 'The Anglicisation of Wales', yn Coupland (gol.), tt. 19–47.

— (1994). *Called unto Liberty: On Language and Nationalism*, Clevedon, Multilingual Matters.

— (1995). 'Questions concerning the development of bilingual Wales', yn Jones a Ghuman (goln), tt. 47–8.

— (1996). 'Ethnic identity and language issues in development', yn Dwyer a Drakakis-Smith (goln), tt. 45–85.

— (2000a). 'Development, dependency and the democratic deficit', paper presented to the Fifth International Conference on Minority Languages, University of Wales, Cardiff, July 1993, yn Thomas a Mathias (goln), tt. 14–38.

— gol. (2000b). *Language Revitalization*, Cardiff, University of Wales Press.

— (2000c). 'Community empowerment through language planning intervention', yn Williams (2000b), tt. 221–46.

— (2002). 'Review of May (2001)', *Sociology*, vol. 36, no. 4, November, 1021–3.

— (2004). Adolygiad o *Addysg Gymraeg–Addysg Gymreig*, oddi ar *www.gwales.com*, drwy ganiatâd Cyngor Llyfrau Cymru, *http://www.gwales.com/reviews/?newsize=100&tsid=1* (cyrchwyd 30 Ebrill 2007).

— (2005a). 'The case of Welsh/Cymraeg in Wales', yn Ó Néill (gol.), tt. 35–114.

— (2005b). 'Deddfwriaeth newydd a'r Gymraeg', fersiwn diwygiedig o ddar-lith a draddodwyd yn Eisteddfod Genedlaethol Eryri a'r Cyffuniau, 5 Awst, Caerdydd, Ysgol y Gymraeg, Prifysgol Caerdydd, *www.cardiff.ac.uk/cymraeg/welsh/research/DarlithEryri2005.pdf* (cyrchwyd 12 Mai 2007).

— (2007). 'Deddfwriaeth newydd a'r Gymraeg', *Contemporary Wales*, vol. 19, 217–33.

Williams, Gareth J. (1988). 'An investigation into homework in a comprehen-sive school' (traethawd MEd, anghyhoeddedig, Caerdydd, Prifysgol Cymru).

Williams, Glyn (gol.) (1987). 'The sociology of Welsh', *International Journal of the Sociology of Language*, 66, Amsterdam, Mouton de Gruyter.

— (1992). *Sociolinguistics: A Sociological Critique*, London, Routledge.

— a Morris, Delyth (2000). *Language Planning and Language Use: Welsh in a Global Age*, Cardiff, University of Wales Press.

Williams, Heulwen (2005). *Atgofion am Ysgol Gymraeg Rhymni 1950au–1980au*, Rhymni, cyhoeddiad preifat gan yr awdur.

Williams, Iolo Wyn (1987). 'Mathematics and Science: The final frontier for bilingual education', *Education for Development*, vol. 10, no. 3, 40–54.

— (1999). 'Addysg Gymraeg ddoe a heddiw', darlith Eisteddfod y Brifysgol, Eisteddfod Genedlaethol Cymru Môn, 1999, Caerdydd, Cofrestrfa Prifysgol Cymru.

— (gol.) (2002). *Gorau Arf: Hanes Sefydlu Ysgolion Cymraeg, 1939–2000*, Talybont, Y Lolfa.

— (2003). 'Y Gymraeg mewn addysg: ddoe a heddiw', yn Roberts a Williams (goln), tt. 6–23.

Williams, Rachel (gol.) (1992). *Addysg Gymraeg Y Barri*, Y Barri, Cymdeithas Rhieni ac Athrawon Ysgol Gymraeg Sant Baruc.

Williams, Sian Rhiannon (1992). *Oes y Byd i'r Iaith Gymraeg*, Caerdydd, Gwasg Prifysgol Cymru.

— (2002). 'Review of *Gorau Arf*', *Welsh Journal of Education*, vol. 11, no. 2, 120–2.

Wright, Sue (2000). *Community and Communication: The Role of Language in Nation State Building and European Integration*, Clevedon, Multilingual Matters.

Y Comisiwn ar Bwerau a Threfniadau Etholiadol (2004). 'Adroddiad Comisiwn Richard', Caerdydd, Y Comisiwn ar Bwerau a Threfniadau Etholiadol, Cynulliad Cenedlaethol Cymru.

Y Swyddfa Gymreig (1980). 'General Statistics, Schools, Section 5', Caer-dydd, Y Goron.

— (1985). 'General Statistics, Schools, Section 5', Caerdydd, Y Goron.

— (1990). 'General Statistics, Schools, Section 7', Caerdydd, Y Goron.

— (1998). 'Digest of Welsh historical statistics 1974–1996, Statistics of education in Wales, no. 1; Statistics of education and training in Wales: Schools, no. 3', Caerdydd, Y Goron.

Yamamoto, Akira Y. (1998). 'Retrospect and prospect on new emerging language communities', yn Ostler (gol.), tt. 113–15.

Yates, Alan (1998). 'Language, democracy and devolution in Catalonia: A response to Miquel Strubell', *Current Issues in Language and Society*, vol. 5, no. 3, 204–9.

Yr Hogwr (2008). Papur Bro Ogwr, rhifyn 217, Hydref.

Zalbide, Mikel (2005). 'A Basque perspective on the future of lesser used languages in education', paper presented at CAER's 2005 conference, Mikel Zalbide, *huieusk@ej-gv.es*, Department of Education, Basque Government, Spain.

Mynegai

351